全国文物、博物馆系统人文社会科学

重点研究课题

课题负责人：盛定国

本报告的出版得到

国家重点文物保护专项补助经费

资助

益 阳 楚 墓

益阳市文物管理处
益阳市博物馆　编著

文物出版社

封面设计：程星涛

责任印制：梁秋卉

责任编辑：李缙云

图书在版编目（CIP）数据

益阳楚墓／益阳市文物管理处，益阳市博物馆编著．—北京：
文物出版社，2008.11

ISBN 978 - 7 - 5010 - 2504 - 6

Ⅰ．益…　Ⅱ．①益…②益…　Ⅲ．墓葬（考古）—研究—益阳市
Ⅳ．K878.84

中国版本图书馆 CIP 数据核字（2008）第 085183 号

益 阳 楚 墓

益阳市文物管理处
益阳市博物馆　编著

*

文 物 出 版 社 出 版 发 行

北京东直门内北小街 2 号楼

（邮政编码　100007）

http：//www.wenwu.com

E - mail：web@wenwu.com

北京文博利奥印刷有限公司制版

北京圣彩虹制版印制技术有限公司印刷

新 华 书 店 经 销

889×1194　1/16　印张：31.25

2008 年 11 月第 1 版　2008 年 11 月第 1 次印刷

ISBN 978 - 7 - 5010 - 2504 - 6　　定价：300 元

目　　录

插图目录

彩版目录

图版目录

第一章　前　言

　　益阳地处湘中偏北，资水自西而东流经全市注入洞庭湖，东距长沙市区80公里，与宁乡县相邻；北边与位于南洞庭湖的沅江市交界，系河湖沉积平原，西南连接桃江县，为雪峰山余脉丘陵土地（图一）。益阳楚墓主要分布在市区周围20余公里范围内。从西南部丘陵山地一直延伸到东北部河湖平原地带均有发现。目前已发现楚墓大小墓地60余处，先后进行过抢救性清理发掘的墓地达40余处（图二）。

　　早在上世纪50年代初，今益阳市郊零散出土过楚式铜兵器，惜已散失。至60年代修建原益阳地区齿轮厂时，在市区陆贾山东北部掘出春秋楚式铜礼器，其中铜簠为湖南省博物馆收集（图版二八：1）。对益阳楚墓进行科学发掘是上世纪70年代开始的。1974年下半年，距益阳市区15公里的烂泥湖水利工地首次发现一批小型战国土坑墓，当时由湖南省博物馆何介钧先生组织对该墓地进行抢救性清理发掘，发掘战国小型土坑墓葬10余座，并被确认为战国楚墓。1977年下半年，湖南省博物馆、益阳地区文化局配合益阳麻纺厂基建施工，组织举办亦工亦农文物保护人员培训班，先后在市区、市郊发掘古墓100余座，内有楚墓70多座。1978年下半年，益阳地、县文物部门在市郊新桥山配合益阳县氮肥厂施工发掘战国楚墓25座[1]。自1979～1981年底止，原益阳地区文物工作队配合益阳市区赫山庙一带基本建设发掘楚墓100余座[2]。

　　1982～1984年，益阳市文物部门继续在益阳滨湖柴油机厂、农机厂、地区缝纫机厂、益阳供销社等基建工地清理发掘楚墓70余座。1985年，两个较重要的企业益阳热电厂、湖南资江机器厂进行扩建，益阳地区文物工作队配合资江机器厂施工，清理发掘楚墓80多座，同年在益阳热电厂工地发掘楚墓50余座。由于两处墓地均系一次性发掘，资料相对较为完整。自1986～1988年，先后配合益阳科技馆、益阳电梯厂、赫山房产公司及羊舞岭砖瓦厂生产施工和湖南师范大学历史系84级本科生考古实习，共发掘清理楚墓130余座，出土错金铭文铜戈、武王戈等珍贵文物数十件。1989～1994年以来，益阳市文物工作队在当时益阳县博物馆的配合下，先后在益阳县财政局、县招待所、地区农校、县粮食局等基本建设工地发掘楚墓150余座。

　　1995年，益阳撤地建市，原地辖益阳县、市文物部门全部合并到新组建的市文物管理处。自1995～2001年，市文物管理处考古队先后配合市区范围内泞家铺粮站、赫山区医院、市轴承厂、市农机学校、地区财校、市一中、市政协及市郊李昌港乡政府等单位基本建设和农田生产建设施工清理发掘楚墓200余座。

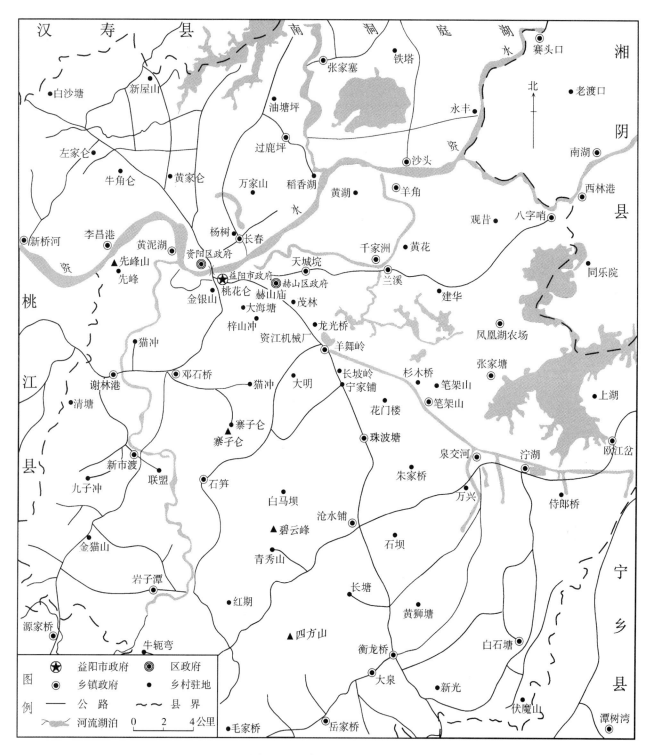

图一　益阳市地理位置示意图

自 1982 年至 2001 年止，经上级文物主管部门批准，由盛定国担任发掘领队，益阳市、县文物考古部门配合基本建设先后清理发掘楚墓 700 余座。其中 653 座已收入本报告（表五），另有 50 余座因多方面的原因，已分别另文整理。上述楚墓共出土各类器物（含陶器标本）4600 余件，其中铜器、铁器及玻璃器、玉器、漆木器等 830 余件（表三一），不少器物被定为国家一、二级珍贵文物。

先后参加上述发掘的人员有益阳市博物馆（原益阳地区博物馆）、益阳市文物管理处盛定国、符伏田、潘茂辉、邓建强、舒华昌、陈学斌、曹伟、丁国荣、陈峻、柴一平、吴锦星、吴宁平、张北超、钟益清、向军、熊有志、盛春来、盛东波、吴少彬、胡平、胡健、符凯伟等以及技工舒文明、龚绍组、侯景华、庄国良、盛亚中等。湖南师范大学历史系师生 20 余人于 1987 年参加了赫山庙墓地的部分发掘。值得指出的是，在历年的抢救性发掘过程中，前述各建设单位的领导对我们的工作给予了大力支持、帮助，使发掘工作得以顺利进行。

由于本报告涉及的墓葬全部属于配合基建的抢救性发掘，所以难免存在部分墓葬遭受破坏的情况，特别令人痛惜的是郊区李昌港乡木子山因修筑防洪大堤破坏的几座墓葬损失为最，其中 M642 墓口长近 9 米，应有三级台阶，是目前益阳已发现最大的墓葬。该墓坑西部和北部全部被挖土机铲掉，仅存东、南面部分墓壁，棺椁推出坑外并遭严重毁坏，随葬器物绝大部分散失，仅见少量陶鼎、壶、豆残片。而同一墓地另一座规格与 M642 接近的 M644 破坏也很严重，墓坑大部分毁坏，幸存的墓室一端出土有部分铜兵器和车马器。类似的情况在不少墓地程度不同地存在，因此有少数墓葬资料不全，难以准确分期分段。由于原始资料分属地改市以前的三个地、县（市）级文物单位，加上有的标本未能及时修复，保管人员几度易人等原因，不可避免地出现部分器物标签遗失的现象，对这些标本已一律舍弃不用。此外，有些铜器、铁器、料器以及漆木器出土时已成残渣状，器形不明，对这些标本我们还是登入楚墓总表中，供研究参考。为了尽可能保持墓葬资料的完整性，这次我们将 1981 年以前少数几座虽已公开发表资料，但部分重要器物未能刊登线图或照片的墓葬也收入本报告。使本报告入编的墓葬总数达到 653 座。

对益阳楚墓资料进行综合整理始于 1996 年，由盛定国同志负责主编，着手组织人员核查发掘标本和发掘记录，完成了部分器物卡片制作以及大部分底图、线图的工作。1997 年，由于益阳电厂工地发现大型东周墓地，湖南省文物局组织全省考古力量突击发掘，《益阳楚墓》编写组骨干均被抽调到益阳电厂工地，发掘工作时间将近一年。因此，整理工作只好暂停。到 1998 年，编写组继续进行楚墓资料整理的各项工作，这项工作只进行了半年，适逢长江三峡工程考古发掘大面积开工，益阳市文物考古队有幸加入了三峡考古大会战的行列，任务十分紧迫。于是原编写组人员只能把主要精力放到一年一度紧张的三峡勘探、发掘及资料编写工作中去，致使《益阳楚墓》的整理事实上暂停下来。

至 2001 年，"益阳楚墓"被国家文物局批准为全国文博系统人文社会科学重点研究课题，盛定国同志为研究课题负责人。于是课题组人员明确分工，继续进行《益阳楚墓》的编写工作。至 2002 年，由于益阳考古队在三峡工地负责的万州大坪墓地在巴文化考古方面有重要发现，重庆市文物部门连续安排对该墓地发掘计划。课题组人员只得突击参加发掘，连续发掘面积近 12000 平方米，同时由盛定国同志作为执行主编负责编写《万州大坪墓地》考古报告。因此，《益阳楚墓》再次推迟完稿。

2004 年至 2005 年初，课题组人员集中精力完成了《益阳楚墓》全部基础工作，至 2005 年上半

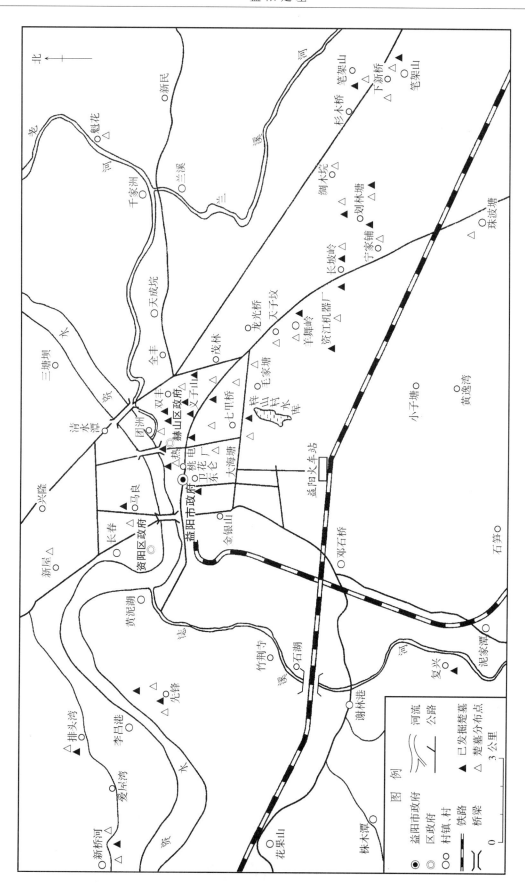

图二　益阳楚墓各墓地位置图

年完成初稿。报告充分运用了楚文化考古研究已有的成果，特别是《长沙楚墓》出版以后取得的最新成果和经验，同时充分听取了有关专家的意见，至 2005 年 10 月，全部完成研究整理任务。经国家文物局专家验收委员会审核，该研究课题已通过结项验收。

本报告随葬器物的英文字母 A、B、C……表示型，罗马数字Ⅰ、Ⅱ、Ⅲ……表示式，英文小写字母 a、b 表示亚式，一般器物每器一号。对随葬器物按质地分类描述。各类器物采用考古学类型学方法，按器类的演变规律作出较系统的型、式及亚式的划分，以达到统一分期并区分不同考古学文化因素的目的。

鉴于本报告涉及的墓地较多，彼此既分散又有联系，因此墓地没有进行分区描述。又由于发掘工作历时 20 多年，只能在保留原墓号的前提下统一重编新墓号，并尽可能将每个墓地的资料排在一起。对于一些未能进行分型、分式的墓葬，亦放在该墓地一起编排，这样既便于研究参考，又便于总体查检。检测报告等作为附录发表。

第二章　概　述

第一节　历史沿革及地理环境

据益阳县志记载，益阳系秦故县，战国时期为楚国辖境。《汉书·地理志》有："县在益水之阳，故名益阳。"益阳之名自秦汉以来一直不曾变更，历史上除元代曾升为州以外，余皆为县[1]。

已发掘的益阳楚墓均位于现益阳市区及距市内 20 余公里范围的丘陵山岗上，各墓地海拔高程不一，最高的农校墓地和资江机器厂墓地海拔高程分别为 65.5 和 59.6 米，最低的益阳财校墓地为海拔 35.4 米，各墓地在东经 112°43′02″，北纬 22°28′42″，或东经 110°55′48″，北纬 27°58′45″之间。

从已发掘的墓地分析，位于益阳市中心的桃花仑及市区东部的赫山庙、羊舞岭一带楚墓分布最为密集，往往一个面积不算大的山头发掘楚墓达数十座（图三～五）。而距离市中心稍远的珠波塘、白石塘、沧水铺以及新市渡、谢林港等乡镇范围楚墓明显减少。此外，靠资江北岸的乡镇发现楚墓相对较少，而靠近资江南岸的桃花仑、赫山庙等地明显较多，且规格也相对偏高，出土器物丰富。这可能与桃花仑铁铺岭一带发现的战国城址有着必然的联系。从已发掘的墓葬情况表明，几座出春秋楚式铜礼器墓和战国楚式铜礼器墓均分布在靠近战国城址的桃花仑陆贾山（热电厂工地）以及赫山庙、羊舞岭一带，这是值得注意的。

第二节　地层关系

从已发掘的楚墓地层叠压情况观察，位于丘陵山岗的墓多数开口在第二层下，打破生土，即第四纪红色网纹土。多数墓地第一层为表土耕作层，第二层为近现代扰乱层，有的墓葬揭出表土以后即现墓口，个别未遭扰乱的楚墓迄今仍残存一定高度的封土堆，封土下面即为墓口。靠近湖区平原的墓表土堆积较厚，因历年来耕作平整土地扰乱较严重，保存墓坑一般也比丘陵山岗墓葬浅。这些墓一般开口在堆积较厚的扰乱层下，有的墓地叠压在汉晋遗址下面，打破商周文化地层及第四纪红色网纹土。

---

[1]　见《益阳县志同治志》历史沿革篇。

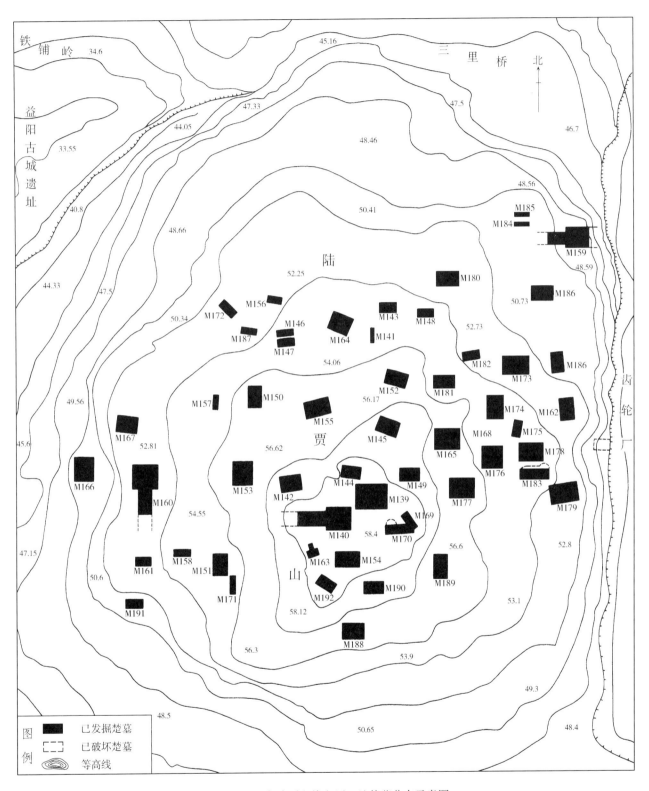

图三 益阳市陆贾山热电厂工地楚墓分布示意图

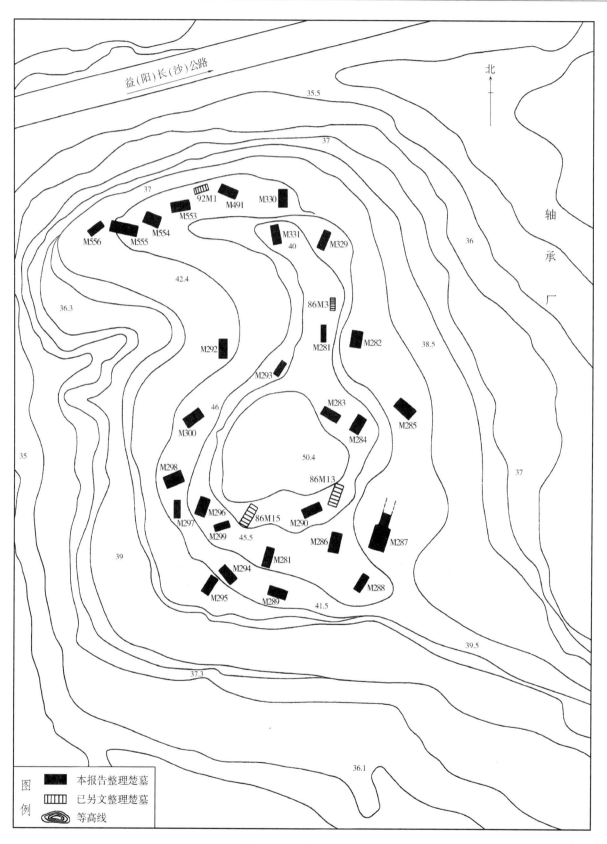

图四　益阳县招待所工地历年发掘楚墓分布示意图

第三节 墓葬分布特点

通过对各墓地墓葬分布情况分析,有以下三种情况:

1. 以陆贾山热电厂墓地为例。即有青铜礼器墓,又有普通平民陶器墓,即有春秋晚期墓葬,又有战国晚期墓葬。从器物组合特点看,虽然有部分土著文化特征,但更多的是江陵楚文化中心器物组合风格,该墓地靠近铁铺岭战国城址,推测其中多数墓主应是来自江陵等地的征服者,其中几座出土早期铜礼器的墓可能是等级较高的贵族墓葬。

2. 以资江机器厂墓地为例。该墓地以陶器墓为主,但多数陶器特征不见于陆贾山墓地反映的风格。有少部分出土铜兵器的墓葬,但不见一件铜容器;发现几座具有巴文化特征的墓葬,可能是一处以本地文化为主,融合了多种文化因素的墓地。该墓地规模较大,墓坑保存完整,墓葬排列有序,无同时期打破关系。推测是益阳楚墓中一处延续时间较长,当时很有影响的,有多种文化混交的家族墓地。

3. 以赫山庙义子山墓地为例。该墓地几十座墓大多数为窄长形小型竖穴土坑墓,不见一座宽坑墓。不但不见陆贾山楚墓陶器组合风格,连常见的仿铜陶器组合也不齐全,多数为仿日用陶器。其中几座小型墓出土的铜鼎完全是越文化风格。这批墓葬的年代从春秋晚期一直到战国晚期。推测该墓地是一处保存当地土著越文化因素较多的楚墓群。

第三章　墓葬形制及典型墓葬举例

第一节　甲类墓

一、分类依据

甲类墓的分类主要以随葬器物为重要依据。如 M170（85 益热 M33）墓底长 3.6、宽 0.94 米；M183（85 益热 M46）墓底长 3.3、宽 1.1 米，均随葬有 1～2 套青铜礼器。其他墓葬以随葬器物种类、多寡与墓葬形制大小相结合。在随葬器物方面，这类墓通常有 1～2 套青铜兵器或 2～4 套陶礼器，墓口长约 4 米，墓底长在 3 米以上。这是益阳楚墓中身份、等级较高者，故定为甲类墓（表六）。

二、器物的组合形式

甲类墓 25 座。保存有棺椁的墓 6 座，其中有 3 座已被严重破坏。M642（99 资李木 M1）墓底长 5.3、宽 3.7 米。外椁长 4.4 米，这是目前益阳楚墓中保存有棺椁的最大的一座。

随葬器物的组合形式主要有 2 种：1. 青铜礼器。1 套铜鼎、敦或 1 套铜鼎、簠、罍。2. 仿铜陶礼器。一般组合较齐全，2～4 鼎、2 敦、2 壶或陶鼎、敦、壶、盒，这类墓一般有 1 套或 2 套青铜兵器。个别墓保存有多件木俑和木质镇墓兽。

三、墓葬举例（11 座）

（一）有葬具墓

1. M2（80 益农 M3）

墓坑形制

为带墓道的长方形竖穴土坑墓。方向 160°。封土已被夷平，墓口遭到破坏。墓底长 3.65、宽 2.45，墓口至墓底残深 4.7 米。墓道残长 2.05、宽 1.64 米，呈斜坡形，坡度 23°。墓道底至墓底高度为 2.2 米。墓室填土以红色网纹土为主夹少量五花土回填，并经夯实，有明显的夯窝痕迹，夯层厚约 0.15 米。椁四周填有 0.4～0.5 米厚的青膏泥。

棺椁结构

一椁两棺，保存完整。7 块木板横立平铺，每块约长 1.2、宽 0.4、厚 0.15 米。木椁长 2.9、宽 1.5、高 1.1 米。椁底板 3 块纵列平铺。宽分别为 0.35、0.64、0.53 米。板间用"阴阳扣"接合紧贴。底板下横置枕木 2 根。长 1.84、宽 0.15、厚 0.19 米。枕木凿成 0.08 米的凹槽，将底板嵌在里面。椁四壁板均用 2 块立板上下拼接组成，四壁板间用半肩榫套合。棺椁间有头箱和边箱，棺与边箱之间有隔板，厚 0.08 米。将头箱与边箱隔开。边箱与外椁间有 1 块已腐烂的薄盖板，厚约 0.05 米。

内外棺均为平底盒状长方形。外棺长 2.14、宽 0.86、高 0.68、厚 0.12 米。盖、底四壁板均用 2 块木板相拼而成。内棺长 1.78、宽 0.5、高 0.56、厚 0.08 米。盖、底板均厚 0.1 米。内棺残留部分红色漆片。外棺与椁均未髹漆。棺内底有人字纹竹席残片，靠头箱一端清理出一束较长的卷曲黑褐色头发。

尸骨已腐烂，葬式不明。

随葬器物均置于头箱与边箱内（图六）。

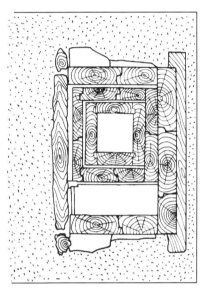

图六　M2 平、剖面图

1、2、6、23、28、29、33. 木俑　3. 猪肋骨　4、7、13、30. 木镇墓兽　5、9、15～17、19、21、24、34、38. 木飞鸟　8. 漆皮袋残片　10. 残木瑟　11. 麻织物　12、14、36、37. 陶豆　18. 竹竿　22. 木鼓　25. 铜饰片　26. 漆耳环　27. 铜匕　29. 木竽　31. 陶鼎　32. 猪骨　35. 残竹骨　39. 木梳　40. 残麻织物　41. 残竹席　42. 头发

2. M642（99 资李木 M1）

墓坑形制

M642 位于益阳市资阳区新桥河镇虎形山，南临资水。该墓已遭到严重破坏。墓口、台阶根据残存部分复原。棺椁根据棺椁板复原。方向 80°。墓口长 8.7、宽 7.1、残深 2.72 米。墓坑四壁设二级台阶。由墓口至第一级台阶残深 2.6，台阶宽 0.76 米。往下 1.8 米处为第二级台阶，台阶宽 0.68 米。墓底长 5.3、宽 3.7 米。第二级台阶至墓底深 3.76 米。墓坑填土为洗沙土夹五花土，均夯实。根据残存在墓壁的痕迹，墓底有青色膏泥，厚约 2.4 米。

棺椁结构

椁长 4.4、宽 2.85、高 1.6 米。由盖板、壁板、挡板、底板、垫木组成。椁横盖板已遭破坏。椁壁板、挡板每边均由 2 块木板拼成。每块长 2.8，高分别 0.68、0.8，厚 0.2，通高 1.48 米。壁板每块长 3.88，高分别 0.7、0.78，通高 1.48，厚 0.2 米。挡板与壁板间用浅槽套合（图七）。底板用 3

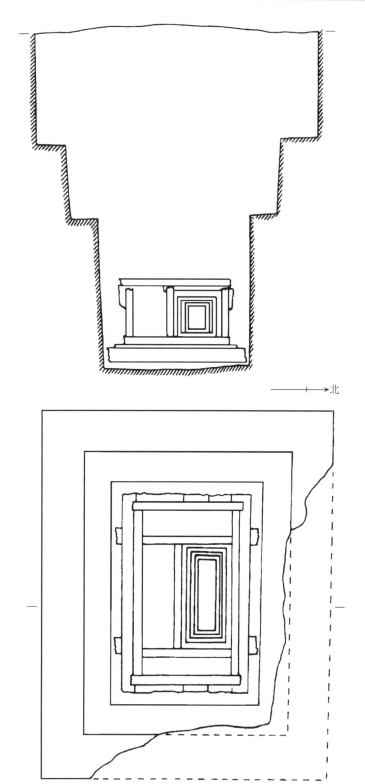

图七　M642 墓室结构及棺椁复原图

块木板平列竖铺，每块长 4.72、宽分别 0.72、1.2、0.72，厚 0.2 米。3 块总宽 2.64 米。底板两端向外延伸 0.2、两侧移出壁板外 0.48 米。2 根横枕木均长 3.28、宽 0.4、厚 0.76 米。中部凹槽深 0.12 米，底板嵌在凹槽内。

内外棺均为平底盒状长方形。外棺紧靠椁室南部，距椁北壁板 0.8 米，外棺长 2.86、宽 1.6、高 1.28 米。盖、底四壁板均由 2 块木板拼成。内棺稍靠外棺南部，距两头挡板各 0.2 米。棺长 2.3、宽 0.92、高 1、厚 0.16 米。棺内侧凿成长方框形凹槽，与盖成子母口扣合。壁板与挡板之间用浅槽套榫和透榫相结合。

人骨架已腐烂、葬式不明。随葬器物置于头箱与边箱内（图七）。

3. M452（92 益羊粮 M18）

该墓位于赫山区羊舞岭长坡岭，墓地东北边是资水中下游冲积平原，西与羊舞岭天子坟仓板山古墓群相距约 200 余米。墓坑分布在该山头的顶端。

墓坑形制

为带墓道的长方形竖穴土坑墓。墓口上部已遭破坏，墓口残长 4.28、宽 3.1、深 1.6 米。墓底长 4.2、宽 2.9、深 4.4 米。方向 90°。墓道在东端，为斜坡式墓道。墓道坡度 30°，长 3.7、宽 1.8 米。墓口至墓道底深度不明，墓道底至墓底深 2.4 米（彩版七：1）。墓室填土为网纹红土，经夯实。墓道底以下 0.9 米开始显露白膏泥，白膏泥痕迹厚度为 1.5 米，实际厚度 0.7 米。分布于葬具四周上下。保存有部分棺椁（彩版三：1）。

棺椁结构

椁盖板已腐烂。椁长 3.08、宽 1.68、残高 0.74 米。椁底板纵向排列 3 块，宽度分别为 0.63、0.67、0.56，厚 0.2 米。板间用"阴阳扣"接合贴紧。椁壁板残高 0.32，挡板残高分别为 0.46、0.5 米。挡板与底板用子母榫套合，两根横枕木置于椁底板两端，枕木四边分别伸出椁外0.22 米。枕木长 2.34、宽 0.24、厚 0.36 米。枕木中部凿成 0.06 米的凹槽，椁底板嵌在凹槽内。

内外棺均为平底盒状长方形。置于椁室中的西边与北边。椁室东部空出 0.22 米为头箱，南部空出 0.4 米为边箱。外棺长 2.38、宽 1.04、残高 0.46、板厚 0.14 米。壁板残高 0.3、厚 0.1～0.14 米。挡板残高 0.18、厚 0.12 米（彩版七：2）。内棺腐蚀较甚。长 2.1、宽 0.84、残高 0.3、底板厚 0.15、挡板残高 0.12 米。壁板已腐烂。距内棺两端 0.5 米处两边各有 2 个衔环铺首（图八）。

人骨架已腐烂，葬式不明。随葬器物置于棺室的头箱与边箱内。

4. M489（92 益宁粮 M2）

该墓位于益阳市东郊，宁家铺古溪南岸山脊上，距羊舞岭天子坟仓板山古墓群约 2 公里，距益阳市区约 9 公里。

墓坑形制

为长方形竖穴土坑墓。方向 100°。墓口已遭破坏，露出白膏泥。墓口长 3.55、宽 2.5 米。墓底长 3.5、宽 2.5、残深 1.4 米。墓坑内填有白膏泥，上部填洗沙土（彩版八：1）。

棺椁结构

一椁一棺。椁长 3.15、宽 1.85、残高 0.46 米。椁挡板长 1.9、残高 0.28，壁板长 2.86、残高 0.26 米。底板用 3 块木板平列竖铺，每块长 3.2 米。棺底板下 2 根横枕木分别长 2.14、2.16，宽 0.14、0.2，厚 0.2、0.24 米。中部凿成 0.06 米凹槽，椁底板嵌在凹槽内。

棺置于椁室中部，距椁东挡板 0.23，距椁两壁板 0.26，距椁南壁板 0.24，距椁北壁板 0.22 米。棺为平底盒状长方形。棺长 2.36、宽 0.9、残高 0.3。棺挡板长 1.3、残高 0.34、厚 0.18，棺壁板残长 2.1、残高 0.34、厚 0.1 米。

人骨架已腐烂，葬式不明。

随葬器物主要置于椁室的头箱与足箱，两个边箱分别置 1 件罐，2 件壶（图九；彩版八：2）。

（二）有墓道、无葬具的墓

1. M222（85 益羊资 M29）

该墓位于羊舞岭天子坟村仓板山山脊上，墓前是资水冲积平原。

墓坑形制

为带墓道的长方形竖穴土坑墓。方向 145°。墓葬保持有部分封土。封土覆盖整个墓道和墓坑，呈馒头状（图版一：1）。

墓室顶部为封土的最高点。封土直径约 14，墓口至封土顶部高度为 1.6 米。封土可分两层，第一层：封土表层为五花土。厚 0.6～0.8 米。第二层：表土下层为五花土夹洗沙土。厚 0.7～0.8 米。覆盖墓口并向墓口外延伸约 3 米。露出墓口以后，填土全部是采用洗沙土分层夯筑。夯层厚 0.15～0.18 米。墓底有厚约 0.15 米的白膏泥。墓坑四壁斜直，墓壁四周平整光滑。墓口长 3.76、宽 3.26、封土至墓道底深 3.15 米。墓底长 3.3、宽 2.46、墓道底至墓底深 1.9 米。斜坡墓道设在墓室南壁。墓道口长 7、宽 1.6，底长 7.2、宽 1.44 米。坡度 18°。墓道内封土、填土与墓室相同，系一次性整体夯筑（图一〇）。

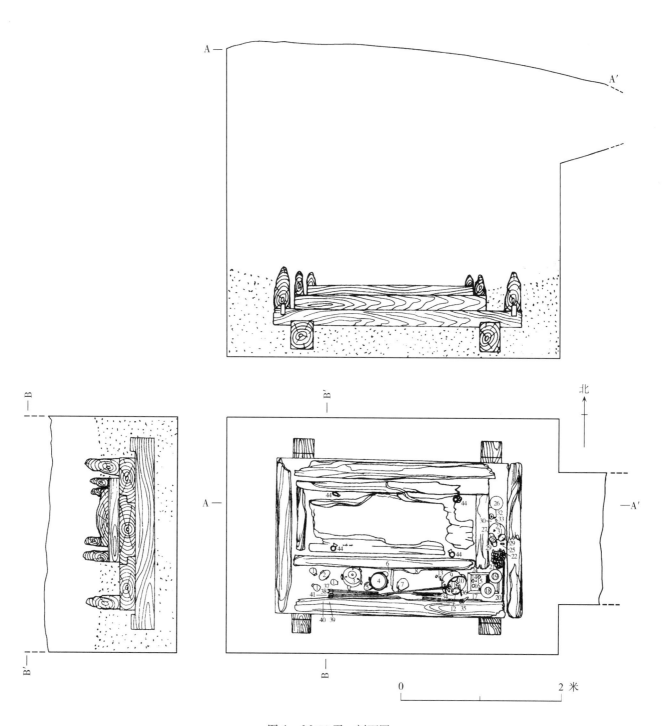

图八　M452 平、剖面图

1. 木俑头（3件）　2、5、6、12、22、29. 漆耳杯　3、4. 铜鼎　7. 残漆盒　8. 残木琴　9. 铜洗　10. 漆勺　11. 残
漆器　13. 铜砝码　14. 铜饼　15. 木塞　16. 铜天平盘　17. 残漆木器　18、19. 铜壶　20. 铜剑　21. 漆甲　23. 漆盒
24. 木残片　25. 玉剑格　26、32. 漆博漆奁　27、28. 陶熏炉　30. 玉璧　31. 铜带钩　33. 小铜环　34. 铜镞　35、
36、39. 铜戈附镈　37、38、42. 铜矛附镦　40. 铜镈　41. 铜镦　43. 残铁器　44. 铜铺首

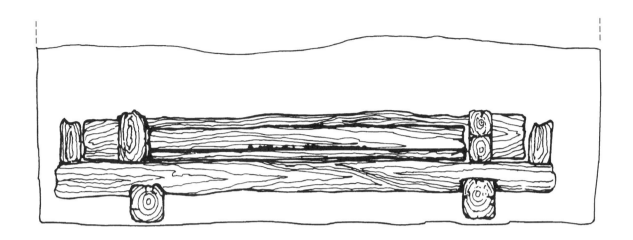

图九　M489平、剖面图

1. 玉璧　2、8、16、20. 陶罍　3、29. 陶敦　4、5、23、25. 陶壶　6、7、22、28. 陶鼎　9、11. 陶罐　12、陶杯
13. 铜弓饰件　14. 铜弩机　15. 木弩机　17~19. 陶豆　24. 陶盆　26. 陶匕　27. 陶勺　30. 残丝织物痕迹

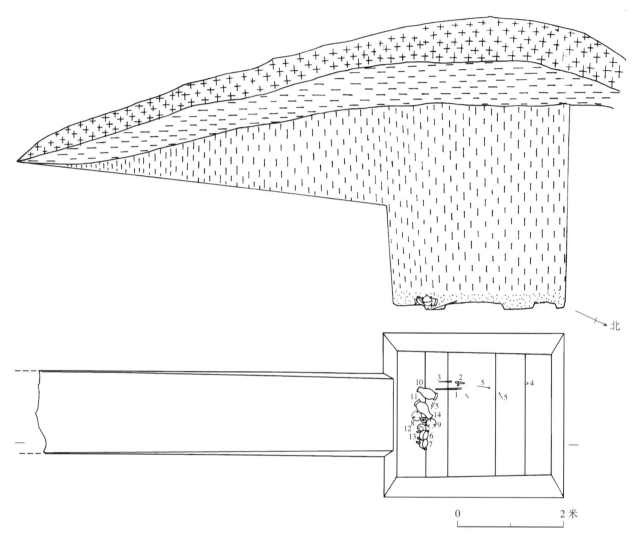

图一〇　M222平、剖面图

1. 铜剑　2. 铜戈　3. 铜矛　4. 铜镦　5. 铁锸　6、7. 陶鼎　8、9. 陶敦　10、11. 陶壶　12. 陶盘　13. 陶匜　13. 陶豆

棺椁结构

葬具已全部腐烂，只存棺椁痕迹，据痕迹，椁长约2.96、宽约2米。

人骨架已腐烂，葬式不明。随葬器物置于棺室的头箱与边箱内。

2. M432（91 益赫财 M5）

该墓位于赫山庙北部的一座小山坡上，北临资水冲积平原。

墓坑形制

为带墓道的长方形土坑竖穴墓。方向227°。墓道置于墓室东壁，墓口上部已被破坏。墓口长3.2、宽2.2，墓口至墓道底深1.85米。墓底长3.04、宽2.1，墓道底至墓底深2.65米（彩版六：2）。墓道因部分房屋未拆，只清理了墓道口，长1.9、宽1.38、底宽1.14米，坡度16°。墓坑四壁平整光滑。没有工具铲痕。

棺椁结构

葬具、人骨架已腐烂，葬式不明。

随葬器物置于东壁与南壁（图一一）。

（三）无墓道、无葬具墓

1. M139（85 益热 M2）

该墓位于益阳市三里桥陆贾山北坡，与三里桥东周古城相距约 200 米。为长方形竖穴宽坑墓。方向 253°。墓口上部已被推毁。墓口长 4.7～4.95、宽 3.5～3.6 米，墓底长 4.4～4.6、宽 3.3～3.35、残深 2.23 米。墓坑四壁斜直。墓壁平滑，有明显加工痕迹，填土纯净，夯筑较紧，但夯窝不清楚，墓底仅见少量白膏泥痕迹，仅在棺椁线上反映出来，可能是盖在棺椁顶上的一层薄白膏泥随棺椁腐烂渗透下去的，坑底有部分残漆片，靠铜鼎、敦附近尚可见棺椁腐烂的残木片。枕木沟分置于墓的两头，长 2.68、2.84、宽 0.4、0.44、深 0.22～0.24 米。墓坑东北角，距墓底 0.9 米处往上均分布三个圆窝形小坑，高 0.15、宽 0.18、深 0.4～0.5 米。可能是供挖墓人上下的脚窝。

葬具、人骨架已全部腐烂，葬式不明。

随葬器物放置在东北角和墓坑西边（图一二）。

2. M349（88 益赫府 M12）

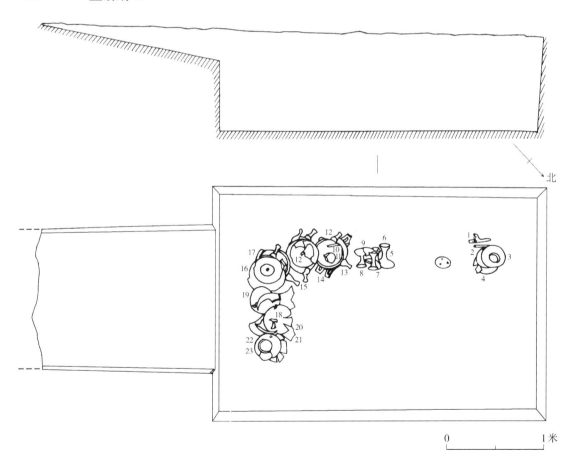

0　　　　　　1 米

图一一　M432 平、剖面图

1. 铜戈　2. 铜矛　3、4. 陶壶　5～8. 陶豆　9. 铜镞　10、18、19. 陶敦　11. 陶匕　12. 叠形器　13、14～17. 陶鼎　20、21. 陶罍　22、23. 陶簠

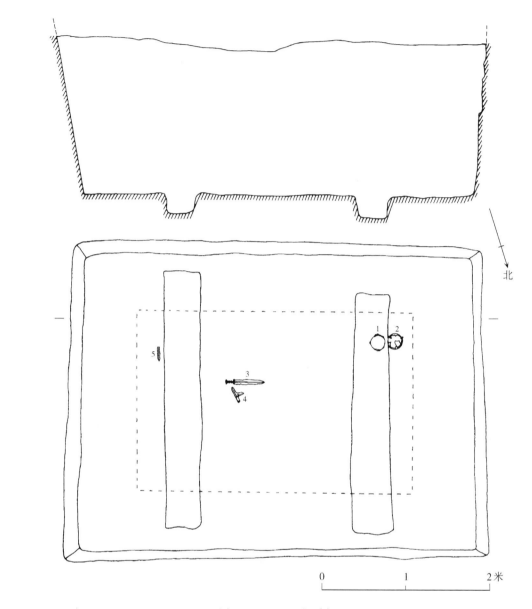

图一二　M139 平、剖面图

1. 铜鼎　2. 铜敦　3. 铜剑　4. 铜戈　5. 铜削

　　长方形竖穴土坑墓。位于赫山区政府院内，北距资水约 1.5 公里。方向 260°。墓口已被破坏一部分。墓口长 3.65、宽 2.95 米，墓底长 3.2、宽 2.2、残深 4.3 米。墓壁呈斜坡状。坡度 85°。墓坑内填土纯净，为洗沙土质，夯筑紧实。墓壁平整光滑。随葬器物置于墓底北边，墓底发现较多的红色残漆片（彩版八：3）。

　　3. M259（85 益羊资 M78）

　　长方形竖穴土坑墓。方向 90°。墓口上部被推毁，墓口长 4.1～4.15、宽 2.9、墓底长 3.6、3.7、宽 2.45、2.5、残深 1.85 米。墓坑四壁呈斜坡状，上部填洗沙土，墓底填有 0.5 米厚的白膏泥。墓底枕木沟长 1、1.02、厚 0.06 米（图一三）。

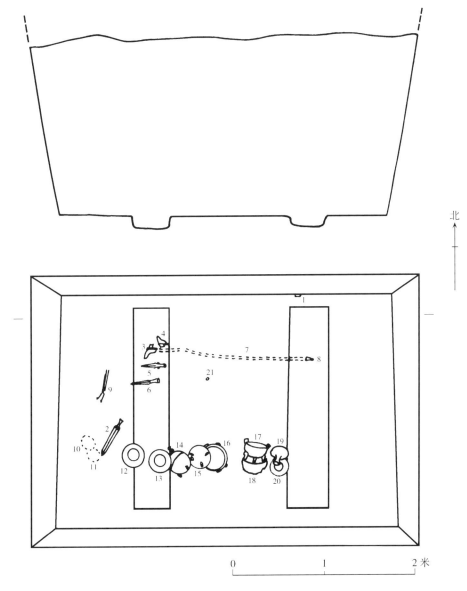

图一三　M259 平、剖面图

1. 残陶片　2. 铜剑　3、4. 铜戈　5、6. 铜矛　7. 戈柄痕迹　8. 铜镈　9. 铜镞　10、11. 漆器痕迹
12、13. 陶壶　14、15. 陶敦　16、17. 陶鼎　18. 陶钵　19、20. 陶豆　21. 石器

葬具、人骨架已腐烂，葬式不明。

随葬器物置于南北两边。

（四）窄长形墓

1. M170（85 益热 M33）

位于陆贾山北坡山腰，与三里桥铁铺岭战国秦汉古城相距约 200 米。被 M169 打破该墓的东北角。墓坑为狭长形。方向 250°。墓口上部已被破坏，墓底长 3.5、宽 0.95、残深 1.5 米，墓口与墓底长宽基本相等。墓底长宽比例为 3.9∶1，坑内北边距墓底高 0.7 米的地方有一壁龛，长 0.75、宽 0.42、深约 0.5 米。坑内填土为洗沙土质。经夯实（图一四）。

葬具、人骨架已全部腐烂，葬式不明。

随葬器物铜鼎、敦置于壁龛内，铜剑、矛、削，玉管、璜分布在墓坑内南边和两边（图版四：3）。

2. M183（85 益热 M46）

位于陆贾山北坡。狭长形竖穴土坑，方向266°。墓口上部遭破坏，残存墓口长3.3、宽1.2，东壁残深2.1，西壁残深0.9米。墓底长3.2、宽1.1、残深0.9米。墓坑斜直，长宽比例为2.9：1，墓坑填土较纯。墓壁不规整，尤以北壁较粗糙。清理墓底时，在距墓底0.3米的坑内发现有三组六小堆铜渣均匀分布在墓坑两边（彩版二：2）。上小下大，垂直构成梯形，延伸至墓底，可能系葬具附件。经原中南工业大学进行光谱分析，这些残渣包含铜、锡、锑、铜、锌、铁等多种成分（附录一）。北壁近东端有长条形边龛，约长1.35、高0.4、深0.3，距墓底高0.6~0.8米。墓底不平，头部有竹炭化物，铜戈周围有彩绘漆套痕迹，戈柄腐蚀，痕迹似积竹绕缠系物之形状（图一五）。

葬具、人骨架已腐烂，葬式不明。

随葬器物铜鼎、敦、簋、盘置于龛内，铜剑、戈、削，玉片、管放置在墓底西端（彩版二：1）。

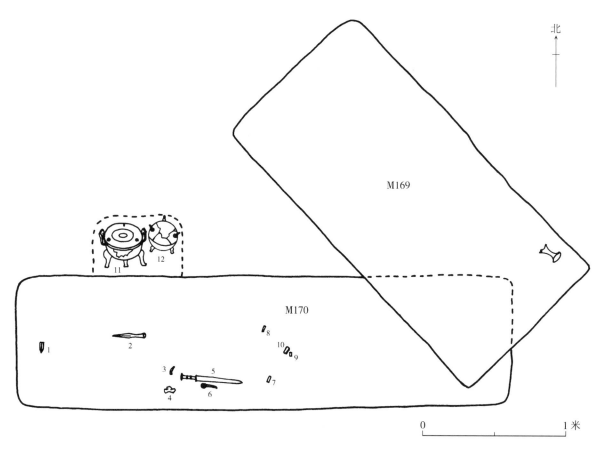

图一四　M169、M170 平面图

1. 铜削　2. 铜矛　3. 玉璜　4. 炭渣　5. 铜剑　6. 环首铜刀　7~10. 玉管　11. 铜鼎　12. 铜敦

图一五　M183 平、剖面图

1. 铜缶　2. 铜鼎　3. 铜簠　4. 铜盘　5. 玉管　6、7. 玉片　8、13、15. 铜渣　14. 铁屑　16. 植物果壳
17. 残玉环　18. 铜剑　19. 铜戈　20. 铜削

第二节　乙类墓

一、分类依据

乙类墓仍然是以墓内随葬器物为主要依据，结合墓葬形制大小进行分类。墓内出 1 件铜鼎、铜壶的墓定为乙类，墓葬形制较大，出有 1～2 套陶礼器或 1 套铜兵器的墓也定为乙类。这些出陶礼器的墓一般组合齐全（表七）。

二、器物的组合形式

乙类墓 172 座。保存有棺椁的 1 座。随葬器物种类有 2 种：1. 墓葬形制较小，但出土铜鼎、铜壶与陶礼器。2. 墓葬形制较大，出 1～2 套仿铜陶礼器，或几件仿日用陶器。陶礼器组合较全。

三、墓葬举例（22 座）

（一）有葬具墓

1. M300（86 益赫招 M26）

位于赫山区大海塘县招待所院内，北距资水约 1.5 公里。长方形竖穴土坑墓。方向 130°。墓口上部已被破坏。墓口长 2.64、宽 1.52 米，墓底长 2.66、宽 1.52、残深 2.5 米。墓底长宽比例为 1.75：1。墓坑上小下大，填红色网纹洗沙土夹五花土，夯筑紧实，但不见明显夯窝。墓底存 0.88 米的白色膏泥，白膏泥覆盖棺椁约 0.1 米厚。

棺椁结构

椁长 2.35、宽 1.2、高 0.7 米。由盖板、壁板、挡板、底板构成。盖板用 5 块木板平列横铺椁室之上，每块长 1.2、宽 0.3～0.4、厚 0.05～0.1 米（彩版九：1）。椁壁板用 1 块木板，挡板每边均由 2 块木板拼成，壁板每块长 2.06、高 0.48、厚 0.12 米。挡板长 1.24、高 0.3～0.32、厚 0.12～0.13 米。通高 0.6 米。壁板与挡板之间用浅板套榫结合，底板 3 块木板平列竖铺。每块长 2.4、宽 0.4～0.44、厚 0.1 米。3 块总宽 1.23 米。底板下横置枕木两根，枕木长 2.5、宽 0.29、厚 0.22 米。枕木凿成 0.11 米的凹槽。椁底板嵌在枕木凹槽内。

棺置于椁室内西边，距椁东壁板 0.28～0.3 米，距椁西壁板 0.04～0.06 米，距椁南挡板 0.08 米，距椁北挡板 0.09 米。棺为平底盒状长方形棺。棺与椁室北边箱用薄板隔开，薄板厚 0.02 米。棺长 1.9、宽 0.5、高 0.48 米。棺盖板由二块木板拼合而成，长 1.9、宽 0.54、厚 0.06 米。棺盖板与边箱盖板在同一个平面。边箱盖板长 2.04、宽 0.4、厚 0.06 米，由两块拼合而成（彩版九：2）。为带木框母口棺盖与棺口成子母口盖合。棺壁板长 1.76、高 0.34、厚 0.09 米。挡板长 0.42、高 0.34、厚 0.09 米。均整木做成。壁板与挡板之间为单面槽边缘相扣接，棺底板长 1.9、宽 0.58、厚 0.09 米。底板凿成凹槽把棺挡板与壁板嵌在底板上（图一六）。

人骨架已腐烂，葬式不明。

随葬器物放置于北部边箱内（彩版九：3、4）。

（二）有墓道、无葬具的墓

1. M457（92 益地财校 M5）

位于赫山庙北部资水北岸，南与资水相距约 1.5 公里。为带斜坡状墓道的近正方形竖穴土坑墓。方向 285°。墓壁设一级生土台阶。墓口长 5.6、宽 5.56、墓口至台阶深 1.1 米。台阶底长 4、宽 3.84 米，呈斜坡形状。墓壁坡度 72°。台阶东边宽 0.2、南边宽 0.4、西边宽 0.28、北边宽 0.36 米。台阶至墓底深 2.05 米。墓底长 3.12、宽 1.68、深 2.05 米。墓壁坡度 79°，墓底设两条枕木沟，长 1.36～1.52、宽 0.08、深 0.03 米。墓道设在墓室南边。墓道口长 4.4、宽 1.6～2.16 米，墓道底长 4.8、宽 1.56 米（彩版四：3）。墓口至墓道底深 1.9 米。墓道坡度 28°。墓坑内填土较紧，为洗沙土质。此外，益阳市电梯厂发掘的 M355 号墓葬形制与此墓基本相似，但 M355 墓壁坡度较小，周边台阶均较宽，宽度为 0.5～0.6 米（彩版一：2）。

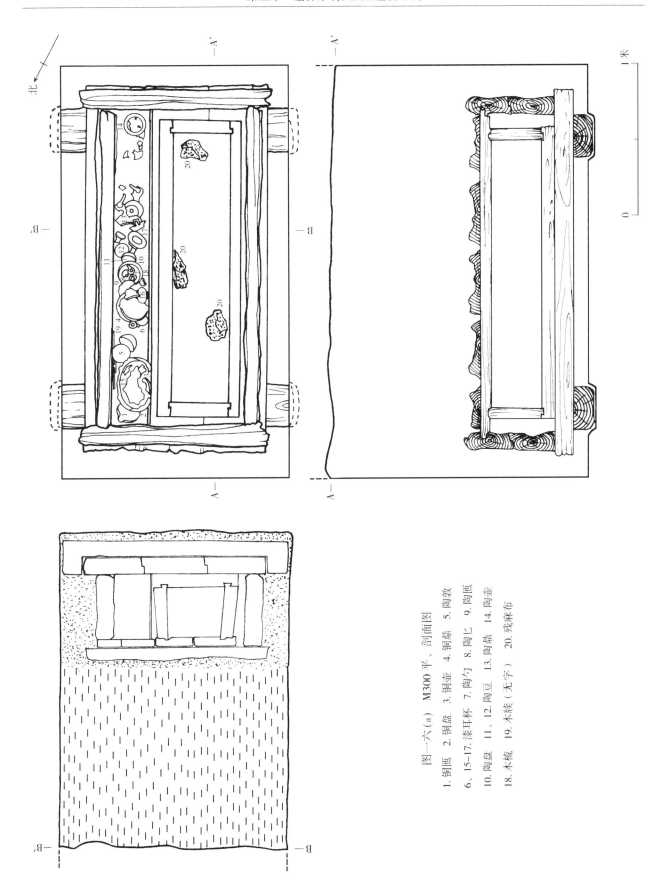

图一六（a）　M300 平、剖面图

1. 铜匜　2. 铜盘　3. 铜壶　4. 铜鼎　5. 陶敦
6、15~17. 漆耳杯　7. 陶勺　8. 陶匕　9. 陶匜
10. 陶盘　11、12. 陶豆　13. 陶鼎　14. 陶壶
18. 木梳　19. 木椟（无字）　20. 残麻布

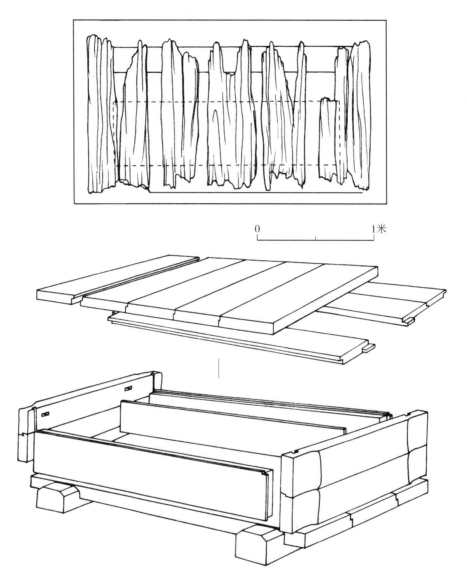

0　　　　　　　　　　　1米

图一六（b）　　M300棺椁盖板平面及棺椁结构示意图

　　葬具、人骨架已腐烂，葬式不明。

　　随葬器物放置在墓室的西边（图一七）。

　　2. M140（85益热M3）

　　位于三里桥陆贾山北坡。墓口上部已被破坏。为带墓道的长方形竖穴土坑墓。方向254°。墓口长3.4~3.6、宽2.2、残深1.2米。墓底长2.95~2.99、宽2.02~2.07、深1.56米。墓坑填土为洗沙土质，靠墓底有少量白膏泥，刮平地面可显露明显的棺椁痕迹（彩版三：2）。墓底有二条枕木沟，长1.92、宽0.16~0.2、深0.25米。墓壁为斜坡式，纵截面坡度85°。横截面坡度74°。墓道在墓室西端。墓道口残长5.6、宽2.24~2.39，墓道底部残长6、宽2.04~2.28，墓口至墓道口底1.2米。斜坡式墓道。坡度17°。墓道、墓壁南北两壁不甚规整，较粗糙，有铲的痕迹（图一八）。

　　葬具、人骨架已腐烂，葬式不明。

图一七

M457 平、剖面图

1、7. 铜矛

2. 铜剑

3. 玉璧

4. 陶鼎

5. 陶壶

6. 陶敦

8、9. 铜戈

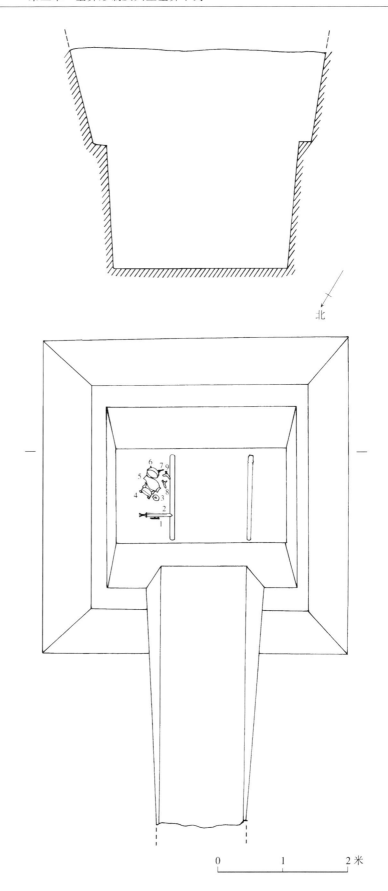

0　　　1　　　2 米

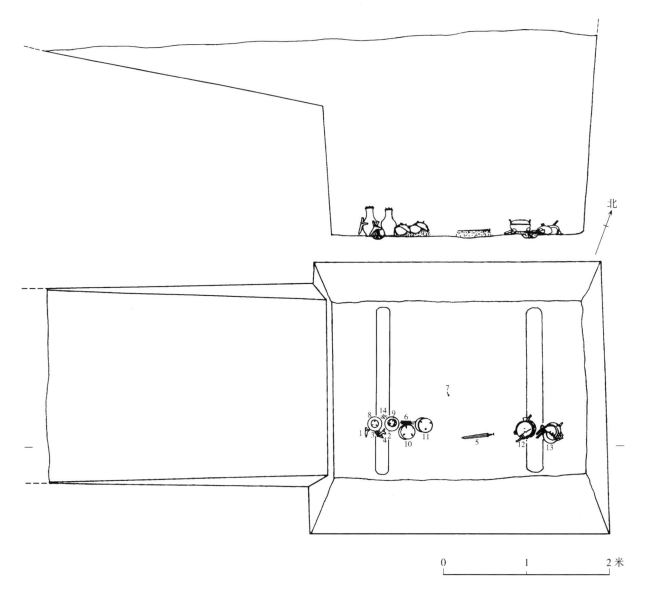

图一八　M140平、剖面图

1、2.铜戈　3、4.矛　5.铜剑　6.铜镞　7.铜带钩　8、9.彩陶壶　10、11.陶敦　12、13.陶鼎　14.种子

3. M287（86 益赫招 M8）

位于赫山庙与大海塘交界处山坡上。墓葬北面与三里桥东周古遗址相距约500米。方向345°。墓口长3.04、宽2.05，距墓道底残深1米，墓底长2.8、宽1.8、残深2.1米。墓道残长1.4、宽1.24米。墓底向上1米处有白膏泥棺椁痕迹，棺痕长2.2、宽1.4米，中部可见三块横椁板痕迹（图版二：4）。墓底用白膏泥与洗沙土混合回填，颗粒细。

随葬器物有陶鼎、敦、壶、豆、勺、盘、匜、杯、高柄壶形豆各2套，陶璧1件，其中陶豆4件，陶盘5件。

（三）无墓道、无葬具宽坑墓

1. M247（85 益羊资 M56）

位于羊舞岭天子坟仓板山山脊。墓前是资水冲积平原。方向165°。墓口长3.1、宽2.8米，墓底长2.52、宽1.46～1.52、残深2.7米。距墓底1.2米的填土中已暴露有白膏泥，清理距墓底0.16米时已显露出棺椁痕迹，为一棺一椁（图版三：2）。墓底两条枕木沟长1.54、宽0.2、深0.4米。枕木沟两端伸入墓壁，墓壁两边有深0.3～0.4、宽0.2～0.24、深0.1～0.2米放入枕木的凹槽。墓壁呈斜坡状。横截面坡度80°，纵截面坡度为85°。墓坑填土为洗沙土，颗粒较细，夯筑较紧，有明显的夯窝（图版二：5）。墓底有1.2米高的白膏泥夹洗沙土回填。

随葬器物放置在墓室的东南角。有陶绳纹圜底罐、钵各1件，豆2件（图一九）。

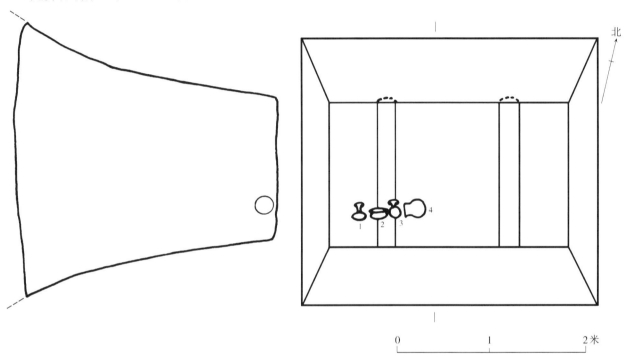

图一九　M247平、剖面图
1、3. 陶豆　2. 陶钵　4. 陶绳纹圜底罐

2. M338（88 益赫科 M24）

位于赫山区天成垸、县科技馆院内，墓地东北边是资水冲积平原，北距资水约1.5公里。方向120°。墓口2.65、宽2米，墓底长2.75、宽1.75～1.8、残深3.95米。距墓底0.5米处刮平填土，显露棺椁痕迹。椁痕长2.4、宽1.32米。棺痕长1.72、宽0.76米，椁痕与棺痕有0.24米的空隙可能是边箱。墓底比墓口长0.1米。墓坑四壁较规整，经加工修整。墓坑向内斜直，填土为洗沙土质，较紧。

随葬器物放置在墓室南边。有陶鼎、敦、钫各2件、豆4件，陶俑3件，漆盒1件、石器1件、铜戈1件、戈镦1件、带钩1件、镞1件、铁剑1件（图二〇）。

3. M254（85 益羊资 M72）

位于羊舞岭天子坟仓板山山脊上。方向90°。墓长2.5、宽1.72米，墓底长2.5、宽1.62、深4.9米。墓壁规整，上下垂直。墓内填红色网纹洗沙土，夯层紧实，有明显的夯窝痕迹，每层厚约

北

0　　　　　　　　　　　　　　　　1 米

图二○　M338 平、剖面图

1、3. 陶俑　4. 铜戈　5、6. 彩陶方壶　7、13、18、19. 陶鼎　8. 漆盒　9、10、14、17. 陶豆　11. 铁剑

12. 陶敦　15. 铜带钩　16. 铜镞　20. 铜镈　21. 石器

0.15～0.2 米，夯窝呈不规则椭圆形（彩版五：1）。

随葬器物有陶鼎、敦、壶、豆等。

（四）无墓道、无葬具长方形墓

1. M385（91 益赫城 M4）

位于赫山庙义子山西边，山下是资水冲积平原。长方形竖穴土坑。方向 135°。此墓叠压在 M386 之上，打破 M386。墓口已被破坏，墓底长 2.4、宽 0.8 米。墓内填土为洗沙土质。

随葬器物有陶鼎、敦、罐、钵，铜鼎、壶、剑、戈、镞（图二一）。被打破的 M386 未见随葬器物，可能已被 M385 扰乱破坏。

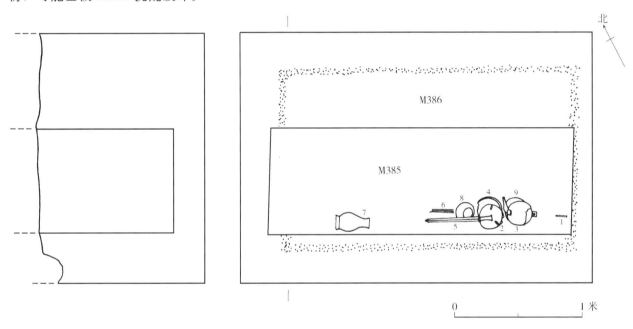

图二一　M385 平、剖面图

1. 铜戈　2. 陶敦　3. 铜鼎　4. 陶钵　5. 铜剑　6. 铜钺　7. 铜壶　8. 陶罐　9. 陶鼎

2. M154（85 益热 M17）

长方形竖穴土坑，方向 252°。墓坑上部已被破坏。墓口长 3.5、宽 2.2 米，墓底长 2.6～2.8、宽 1.55、残深 2.2 米。接近墓底 0.5 米的地方显露有棺椁痕迹（图版二：6）。墓底中央有 2 件长椭圆形石块。墓坑四壁呈斜坡状，横截面坡度 80°，纵截面坡度 80°。墓坑四壁不甚规整。

随葬器物有陶罐、豆各 2 件，钵 1 件，铁戈 1 件（图二二）。

3. M3（82 益赫旅 M1）

长方形竖穴土坑墓。方向 360°。表层已被破坏。墓底长 2.5、宽 1.5、残深 3.5 米。坑内自上而下填土为较纯净的洗沙土，四壁十分规整光滑，墓底铺有一层厚约 0.2 米的黄色胶泥。

随葬器物有陶鼎、敦、壶、豆、勺各 1 件，铜剑 1 件（图二三）。将该墓清理完毕之后，墓底仍为洗沙土，并继续向下延伸，发现下面还有另一座被该墓打破的墓，出土另一组器物。

4. M307（87 益赫科 M2）

位于赫山天成垸县科技馆工地，距资水约 1.5 公里。长方形竖穴土坑，墓口已被破坏。方向

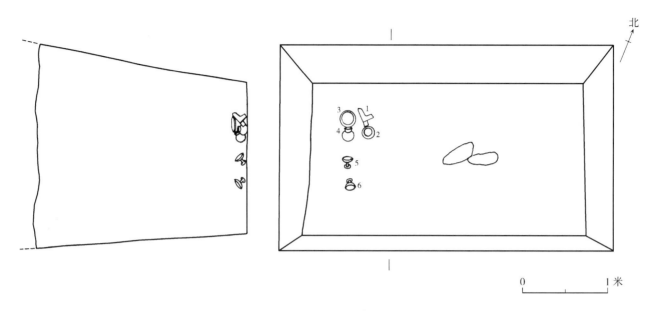

图二二　M154平、剖面图

1. 铁戈　2、4. 陶罐　3. 陶钵　5、6. 陶豆

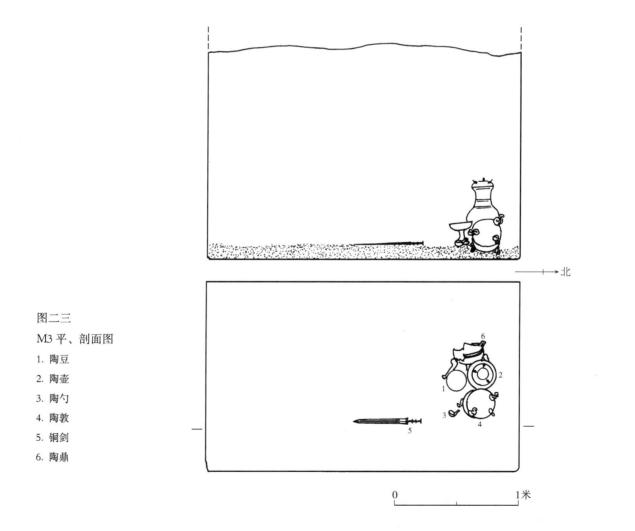

图二三

M3平、剖面图

1. 陶豆

2. 陶壶

3. 陶勺

4. 陶敦

5. 铜剑

6. 陶鼎

120°。墓口长 2.85、宽 1.86 米，墓底长 2.8、宽 1.82、残深 3.6 米。坑内填土为洗沙土质，夯筑紧实，墓壁工整光滑，至墓底 1.6 米以下欠规整，不见修作，可看出当时的工具痕迹（图版二：1）。在墓室西南墓壁上各有足窝 4 处，均匀分布在墓壁上。距墓底 0.6 米处开始出现白膏泥迹象，放置器物的边箱可见两层白膏泥，一层覆盖在器物的上部约 0.05～0.1 米，可能是放置在棺椁之上而下塌的。另一层放置在底层，随葬器物置于其上，厚约 0.12 米。9 号与 23 号器物部位发现朱地黑彩绘图案，可能是漆耳杯残存的漆皮，估计有 2～3 件漆器。3 号铜戈与 4 号戈镈之间残存木柄漆皮，周长约 0.13 米，并有朱彩图案。

随葬器物有陶鼎、敦、钫各 2 件，豆 5 件，除 1 件陶豆为浅黄灰色胎外，其余陶器均为深灰色软陶，施黑衣。陶俑头 3 件。铜剑、戈、矛、戈镈、矛镦、带钩、印章各 1 件，砝码 3 件（图二四）。

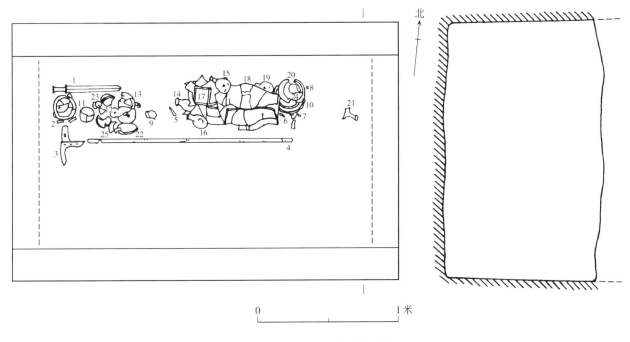

图二四　M307 平、剖面图

1. 铜剑　2. 铜镦　3. 铜戈　4. 铜镈　5. 铜矛　6. 铜带钩　7. 铜印　8. 残铜片　9. 漆耳杯（痕）　10、20. 陶鼎
11、12、21、23、25. 陶豆　13、19. 陶敦　14～16. 陶俑头　17、18. 陶钫　22. 残漆耳杯　24. 铜砝码

5. M88（85 益赫滨 M6）

位于市区赫山庙大海塘滨湖柴油机厂内。长方形竖穴土坑，方向 110°。墓口已被破坏一部分。长 2.6～2.7、宽 1.6 米，墓底长 2.76、宽 1.55、残深 3 米。墓口小于墓底。墓底填有约 0.5 米厚的白膏泥。在距墓底约 0.6 米时，剖平填土，显露出棺椁痕迹，为一棺一椁。椁痕长 2.2、宽 1.24 米。棺痕靠近椁痕北边，长约 1.84、宽约 0.86 米。墓底有两条枕木沟，长 1.64～1.68、宽 0.26～0.28、深 0.06 米，枕木沟伸入墓壁内 0.02～0.06 米。墓底中部有一小块木棺残片。

随葬器物置于椁痕南边。有陶鼎、壶各 2 件，陶敦 1 件，陶豆、勺各 2 件，陶盘 1 件，铜剑格 1 件（图二五）。

6. M426（91 益义 M52）

位于赫山庙北边义子山上，墓地往东、向北是资水冲积平原，北距资水约 1.5 公里。长方形竖穴土坑，方向160°。墓口已被破坏一部分。墓口长2.9、宽1.7米，墓底长2.8、宽1.6、残深3.8米。墓坑四壁较规整，墓壁较直。

随葬器物放置在墓室北边。有陶鼎、敦、壶、豆各2件，陶匕、勺各1件，料璧1件，铜镜1件（图二六；彩版三：3）。

7. M379（88益县医M35）

长方形竖穴土坑，方向310°。墓口长3.2、宽2.15米，墓底长2.75、宽1.85、残深3.95米。墓坑四壁略呈斜坡状。墓底有两条枕木沟，长1.85、宽0.3米。墓壁两边有高0.6、宽0.3、深0.1米放置枕木沟的凹槽。

随葬器物放置墓室的一边，有铜钫、鼎、剑各1件，陶豆1件（图二七；彩版三：4，五：2）。

8. M119（85益赫房M30）

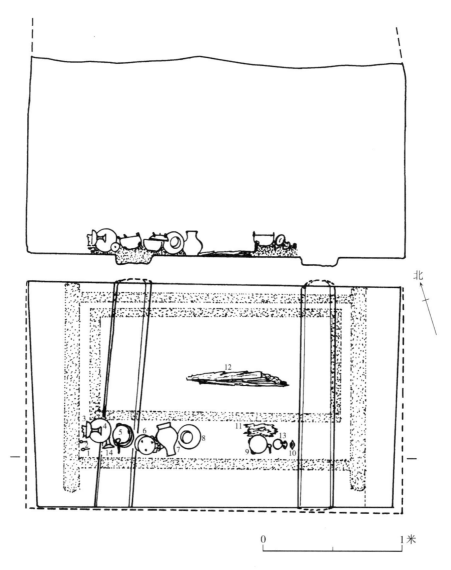

图二五　M88平、剖面图

1、2. 陶勺　3、13、14. 陶豆　4、7、8. 陶壶　5、9. 陶鼎　6. 陶敦　10. 铜剑格　11. 丝制品残痕　12. 残木棺

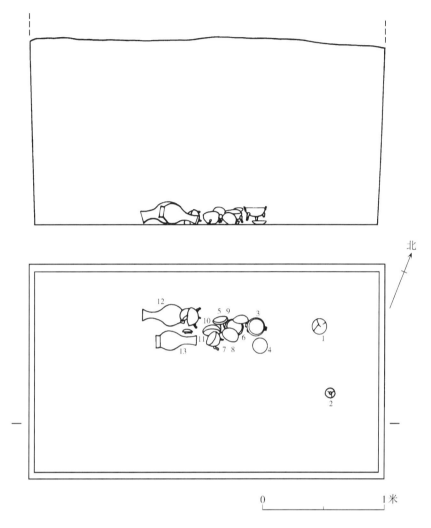

图二六 M426 平、剖面图

1. 铜镜 2. 琉璃璧 3、6. 陶鼎 4. 陶盘 5、9. 陶豆 7、8. 陶勺 10、11. 陶敦 12、13. 陶壶

位于赫山区天成垸房产公司院内，山势较矮，北临资水冲积平原。长方形竖穴土坑，方向 177°。墓口长 3.5、宽 2 米，墓底长 3.2、宽 1.71、残深 3.1 米。墓坑四壁较直而光滑。采用本坑土回填，较紧。

随葬器物放置墓室南端，有陶璧、绳纹圜底罐各 1 件，铜鼎、剑各 1 件，铜砝码 2 件（图二八）。

9. M440（92 益羊粮 M4）

位于赫山区羊舞岭长坡岭山脊上，与天子坟仓板山相距约 200 米。长方形竖穴土坑，方向 170°。墓口长 2.8、宽 1.55 米，墓底长 2.75、宽 1.5、残深 3.2 米。墓壁上部较规整，下部距墓底约 0.9 米处以下墓壁较粗糙。

随葬器物置于边箱内，有陶鼎、敦、壶、豆、勺、盘（彩版六：3）。

（五）长方形生土二层台墓

1. M375（88 益县医 M26）

在赫山庙天成垸县医院工地北坡上，北边是资水冲积平原，方向 105°。墓口长 2.82、宽 1.66、

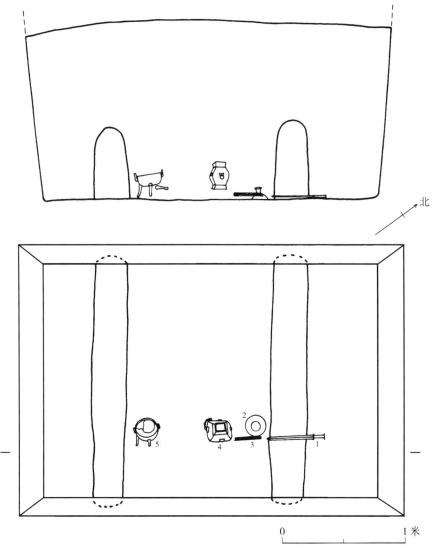

图二七　M379 平、剖面图
1. 铜剑　2. 陶豆　3. 铜镞　4. 铜钫　5. 铜鼎

深 3.1 米，墓底长 2.3～2.35，宽 0.85、深 0.8 米。二层台南北两边宽 0.22、东西两边宽 0.16，距墓底深 0.8 米。墓坑不甚规整，填土较松。第一层墓壁呈斜坡状。

　　随葬器物置西端墓壁下，有铜鼎、盘各 1 件，陶罐 1 件、豆 3 件（图二九）。

　　2. M413（91 益义 M33）

　　方向 160°。墓口长 2.3、宽 0.95、残深 2.26 米，墓底长 2.2～2.25、宽 0.65、深 0.74 米。墓底 0.74 米以上为一层生土台阶，台阶以上 0.3 米开始向墓壁斜伸入 0.1 米，墓坑两端墓口以下 1.76 米处开始向墓壁内斜伸入宽 0.22、高 0.52 米，形成南北台阶。东西两壁向墓壁伸入高度为 0.3～0.54、宽度为 0.12～0.14 米，形成东西两壁台阶。墓底有头龛，向壁伸入 0.3、长 0.62、高 0.4 米。

　　随葬器物陶豆，铜鼎、壶、盘在龛内。铜戈、剑、镈、镞置于墓底（图三〇）。

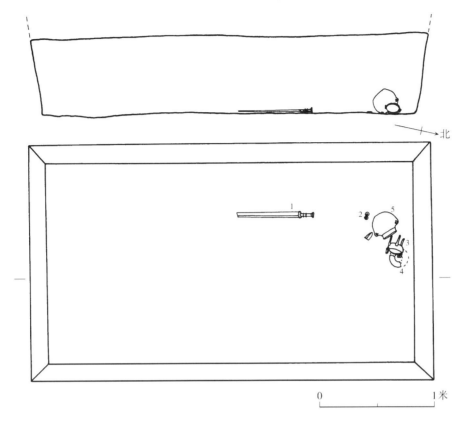

图二八 M119 平、剖面图

1. 铜剑 2. 铜砝码 3. 铜鼎 4. 陶璧 5. 陶绳纹圜底罐

第三节 丙类墓

一、分类依据

丙类墓是根据随葬器物与墓葬形制相结合而进行分类。绝大多数随葬仿日用陶器的墓都在丙类墓范围内，墓葬形制较小，出 1 套或 2 套仿铜陶礼器的墓归入丙类墓（表八）。

二、特点与器物的组合形式

丙类墓 417 座。大多没有保存葬具，个别保存有葬具痕迹。这一类墓是益阳楚墓中最多的一类。墓坑形制以长方形小型墓为主。墓室宽度一般在 0.5～1.5 米之间。设头龛和生土二层台的墓 161 座，腰坑墓 1 座。随葬器物有 5 种：1. 仿日用陶器，1 件或数件。2. 单出 1 件或 2 件以上铁器或铜器。3. 出 1 套陶礼器组合。4. 陶礼器组合不全。5. 单件陶礼器与日用陶器同出。

三、墓葬举例（23 座）

（一）有墓道墓

M213（85 益羊资 M20）

位于市东郊羊舞岭天子坟仓板山。封土保存基本完整，呈馒头状（图版一：2）。长方形竖穴土

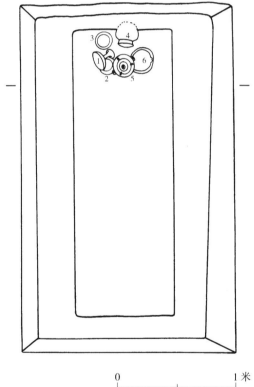

图二九　M375 平、剖面图

1～3.陶豆　4.陶罐　5.铜鼎　6.铜盘

坑。方向 348°。封土分两层，第一层为五花土，深 1.2 米，第二层为洗沙土夹少量五花土，深 0.5 米。封土总高度 1.7 米。墓口长 3.87～4、宽 3.1～3.4、深 1.5 米，墓底长 3.2、宽 2.1、深 2.7 米。墓坑四壁较规整。填洗沙土夹五花土，分层夯筑，每层厚 0.15～0.2 米。墓坑四壁呈斜坡状，横截面坡度 80°。纵截面坡度 83°。墓道设在墓室北端，墓道口长 4.6、宽 1.38～1.9 米，墓道底长 4.85、宽 1.34～1.5、深 1.5 米。坡度 10°。墓底不平，偏东部位有一方形小块漆木印痕。

随葬器物置于墓室北端,有陶罍、钵各 1 件(图三一)。

(二) 长方形竖穴土坑墓

1. M109（85 益羊瓦 M14）

位于赫山区羊舞岭天子坟砖瓦厂，墓地东南是资水冲积平原。方向 200°。墓口长 2.56、宽 1.15 米，墓底长 2.7、宽 1.15、残深 2.4 米。墓坑东西两壁上窄下宽，南北两端呈垂直状。坑内填土较纯净，为颗粒较细的洗沙土质，经夯筑。填土中见有泥质灰陶碎片。墓底有两条枕木沟，长 1.24、宽 0.28、深 0.02 米。枕木沟伸入墓壁内 0.02～0.06 米。

随葬器物放置在墓室南端，有陶盒、壶、敦各 1 件(图三二)。

2. M246（85 益羊资 M54）

位于赫山区羊舞岭天子坟仓板山东部山脊。方向 360°。墓口长 2.56、宽 1.1～1.17 米，墓底长 2.5、宽 1.03～1.1、深 2.5 米。墓坑四壁较直，填网纹红土，夯筑较紧，墓底有两条枕木沟，长 1.3、宽 0.2 米。东西两壁有高 0.4～0.48、宽 0.1～0.24、深 0.1～0.12 米的凹槽。

随葬器物置于墓室南端。有陶鼎、敦、壶、豆各 1 件（图三三）。

3. M239（85 益羊资 M46）

方向 360°。墓口上部已被破坏，墓口长 2.55、宽 1.05 米，墓底长 2.5、宽 0.92、残深 3.8 米。墓底有一条枕木沟在随葬器物一端。长 1.12、宽 0.25、深 0.05 米。墓壁两侧有高 0.4、宽 0.15～0.4、深 0.1 米的凹槽。另一端墓底虽没有枕木沟，但墓壁两边也有高 0.4、宽 0.1～0.2、深 0.6～0.1 米放置枕木凹槽。墓坑上部为洗沙夹五花土回填，下部为洗沙土质。

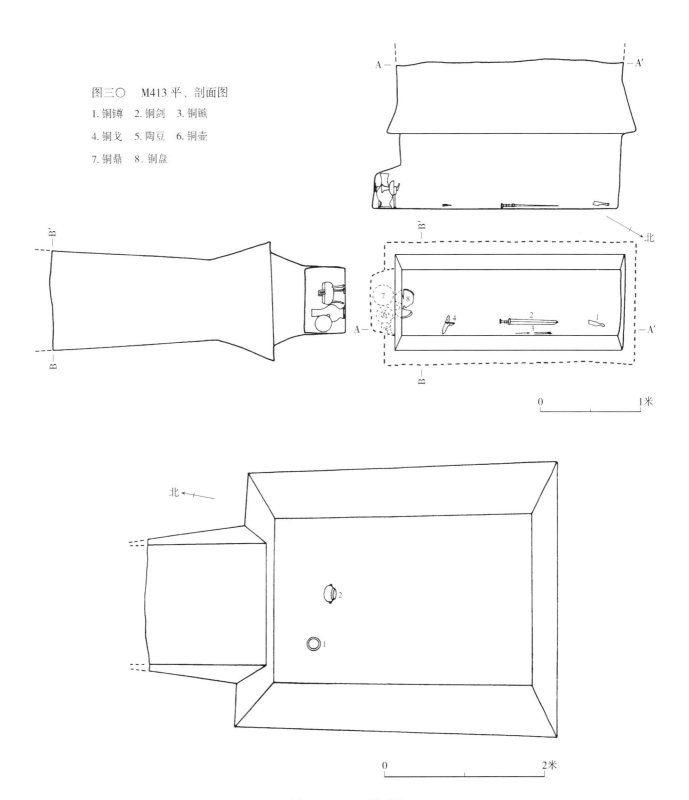

图三〇　M413 平、剖面图

1. 铜镈　2. 铜剑　3. 铜镞

4. 铜戈　5. 陶豆　6. 铜壶

7. 铜鼎　8. 铜盘

图三一　M213 平面图

1. 陶钵　2. 陶罍

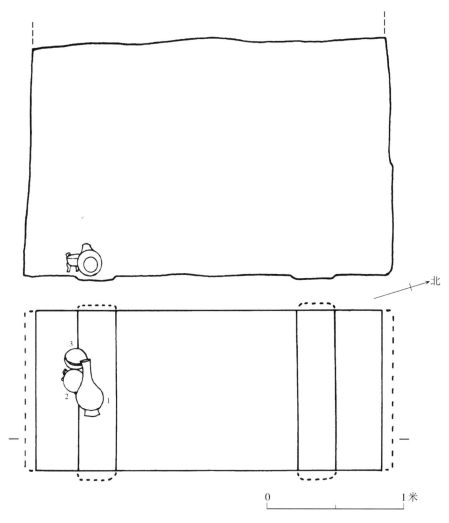

图三二　M109 平、剖面图

1. 陶壶　2. 陶罍　3. 陶盒

随葬器物有陶绳纹圜底罐 1 件和钵 2 件（图版三：1）。

4. M198（85 益羊资 M5）

方向 360°。墓口上部已被破坏。墓口长 2.6、宽 1.2 米，墓底长 2.8、宽 1.3、残深 4 米。墓室上小下大，填纯净洗沙土，较紧。墓壁上部不规则，下部稍内凹。

随葬器物置于北端，有陶鼎、敦、壶、豆各 1 件（图版六：4）。

5. M4（82 益赫旅 M2）

位于赫山庙东侧赫山旅社院内，墓地往东 0.5 公里处为资水冲积平原。方向 360°。墓口长 2.7、宽 1.6 米，墓底长 2.5、宽 1.4、深 5.05 米。墓底往上 1.6 米是 M3 的墓底，并有随葬器物陶鼎、敦、壶、豆，用黄色胶泥与 M4 隔开，填土仍为洗沙土质，但较 M3 稍粗。墓坑四壁与 M3 完全重合，从 M3 底部保存平整的黄胶泥和不曾错位的器物观察，应是 M3 打破 M4，M4 相对早于 M3。

墓底随葬器物有陶绳纹圜底罐、绳纹钵各 1 件（图三四）。

6. M403（91 益义 M4）

图三三　M246 平、剖面图

1. 陶鼎　2. 陶敦　3. 陶豆　4. 铜壶

方向 160°。墓口长 2.1、宽 0.7 米，墓底长 2.1、宽 0.7、深 1.8 米。墓坑四壁垂直。墓内填土为洗沙土质，不见明显的夯筑印痕。

随葬器物置于墓底南边，有陶豆 3 件、壶 1 件（图三五）。

（三）束腰窄长形竖穴土坑墓

M86（85 益赫滨 M2）

位于赫山区大海塘滨湖柴油机厂院内。墓坑整体呈束腰形，较长。方向 360°。墓口已被破坏。墓底长 2.7、宽 1～1.3、残深 1.9 米。墓坑填土为本坑土回填，较紧。墓底有两条枕木沟长 1.3、宽 0.1～0.16、深 0.05～0.1 米。枕木沟伸入墓壁内 0.05～0.08 米。

随葬器物置于墓室北端，在墓壁与枕木沟之间，有陶鼎、敦、壶、豆各 1 件，陶勺 2 件，铜剑、带钩各 1 件（图三六）。

（四）生土二层台带壁龛墓

1. M404（91 益义 M7）

图三四　M4 平、剖面图

1. 陶绳纹圈底罐　2. 陶绳纹钵

图三五　M403 平、剖面图

1~3. 陶豆　4. 陶壶

　　位于赫山庙北部义子山上，北距资水约 1.5 公里。生土二层台带头龛墓，墓坑形状较规整。方向 335°。墓口长 2.4、宽 1.08、残深 2.7 米。生土二层台面宽 0.14~0.2，距墓底高 0.65 米。墓底长 2.1、宽 0.65 米。墓底北端平，墓坑底掏一长 0.38、宽 0.22、高 0.4 米的长方形头龛。

　　随葬器物陶绳纹圈底罐置于龛内（图三七；彩版四∶1）。

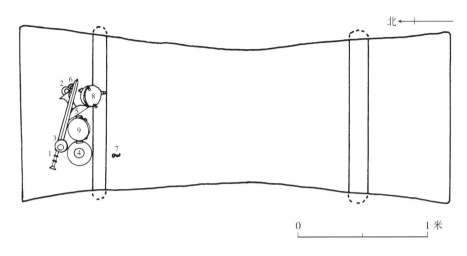

图三六　M86 平面图

1. 铜剑　2、6. 陶勺　3. 陶壶盖　4. 陶壶　5. 陶豆　7. 铜带钩　8. 陶敦　9. 陶鼎

2. M407（91 益义 M15）

长方形生土二层台头龛墓。方向 170°。墓口长 2.2、宽 0.8、距二层台残深 1.7 米。东西两壁有生土二层台，宽 0.1、距墓底深 0.8 米。墓底长 2.2、宽 0.6、深 0.8 米。墓室南壁墓底掏一长 0.6、宽 0.2、高 0.32 米的长条形头龛。

随葬器物陶钵、豆各 2 件、陶壶 1 件置于龛内。铁剑在墓坑西侧（图三八；彩版四：2）。

3. M185（85 益热 M48）

位于市区三里桥陆贾山，与三里桥东周古城南北相距约 200 米。长方形生土二层台壁龛墓。方向

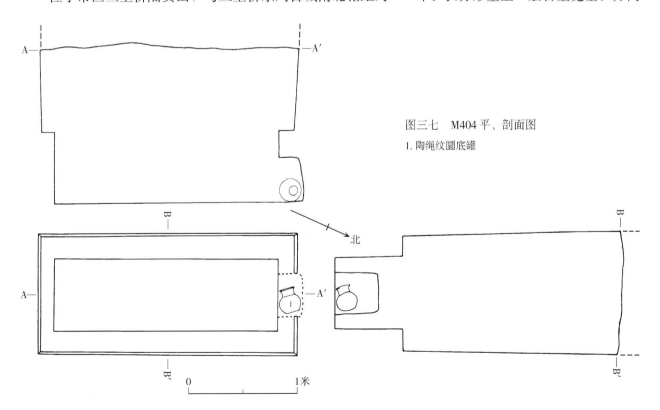

图三七　M404 平、剖面图

1. 陶绳纹圜底罐

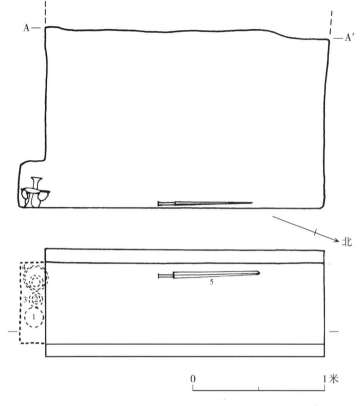

图三八　M407 平、剖面图

1、3. 陶豆　2. 陶罐　4. 陶盆　5. 铜剑

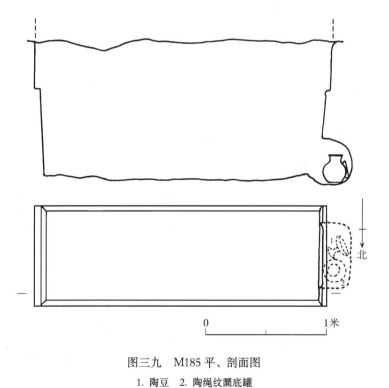

图三九　M185 平、剖面图

1. 陶豆　2. 陶绳纹圜底罐

80°。墓口长 2.4、宽 0.8、墓口至二层台残深 1.1 米。南北两壁有二层台，宽 0.05～0.06、距墓底深 0.7 米。墓底长 2.3、宽 0.72、深 0.7 米。在墓的东端墓底掏一长 0.5、宽 0.22、高 0.36 米的不规则长圆形壁龛。

随葬器物陶绳纹圜底罐、豆各 1件放置于龛内（图三九；图版五：3）。

4. M128（85 益羊园 M10）

位于羊舞岭天子坟仓板山墓地以西，与仓板山属同一墓地。长方形竖穴生土二层台头龛墓。方向 270°。墓口长 2.5、宽 1、残深 2.06 米。二层台南北两边宽 0.2、东西两边宽 0.12～0.16、距墓底深 0.5 米。墓底长 2.38、宽 0.52、深 0.5 米。墓壁斜直，坑内填黄色土，较紧。墓壁南北两边各有三条高 0.6、宽 0.09、深 0.02～0.09 米的凹槽，横截面呈三角形。西端墓底掏一长 0.38、宽 0.3、高 0.42 米的不规则头龛。

随葬器物陶罐、钵各 1 件，陶豆 3 件放置在龛内（图四〇）。

5. M627（98 益赫科 M3）

长方形生土二层台壁龛墓。方向 200°。墓口长 2.2、宽 0.8、墓口至生土二层台残深 0.3 米，墓坑南、北、东三面有生土二层台。二层台南、北面宽 0.12、东端宽 0.03～0.05、距墓底深 0.64～0.7 米。墓坑不规整，墓壁未见明显的加工痕迹。墓底不平，中间凹陷，放随葬器物的西端较高。墓底长 2.1、宽 0.58、深 0.64～0.7米。墓底西端向墓壁内掏一长 0.78、宽 0.2、高 0.4 米的不规则壁龛。

随葬器物 5 件，陶鬲、敦、罐、

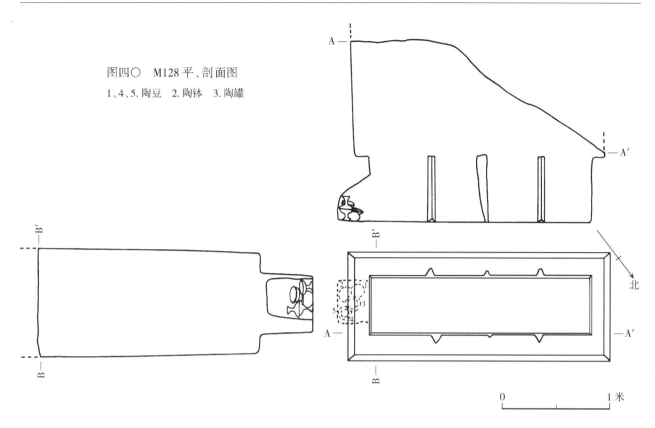

图四〇　M128 平、剖面图
1、4、5.陶豆　2.陶钵　3.陶罐

豆置于龛内（图四一）。

6. M364（88 益赫财 M3）

位于赫山庙北部县财政局院内，距资水约 1.5 公里。生土二层台吊龛墓。方向 202°。墓口长 2.6、宽 1.22、墓口至二层台残深 2 米。二层台宽 0.34～0.36、距墓底深 0.86 米。墓底长 2.04～20.8、宽 0.6～0.68 米，墓坑填洗沙土，墓壁不其规整。在墓室一端高出墓底 0.15 米处向墓壁内掏一长 0.5、宽 0.24、高 0.42 米的不规则正方形壁龛。

随葬器物陶鬲、罐各 1 件，豆 2 件放置在龛内（图四二）。

7. M117（85 益房 M27）

位于赫山庙北部义子山上，北距资水约 1.5 公里。长方形生土二层台吊龛墓。方向 90°。墓口长

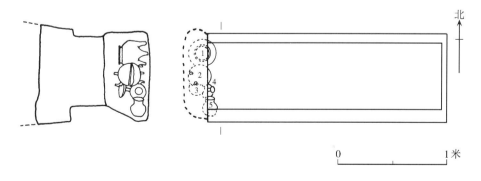

图四一　M627 平、剖面图
1. 陶鬲　2. 陶敦　3、4. 陶豆　5. 陶罐

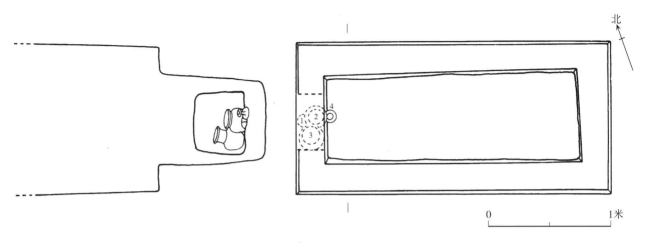

图四二　M364平、剖面图

1、4.陶豆　2.陶鬲　3.陶罐

2.5、宽1.1、墓口至二层台深1.24米。二层台东西边宽0.18、南北面宽0.22、距墓底深0.56米。墓底长2.2、宽0.65、深0.56米。吊龛在墓室东壁，距墓底高0.68米。吊龛置墓壁中间，长0.63、宽0.22、高0.33米。

随葬器物置于吊龛内，有陶鼎、钵、壶、豆、勺各1件。墓底有铜剑、矛各1件，残铁镮1件（图四三）。

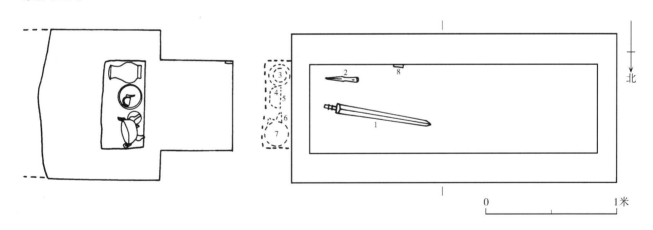

图四三　M117平、剖面图

1.铜剑　2.铜矛　3.陶壶　4.陶盒　5.陶勺　6.陶豆　7.陶鼎　8.铁镮

8.M206（85益羊资M13）

长方形生土二层台墓。方向110°。墓口上部已被破坏。墓口长2.3、宽0.85、残深0.8米。二层台至墓底深0.6米。墓底长2.25、宽0.65、深0.6米。二层台一边被破坏，墓室上部填洗沙土夹五花土，下部填洗沙土，填土较松。

随葬器物在高出墓底0.2～0.25米的西端填土中，有陶绳纹圜底罐1件、钵2件（图版六：3）。

（五）长方形壁龛墓

1.M406（91益义M14）

长方形吊龛墓。方向180°。墓口长2.5、宽0.9米，墓底长2.15、宽0.7、残深2.8米。墓内填洗沙土，经夯筑。墓壁斜直，墓室南壁距墓底0.4米处有一长0.7、宽0.2、高0.2米的长条形壁龛，内置陶豆3件、罐1件（图四四）。

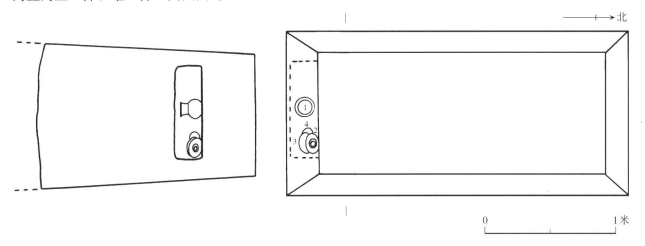

图四四　M406平、剖面图
1. 陶罐　2～4. 陶豆

2. M214（85益羊资M21）

长方形吊龛墓。方向65°。墓口长2.5、宽1、墓底长2.2、宽0.65、深2.4米。墓坑填土较纯，为洗沙土质。墓壁较光滑工整，略呈斜坡状。墓底东北边有已破碎的铜铃若干枚，铜带钩1件。墓壁一端距墓底高0.8米处有长0.6、宽0.18、高0.36米的不规则形吊龛，随葬器物陶罐、陶盘各1件（图四五）。

3. M131（85益羊桑M1）

与羊舞岭天子坟仓板山墓地相连。长方形竖穴吊龛墓。方向135°。墓口已被破坏。墓口长1.95～2、宽1.7米，墓底呈梯形，长2.1～2.3、宽1.17～1.34、深1.9米。墓口以上残存部分封土，深1.1米。墓室南边上部已遭破坏。墓内填土为洗沙土，未见明显的夯筑痕迹。墓底靠北部有一条凹

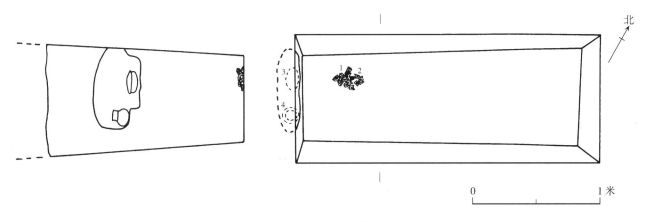

图四五　M214平、剖面图
1. 铜带钩　2. 铜铃　3. 陶盘　4. 陶罐

槽，长 1.02、宽 0.2、深 0.06 米。

随葬器物陶鼎、敦各 1 件放置在凹槽以北，墓壁距墓底 0.74 米高的地方有一呈梯形的壁龛，高 0.5、顶宽 0.16、底宽 0.32、向墓壁内深入 0.23 米。龛内置陶壶 1 件（图四六）。

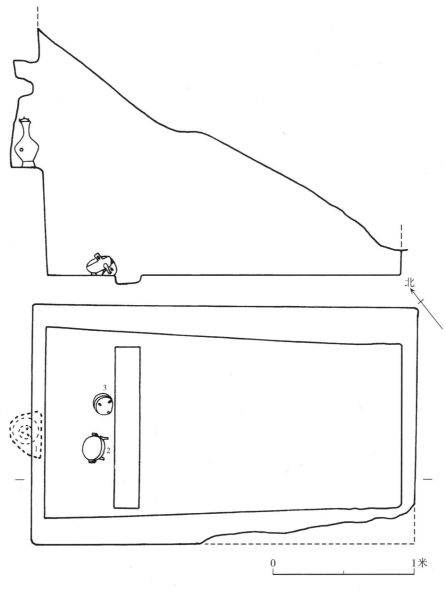

图四六　M131 平、剖面图
1. 陶壶　2. 陶鼎　3. 陶敦

4. M493（92 益赫供 M3）

位于赫山庙北部，北距资水约 1.5 公里。长方形吊龛墓。方向 70°。墓口长 2.65、宽 1.35 米，墓底长 2.65、宽 1.35、残深 3.3 米。墓壁较直，光滑平整。填洗沙土质，较紧实。在墓坑东壁距墓底高 0.5 米处有一长 0.56、宽 0.28、高 0.52 米的不规则正方形壁龛。

随葬器物陶罐、陶鬲各 1 件、豆 2 件置龛内（图四七）。

5. M215（85 益羊资 M22）

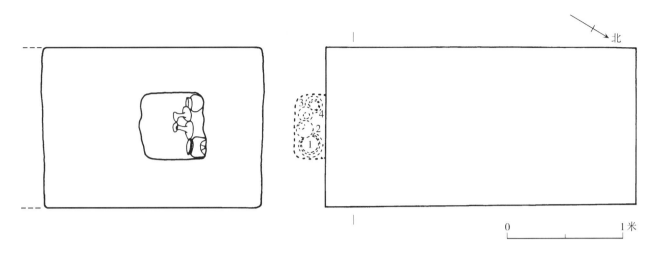

图四七　M493 平、剖面图

1. 陶鬲　2、3. 陶豆　4. 陶罐

长方形吊龛墓。方向 5°。墓口长 2.7、宽 1.15 米，墓底长 2.38、宽 1、残深 2.78 米。墓壁较直、较规整。墓内填洗沙土质，靠近墓底东侧有明显的不规则工具痕（图版二：3）。北壁距墓底 0.5 米处有一长 0.6、宽 0.2、高 0.42 米的不规则形壁龛。

随葬器物陶绳纹圜底罐、钵置于龛内（图四八；图版五：2）。

6. M194（85 益羊资 M1）

长方形竖穴吊龛墓。方向 140°。墓口长 2.6、宽 1.2 米，墓底长 2.4、宽 1.1～1.5、残深 2.8 米。墓内填洗沙土质，较紧。墓壁斜直，靠近墓底两壁有镢痕（图版二：2）。

随葬器物置于墓底南壁下，南壁在距墓底 0.72 米处有一长 0.26、宽 0.1、高 0.32 米的壁龛，龛内置陶绳纹圜底罐 1 件。墓底有陶豆 2 件，钵、盘各 1 件（图四九；图版六：2）。

7. M143（85 益热 M6）

长方形竖穴吊龛墓。方向 72°。墓口长 2.62、宽 1.26 米，墓底长 2.63、宽 1.16、残深 1.28 米。墓底有两条枕木沟。长 1.40～1.52、宽 0.12～0.18、深 0.02 米，枕木向墓壁两侧伸入 0.1～0.2 米。距墓底 1.3 米以上墓壁较规整，墓底坑洼不平。墓坑东壁距墓底 0.72 米处有一长 0.6、宽 0.31、高 0.28～0.3 米的长条形壁龛。

随葬器物陶鼎、敦、绳纹圜底罐置于龛内（图五〇；图版四：1）。

8. M281（86 益赫招 M1）

窄长形土坑竖穴墓。方向 180°。墓口已被破坏，墓底长 2.24、宽 0.58、残深 0.5 米。墓底南端平墓底掏一长 0.58、宽 0.18、高 0.34 米的头龛。

随葬器物陶绳纹圜底罐、钵、豆置于龛内（彩版五：3）。

9. M141（85 益热 M4）

长方形竖穴头龛墓。方向 180°。墓口长 2.07、宽 0.56、残深 0.74 米。墓底与墓口长宽接近。墓坑南端墓底掏一长 0.57、宽 0.2、高 0.34 米的长条形壁龛。

随葬器物陶罐 1 件、钵 2 件置龛内（图五一；图版六：1）。

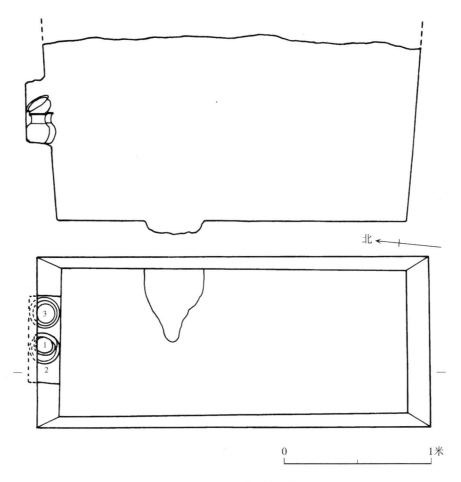

北 ←

0　　　　　　　　　　1米

图四八　M215平、剖面图

1. 陶钵　2、3. 陶绳纹圈底罐

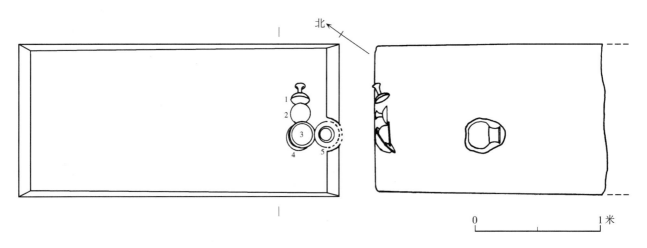

北 ←

0　　　　　　　　　　1米

图四九　M194平、剖面图

1、2. 陶豆　3. 陶钵　4. 陶盘　5. 陶绳纹圈底罐

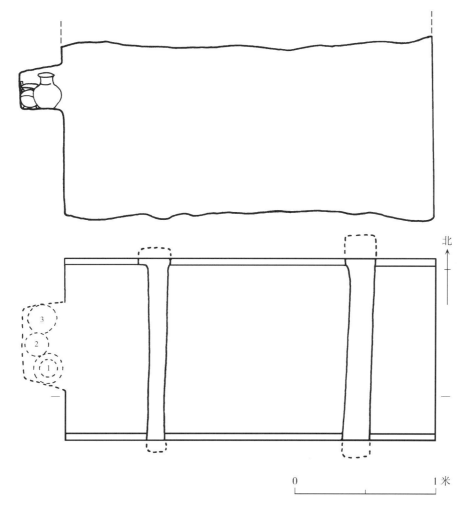

图五〇　M143 平、剖面图

1. 陶绳纹圜底罐　2. 陶敦　3. 陶鼎

10. M310（87 益赫科 M5）

长方形竖穴头龛墓。方向 170°。墓口长 2.24、宽 0.94、残深 0.65 米。墓底长 2.44、宽 0.64、深 0.5 米。墓坑一端掏长 0.62、宽 0.2、高 0.4 米的头龛，龛内陶双系壶、豆各 2 件，小壶、鬲各 1 件（图版五：1）。

（六）窄长形土坑竖穴墓

1. M409（91 益义 M23）

窄长形竖穴土坑墓。方向 90°。墓口上部已被破坏。墓口长 2.5、宽 0.8 米，墓底长 2.5、宽 0.8、残深 2.1 米。墓底长宽比例为 3.1：1。墓坑四壁垂直光亮，四角呈直角。填洗沙土质，夯筑较紧。墓底一端墓底掏一长 0.8、宽 0.2、高 0.3 米的壁龛。

随葬器物陶豆、钵各 2 件，陶壶 1 件置于龛内（图版四：2）。

2. M204（85 益羊资 M11）

窄长形竖穴土坑墓。方向 360°。墓口上部已被破坏。墓口长 3、宽 1.3 米，墓底长 2.85、宽 1.2、

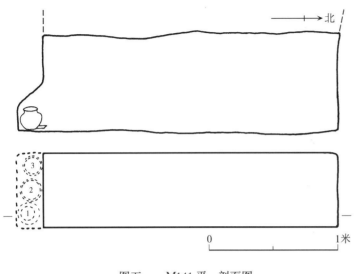

图五一　M141 平、剖面图
1. 陶罐　2、3. 陶钵

残深 3.1 米。墓底长宽比例为 2.5：1。墓底有两条枕木沟，长 0.95～1.5、宽 0.18、深 0.04 米。墓壁工整平滑，经过修削加工。填土为纯洗沙土质，较紧实，未见明显夯窝。

随葬器物置于北端，有陶鼎、敦、壶、豆、勺、匜、匕各 1 件(图版五：4)。

3. M442 (92 益羊粮 M6)

西距天子坟仓板山墓群约 200 米。长方形竖穴土坑墓。方向 120°。墓口已被破坏一部分。墓口长 2.52、宽 1、深 1.28 米，墓底 2.5、宽 1、残深 2.3 米。墓底有两条枕木沟长 1.22、宽 1.05～0.2、深 0.04 米。枕木两端伸入两壁

0.12 米。两壁有高 0.5、宽 0.16～0.2、深 0.05～0.12 米的枕木凹槽。

随葬器物放置西端。有陶绳纹圈底罐、钵、豆各 1 件（彩版六：1）。

第四节　丁类墓

丁类墓 33 座。均为无随葬器物的空墓。它的墓葬所处地理位置、形制大小及墓室填土与丙类墓无异。有长方形、窄长形、生土二层台、头龛、吊龛、壁龛多种。均未见葬具或葬具痕迹。

墓葬举例（共 3 座）

（一）生土二层台墓

1. M295 (86 益赫招 M19)

长方形生土二层台窄坑竖穴墓。方向 335°。墓口长 2.4～2.5、宽 1～1.3、残深 2.39 米。墓坑南北两壁斜直，东西两壁呈斜坡状。二层台东西两边宽度分别为 0.2，南边宽 0.18，北面宽 0.32，南端距墓底深 0.45，北端距墓底深 0.6 米。墓底长 2.1、宽 0.59、高 0.45～0.6 米。墓底长宽比例为 3.9：1。墓坑填土为洗沙土质（图五二）。

2. M423 (91 益义 M49)

长方形生土二层台窄坑竖穴墓。方向 135°。墓口长 2.85、宽 1.1、残深 0.85 米。墓壁斜直。生土二层台分布在东西两边，宽 0.1、距墓底深 0.8 米。墓底长 2.45、宽 0.75、深 0.8 米。墓底长宽比例为 3.3：1。墓坑南端高出墓底 0.06 米掏一长 0.38、宽 0.15、高 0.18 米的长方形龛壁。坑内填洗沙土（图五三）。

（二）长方形竖穴土坑墓

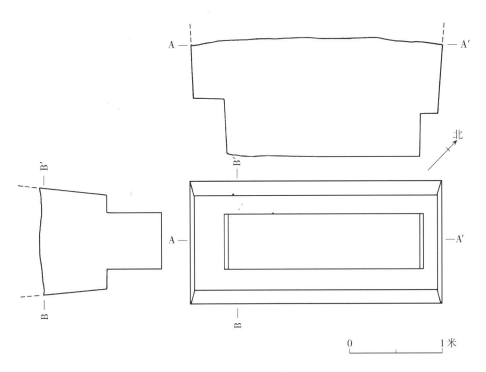

图五二　M295 平、剖面图

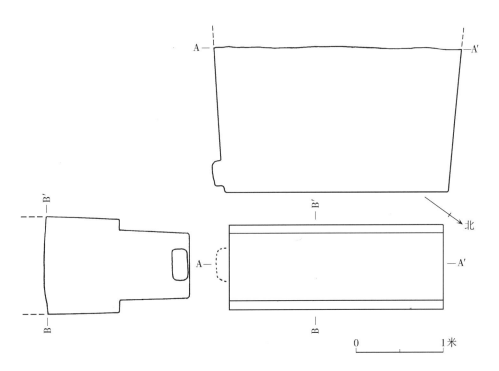

图五三　M423 平、剖面图

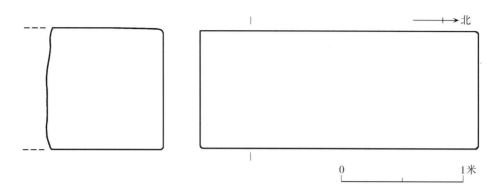

图五四　M157 平、剖面图

M157（85 益热 M20）

方向 340°。墓口上部遭破坏，墓口与墓底长度相等。墓底长 2.3、宽 0.95、残深 0.85 米。长宽比例为 2.4∶1，墓坑填土为洗沙土（图五四）。

第四章　随葬器物

第一节　陶　器

在 653 座楚墓中，有 388 座墓出土仿铜陶礼器，占墓葬总数的 60％以上；166 座出仿日用陶器，占墓葬总数的 25.7％；其他类 66 座；无随葬器物的墓 33 座。能够进行分期分段的墓 477 座，只作大致分期的 6 座。在这 477 座墓中，已分型分式的陶器有 2519 件。陶器可以分为仿铜礼器、日用器和其他三大类，日用器中有日用器和仿日用器两类，日用器火候较高，仿日用器火候低，质地酥松，触之即碎；除少量的日用器以外，绝大多数是仿日用器。有少量战国早、中期的礼器火候稍高，战国晚期的火候偏低，易碎，极难修复。

一、陶质

可分为三个陶系。

1. 泥质灰陶系　是数量最多的一个，占整个陶系的 90％以上，包括陶礼器和仿日用陶器，泥土多经淘洗，质地细腻，火候偏低，易碎。

2. 泥质红、褐陶系　陶土较细，未加羼和料，火候稍高。器物形态较规整，年代多在战国早、中期。

3. 夹砂灰陶、褐陶系　数量极少。

二、制法

有轮制、模制和手制三种。

1. 三足器的制法　轮制、模制、手制三种。器形较规整的鼎腹、鼎盖、敦盖、敦身采用轮制，鼎耳、鼎足、敦纽、足采用模制，然后分别将它们贴于口沿、腹部和底部，鼎足模制后一般经过修削。战国晚期的鼎耳、鼎足部分留有手捏制痕迹，制作粗糙。

2. 圈足器和平底器的成型，采用轮制的方法，壶、罐、罍身为轮制，然后将模制成型的铺首、环纽、圈足分别贴于器身、肩腹和底部。

3. 小件器物和器物附件多采用手制，豆盘、豆座采用轮制，柄多用模制，也有手制，钵有轮制与手制两种，多数为轮制。勺、匕、盘、匜以手制为主，部分器物形态不规则，重心不稳，器内壁多留有手捏的痕印。

三、装饰手法

可分为两类，一类是器物成形后在表面用压印、拓印纹饰进行装饰；另一类是用不同颜色的矿物质颜料对焙烧后的器物表面进行彩绘。

1. 粗绳纹　有间断、斜线、交错绳纹，用陶拍压印或拍印在圜底罐、鬲、壶、平底罐、钵的颈、肩、腹部。

2. 弦纹　分为凸弦纹和凹弦纹，均见于轮制的器物上。凸弦纹多出现在鼎盖和鼎腹部，凹弦纹主要见于敦、壶、罐、罍形器的颈、肩、腹部。

3. 竹节纹　在豆柄上刻数道凹弦纹，使其凹凸不平，形成竹节纹。

4. 彩绘　在焙烧后的陶器上绘彩，一般用红、褐、黄、黑四色绘制，图案有下列几种。

（1）菱形回纹　施于鼎腹部，壶颈部，敦盖、身口沿部。

（2）波折纹　多施于鼎腹，壶盖、颈、圈足部。

（3）网格纹　多见于壶的肩、腹部。

（4）云纹　有勾连云纹和卷云纹。多见于鼎盖，壶盖，壶颈及敦盖部。

（5）卷云纹、曲折纹、小扁圆圈纹构成组合纹饰　施于壶颈、肩、腹部。

（6）变形草叶纹　施于敦盖、豆盘部分，由变形草叶组合成花瓣纹。

（7）黑白相间纹　在鼎、壶、豆的颈、腹部，分别涂以黑白两色。

（8）射线纹　多见于豆盘、盘、匜、匕上。

（9）三角形　在鼎，敦，壶颈、腹部用黑、红、黄绘制三角形、倒三角形纹，用斜线绘顺、倒小三角形纹饰。

5. 兽面纹　见于鼎足上端。

6. 印圈纹、扁棱纹　见于鼎足上端。

7. 铺首　分花瓣状和兽面状。下面均衔一环。主要见于壶、盒的肩、腹部。

8. 人、动物泥塑俑　主要有人俑头、鸟、鸭、鸽，动物泥塑贴于鼎盖、壶盖、敦纽及足部。

9. 镂孔　圆形、扁圆形，见于罐、罍的颈、肩部，壶的下腹部。

四、器类

陶器分为仿铜礼器、日用器及其他三大类。仿铜陶礼器有鼎、敦、壶、簠、尊缶、钫、盒、小口鼎、盘、匜、勺、匕；日用器有鬲、钵、罐、绳纹圈底罐、高颈小壶、罍、杯、高足壶形豆、豆、纺轮等。下面对陶器形制与质地的介绍仅指已分期段的 469 座墓中的陶器，未分期段的陶器没有统计在内，对陶器质地未进行介绍的均为泥质灰陶。

（一）仿铜礼器

1. 鼎　472 件。出土于 303 座墓中。能分型式的 458 件，分属 292 座墓。根据盖、口、腹、足的不同，可分为 8 型。

A 型　185 件。长方形附耳外侈，子母口内敛，蹄足兽面，足上端圆鼓。依据腹、足的变化，可分为 9 式。

Ⅰ式　2 件。盖顶平，腹壁较直，底近圜，粗蹄足稍外撇，截面棱形。盖饰 3 个对称半圆形纽，身素面。标本 M68：3，通高 23.2、口径 16.8、腹径 20.4 厘米（图五五：1）。

Ⅱ式　10 件。盖隆起，腹壁往外斜直，大圜底，高蹄足，截面棱形，足上端圆鼓。盖饰 3 个对称"Y"形兽纽与凸弦纹两周，腹饰凸弦纹一周。标本 M202：6，泥质褐陶，通高 25、口径 15.6、

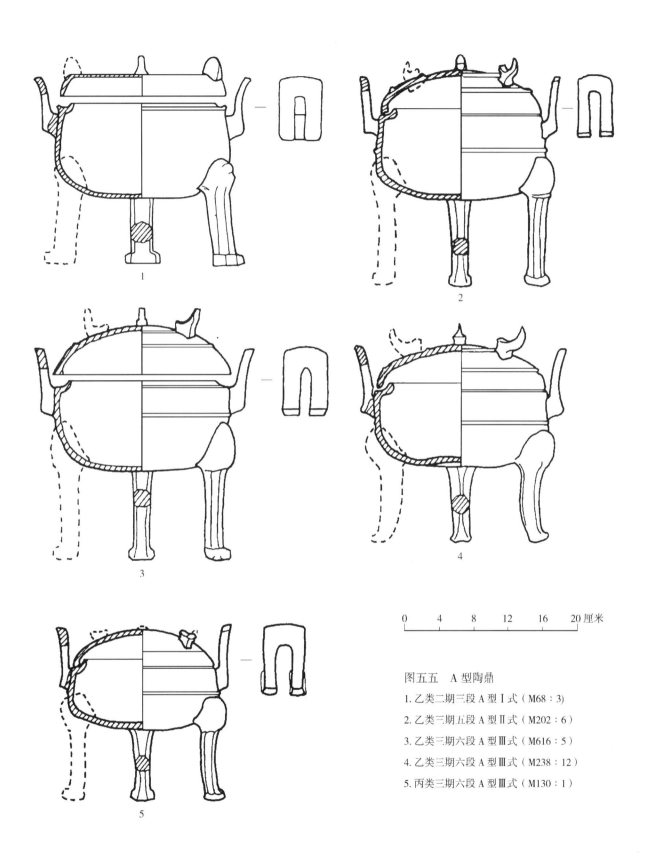

图五五　A 型陶鼎

1. 乙类二期三段 A 型 I 式（M68：3）

2. 乙类三期五段 A 型 II 式（M202：6）

3. 乙类三期六段 A 型 III 式（M616：5）

4. 乙类三期六段 A 型 III 式（M238：12）

5. 丙类三期六段 A 型 III 式（M130：1）

腹径 38.4 厘米（图五五：2）。

Ⅲ式 8 件。盖圆隆起，长方附耳，子口平，腹弧内收，圜底近平，高蹄足，截面棱形，足端圆鼓。盖有 3 个 "Y" 形兽纽与凸弦纹二周，腹有凸弦纹一周。标本 M616：5，通高 28、口径 17.2、腹径 20.4 厘米（图五五：3）。标本 M238：12，泥质黑红褐胎陶。腹内弧，圜底内凹，蹄足稍矮外撇。通高 23.5、口径 16.8、腹径 20.4 厘米（图五五：4）。标本 M130：1，夹砂褐陶。形体稍小，隆盖，耳较长，直腹壁，大圜底。口径 14、腹径 17.2、通高 19.2 厘米（图五五：5；彩版一一：4）。

Ⅳ式 2 件。盖顶平，腹较深，圜底，蹄足外撇，截面扁圆形。盖顶 3 纽，盖、腹饰凸弦纹。标本 M408：2，红胎黑皮陶，通高 22.5、口径 20、腹径 20.5 厘米（图五六：1）。

Ⅴ式 41 件。盖顶近平，长方耳接于颈部，最大腹径在下部，大平底微内凹，高蹄足，截面棱形。盖顶有提环，上有 3 个对称 "Y" 形兽纽，腹饰凹弦纹一周。标本 M200：1，通高 23.5、口径 15.6、腹径 20 厘米（图五六：4）。标本 M129：1，盖微隆，腹较深，下腹内敛，平底微内凹，高蹄足，截面三棱形，足上端内凹。通高 28、口径 15、腹径 18.4 厘米（图五六：2）。标本 M489：7，平顶盖，长方附耳相接处高于颈部，腹斜收，腹底转折明显，平底。蹄足上部稍粗，往下渐细，截面扁状。兽面。盖有横 "S" 形状矮纽与凸弦纹二周，腹饰弦纹一周。通高 20、口径 16、腹径 18.8、底径 14.4 厘米（图五六：3；图版七：1）。

Ⅵ式 4 件。盖平弧，长方附耳略显高，直腹，底腹交接缓平，呈大圜底。蹄足较矮且直，截面呈三棱形，足端圆鼓，兽面。盖饰凸弦纹二周，腹饰凸弦纹一周。标本 M203：1，通高 19、口径 17、腹径 21.2 厘米（图五六：5）。

Ⅶ式 44 件。盖平弧，直方耳，直腹，平底微内凹，蹄足，截面扁圆形，足端圆鼓，兽面。盖饰三个对称矮纽。标本 M255：2，通高 19.6、口径 14、腹径 17.6 厘米（图五六：6）。标本 M279：5，直腹，下腹斜收，呈圜底，蹄足瘦矮，截面三棱形。通高 18、口径 14.5、腹径 18 厘米（图五六：7）。

Ⅷ式 40 件。盖微隆，素面。竖耳，腹较深，直壁，圜底近平，蹄足外撇，外侧修削有棱，内侧平，耳上部外侧有凸弦纹，下部凹弦纹，腹饰凸弦纹一周，足上端 "S" 形凸棱纹组成兽面。标本 M125：4，通高 16.4、口径 16.5、腹径 17.2 厘米（图五七：1）。标本 M254：1，盖矮而平缓，耳外侈，直壁，深腹，平底，蹄足外撇，外侧修削有棱，内侧平。足上端回旋状条纹。通高 18、口径 17、腹径 18 厘米（图五七：2）。

Ⅸ式 34 件。通体矮小。盖平缓而矮，耳显长，浅腹，平底，蹄足矮小，截面扁圆，足外侧修削有棱，内侧平。标本 M246：2，通高 14、口径 9、腹径 16 厘米（图五七：3）。

A 型鼎的演变情况是：盖顶由半隆起转向扁平、近平，盖面由高渐矮，盖纽由高渐矮，逐渐消失；腹由深变浅，底由大圜底逐渐变为平底；足接于底腹部逐渐移至耳根部，由粗变细，由高变矮，足端由圆鼓变为兽面，蹄足由多棱形变成外侧有棱，内侧近平，截面由棱形变成扁圆，扁平形。蹄爪粗而明显到不明显，到最后消失；整个器体由大渐小，由形态规整变成器形不甚规整。质地由稍硬变成软灰陶，黑红褐陶逐渐消失。

B 型 17 件。制作规整，盖、身轮制，耳、足模制。长方形耳接于颈部，子母口内敛，腹部圆鼓，器身呈扁球状，高蹄足。主要出土于陆贾山墓地。可分为 6 式。

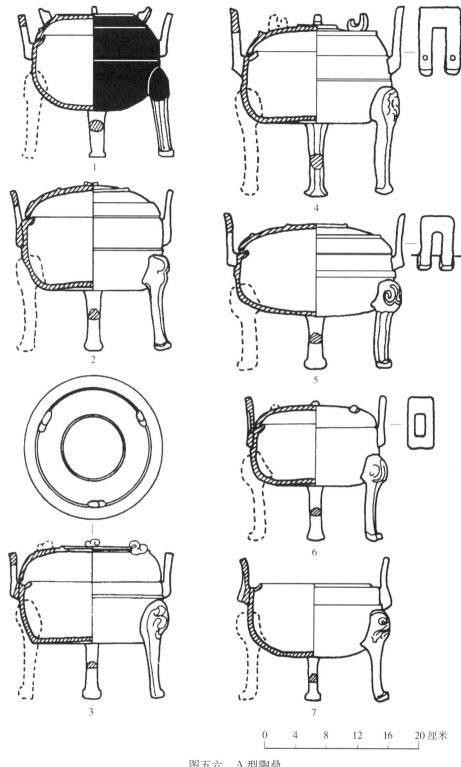

图五六　A 型陶鼎

1. 丙类三期六段 A 型Ⅳ式（M408：2）　　2. 丙类四期七段 A 型Ⅴ式（M129：1）

3. 甲类四期八段 A 型Ⅴ式（M489：7）　　4. 丙类三期六段 A 型Ⅴ式（M200：1）

5. 丙类三期六段 A 型Ⅵ式（M203：1）　　6. 丙类四期七段 A 型Ⅶ式（M255：2）

7. 丙类四期八段 A 型Ⅷ式（M279：5）

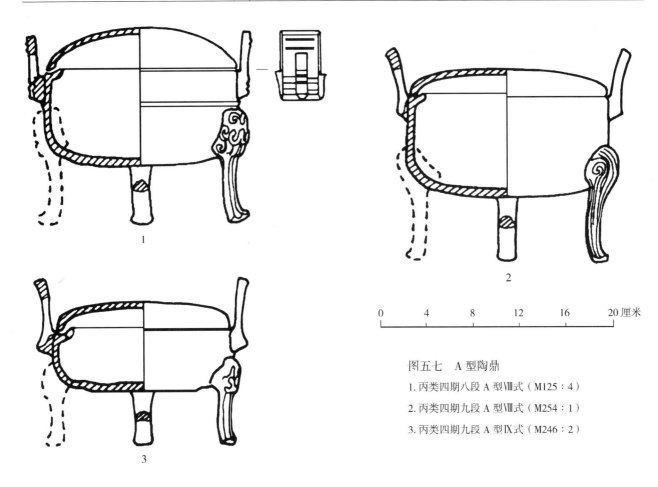

图五七　A 型陶鼎
1. 丙类四期八段 A 型Ⅷ式（M125：4）
2. 丙类四期九段 A 型Ⅷ式（M254：1）
3. 丙类四期九段 A 型Ⅸ式（M246：2）

0　　　4　　　8　　　12　　　16　　　20 厘米

Ⅰ式　1件。盖隆起，顶部有提环，长方耳外敞。颈、腹有弦纹一周，腹部下垂，呈圜底。蹄足接于腹底部，微外撇，截面棱形。标本 M166：1，通高15.3、口径10.5、腹径14厘米（图五八：1）。

Ⅱ式　2件。盖较矮，顶近平，顶部有提环，耳较长，下腹外鼓，略垂，大圜底。高蹄足接于下腹部，截面棱形。腹饰黑色彩带。标本 M188：10，泥质褐陶。通高27、口径16、腹径20厘米（图五八：2）。

Ⅲ式　1件。盖隆起，顶部有小提环，耳较长，腹较深，下腹外鼓，下垂明显，呈大圜底。高蹄足，截面棱形。盖饰弦纹三周，朱绘组成"乙"形纹与勾连纹，身肩腹处饰菱形回纹一周。标本 M230：6 泥质黑衣褐胎陶。通高30.4、高径20、最大腹径18.8厘米（图五八：3）。

Ⅳ式　6件。盖隆起，盖顶有提环，耳特长外敞，弧腹，圜底近平，蹄足微外撇，截面棱形，足上端外鼓。盖面有弦纹，腹部饰黑地朱彩几何纹与菱形回纹一周。标本 M179：2，通高24.8、口径18、腹径20.8厘米（图五八：4）。标本 M140：12，盖隆起较高，顶有提环，腹下垂，稍浅，大圜底，高蹄足。盖、腹饰弦纹，施黑地朱彩。通高23、口径17、腹径20.8厘米（图五八：5）。标本 M188：3，盖平矮微弧，素面，长方耳外侈，腹呈扁球腹状，高蹄足，经修削外侧有棱，内侧平，截面扁圆形。盖腹施黑地朱彩，肩、腹施菱形回纹一周。通高22、口径18、腹径20厘米（图五九：1）。

Ⅴ式　4件。盖微隆，盖顶有提环，粗厚长方耳，腹内收，圜底，高蹄足，外侧修削有棱，内侧平，截面扁圆形。腹部施朱褐彩，绘回形纹一周。标本 M189：4，通高20.4、口径17.6、腹径18厘

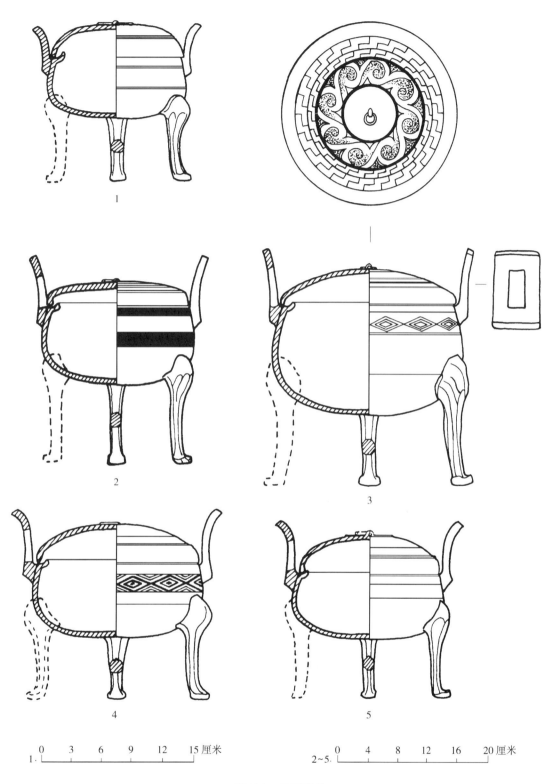

图五八　B 型陶鼎

1. 乙类三期四段 B 型Ⅰ式（M166：1）　　2. 乙类三期五段 B 型Ⅱ式（M188：10）　　3. 甲类三期五段 B 型Ⅲ式

（M230：6）　　4. 乙类三期五段 B 型Ⅳ式（M179：2）　　5. 乙类三期五段 B 型Ⅳ式（M140：12）

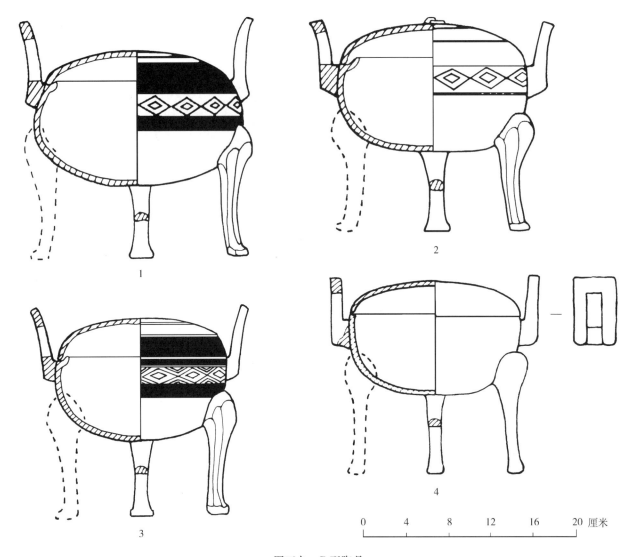

图五九　B 型陶鼎

1. 乙类三期五段 B 型Ⅳ式（M188：3）　2. 乙类三期六段 B 型Ⅴ式（M189：4）

3. 乙类四期八段 B 型Ⅵ式（M178：7）　4. 丙类四期九段 B 型Ⅵ式（M84：4）

米（图五九：2）。

　　Ⅵ式　3 件。盖平弧，素面，扁圆腹，圜底，高蹄足，截面扁圆，足外部修削有棱。盖、腹施朱黑彩，腹施菱形回纹一周。标本 M178：7，通高 25.5、口径 21、腹径 20.2 厘米（图五九：3）。标本 M84：4，耳较厚，且粗短，圜底，高蹄足，截面扁圆。通高 18、口径 16.8、腹径 16 厘米（图五九：4）。

　　B 型鼎的演变情况是：由长方形耳外侈，变为短粗近方；盖顶提环逐渐消失；腹由深渐浅，由垂腹、大圜底变成弧腹内收呈小圜底；足从底腹部移至耳根部，高蹄足渐矮、渐内收，截面由菱形变成扁圆形。

　　C 型　29 件。主要出土于陆贾山墓地。盖近平，长方耳，子母口内敛，浅腹，蹄足有棱。依据其盖、耳、腹的变化，可分为 4 式。

Ⅰ式 21件。盖近平，上有凸弦纹一周，3个小矮纽。浅腹，腹底交接圆浑，蹄足稍粗微外撇，截面棱形，接于腹底。标本M160：3，通高20、口径16.5、腹径20厘米（图六〇：1）。标本M177：2，盖平矮，有提环，长方耳较粗厚且外侈，腹稍外撇，大平底，高蹄足接于腹底部，足上端外鼓，下部外撇，截面呈圆形，足外部有棱。盖腹弦纹三周。通高18.8、口径15.5、腹径20.4厘米（图六〇：2；图版八：2）。标本M152：9，长方耳外侈，浅腹，底内凹，高蹄足，截面棱形。盖有弦纹、小提环。盖顶饰勾连云纹，腹饰菱形回纹一周。通高21.2、口径15、腹径19.6厘米（图六〇：3；彩版一〇：1）。

Ⅱ式 2件。盖顶平，上有3个对称小矮纽，长方耳外侈，直腹，圜底近平，高蹄足接于底部，截面棱形。盖顶、腹部各饰凸弦纹一周。标本M164：4，通高20.8、口径16、腹径21.6厘米（图六〇：4）。

Ⅲ式 5件。盖顶微弧，斜直腹，腹底转折明显，大平底内凹，矮蹄足置于腹底部，截面棱形。盖凸弦纹二周。标本M220：11，通高20、口径16、腹径20.8厘米（图六〇：5）。

Ⅳ式 1件。竖耳显长，浅腹，圜底，蹄足，截面三棱形，足上端外鼓。标本M345：4，泥质红陶。通高17.6、口径15.6、腹径16.8厘米（图六〇：6）。

C型鼎的演变情况是：由圜底近平变成内凹底；蹄足由高变矮，由粗变细，足上端从底部移向上腹部。

D型 82件。盖平矮微弧，长方附耳接于颈部，耳外侈，子母口内敛，高蹄足兽面。依据腹、足的变化，可分为8式。

Ⅰ式 14件。盖圆隆，上有三弦纹，3个椭圆形小纽，长方耳接于下腹部，腹较深，大平底，高蹄足微外撇，盖面施黄地朱黑色三角形折曲纹彩绘，上腹施黄地朱色倒三角形纹一周，下腹饰以黄地朱黑彩横三角形纹一周。耳外侧施红彩与黄彩竖条纹。高蹄足鼓眼长鼻兽面，内侧平，外刮削有棱，截面扁棱形。标本M252：8，通高22、口径13.8、腹径18、底径12厘米（图六一：1）。

Ⅱ式 30件。盖矮，微弧，长方耳接于腹部，直腹，小平底，蹄足微外撇，足经修削，上端饰鼓眼、长鼻獠牙兽面。盖腹施白地朱黑彩绘已脱落。标本M301：2，通高18.8、口径17.6、腹径22.5、底径10.4厘米（图六一：2；彩版一三：4）。

Ⅲ式 13件。盖顶弧，素面，浅腹，大圜底，高蹄足，截面三棱形，足上端饰长鼻兽面。腹施黄色彩绘，已经脱落。标本M226：8，通高19.8、口径15、腹径19.2厘米（图六一：3）。

Ⅳ式 4件。盖隆起，长方耳接于颈部，腹微弧，圜底近平，粗蹄足稍外撇，截面三棱形，外侧修削有棱，足上端鼓眼高鼻兽面。盖、腹饰凸弦纹三周。标本M355：8，通高24.8、口径20.8、腹径23.2厘米（图六一：4；彩版一一：1）。

Ⅴ式 5件。盖矮而平缓，上有扁圆形环纽，3个对称小矮纽，弧腹，腹与底交接处有棱，粗蹄足，足上端鼓眼大鼻兽面，盖、腹各饰凸弦纹一周。标本M348：12，通高20.4、口径15.2、腹径18.8、底径12.8厘米（图六二：1）。

Ⅵ式 7件。盖顶部有凸弦纹一周。长方耳根部较厚，方唇，直腹较浅，平底内凹，高粗蹄足外撇，截面近三棱形。标本M635：3，通高18、口径14、腹径14.8厘米（图六二：4）。

Ⅶ式 6件。盖平缓，平唇，腹从颈部开始向内弧收，圜底，瘦高，足外撇，内侧平，外侧有

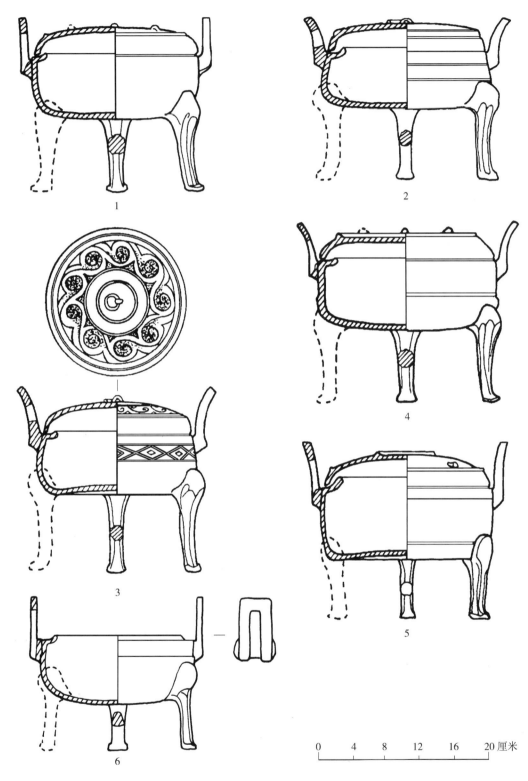

图六〇　C型陶鼎

1. 乙类三期四段 C 型 I 式（M160：3）　　2. 丙类三期四段 C 型 I 式（M177：2）

3. 甲类三期六段 C 型 I 式（M152：9）　　4. 乙类四期七段 B 型 II 式（M164：4）

5. 乙类四期七段 C 型 III 式（M220：11）　　6. 丙类四期九段 C 型 IV 式（M345：4）

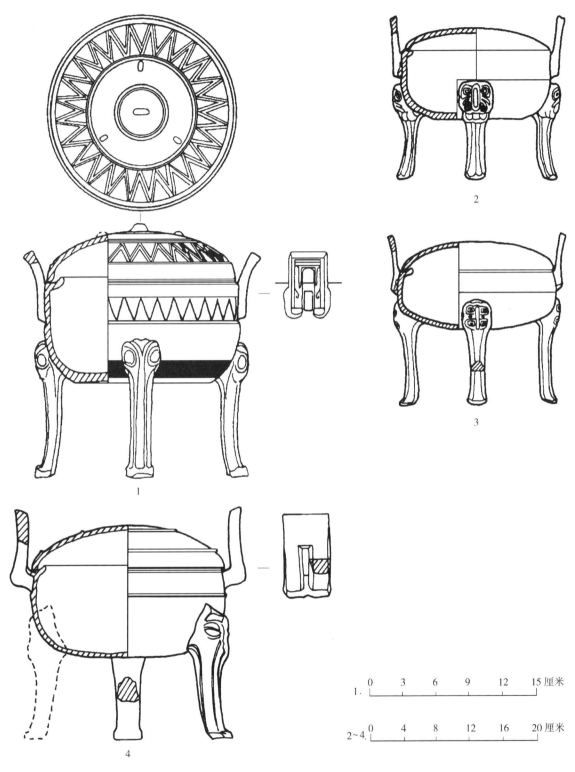

图六一 D型陶鼎

1. 乙类三期六段 D 型 I 式（M252∶8）　　2. 乙类四期八段 D 型 II 式（M301∶2）

3. 乙类四期八段 D 型 III 式（M226∶8）　　4. 丙类四期八段 D 型 IV 式（M355∶8）

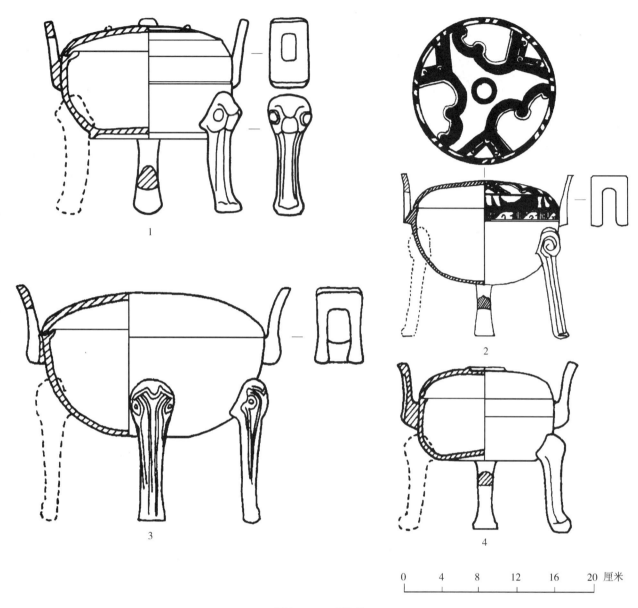

图六二　D型陶鼎

1. 乙类四期八段D型Ⅴ式（M348∶12）　2. 乙类四期八段D型Ⅶ式（M622∶10）

3. 丙类四期九段D型Ⅷ式（M35∶3）　4. 乙类四期九段D型Ⅵ式（M635∶3）

棱。标本M622∶10，盖饰变形连弧纹。通高16.8、口径15.2、腹径15.6厘米（图六二∶2）。

Ⅷ式　3件。盖素面，长方耳外敞，腹内急收，小圜底近平。高蹄足，怪眼兽面。标本M35∶3，通高25.2、口径21.2厘米（图六二∶3）。

D型鼎的演变情况是：腹由深变浅，足上端由腹底移向腹上部。

E型　26件。长方形耳，子母口内敛，浅腹，高蹄足。依据耳、腹、足的变化，可分为8式。

Ⅰ式　1件。盖平矮，长方耳外侈，浅腹，大圜底近平，高蹄足外撇，截面三棱形。腹饰凹弦纹。标本M42∶9，通高24、口径24、腹径27.6厘米（图六三∶1）。

Ⅱ式　5件。子口，耳较长，颈部较宽，腹内收，腹底交接圆浑，圜底近平，蹄足特高外撇，接

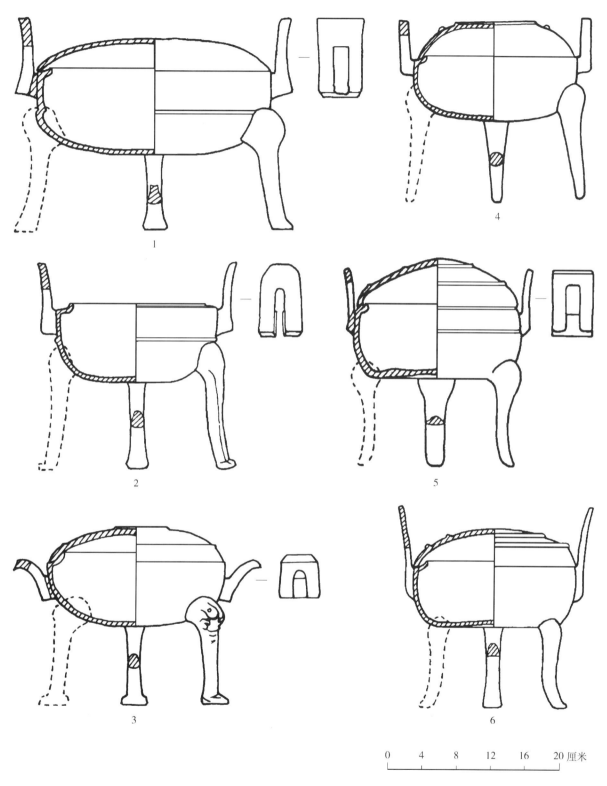

图六三　E型陶鼎
1. 甲类四期七段E型Ⅰ式（M42：9）　　2. 甲类四期七段E型Ⅱ式（M42：20）
3. 乙类四期八段E型Ⅲ式（M43：15）　　4. 丙类四期七段E型Ⅳ式（M340：2）
5. 丙类四期八段E型Ⅴ式（M143：3）　　6. 乙类四期七段E型Ⅴ式（M58：1）

于腹部，截面三棱形。腹凸弦纹一周。标本 M42：20，通高 27.6、口径 15.6、腹径 18 厘米（图六三：2）。

Ⅲ式　4件。盖微隆起，子口，方耳外卷、接于腹部，颈腹弧收，浅腹，腹、底不明显，高蹄足稍外撇，截面三棱形，足上端兽面，蹄部外突。盖顶凸弦纹二周。标本 M43：15，通高 20、口径 18 厘米（图六三：3）。

Ⅳ式　1件。平顶盖，耳较短，直颈，浅腹，大圜底，锥形高足，截面圆形。盖饰凸棱二周。标本 M340：2，通高 20、口径 19、腹径 19.2 厘米（图六三：4）。

Ⅴ式　8件。盖隆起，腹内收，大平底内凹，高蹄足外撇，足接于底部，截面扁三棱形，蹄部不明显。盖饰凸弦纹二周，腹饰弦纹一周。标本 M143：3，通高 23.3、口径 16.8、腹径 20 厘米（图六三：5）。标本 M58：1，盖圆弧状，耳长于足且外侈，斜弧腹内收，圜底微内凹，高蹄足接于底部，足下部微外撇，蹄部不明显，截面呈三棱形。盖饰凸弦纹二周。通高 23.2、口径 15.6 厘米（图六三：6）。

Ⅵ式　5件。盖隆起，盖顶饰 3 个对称半圆形小纽，顶部稍凹，母口较宽，耳上宽下窄，呈梯形，斜直腹，腹底交接处转折明显，大平底稍内凹，高足接于耳根部。盖面绘有朱彩三角形。标本 M222：10，泥质灰衣褐胎陶。通高 23、口径 16.4、底径 19.4 厘米（图六四：1）。

Ⅶ式　1件。盖隆起，上有提环，浅腹，平底内凹，瘦高蹄足接于耳根部，内侧平，外侧圆。标本 M184：1，通高 20、口径 14.4、底径 13.2 厘米（图六四：2）。

Ⅷ式　1件。长方耳外侈，子母口内敛，浅腹平底，高足，足截面扁圆形。标本 M123：10，通高 20、口径 15、腹径 20.4 厘米（图六四：3）。

E 型鼎均出于战国晚期墓，形态各异，有类似于越式铜鼎的特点。它们的共同特点是长方耳，瘦高蹄足外撇，浅腹，足腹连接处由下腹移向上腹，再移至耳根部。

F 型　106件。盖微隆，圜底，足外撇。可分为 4 式。

Ⅰ式　12件。盖微隆起，盖顶微平弧，上有 3 个对称半圆形小纽。子母口内敛，直腹，下腹斜收，圜底稍内凹，高蹄足上部稍鼓，下部渐小，截面椭圆形，腹饰凸弦纹一周。标本 M238：1，通高 26.5、口径 17.5、腹径 17.5 厘米（图六五：1）。标本 M148：3，泥质黑衣褐胎陶。盖顶平，素面，长方耳接于腹部，弧腹收成小平底，足细长内收，外侧圆，内侧平。腹有凸弦纹一周。通高 20.5、口径 15 厘米（图六五：2）。

Ⅱ式　45件。盖隆起，盖面饰 3 个对称尖状形小纽。长方耳，子口内敛，直腹，腹底交接斜直，圜底稍内凹，足细长。腹饰凸弦纹一周。标本 M198：1，通高 20.5、口径 14.5、腹径 18.4 厘米（图六五：3）。标本 M195：4，长方形耳，浅弧腹，腹底转折圆弧，圜底稍内凹，足稍粗矮，截面近椭圆形。通高 19.8、口径 20 厘米（图六五：4）。标本 M199：5，盖顶微弧，顶有半环纽，3 个小尖状矮纽。长方形耳外侈，浅弧腹，大圜底内凹，足瘦高。盖、腹各饰凸弦纹二周。通高 20、口径 16、腹径 20 厘米（图六五：5）。

Ⅲ式　29件，分 3 个亚式。

Ⅲa 式　5件。盖微平弧，长方形纽。长方耳与子口平，口内敛，弧腹较深，平底，腹、底交接圆浑，高足微外撇，截面椭圆形。标本 M134：1，通高 27.2、口径 20 厘米（图六五：6）。

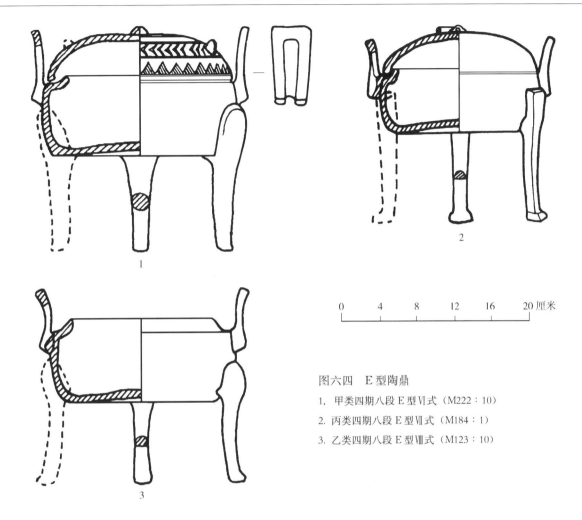

0　　4　　8　　12　　16　　20 厘米

图六四　E 型陶鼎

1. 甲类四期八段 E 型Ⅵ式（M222：10）

2. 丙类四期八段 E 型Ⅶ式（M184：1）

3. 乙类四期八段 E 型Ⅷ式（M123：10）

Ⅲb 式　19 件。盖隆起，上有 3 个对称半圆形矮纽集于顶部。方耳外侈，平唇，斜腹，圜底。足微外撇，截面扁圆。标本 M81：2，通高 18、口径 16.4、腹径 16 厘米（图六六：1）。标本 M137：3，盖平弧，素面，平唇，深腹，圜底，足细，截面扁圆形，足根饰兽面纹。通高 15.8、口径 16.4、腹径 16.8 厘米（图六六：2）。

Ⅲc 式　5 件。长方形耳微侈，耳根部外伸，略显子口，弧腹，圜底近平，足稍矮，足根鼓，饰兽面。标本 M302：3，无盖，施白地朱黑彩，已脱落。通高 18、口径 16.5、腹径 16.1 厘米（图六六：3）。

Ⅳ式　20 件。分 2 亚式。

Ⅳa 式　17 件。盖顶近平，短粗耳微敞，平唇，下腹折收，平底。足外撇，截面扁平形。标本 M314：7，通高 16.4、口径 18 厘米（图六六：4）。标本 M82：4，盖微隆，短耳，耳穿圆形，子母口内敛，斜弧腹，腹底转折有棱，平底，足外撇，截面圆形。通高 17、口径 15.6 厘米（图六六：5）。

Ⅳb 式　3 件。盖平弧，平唇，口内敛，耳与足长相等，斜腹较深，下腹内收成小平底，短足外撇，截面扁平。标本 M87：10，通高 17、口径 14 厘米（图六六：6）。

F 型鼎出现于战国中晚期，它的演变情况是：盖由隆起变成平矮，盖纽由高渐矮并消失。由子母口变成平口，腹由圜底内凹变成圜底，小平底，足由圆变成扁圆、扁平。

G 型　11 件。耳较短，深腹，细足。依据盖、腹、足的变化，可分为 4 式。

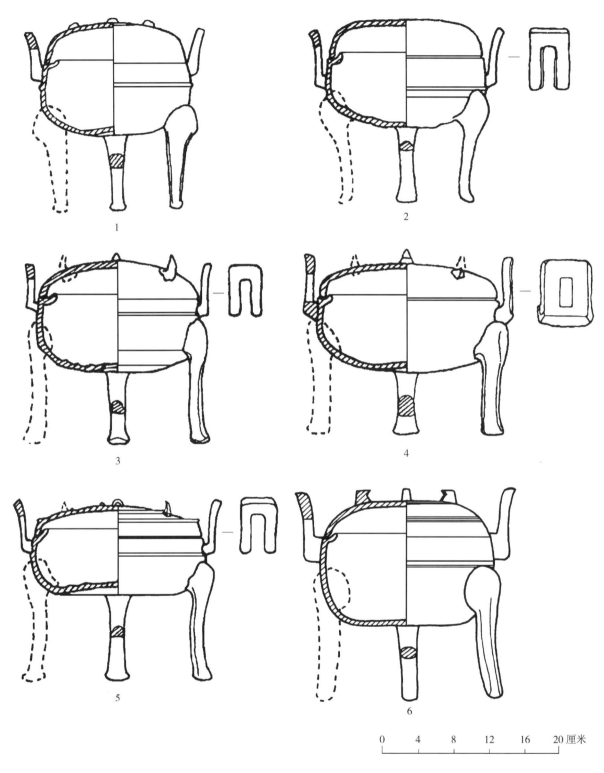

图六五　F型陶鼎

1. 乙类三期六段 F 型 I 式（M238：1）　　2. 丙类四期七段 F 型 I 式（M148：3）

3. 丙类三期六段 F 型 II 式（M198：1）　　4. 乙类四期七段 F 型 II 式（M195：4）

5. 丙类四期八段 F 型 II 式（M199：5）　　6. 丙类四期七段 F 型 IIIa 式（M134：1）

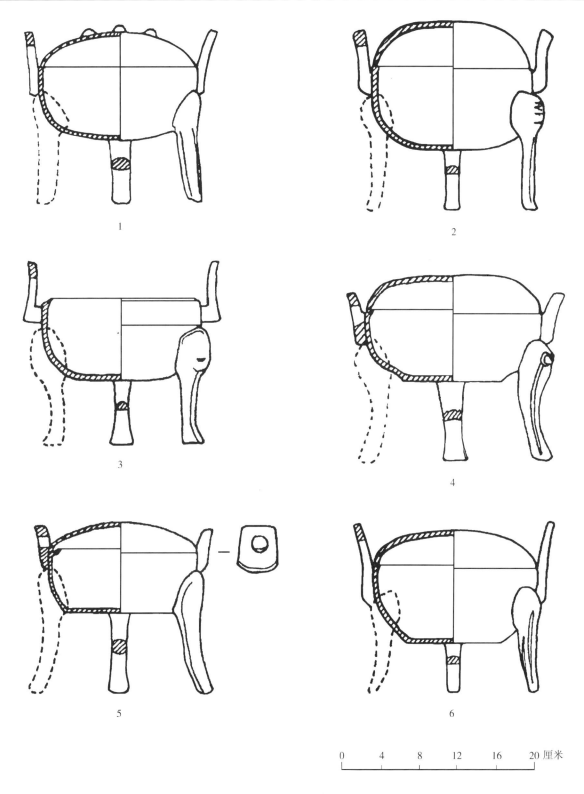

图六六　F 型陶鼎

1. 丙类四期八段 F 型Ⅲb式（M81：2）　　2. 丙类四期九段 F 型Ⅲb式（M137：3）

3. 乙类四期八段 F 型Ⅲc式（M302：3）　　4. 乙类四期九段 F 型Ⅲa式（M314：7）

5. 丙类四期九段 F 型Ⅳb式（M82：4）　　6. 丙类四期九段 F 型Ⅳc式（M87：10）

Ⅰ式　6件。隆盖，上有3个对称小穿孔方纽，顶有小环纽，子口，短长方耳外侈，腹外斜，略垂，圜底近平，足外撇，足上部饰有小圆圈与扉棱，构成兽面纹，内侧有三角形空槽。腹饰凹弦纹二周。标本M181：4，泥质红陶。通高18.6、口径14、腹径17.2厘米（图六七：1；图版八：1）。

Ⅱ式　3件。盖微隆起，顶有半环纽与3个对称半环形纽。长方耳外侈，子口，深腹，圜底近平，细足外撇。标本M371：6，通高21.6、口径17.2、腹径18.8厘米（图六七：3）。

Ⅲ式　1件。盖顶平，顶有小环纽，盖面有3个对称菱形环纽，长方耳与颈腹形成间距，子母口，深直腹，大圜底，高蹄足，足上端有扉棱小圆圈，构成小鼻兽面纹，内侧平，外侧圆。腹部饰弦纹二周。标本M155：18，泥质红陶。通高20、口径16、腹径17.2厘米（图六七：2）。

Ⅳ式　1件。平顶盖，上有3个对称半环形矮细纽，顶部有小环纽，方耳内敞，子口内敛，斜

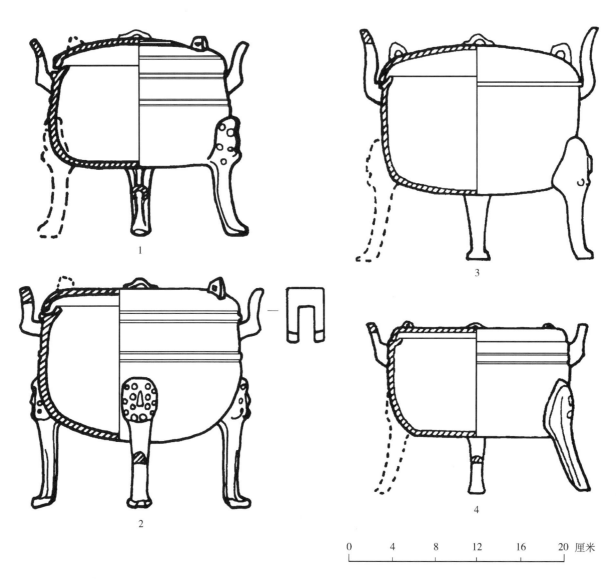

图六七　G型陶鼎

1. 乙类二期三段G型Ⅰ式（M181：4）　　2. 乙类三期六段G型Ⅲ式（M155：18）

3. 乙类三期四段G型Ⅱ式（M371：6）　　4. 甲类四期七段G型Ⅳ式（M153：17）

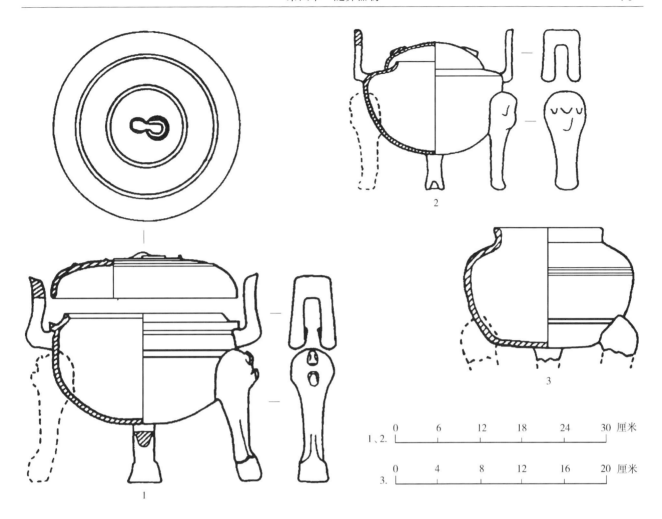

图六八　H 型、小口、罐型陶鼎

1. 甲类三期六段 H 型鼎（M432：16）　　2. 甲类三期六段小口鼎（M432：7）　　3. 丙类三期四段罐形鼎（M211：3）

腹，平底，足矮且细、外撇较甚，截面扁平。上腹弦纹二周。标本 M153：17，通高 15.8、口径 17.2、腹径 17.2 厘米（图六七：4）。

G 型鼎的演变情况是：深腹渐浅，由圜底趋于平底，高足渐矮，足由粗变细，由直变为向外撇，足与腹部连接处由下渐上。

H 型鼎　2 件。标本 M432：16，盖隆起，顶有提环。子口内敛，有肩，长方耳接于肩下，耳与肩形成间距，腹较深，底较圜，粗蹄足外撇，内侧平，外侧圆，足上端有扉棱。盖上饰凸弦纹二周，耳下有弦纹一周。通高 29.2、口径 22、腹径 26 厘米（图六八：1；图版七：3）。

小口鼎　3 件。标本 M432：7，盖隆起，小口内敛，鼓腹，长方形耳接于肩部，斜深腹，圜底，矮蹄足，足上端有扉棱。通高 22.8、口径 10.8 厘米（图六八：2；图版七：4），标本 M432：15、2，盖顶均有 3 个对称环形纽，大方耳，矮蹄足，足上有扉棱，口较 M432：7 稍大（图版七：2）。

罐形鼎　1 件。标本 M211：3，方唇，束颈，圆肩，鼓腹，平底，足接于下腹部，上腹与下腹各饰弦纹二周。残高 12.4、口径 10.4、底径 10 厘米（图六八：3）。

2. 陶敦　427 件。出土于 292 座墓中，能分型式的 424 件，分属 280 座墓。早中期形态较为规整，晚期制作粗糙。根据纽、盖、身的不同形态，可分为6型。

A 型　350件。有兽形纽，"S"形纽，双"S"形纽，盖、身扣合呈扁圆形、圆形、椭圆形等几种。依据这些特征，可分为11式。

Ⅰ式　4件。盖、身高度相等，扣合后呈扁圆形。侈口，口径大于身高，纽、足作昂首卧兽状。标本 M181：8，通高15.8、口径12、身高9.6厘米（图六九：1）。

Ⅱ式　4件。盖、身扣合后呈圆形，器身略高于盖。纽置于盖身的腹中部，身口沿下有2个对称的环纽，口径略大于身高，纽、足作昂首卧兽状。标本 M371：4，通高22、口径16.8、身高16厘米（图六九：2）。

Ⅲ式　6件。盖、身相扣后呈圆形，盖、身相等，口径与身高相等。"S"形纽置于腹中部，纽尖部微内收，呈弧形。标本 M316：2，通高16.8、口径13.2、身高13.2厘米（图六九：3）。

Ⅳ式　17件。盖呈半椭圆形，身侈口，大于盖口沿，平底。"S"形纽，足渐移至顶部。标本 M627：2，通高20.8、盖口沿15.2、身口沿16.4、身高19.6厘米（图六九：4；图版九：1）。

Ⅴ式　55件。可分2亚式。

Ⅴa式　13件。盖残，身呈半椭圆形，口微侈，"S"形纽置于近底部。标本 M338：12，残高11、口径8厘米（图六九：5）。

Ⅴb式　42件。盖、身相扣后呈椭圆形。盖、身顶部稍圜，口沿略外侈，"S"形纽向顶部骤集，纽高于足。标本 M81：4，通高19.4、口径15.2、身高14厘米（图六九：6）。

Ⅵ式　15件。分2亚式。

Ⅵa式　10件。盖、身相扣后呈扁圆形。纽、足双"S"形纽较粗，较高，口径大于身高。标本 M59：4，通高16.4、口径13.6、身高10.8厘米（图六九：7；图版九：2）。

Ⅵb式　5件。盖残，身半椭圆形，底部较尖，双"S"形足瘦长接于下腹部。标本 M408：4，残高10、口径18.5厘米（图六九：9）。

Ⅶ式　81件。分3亚式。

Ⅶa式　20件。盖、身相扣后呈椭圆形，平唇，口微侈，双"S"形纽、足移至顶部。标本 M252：2，通高24.6、口径16.8、身高20.8厘米（图六九：8；图版九：3）。

Ⅶb式　17件。盖、身相扣后较Ⅶa式稍长，身略高于盖，圆唇，口微侈，双"S"形纽、足渐小，集于顶部。标本 M129：2，通高25、口径16、身高23.2厘米（图七〇：1）。

Ⅶc式　44件。盖、身相扣后呈合碗形，口外侈，平顶、底，双"S"形纽、足较粗，置于底部。盖饰白地竖曲折纹彩绘，盖、身口沿施黑地彩绘。标本 M89：9，通高20.8、口径15.2、身高13.2厘米（图七〇：2）。标本 M426：11，盖半椭圆形，身碗形，侈口，平底，又"S"形纽、足置于顶部。通高19.6、身高16.4厘米（图七〇：3；图版一〇：2）。

Ⅷ式　8件。分2亚型。

Ⅷa式　1件。标本 M58：5，盖、身呈扁圆形。身子口内敛，盖双叉式"S"形纽，身握拳状"S"足。通高20、口径18.4、身高16.4厘米（图七〇：6；图版一〇：1）。

Ⅷb式　7件。盖呈扁圆形，身半椭圆形，口微侈，身高于盖，盖纽"S"状，身足双"S"形。标本 M300：5，通高20.8、口径17.6、身高18厘米（图七〇：5；图版一〇：4）。

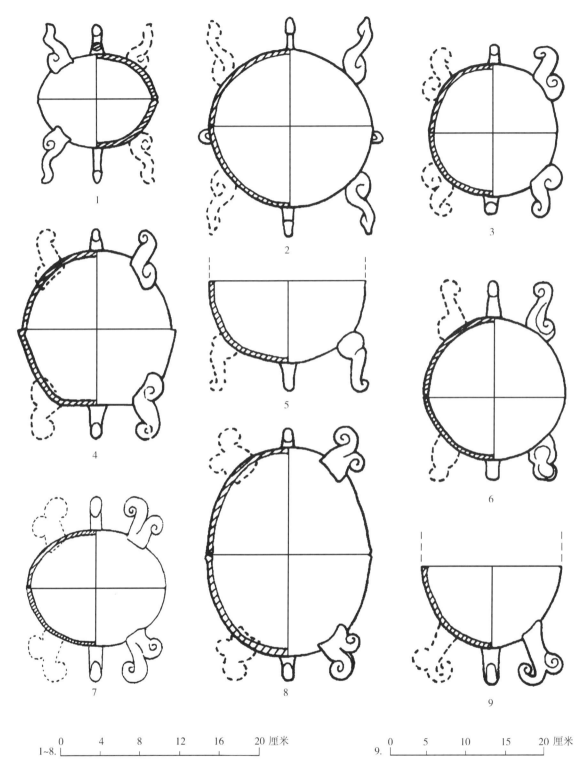

图六九　A 型陶敦

1. 乙类二期三段 A 型Ⅰ式（M181：8）　2. 乙类三期四段 A 型Ⅱ式（M371：4）　3. 乙类三期五段 A 型Ⅲ式（M316：2）

4. 丙类三期六段 A 型Ⅳ式（M627：2）　5. 乙类四期七段 A 型Ⅴa 式（M338：12）　6. 丙类四期八段 A 型Ⅴb 式（M81：4）

7. 甲类三期五段 A 型Ⅵa 式（M59：4）　8. 乙类三期六段 A 型Ⅶa 式（M252：2）　9. 丙类三期六段 A 型Ⅶb 式（M408：4）

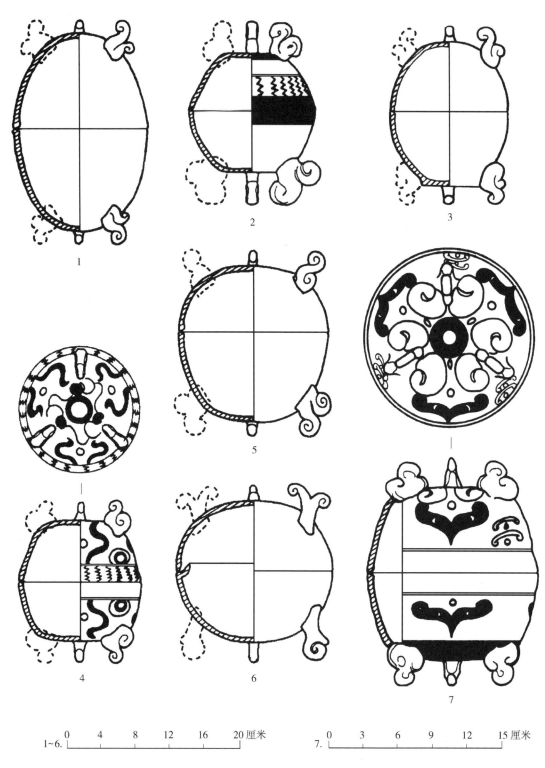

0　　4　　8　　12　　16　　20 厘米
1~6.

0　　3　　6　　9　　12　　15 厘米
7.

图七〇　A 型陶敦

1. 丙类四期七段 A 型Ⅷb式（M129：2）　　2. 丙类四期八段 A 型Ⅷc式（M89：9）

3. 乙类四期八段 A 型Ⅷc式（M426：11）　　4. 乙类四期八段 A 型Ⅸa式（M301：2）

5. 乙类四期八段 A 型Ⅷb式（M300：5）　　6. 乙类四期七段 A 型Ⅷa式（M58：5）

7. 丙类四期八段 A 型Ⅸa式（M279：4）

Ⅸ式　139件。盖、底平，似合碗形。分3亚式。

Ⅸa式　65件。标本M301：2，盖、身相扣后似椭圆形，圆唇，侈口，盖、底平弧，"S"形纹纽、足退化，置于顶部。周身饰白地朱黑彩绘曲折纹、卷云纹、圆圈等组合纹饰。通高18.8、口径17.6、身高13.6厘米（图七〇：4；彩版一二：2）。标本M301：3，器形与M301：2基本相似，周身饰卷云纹（彩版一三：3）。标本M279：4，盖顶、身底部近平，斜方唇。腹部饰弦纹，盖绘3个对称的红色柿蒂纹与花瓣纹，三组6个对称的变体月牙纹与小圆圈纹，器底部涂黑，全身在白地上以朱黑彩绘。通高19.2、口径15、身高14.7厘米（图七〇：7；彩版一〇：2）。标本M226：10，盖、身扣合后近似长方形，盖顶、器底宽近平，"S"形纽、足置顶部，盖、身口沿涂黑，饰有朱色变体叶状纹。通高18.5、口径15、身高14.4厘米（图七一：1）。标本M622：9，盖、身扣合后近方，顶底近平，"S"形纽足置于腹部。盖、身饰变形波浪纹。通高17.2、口径17.2、身高11.6厘米（图七一：2）。

Ⅸb式　66件。盖、身相扣后呈扁圆形，"S"形纽、足。标本M246：2，通高16.5、口径15、身高11.2厘米（图七一：3）。标本M639：5，盖顶、器底平，口外侈，"S"形纽集于顶、底部。盖顶饰双弯钩形彩绘。通高20、口径14.8、身高14厘米（图七一：4）。标本M82：5，盖顶较尖，器底较圜。通高18、口径15.6、身高14厘米（图七一：5）。标本M137：2，盖、底近平，似合碗形，"S"形纽、足退化集于底部。通高18.8、口径14.4、身高14厘米（图七一：6）。标本M302：5，盖、底平，平唇，口沿较直，"S"形纽、足矮小。通体饰白地朱黑彩绘，已脱落。通高18、口径14.4、身高14.8厘米（图七一：7；图版八：3）。

Ⅸc式　8件。盖、身扣合后呈圆形，顶圆弧，平底，圆唇，平沿，"S"形已退化，变小变尖。标本M35：2，通高16、口径13.6、身高12.8厘米（图七一：8）。

Ⅹ式　15件。分2亚式。

Ⅹa式　8件。盖顶、器底较尖，圆唇，侈口，长"S"形纽、足。标本M42：6，通高24.8、口径18、身高19.6厘米（图七二：1）。

Ⅹb式　7件。盖、身敞口，合碗状，小平底，双"S"形纽、足瘦高。标本M5：1，通高20.4、口径16.4、身高14厘米（图七二：2；图版一〇：3）。

Ⅺ式　6件。分2亚式。

Ⅺa式　3件。盖、身相扣呈椭圆形，底近平，斜方唇向内，"S"形纽、足。标本M148：6，泥质黑衣黄胎陶。通高20.5、口径15、身高16.4厘米（图七二：3）。

Ⅺb式　3件。盖、身扣合后呈扁圆形，小圆唇，双"S"形纽、足尖小。标本M199：9，通高17.5、口径17、身高13.6厘米（图七二：4）。

A型是陶敦中最主要的、最多的一种，形式多样，形态各异，其演变情况是：盖、身相扣后呈圆形，逐渐变为椭圆形、合碗形和扁圆形；纽、足由腹部向顶部骤集，由外侈长变为短小，乃至乳丁状。

B型　28件。主要出于陆贾山热电站工地。卧首状纽、足，器体呈椭圆形。可分为3式。

Ⅰ式　23件。纽、足均昂首卧兽状。分3亚式。

Ⅰa式　9件。盖、身扣合后呈圆形，纽、足接于腹部，上、下腹部各饰凹弦纹三道。标本M177：7，通高25.5、口径19.2、身高19.2厘米（图七三：1；图版一一：1）。

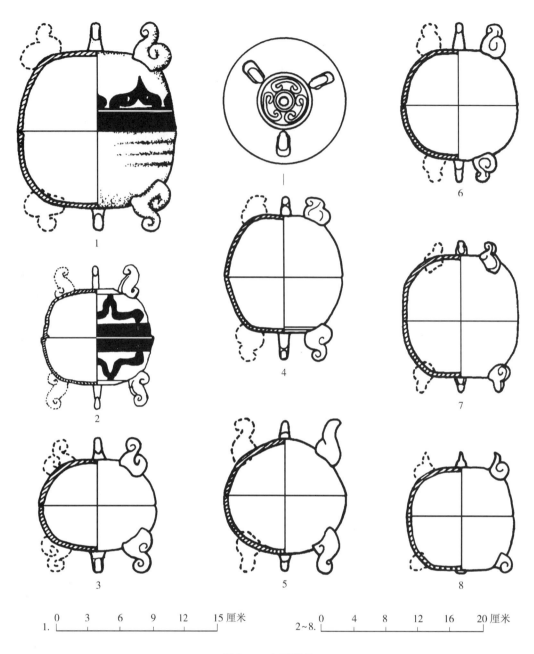

0　　3　　6　　9　　12　　15厘米
1.

2~8.　0　　4　　8　　12　　16　　20厘米

图七一　A 型陶敦

1. 乙类四期八段 A 型Ⅸa式（M226：10）　2. 乙类四期八段 A 型Ⅸa式（M622：9）

3. 丙类四期九段 A 型Ⅸb式（M246：2）　4. 乙类四期九段 A 型Ⅸb式（M639：5）

5. 丙类四期八段 A 型Ⅸb式（M82：5）　6. 丙类四期九段 A 型Ⅸb式（M137：2）

7. 乙类四期九段 A 型Ⅸa式（M302：5）　8. 丙类四期九段 A 型Ⅸa式（M35：2）

Ⅰb式　8件。整体呈长圆形，身与盖顶饰数道弦纹，施黑衣朱彩，已脱落。标本 M140：11，通高26、口径18.4、身高20.8厘米（图七三：2；图版一一：2）。标本 M188：8，泥质红陶。盖、身相合近圆形，平唇，口微侈，盖、口沿、底施黑彩。通高28、口径21.2、身高22.8厘米（图七三：3）。标本 M179：4，泥质红陶。整体近圆形，口外侈。盖顶、器底各饰弦纹三周，口沿施黑彩。通高 24.8、口径 19.2、身高 19.6 厘米（图七三：4）。

Ⅰc 式　6 件。盖、身相扣后呈椭圆形，通体施黑彩，盖、身近口沿各饰菱形回纹一周。标本 M152：11，通高 24.4、口径 18.4、身高 20 厘米（图七三：5）。标本 M189：5，盖、身顶底部各饰弦纹三周，口沿下各施菱形回纹一周。通体施黑地朱彩。通高 24.8、口径 17.6、身高 22.4 厘米（图七三：6）。

Ⅱ式　1 件。盖、身扣合后呈圆形，口部略内收，斜唇。盖、身各施弦纹四周，纽已脱落，卧首

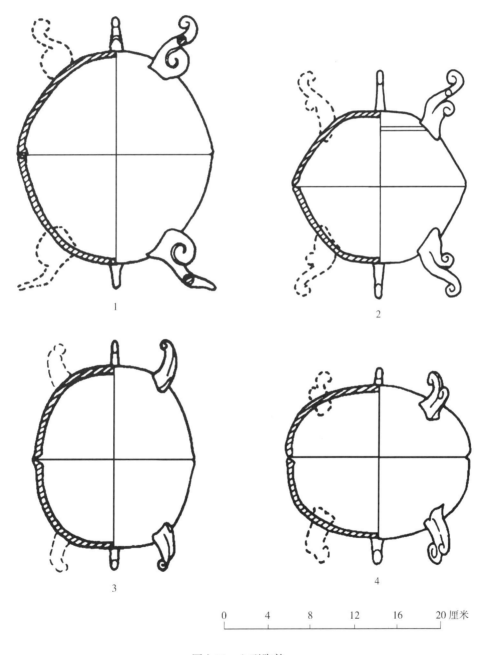

0　　4　　8　　12　　16　　20 厘米

图七二　A 型陶敦

1. 甲类四期七段 A 型Ⅹa 式（M42：6）　　2. 丙类四期七段 A 型Ⅹb 式（M5：1）

3. 乙类四期七段 A 型Ⅺa 式（M148：6）　　4. 乙类四期八段 A 型Ⅺb 式（M199：9）

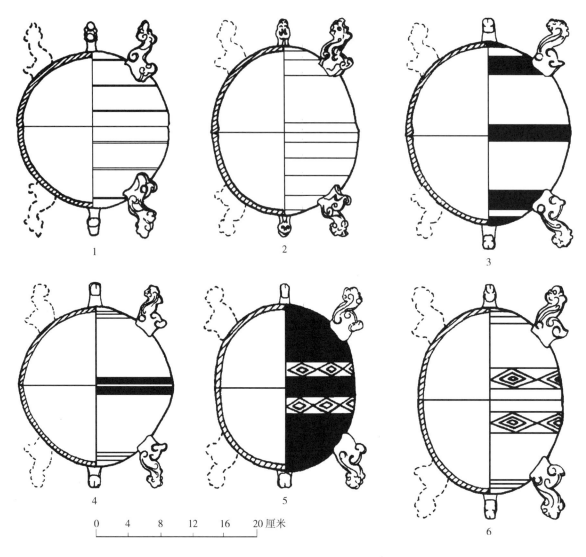

图七三　B型陶敦

1. 丙类三期四段 B 型Ⅰa 式（M177：7）　　2. 乙类三期五段 B 型Ⅰb 式（M140：1）

3. 乙类三期五段 B 型Ⅰb 式（M188：8）　　4. 乙类三期五段 B 型Ⅰb 式（M179：4）

5. 甲类三期六段 B 型Ⅰc 式（M152：11）　　6. 乙类三期六段 B 型Ⅰc 式（M189：5）

兽状足。标本 M220：10，泥质灰衣褐胎陶。通高 26、口径 23、身高 24 厘米（图七四：1）。

Ⅲ式　4 件。盖、身相合呈扁圆形，口沿外敞，盖顶饰弦纹二周，山字形纽置于盖腹部，足呈兽状。口径大于身高。标本 M432：19，通高 24.4、口径 24、身高 20.4 厘米（图七四：2；图版一一：3）。标本 M220：7，整体呈扁圆形，敞口，口径大于腹径。顶、底各饰弦纹两周，盖、身饰黑衣黄色彩绘曲折纹，横人字纹。通高 24.5、口径 22.5、身高 16.8 厘米（图七四：3）。

B 型敦的演变情况是：由圆形变成椭圆形，再由椭圆形变成扁圆形，由直口变成侈口，再由侈口变成敞口。

C 型　28 件。盖、身相扣合后呈圆形、椭圆形，蹄形纽、足。依据其盖、身、纽、足变化情况，可分为 4 式。

　　Ⅰ式　4件。盖、身相合呈圆形，盖、身口部略内收，沿面宽厚，内敛，呈粗蹄形纽，足置于腹部。顶、底、口沿下各饰弦纹一周。标本M202：7，通高23.6、口径22.8、身高19.6厘米（图七四：4）。

　　Ⅱ式　11件。盖身相扣合后呈合碗形，盖小于身，矮蹄纽足接于顶、底部。标本M130：2，夹砂褐陶。通体施黑地白彩曲折纹，纽、足饰圆点纹。通高19.8、口径16、身高16.4厘米（图七五：2；图版一二：1）。标本M616：4，整体近圆形，矮蹄足接于顶、底部，方唇。盖顶饰几何纹，变形草叶卷曲纹，盖、身施黑地白彩折曲纹。通高23.6、口径23.2、身高20.8厘米（图七五：1）。

　　Ⅲ式　6件。盖、身整体椭圆形，顶、底部稍尖，口沿略侈。盖、身各饰弦纹二周，粗蹄纽、足接于顶、底部。标本M238：8，通高23.6、口径16、身高19.6厘米（图七五：4；图版一二：2）。

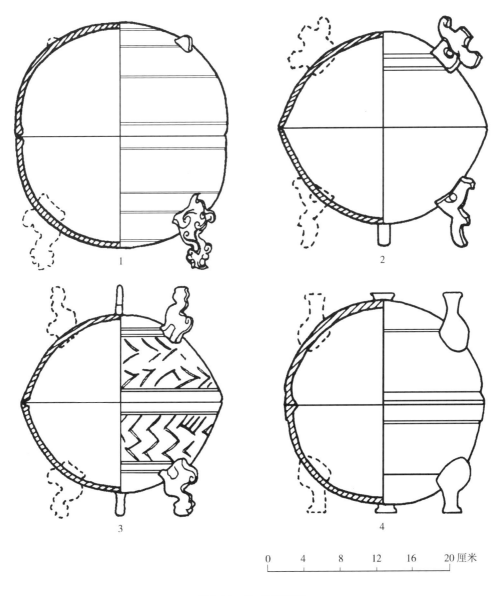

图七四　B、C型陶敦
1. 乙类四期七段B型Ⅱ式（M220：10）　　2. 甲类三期六段B型Ⅲ式（M432：19）
3. 乙类四期七段B型Ⅲ式（M220：7）　　4. 乙类三期五段C型Ⅰ式（M202：7）

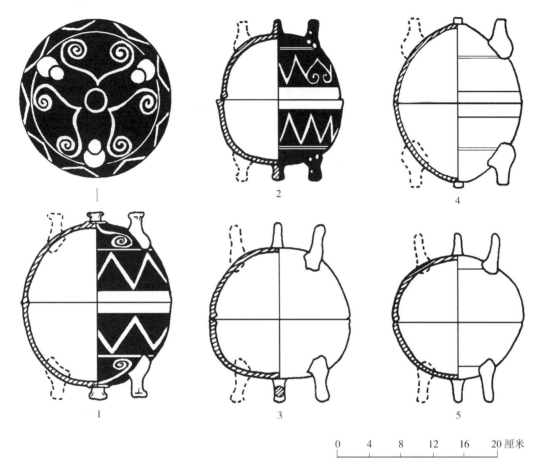

图七五　C 型陶敦

1. 乙类三期六段 C 型 Ⅱ 式（M616：4）　　　2. 丙类三期六段 C 型 Ⅱ 式（M130：2）

3. 乙类四期七段 C 型 Ⅳa 式（M195：5）　　4. 乙类三期六段 C 型 Ⅲ 式（M238：8）

5. 丙类四期八段 C 型 Ⅳb 式（M143：2）

Ⅳ式　7 件。分 2 亚式。

Ⅳa 式　5 件。盖呈半椭圆形，身半扁圆形，斜唇，蹄足接于底部。标本 M195：5，通高 22、口径 18、身高 16.8 厘米（图七五：3）。

Ⅳb　2 件。标本 M143：2，盖、身相扣后呈不规则圆形，器身小于盖，矮圆柱足集于顶、底部。通高 21、口径 16.5、身高 15.6 厘米（图七五：5；图版一二：3）。

C 型敦的演变情况是：盖、身相扣后由圆形变为长圆形、椭圆形，再变成扁圆形。足由腹部移至顶、底部，蹄足逐渐退化，变为圆柱状。

D 型　15 件。纽、足呈扁条形。依据纽、足变化，可分为 4 式。

Ⅰ式　2 件。盖、身相扣合后呈长圆形，身略高于盖，肥矮，"S"形纽，扁棱形足外撇。标本 M68：6，通高 23.2、口径 18、身高 22 厘米（图七六：1）。

Ⅱ式　6 件。盖、身相扣合后呈扁圆形，盖、身口沿部各有两个对称的环纽。扁条状纽接于腹部，口外侈，足外撇。标本 M160：4，通高 18、口径 16.4、身高 14.8 厘米（图七六：2；图版一二：4）。

Ⅲ式　1件。标本M200：2，器体高圆，斜方唇，盖、身口沿各有2个对称小环纽。扁条形纽、足集于顶、底部。盖顶、底部各饰弦纹二周。通高22.5、口径18、身高17.6厘米（图七六：3）。

Ⅳ式　6件。盖呈半椭圆形，身呈半圆形，盖、身口沿内斜，方唇，"S"形纽近于顶部，扁条形足较粗。上、下各饰弦纹四周。标本M218：3，泥质灰胎褐陶。盖、身腹部施朱彩斜线三角形纹。

图七六　D、E、F型陶敦

1. 乙类二期三段D型Ⅰ式（M68：6）　　　2. 乙类三期四段D型Ⅱ式（M160：4）

3. 丙类三期六段D型Ⅲ式（M200：2）　　　4. 乙类四期八段D型Ⅳ式（M218：3）

5. 甲类四期八段D型Ⅳ式（M222：11）　　6. 丙类战国晚期E型Ⅰ式（M54：1）

7. 乙类四期九段B型Ⅱ式（M635：6）　　　8. 乙类四期八段F型（M164：5）

通高 28、口径 19.3、身高 20.4 厘米（图七六：4；彩版一一：2）。标本 M222：11，灰衣褐胎陶。盖、身口沿部位内收，似亚腰形，"S" 形纽瘦长，施朱彩，足扁条形较粗。盖弦纹三周，施朱彩斜线三角形纹，身施弦纹四周。通高 30.4、口径 19.6、身高 20 厘米（图七六：5；图版八：4）。

D 型敦的演变情况是："S" 形纽由粗变细，由高渐矮；扁棱形、扁条形纽、足由粗渐细。

E 型　2 件。依据其身、盖的变化，可分为 2 式。

Ⅰ式　1 件。标本 M54：1，椭圆形体，盖口沿部稍厚，横 "S" 形足置于下腹部。通高 20、口径 17.2、身高 19.2 厘米（图七六：6）。

Ⅱ式　1 件。标本 M635：6，泥质黑皮陶。盖小于身，盖、身沿部内收，身子口内敛，横 "S" 形纽矮小，贴于顶部，横 "S" 形足较粗长，贴于底部。通高 21.2、口径 20、身高 18 厘米（图七六：7）。

F 型　1 件。标本 M164：5。盖顶较尖，身底较圜，旋状纽足。通高 16.8、口径 16、身高 15.6 厘米（图七六：8；图版一一：4）。

壶　473 件。形制清楚的有 442 件，分属 310 座墓葬。依据口沿、颈部、腹部、圈足的不同，可分为 9 型。

A 型　42 件。盖隆起，盖面饰 3 个对称三棱形纽。近直口，鼓腹，矮圈足，根据颈部、腹部的变化，可分为 6 式。

Ⅰ式　3 件。小圆唇，口微侈，溜肩，鼓腹较长，矮圈足微外撇。标本 M181：7，泥质灰陶施黑彩。通高 22.5、口径 8、底径 13.5 厘米（图七七：1）。

Ⅱ式　3 件。侈口，颈细短，大鼓腹，最大腹径偏上。颈肩部饰弦纹一周。标本 M177：4，通高 33.2、腹径 22、口径 9.2、底径 14.4 厘米（图七七：2）。标本 M179：6，直颈较长，鼓腹下垂。上腹饰铺首衔环，通体施黑地朱彩，颈部菱形回纹一周。通高 35.5、口径 9、底径 16.5、最大腹径 22 厘米（图七七：5）。

Ⅲ式　20 件。分 2 亚式。

Ⅲa 式　13 件。盖口沿内折，高长颈，颈壁向内敛缩，颈肩转折明显，长圆鼓腹。颈、上腹饰弦纹数周。标本 M140：4，通高 33、口径 8、底径 13.2、腹径 21.2 厘米（图七七：4；图版一三：3）。标本 M188：6，泥质褐陶。盖顶弧形，盖口沿向内转折，颈壁斜直，长圆腹，通体饰弦纹数周，施黑地朱彩。通高 35.2、口径 9、底径 13.5、腹径 20.4 厘米（图七七：3；图版一三：2）。

Ⅲb 式　7 件。盖口沿向内转折，高直颈，颈壁向内敛缩，鼓腹，最大腹径在腹中部。标本 M152：13，通体施黑地朱彩，颈施菱形回纹，肩部饰勾云纹，腹部施斜网格纹。通高 32.5、口径 9.5、底径 12.5、腹径 20 厘米（图七七：6；图版一三：1；彩版一二：3）。标本 M189：7，泥质褐陶。口沿向内转折，高直颈，最大腹径在上部。颈、肩、腹施弦纹数周，饰黑地朱彩，菱形回纹一周。通高 32、口径 9、底径口最大腹径 20 厘米（图七七：7）。标本 M152：12，盖面饰勾连纹，盖口沿内敛，颈壁斜直，近椭圆形腹，肩腹处有一对称小环纽。盖、颈、肩、腹饰朱彩勾连纹、菱形回纹、回旋纹、网格纹各一周。通高 34、口径 10.5、底径 12.8，腹径 21.2 厘米（图七八：1）。

Ⅳ式　6 件。长颈。垂腹，矮圈足。分 2 亚式。

Ⅳa 式　3 件。盖顶平，3 个对称圆点纽，长颈，溜肩，垂腹，圈足微鼓。颈、肩、腹饰弦纹五

图七七　A型陶壶

1. 乙类二期三段 A 型Ⅰ式（M181：7）　　2. 丙类三期四段 A 型Ⅱ式（M177：4）

3. 乙类三期五段 A 型Ⅲa式（M188：6）　　4. 乙类三期五段 A 型Ⅲa式（M140：4）

5. 乙类三期五段 A 型Ⅱ式（M179：6）　　6. 甲类三期六段 A 型Ⅲb式（M152：13）

7. 甲类三期六段 A 型Ⅲb式（M189：7）

周，腹部 2 个对称铺首。标本 M160：9，通高 31、口径 9.5、底径 13.8、腹径 18.8 厘米（图七八：2）。

　　Ⅳb 式　3 件。盖顶弧形，上 3 个变形兽纽。长颈，溜肩，垂腹，圈足外撇。颈、肩部弦纹数周，腹部饰铺首衔环。标本 M432：6，通高 31、口径 10、底径 12、腹径 18.5 厘米（图七八：3）。

　　Ⅴ式　5 件。隆盖，上 3 个对称扁条形纽。直颈，溜肩，长圆形腹。颈饰黑地朱彩菱形回纹，腹部涂黑衣。标本 M153：23，通高 32.5、口径 8、底径 11、腹径 18 厘米（图七八：4）。

　　Ⅵ式　5 件。盖隆起，口沿内侈。短直颈，斜肩，鼓腹，矮圈足。盖饰扁棱形纽，颈、肩、上腹部饰弦纹数周。标本 M190：2，泥质褐陶。施彩绘，已脱落。通高 30.5、口径 8.8、底径 10.4、腹径 20 厘米（图七八：5）。

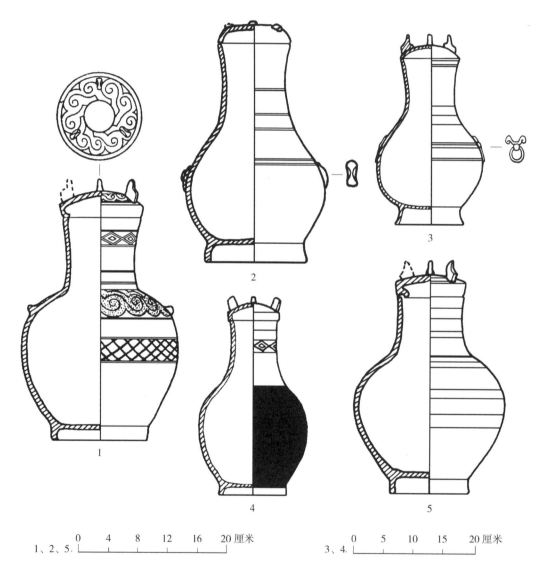

图七八　A 型陶壶

1. 甲类三期六段 A 型Ⅲb 式（M152：12）　2. 乙类三期四段 A 型Ⅳa 式（M160：9）

3. 甲类三期六段 A 型Ⅳb 式（M432：6）　4. 甲类四期七段 A 型Ⅴ式（M153：23）

5. 丙类四期八段 A 型Ⅵ式（M190：2）

A型壶主要出土于陆贾山墓地，其演变情况是：口径由短变长，最大腹径由上渐下。

B型　66件。喇叭口或盘口，多数高长颈，假圈足外撇，平底。根据颈、腹、底的变化，可分为6式。

Ⅰ式　1件。标本M205：4，平沿，尖唇外突，粗颈，溜肩，腹底交接处内缩，平底。通高17.2、底径8、腹径14厘米（图七九：1）。

Ⅱ式　1件。隆盖，素面。方唇，平折沿，口微侈，颈、肩转折明显，底腹交接处内收，似假圈足，平底内凹。标本M229：2，通高17.2、口径9、底径7.6、腹径11.1厘米（图七九：2）。

Ⅲ式　17件。分2亚式。

Ⅲa式　7件。圆唇，仰折沿，侈口，斜肩，腹径在上部，平底。标本M112：2，通高15.2、口径12、底径11.6、最大腹径14.8厘米（图七九：3）。

Ⅲb式　10件。圆唇，平折沿，口微敞，束颈，凹肩，鼓腹，下腹内缩近折，平底内凹。腹部饰弦纹二组六周。标本M196：2，通高17.6、口径10.8、底径7.2、腹径13.4厘米（图七九：4）。标本M198：2，圆唇较厚，平沿，口外侈，颈增长，最大腹径偏上，假圈足外撇，平底。腹部饰弦纹二组八周。通高25.5、口径9.4、底径9.4、腹径16厘米（图七九：5）。

Ⅳ式　40件。盘口，长颈，假圈足外撇。分4亚式。

Ⅳa式　8件。盖隆起，粗长颈，大鼓腹，平底内凹。顶有3个对称"Y"形兽纽，肩腹饰凹弦纹三组五周。标本M238：2，泥质黑衣褐胎陶。通高36、口径12.8、底长12.8、腹径20.8厘米（图七九：6；图版一三：4）。

Ⅳb式　21件。盖隆起，平唇，长颈，鼓腹，平底。顶有3个对称"Y"形纽，盖、颈、腹饰弦纹，黑地白彩曲折纹。标本M130：6，夹砂褐陶。通高34、口径12、底径11、腹径17.2厘米（图七九：8）。

Ⅳc式　8件。盖矮而平缓，圆唇，细长颈，颈与腹、足相等，平底稍内凹。盖纽退化，肩饰铺首衔环。标本M199：13，通高34.5、口径11.4、底径9.2、腹径16.8厘米（图七九：7）。

Ⅳd式　3件。盖平顶。圆唇，平沿，盘口，细长颈，圆肩，颈长于腹、足，平底，最大腹径偏上。颈饰弦纹四周。标本M440：4，通高32.8、口径12.8、底径9.2、腹径15.6厘米（图八〇：1）。

Ⅴ式　1件。盘口，长颈，腹微鼓，假圈足较高，平底。腹饰弦纹三周。标本M256：1，泥质灰黄色陶。通高30.4、口径12、底径12、腹径16.8厘米（图八〇：2）。

Ⅵ式　6件。分3亚式。

Ⅵa式　2件。盖平缓，3个对称小纽。平沿，侈口，腹径在上部，下腹斜收，假圈足外撇，平底。肩部饰弦纹二周。标本M204：4，通高33.5、口径11.2、底径10.4、腹径16.8厘米（图八〇：3）。

Ⅵb式　2件。弧形盖，喇叭口，长腹，假圈足稍高外撇，平底。最大腹径偏上。颈、腹饰黑地朱彩旋涡纹、倒三角形纹。标本M5：8，通高32、口径11.2、底径11.2、腹径16厘米（图八〇：4）。

Ⅵc式　2件。盖平弧，上有3个对称圆纽。喇叭口，长椭圆腹，底内凹，圈足外撇。最大腹径偏上。标本M348：18，通高34、口径12、底径13.2、腹径17.6厘米（图八〇：5）。

B型壶存在于益阳楚墓的早、中晚期，战国末期不见。其演变情况是：由平折沿渐向侈口、盘口发展，颈由短渐高，平底趋向假圈足，假圈足由低渐高，腹部由长渐短。

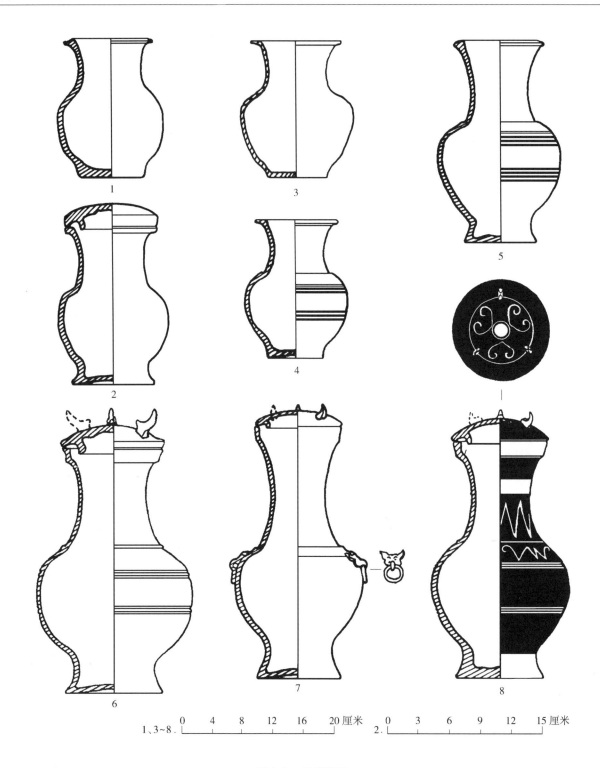

图七九　B型陶壶

1. 丙类三期五段 B 型Ⅰ式（M205：4）　　　2. 丙类三期六段 B 型Ⅱ式（M229：2）

3. 丙类三期四段 B 型Ⅲa式（M112：2）　　　4. 丙类三期五段 B 型Ⅲb式（M196：2）

5. 丙类三期六段 B 型Ⅲb式（M198：2）　　　6. 乙类三期六段 B 型Ⅳa式（M238：2）

7. 乙类四期八段 B 型Ⅳc式（M199：13）　　　8. 丙类三期六段 B 型Ⅳa式（M130：6）

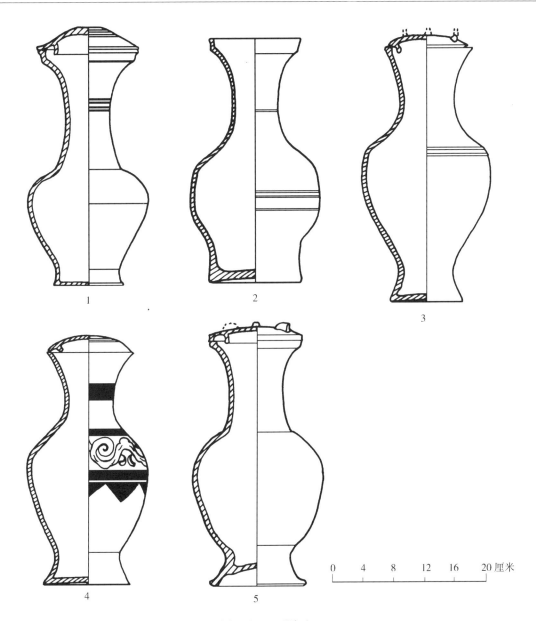

图八〇　B 型陶壶

1. 乙类四期八段 B 型Ⅳd 式（M440：4）　　2. 丙类三期六段 B 型Ⅴ式（M256：1）

3. 丙类四期七段 B 型Ⅵa 式（M204：4）　　4. 丙类四期八段 B 型Ⅵb 式（M5：8）

5. 乙类四期八段 B 型Ⅵc 式（M348：18）

C 型　318 件。根据其口沿、颈、腹、圈足的变化，可分为 11 式。

Ⅰ式　1 件。标本 M429：5，圆唇，平折沿，沿面凹弦纹数周，粗颈，鼓腹，圈足较直。通高 21、口径 13.2、底径 9.2、腹径 16 厘米（图八一：1）。

Ⅱ式　5 件。隆盖，上有 3 个对称三菱形纽。短粗颈，口外侈，长圆腹，圈足稍外撇。肩饰铺首。标本 M68：1，泥质红陶。通高 28.5、口径 12、底径 12、腹径 19.2 厘米（图八一：2；图版一四：1）。

Ⅲ式　19 件。长颈，鼓腹，高圈足。分 2 亚式。

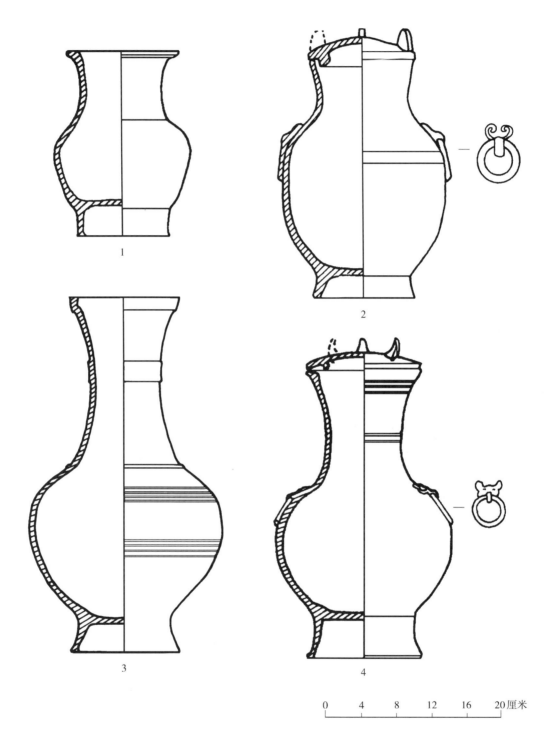

图八一　C 型陶壶

1. 丙类二期三段 C 型 I 式（M429：5）　　2. 乙类二期三段 C 型 II 式（M68：1）

3. 乙类三期五段 C 型Ⅲb 式（M202：8）　　4. 丙类三期六段 C 型Ⅲa 式（M200：3）

Ⅲa 式　3 件。盖顶平缓，上有 3 个对称三菱形小纽。尖唇，斜沿，侈口，颈较Ⅱ式明显增长，圆鼓腹，高圈足微外撇。肩部饰两个对称衔环铺首。标本 M200：3，通高 36、口径 13.2、底径 13.2、腹径 20.4 厘米（图八一：4）。标本 M432：4，盖上有坐兽形纽，颈较粗，鼓腹，圈足稍外撇。颈、腹各饰条状堆纹两周，腹部饰弦纹七周。口径 13、底径 12.8、通高 35 厘米（图版一四：4）。

Ⅲb 式　16 件。盘口，颈特长，鼓腹，圈足外撇。颈凸箍一周，腹部饰凹弦纹两组八周。标本 M202：8，泥质褐陶，通高 39.6、口径 12.8、底径 12.4、腹径 22.4 厘米（图八一：3）。标本 M23：7，隆盖，上有 3 个小柱形纽。尖唇，盘口。颈凸箍一周，肩饰铺首，腹部细弦纹两组八周。通高 43.6、口径 13.2、腹径 21.6 厘米（图八二：1；图版一四：2）。标本 M616：1，盖隆起，上有 3 个对称蹄形纽。肩饰衔环，通体为黑衣白彩，颈细弦纹数周，腹部弦纹两组四周。通高 41.6、口径 13.6、底径 14.4 厘米（图八二：2）。

Ⅳ 式　26 件。带盖，长颈，高圈足。分 3 亚式。

Ⅳa 式　6 件。盖微弧，上有 3 个特长"S"形纽。平沿，侈口，长颈，腹微鼓，圈足特高稍外撇。颈、腹部分均匀分布凹弦纹 10 周，间饰以黑衣朱彩斜线顺三角形和斜线倒三角形。标本 M222：14，通高 52、口径 13.2、底径 13.6、腹径 19.6 厘米（图八二：3；图版一五：1）。

Ⅳb 式　15 件。盖微隆起，上有 3 个对称小圆点形纽。平唇，盘口，细颈，腹下垂，圈足斜直。盖面饰变形花瓣纹，颈施尖三角形纹，肩、腹饰羊首怪兽纹，下腹与圈足为折曲纹，通体为白地朱黑彩绘。标本 M89：10，通高 37、口径 10.5、底径 10、最大腹径 18 厘米（图八二：4；图版一五：4）。

Ⅳc 式　5 件。盖素面，侈口，颈内缩，高圈足外撇，腹饰二个对称铺首。标本 M81：6，通高 34、口径 10.4、底径 10.4、腹径 15.2 厘米（图八三：1）。

Ⅴ 式　22 件。细颈，垂腹。分 3 亚式。

Ⅴa 式　14 件。盖隆起，上有 3 个"S"形纽。盘口，细长颈，斜肩，肩饰铺首，折腹，最大腹径偏上。标本 M489：4，通高 32、口径 8、底径 9.5、腹径 17 厘米（图八三：2；图版一六：1）。

Ⅴb 式　5 件。盖平弧，素面，高盘口，细长颈，腹下垂，圈足外撇。下腹部有 2 个对称小圆孔，直径 1.6 厘米。标本 M246：1，通高 28、口径 9、底径 9、腹径 14.8 厘米（图八三：3）。

Ⅴc 式　3 件。喇叭口，细长颈，垂腹，底内凹，圈足外撇。标本 M126：4，泥质红陶。通高 33、口径 13、底 10.5 厘米（图八三：4）。

Ⅵ 式　54 件。分 4 亚式。

Ⅵa 式　4 件。盘口，颈稍短，长圆腹，圈足稍外撇。标本 M316：1，通高 30、口径 8.8、底径 9.6、腹径 16 厘米（图八三：5）。

Ⅵb 式　18 件。平沿，颈较Ⅰ式细长，长圆腹。标本 M134：8，通高 30、口径 9.2、底径 9.4、腹径 16.6 厘米（图八三：6）。

Ⅵc 式　6 件。盘口，平唇，颈、肩、腹不明显，鼓腹，圈足较直。标本 M622：7，颈上部饰半圆形纹，肩、腹部饰间断弧线条纹，腹饰变形云纹与几何纹。圈足为三角形纹与回纹。通高 30.8、口径 8.4、腹径 16.4、圈足径 8.2 厘米（图八三：7；彩版一二：1）。标本 M622：8，形制及纹饰与 M622：7 大体相似，但盘口较深并保存有壶盖（彩版一○：3）。

Ⅵd 式　4 件。喇叭口，细长颈，长腹，圈足较高而外撇。标本 M82：3，通高 34、口径 10、底

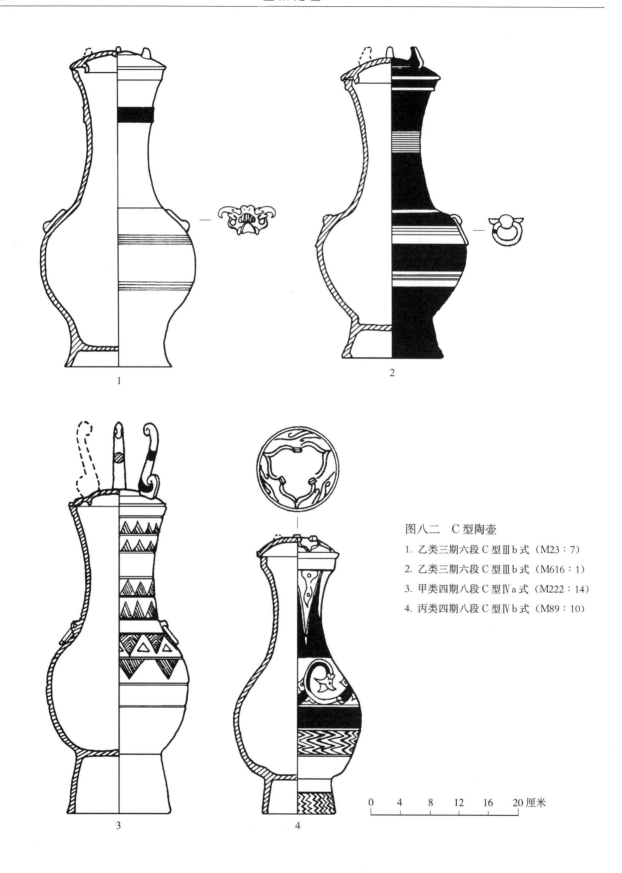

图八二　C 型陶壶

1. 乙类三期六段 C 型Ⅲb 式（M23∶7）
2. 乙类三期六段 C 型Ⅲb 式（M616∶1）
3. 甲类四期八段 C 型Ⅳa 式（M222∶14）
4. 丙类四期八段 C 型Ⅳb 式（M89∶10）

0　4　8　12　16　20厘米

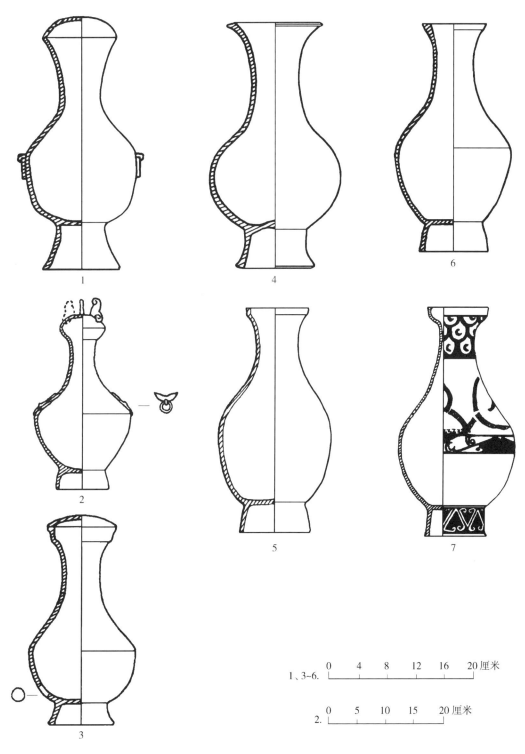

图八三 C型陶壶

1. 丙类四期八段 C 型Ⅳc 式（M81：6）　　2. 甲类四期八段 C 型Ⅴa 式（M489：4）

3. 丙类四期九段 C 型Ⅴb 式（M246：1）　　4. 丙类四期九段 C 型Ⅴc 式（M126：4）

5. 乙类三期五段 C 型Ⅵa 式（M316：1）　　6. 丙类四期七段 C 型Ⅵb 式（M134：8）

7. 乙类四期八段 C 型Ⅵc 式（M622：7）

径 10、腹径 16.4 厘米（图八四：1）。

Ⅵe 式 22 件。盖隆起，上有 3 个对称小圆点纽。盘口，细长颈，溜肩，长腹。矮圈足。标本 M90：1，通高 35.2、口径 8.8、底径 10.5、腹径 17.2 厘米（图八四：2）。

Ⅶ式 10 件。盘口，长颈，鼓腹，高圈足。分 5 亚式。

Ⅶa 式 8 件。盖近平，上有 3 个兽首状纽。大盘口，长筒颈，鼓腹，最大腹径偏上，圈足外撇。颈部饰弦纹三周。标本 M220：2，泥质灰衣褐胎陶。通高 43.6、口径 14、底径 11.5、最大腹径 22 厘米（图八四：4）。

Ⅶb 式 5 件。隆盖稍平缓，上饰有 3 个对称"Y"型兽纽。盘口，近筒形颈，圆肩，扁圆腹，高圈足外撇。颈饰凹弦纹四周。标本 M195：10，通高 38.5、口径 13.5、底径 14.5、腹径 19.6 厘米（图八四：3）。

Ⅶc 式 4 件。盖顶平缓，盘口，长细颈，椭圆形腹，圈足特高外撇。肩饰凹弦纹二周。标本 M129：1，通高 35.5、口径 12、底径 12 厘米（图八四：5）。

Ⅶd 式 7 件。盖平缓，上有 3 个对称"Y"形小纽。侈口，长颈，圆鼓腹，高圈足外撇。标本 M277：6，通高 38、口径 12、底径 14.4、腹径 19.6 厘米（图八四：6）。

Ⅶe 式 8 件。盖顶平，上有 3 个对称半圆形小纽。盘口，细颈，圆鼓腹。腹饰凹弦纹二周。标本 M88：8，通高 30、口径 9.6、底径 12、腹径 17.6 厘米（图八五：1）。

Ⅷ式 124 件。盘口，细颈，鼓腹。分 3 亚式。

Ⅷa 式 74 件。盖隆起，上有 3 个对称棱形矮纽。盘口，细长颈，鼓腹近折，圈足稍矮。盖面施以白地朱黑彩折曲纹、颈腹施扁圆点纹、弦纹、云纹与折曲纹。标本 M301：1，通高 35.5、口径 9.6、底径 12、腹径 20.4 厘米（图八五：2；图版一五：2）。标本 M605：2，大鼓腹，腹部有圆孔，直径 2～2.4 厘米。颈饰黑地朱彩绘倒三角形、折曲纹，通体涂以黑彩。通高 34.8、口径 9.2、底径 10.4、腹径 18 厘米（图八五：3）。标本 M463：2，细颈，近折腹，高圈足外撇。上部饰黑地尖三角形，朱彩呈倒三角形线与弦纹一周，腹部黑彩带一周。通高 37.2、口径 10.8、底径 10.4、腹径 17.6 厘米（图八五：5）。

Ⅷb 式 37 件。标本 M226：1，盖近平，纽明显退化。细颈，折腹。颈有黑地尖三角形纹，朱彩绘倒三角形线，腹部黑彩一周。标本 M226：1，通高 34、口径 9.6、底径 11.2、腹径 4.8 厘米（图八五：4）。

Ⅷc 式 13 件。盖顶平弧，上有 3 个"S"形纽。圆唇，仰折沿，敞口，细颈，斜长肩，折腹有棱，高圈足外撇。标本 M591：6，泥质黑衣灰陶。通高 36、口径 10.4、底径 10.8、最大腹径 18 厘米（图八五：6）。

Ⅸ式 36 件。盘口，细长颈、斜肩，折腹起棱，圈足外撇。腹部有小圆穿孔，直径 1.2 厘米。标本 M639：6，泥质黑衣陶，夹少量细砂。通高 36、口径 8.8、底径 11.2、腹径 18 厘米（图八六：1；图版一五：3）。

Ⅹ式 11 件。尖唇，盘口，细颈，折腹，最大腹径偏上，高圈足外撇。标本 M302：1，通高 30.8、口径 10、底径 12、腹径 18.8 厘米（图八六：2）。

Ⅺ式 10 件。隆盖，粗颈，大腹。分 2 亚式。

图八四　C 型陶壶

1. 丙类四期九段 C 型Ⅵd 式（M82：3）　　2. 丙类四期九段 C 型Ⅵe 式（M90：1）

3. 乙类四期七段 C 型Ⅶb 式（M195：10）　4. 乙类四期七段 C 型Ⅶa 式（M220：2）

5. 丙类四期七段 C 型Ⅶc 式（M129：1）　　6. 乙类四期九段 C 型Ⅷd 式（M277：6）

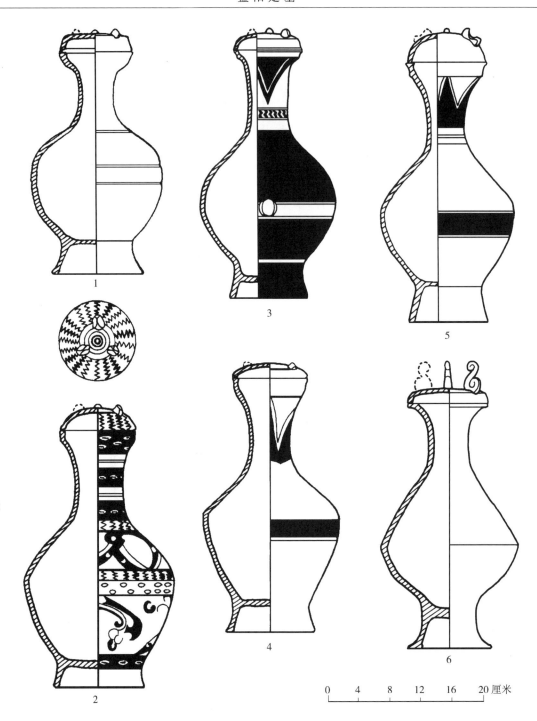

图八五　C 型陶壶

1. 乙类四期九段 C 型Ⅷe 式（M88：8）　　　2. 乙类四期八段 C 型Ⅷa 式（M301：1）

3. 乙类四期九段 C 型Ⅷa 式（M605：2）　　　4. 乙类四期八段 C 型Ⅷb 式（M226：1）

5. 乙类四期七段 C 型Ⅷa 式（M463：2）　　　6. 丙类四期八段 C 型Ⅷc 式（M591：6）

　　Ⅺa 式　5 件。圆唇，口微侈，大圆腹，圜底，高圈足外撇，肩有一对铺首衔环。颈有弦纹四周和赭色与灰色倒三角形彩绘，肩、腹、涂黑彩。标本 M270：4，通高 32、口径 10、底径 12.4、最大腹径 20 厘米（图八六：4）。

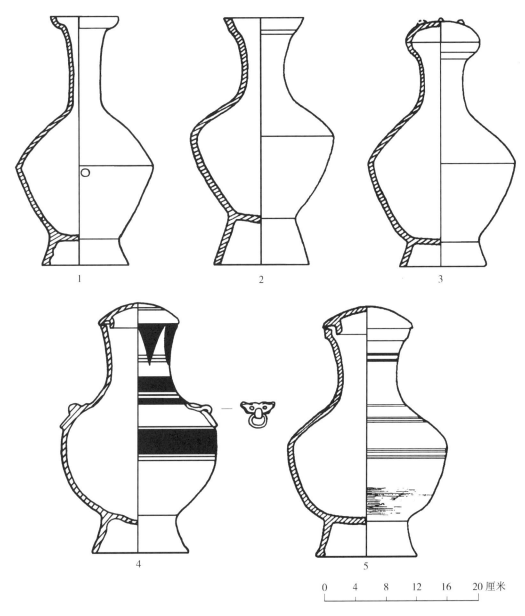

图八六　C 型陶壶

1. 乙类四期九段 C 型Ⅸ式（M639：6）　　2. 乙类四期九段 C 型Ⅹ式（M302：1）

3. 丙类四期九段 C 型ⅩⅠb 式（M137：1）　　4. 乙类四期八段 C 型ⅩⅠa 式（M270：4）

5. 乙类四期九段 C 型ⅩⅠb 式（M635：7）

　　ⅩⅠb 式　5 件。标本 M137：1，盘口，颈较短，大折腹有棱，圈足较矮，稍外撇。通高 31.2、口径 10、底径 11.6、腹径 19.2 厘米（图八六：3）。标本 M635：7，盘口，颈内缩，近折腹，最大腹径偏上。颈、肩、腹有凹弦纹数周。通高 32、口径 12、底径 13.6、腹径 21.2 厘米（图八六：5；彩版一一：3）。

　　C 型壶是陶壶中最多的一种，以战国晚期最多。其主要演变情况是：粗颈、长圆腹逐渐向长颈、圆腹转变，再由长颈变成细长颈，腹部逐渐下垂，圈足渐高。Ⅵ式至Ⅶ式也同样颈部逐渐变长、变细，腹部逐渐下垂。Ⅷ式至Ⅸ式颈部渐细，由鼓腹逐渐变成折腹，再由折腹变成折腹有棱。

D型　4件。肩部饰半圆形环纽，依据颈、腹部的不同，可分为3式。

Ⅰ式　2件。圆唇，沿下稍厚，口微侈，大鼓腹，圈足微外弧。标本M251：1，通高27.2、口径13.2、底径13.4、腹径21.6厘米（图八七：1）。标本M160：9，粗颈，鼓腹，肩饰两个对称纽。通体饰弦纹九周。口径10、底径13、腹径20、通高29厘米（图版一四：3）。

Ⅱ式　1件。侈口，短颈，长圆腹，圈足稍外撇。上腹部饰弦纹二周。标本M58：4，通高28、口径12、底径11厘米（图八七：2）。

Ⅲ式　1件。盖平弧，上有3个对称立兽纽。口微侈，长粗颈，大腹，圈足稍外撇，标本M402：1，通高43.2、口径14.4、底径17.2、腹径24厘米（图八七：3）。

E型　2件。标本M310：4，尖唇，子口微内敛，粗颈，肩有两个对称环纽。斜深腹，平底。通高26、口径9、底径9厘米（图八八：1；图版一六：2）。

F型　3件。尖唇，近直口，颈较短，长深腹，小平底。肩部两个对称铺首，颈、肩处饰两条黑彩。标本371：7，泥质红陶。通高29、口径11、底径10、腹径21.5厘米（图八八：4）。

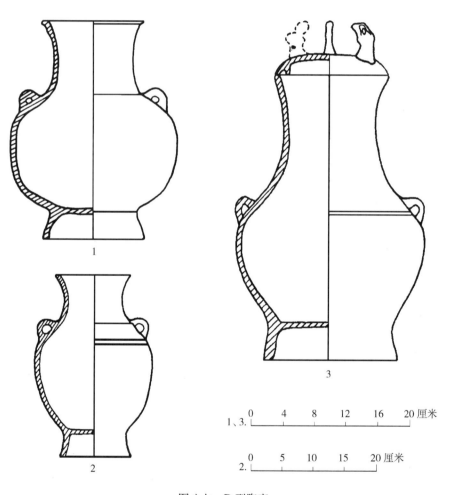

图八七　D型陶壶

1. 丙类二期三段D型Ⅰ式（M251：1）　　2. 乙类四期七段D型Ⅲ式（M58：4）

3. 丙类三期五段D型Ⅱ式（M402：1）

G型　4件。可分为 2 式。

Ⅰ式　2件。标本 M424∶1，盖平缓素面，圆唇，口微侈，粗长颈，长圆腹，平底。肩饰一对称铺首，颈、腹各有弦纹两周。通高 24.4、口径 11.2、底径 10.8、腹径 18 厘米（图八八∶2）。

Ⅱ式　2件。标本 M164∶6，盖平缓，上有 3 个对称菱形小纽。长颈，长圆腹，圈底内凹。通高 29.6、口径 10.4、腹径 17.2 厘米（图八八∶3）。

H型　3件。盘口，粗颈，折腹，平底。标本 M314∶5，高 18、口径 10.4、底径 8、腹径 17.6 厘米（图八八∶6；图版一六∶4）。

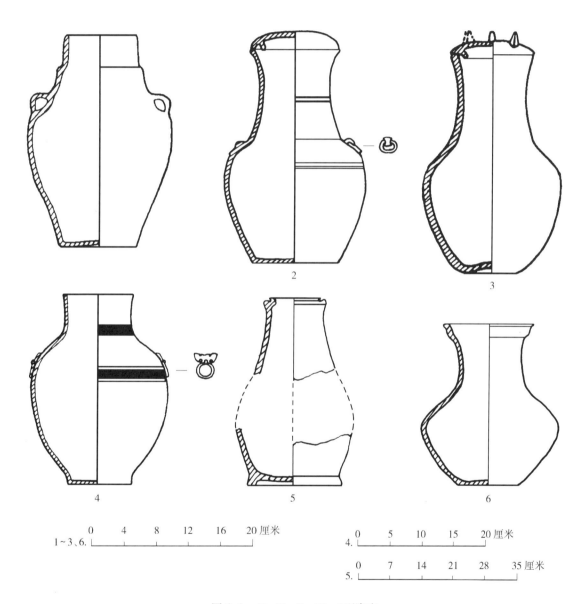

图八八　E、F、G、H、I 型陶壶

1. 丙类一期一段 E 型（M310∶4）　　　2. 丙类三期五段 G 型Ⅰ式（M424∶1）

3. 乙类四期七段 G 型Ⅱ式（M164∶6）　　4. 乙类三期四段 F 型（M371∶7）

5. 甲类战国壶Ⅰ型（M642∶1）　　　　6. 乙类四期九段 H 型（M314∶5）

Ⅰ型　1件。子母口内敛，深腹，中间部分残，矮圈足。标本 M642：1，高约 40、口径 12、底径 20.5 厘米（图八八：5）。

尊缶　2件。依腹与圈足的变化，可分为 2 式。

Ⅰ式　1件。标本 M432：20，形体肥矮。口沿凸棱一周形成子母口，粗颈，肩腹处有对称的 4 个凸环纽，最大腹径在中部，高圈足内收。颈、肩、上腹饰朱地黑彩折曲纹、变形草叶纹，圈足红地黑彩折曲纹一周。高 32.4、口径 13.6、底径 15.6、腹径 25.6 厘米（图八九：3；图版一七：1）。

Ⅱ式　1件。标本 M432：12，口沿凸棱一周形成子母口，颈较前式短，大圆鼓腹，圜底，圈足

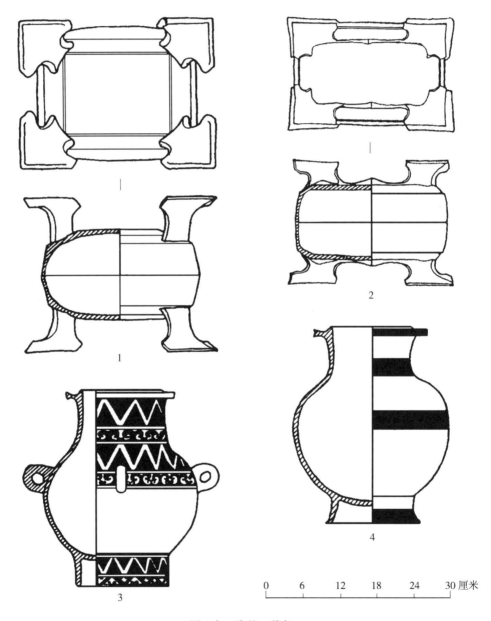

图八九　陶簠、尊缶

1. 甲类三期六段Ⅰ式簠（M432：22）　　2. 甲类四期七段Ⅱ式簠（M153：20）

3. 甲类三期六段Ⅰ式尊缶（M432：20）　　4. 甲类三期六段Ⅱ式尊缶（M432：12）

外撇。颈、腹、圈足涂黑彩。高32、口径13.6、底径15.2、腹径25.6厘米（图八九：4）。

簋 4件。分出于2座墓，可分为2式。

Ⅰ式 2件。折壁，腹较浅，斜壁较短，腹壁较圜，矩形纽足外侈。M432：22，通高25.6、口径26.4厘米（图八九：1；图版一七：2）。

Ⅱ式 2件。浅腹，腹壁直，身呈长方盒状，盖底较大，纽足较Ⅰ式稍矮微内缩。标本M153：20，泥质红陶。通高20、口径24.8厘米（图八九：2；图版一七：3）。

钫 12件。分出于4座墓，能分型式的10件，可分为2式。

Ⅰ式 2件。覆斗形盖，方唇，侈口，鼓腹，腹部棱角分明，假圈足。盖面有黑地朱色彩绘，已脱落。标本M338：5，口径10、腹径22、底径14、通高36.5厘米（图九○：2）。

Ⅱ式 8件。覆斗形盖，尖唇，侈口，长颈，折腹，方圈足外撇，标本M355：7，口径11.6、腹径17.2、底径12、通高40.8厘米（图九○：1；图版一七：4）。

盒 12件。分出于9座墓，能分型式的有9件，可分为3式。

Ⅰ式 2件。标本M489：24，钵形盖，宽平顶，圆唇，敛口，近直腹。沿下至腹部有一对称铺首，矮圈足。口径24.4、腹径24.5、底径14、通高12.4厘米（图九○：5；图版一六：3）。

Ⅱ式 2件。标本M635：12，隆盖，盖口内收，子母口内敛，腹部鼓出，平底。盖顶饰黑地朱彩勾连云纹，盖口沿部位与器身饰长椭圆朱点。口径15.8、腹径18.2、底径8、通高14.6厘米（图九○：3；彩版一四：3）。

Ⅲ式 5件。隆盖，子母口内敛，斜腹，平底。标本M314：2，口径17.6、底径6、通高10厘米（图九○：4）。

盘 178件。分出于131座墓，能分型式的有110件。为手制后经慢轮修整。根据口沿、腹部的不同，可分为5型。

A型 91件。平折沿，折腹，平底。可分为5式。

Ⅰ式 8件。圆唇，平折沿，宽沿面，浅腹，平底。标本M415：3，口径15.2、底径8、高1.2厘米（图九一：1）。

Ⅱ式 25件。分2亚式。

Ⅱa式 21件。沿面特宽，折腹，平底。标本M252：4，口径19.2、底8、高3.3厘米（图九一：2）。

Ⅱb式 4件。尖唇，平折沿向外斜，折腹，平底。标本M300：10，泥质黑衣灰胎陶。口径19.6、底径8.6、高3厘米（图九一：3）。

Ⅲ式 43件。圆唇，平沿，浅腹。分3亚式。

Ⅲa式 12件。折腹，平底。标本M238：3，口径18、底径6.8、高3.6厘米（图九一：4）。

Ⅲb式 12件。厚胎。折腹，平底微内凹。标本M129：4，泥质红褐陶。口径14.5、底径7、高2.8厘米（图九一：5）。

Ⅲc式 19件。斜折腹，平底。标本M195：2，口径19、底径6、高3厘米（图九一：6）。

Ⅳ式 3件。尖唇，斜沿向内，折腹，平底。标本M200：6，口径16、底径4、高2.4厘米（图九一：7）。

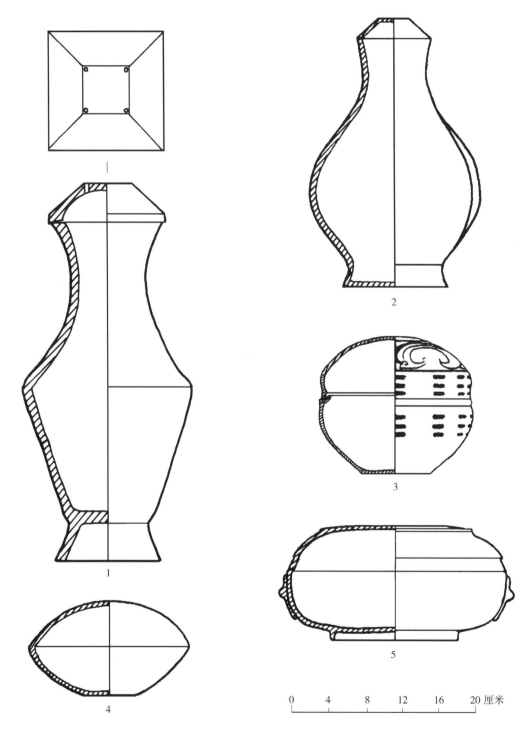

图九〇 陶钫、盒

1. 丙类四期八段Ⅱ式钫（M355：7）　　2. 乙类四期七段Ⅰ式钫（M338：5）

3. 乙类四期九段Ⅱ式盒（M635：12）　　4. 乙类四期九段Ⅲ式盒（M314：2）

5. 甲类四期八段Ⅰ式盒（M489：24）

Ⅴ式　12件。折沿向内，折腹明显，平底。标本M220：12，泥质褐陶。口径13.6、底径4.4、高2.8厘米（图九一：8）。

A型盘的演变情况是：腹由深变浅，由斜弧腹变成折腹，大平底变成小平底。

B型　6件。可分为2式。

Ⅰ式　3件。圆唇，侈口，折腹不明显，近壁足底。标本M218：9，泥质灰衣褐胎陶。口径18.4、底径9.6、高4.8厘米（图九一：9）。

Ⅱ式　3件。标本M82：7，方唇，斜腹，平底。口径14、底径4.8、高3.6厘米（图九一：10）。

C型　5件。平折沿，弧腹，平底。盘内饰白地朱黑彩柿蒂纹。标本M89：4，口径12.6、底径5.6、高2.8厘米（图九一：11；彩版一二：4）。标本M612：14，泥质红褐陶，黑地朱线一周，盘内黑线朱彩柿蒂纹。直径11.5、高2.5厘米（彩版一四：4）。

D型　6件。形体较小，可分为2式。

Ⅰ式　3件。折沿外卷，沿面向外斜，折腹，厚平底。标本M201：5，口径8.4、底径5、高2.8厘米（图九一：12）。

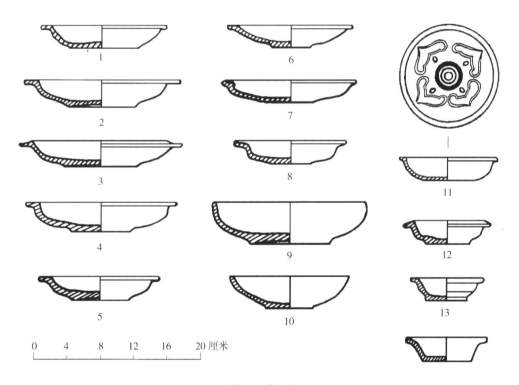

图九一　陶　盘

1. 丙类二期三段A型Ⅰ式（M415：3）　　　2. 乙类三期六段A型Ⅱa式（M252：4）

3. 乙类四期八段A型Ⅱb式（M300：10）　　4. 乙类三期六段A型Ⅲa式（M238：3）

5. 丙类四期 七段A型Ⅲb式（M129：4）　　6. 乙类四期八段A型Ⅲc式（M195：2）

7. 丙类三期六段A型Ⅳ式（M200：6）　　　8. 乙类四期七段A型Ⅴ式（M220：12）

9. 乙类四期八段B型Ⅰ式（M218：9）　　　10. 丙类四期九段B型Ⅱ式（M82：7）

11. 丙类四期八段C型（M89：4）　　　　　12. 丙类四期八段D型Ⅰ式（M201：5）

13. 丙类四期九段D型Ⅱ式（M87：12）　　14. 丙类四期八段E型（M134：9）

　　Ⅱ式　3件。方唇，平折沿，折腹，饼底。标本 M87：12，口径 11、底径 4.8、高 2.8 厘米（图九一：13）。

　　E 型　2件。方唇，敞口，平底。标本 M134：9，口径 10、底径 5.2、高 2.6 厘米（图九一：14）。

　　匜　40件。分出于 30 座墓，能分型式的有 33 件。可分为 5 式。

　　Ⅰ式　1件。标本 M432：16，黑衣灰胎陶。平面呈圆形，流口粗长微上翘，平底，尾部有铺首衔环。腹深 6.5、通长 22.5、流长 5.5 厘米（图九二：1；图版二四：2）。

　　Ⅱ式　10件。平面呈圆形，短流，浅腹，平底。标本 M252：16，通长 14、口径 13.2、底径 7、

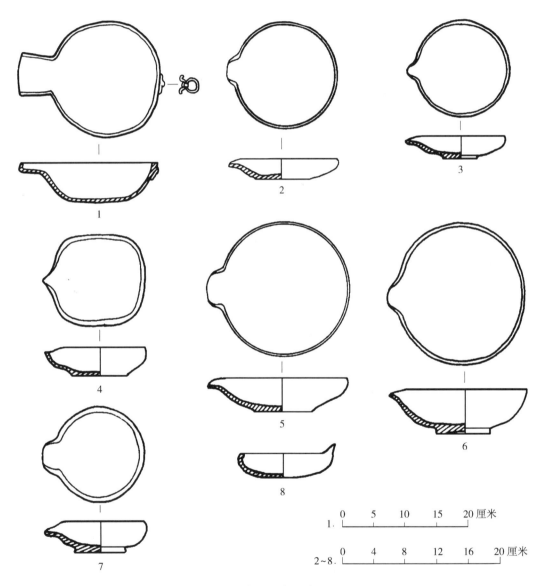

　　　　　　　　　　　　　　　　　　图九二　陶　匜

　　1. 甲类三期六段Ⅰ式（M432：16）　　2. 乙类三期六段Ⅱ式（M252：16）

　　3. 乙类四期七段Ⅲa式（M220：13）　　4. 丙类四期七段Ⅲb式（M148：5）

　　5. 乙类四期八段Ⅲb式（M300：9）　　6. 乙类四期八段Ⅳ式（M199：10）

　　7. 乙类四期八段Ⅲc式（M218：10）　　8. 丙类三期六段Ⅴ式（M200：10）

高 2.8 厘米（图九二：2）。

Ⅲ式　16 件。分 3 亚式。

Ⅲa 式　11 件。平面呈圆形，小尖流，饼底。标本 M220：13，通长 13.2、口径 11.2、底径 4、高 2.8 厘米（图九二：3）。

Ⅲb 式　3 件。平面近方形，小尖流，饼底。标本 M148：5，通长 13.2、口径 11.6、底径 6.8、高 3.7 厘米（图九二：4）。标本 M300：9，黑衣灰胎陶。平面呈圆形，方形流微上翘，平底。通长 18、口径 16.8、底径 7.2、高 4 厘米（图九二：5）。

Ⅲc 式　2 件。平面呈圆形，形体不规则，长方形流微上翘，饼足底。标本 M218：10，泥质灰褐胎陶。通长 13.2、口径 12、底径 6.8、高 4 厘米（图九二：7；图版二四：3）。

Ⅳ式　2 件。形体似碗状，平面呈圆形，流口微上翘，壁足。标本 M199：10，通长 18、口径 18、圈足径 7.2 厘米（图九二：6）。

Ⅴ式　2 件。平面呈葫芦瓢形。浅腹，尖流加宽，圜底。标本 200：10，口径 12、高 2.7 厘米（图九二：8）。

勺　243 件。分出于 162 座墓，能分型式的有 157 件。圆形斗，实心柄。可分为 4 式。

Ⅰ式　100 件。圆唇，口内敛，底内凹，长实心柄斜置一侧。标本 M238：13，口径 3.2、高 2.4、柄长 12 厘米（图九三：1；图版二三：3）。标本 M252：6，敛口，弧腹，平底。实心柄接于腹部。口径 4、底径 4、高 2.4、柄长 8 厘米（图九三：2）。标本 M148：2，锥形柄接于口沿部位。口径 4、底径 4、高 2.8、柄长 6 厘米（图九三：5）。标本 M200：8，弧腹，平底。口沿与柄交接处呈锐角。口径 4、底径 2.8、高 4、柄长 2.5 厘米（图九三：3；图版二四：1）。标本 M42：24，柄斜接于口沿至底部，柄尾端弯钩。口径 4、底径 3.6、高 2.8、柄长 12 厘米（图九三：4）。标本 M195：6，口微敛，深腹，下腹呈折，平底。实心长柄接于腹部。口径 5、底径 4、高 4.8、柄长 12 厘米（图九三：6）。标本 M87：2，尖唇，鼓腹，平底。柱形短柄接于口沿部位。口径 3.6、底径 3.6、高 2.8、柄长 2.8 厘米（图九三：7）。标本 M635：15，弇口，口沿一侧内凹，平底。柄竖立，尾部向外弯钩。口径 5、底径 4.4、高 2.6、柄长 6.4 厘米（图九三：8）。

Ⅱ式　45 件。分 3 亚式。

Ⅱa 式　2 件。尖唇，斗作圆形，平底。锥形柄接于口沿与腹部。标本 M203：6，口径 4、底径 2.4、高 3.2、柄长 6 厘米（图九三：9）。

Ⅱb 式　38 件。弇口，平底。锥形柄直立一侧。标本 M201：6，口径 2.8、底径 2.8、高 2、柄长 4 厘米（图九三：11）。标本 M201：7，圆唇，敞口，平底。短锥形柄竖立一侧。口径 6、底径 4.8、高 2、柄长 3.5 厘米（图九三：10）。

Ⅱc 式　5 件。敞口，平底。柄斜接于口沿呈仰状。标本 M87：7，口径 5.6、底径 3.2、高 1.2、柄长 3.2 厘米（图九三：13）。

Ⅲ式　8 件。圆唇，敛口，圜底，圆柱形柄横卧，尾上翘。标本 M222：18，口径 2.4、高 2.8、通长 4 厘米（图九三：12）。

Ⅳ式　4 件。形体呈烟斗形。方唇，直口，平底。圆柱形柄接于腹部。标本 M82：3，口径 3.6、底径 4、高 4、柄长 4.8 厘米（图九三：14；图版二三：4）。

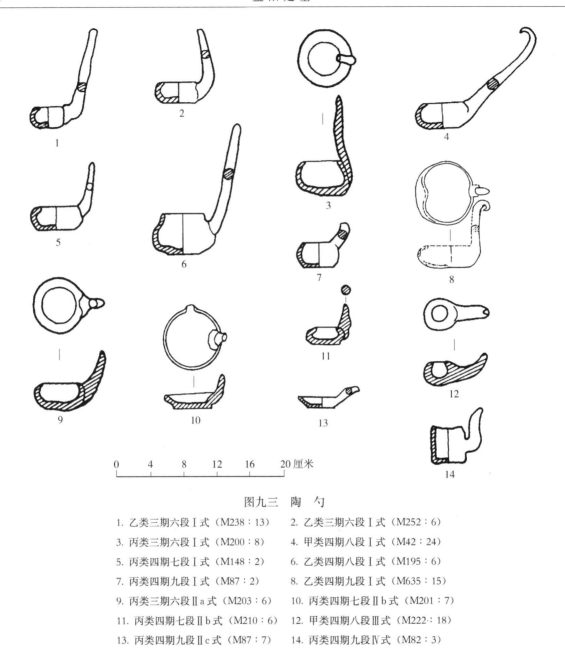

图九三　陶　勺

1. 乙类三期六段Ⅰ式（M238：13）　　2. 乙类三期六段Ⅰ式（M252：6）

3. 丙类三期六段Ⅰ式（M200：8）　　　4. 甲类四期八段Ⅰ式（M42：24）

5. 丙类四期七段Ⅰ式（M148：2）　　　6. 乙类四期八段Ⅰ式（M195：6）

7. 丙类四期九段Ⅰ式（M87：2）　　　 8. 乙类四期九段Ⅰ式（M635：15）

9. 丙类三期六段Ⅱa式（M203：6）　　10. 丙类四期七段Ⅱb式（M201：7）

11. 丙类四期七段Ⅱb式（M210：6）　　12. 甲类四期八段Ⅲ式（M222·：18）

13. 丙类四期九段Ⅱc式（M87：7）　　　14. 丙类四期九段Ⅳ式（M82：3）

　　陶勺出现于战国中晚期，其演变情况是：斗由圆形到扁圆形，柱形柄由高渐矮。

　　匕　130件。分出于98座墓，能分型式的有88件。可分为2式。

　　Ⅰ式　84件。平面椭圆形，扁平。圆柱形柄稍长。标本M200：5，口径8～10.8、通高1厘米（图九四：1）。标本M252：4，柄竖立，尾微曲，宽大于长，口长6.8、口宽8、通高12厘米（图九四：2）。标本M148：4，平面铲形，前端宽稍上翘，平底。直立柱形柄。口长6、宽8、通高7.2厘米（图九四：3）。标本M123：8，平面近扇形，前部宽，往上翘，直立柱形柄稍短，平底。口径6～8.8、底径4、通高7.2厘米（图九四：4）。平面呈铲形，前部稍宽上翘，平底。柄较长。标本M199：4，口宽8、底径6、通高9.6厘米（图九四：6；图版二三：5）。标本M195：8，平面近椭圆形，平底。柄斜。口径6.8～9.2、底径4.8、通高7.2厘米（图九四：5）。标本M300：14，平面扇形，斜柄残。

口径6～12、残高8.8厘米（图九四：7）。标本 M86：6，平面扇形，前端上翘，平底。斜柄较粗，尾端卷。铲内施白衣朱黑彩放射线太阳纹。口径7.2～8、通高6厘米（图九四：8）。

Ⅱ式　4件。平面呈椭圆形，圜底。圆柱形柄横卧。标本 M195：7，口径8.8～12、通长23.2厘米（图九四：9）。

（二）仿日用器

豆　720件。分出于358座墓中，能分型式的有500件。可分为2型。

A型　452件。分9亚型。

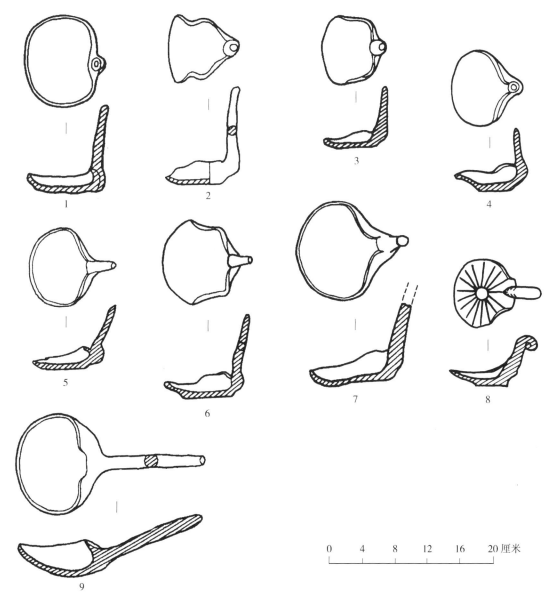

图九四　陶　匕

1. 丙类三期六段Ⅰ式（M200：5）　2. 乙类三期六段Ⅰ式（M252：4）　3. 丙类四期七段Ⅰ式（M148：4）

4. 乙类四期七段Ⅰ式（M123：8）　5. 乙类四期七段Ⅰ式（M195：8）　6. 乙类四期八段Ⅰ式（M199：4）

7. 乙类四期八段Ⅰ式（M300：14）　8. 丙类四期九段Ⅰ式（M86：6）　9. 乙类四期七段Ⅱ式（M195：7）

Aa 型 42 件。可分为 3 式。

Ⅰ式 5 件。折腹，浅盘，曲柄，底座面凹弧形。标本 M403：1，高 14.5、口径 10、底径 8.5 厘米（图九五：1）。

Ⅱ式 6 件。斜腹，浅盘，高柄，底座面凹弧。标本 M371：2，高 19、口径 13、底径 9 厘米（图九五：2）。

Ⅲ式 31 件。斜弧腹，浅盘，曲柄，底座斜直。标本 M627：4，高 18、口径 17、底径 10 厘米（图九五：3）。标本 M220：8，盘稍深，柄稍短。高 13.6、口径 13.6、底径 7.6 厘米（图九五：4）。

Aa 型豆的演变情况是：盘由浅渐深。柄由高渐矮。

Ab 型 19 件。可分为 3 式。

Ⅰ式 6 件。圆唇，浅盘，高直柄，底座面微凸弧。标本 M151：2，高 15、口径 11.5、底径 6.4 厘米（图九五：5）。

Ⅱ式 2 件。弧腹，直柄，底座高凸弧。标本 M160：7，高 14.4、口径 10.4、底径 7.2 厘米（图九五：6）。

Ⅲ式 11 件。浅盘，高柄，底座斜直，柄两端各有凸棱一周，盘内有太阳纹射线。标本 M174：5，高 18.5、口径 12.8、底径 8.4 厘米（图九五：7）。

Ab 型豆的演变情况是：柄由矮渐高。

Ac 型 49 件。根据豆柄的变化，可分为 4 式。

Ⅰ式 2 件。方唇，折腹，盘底平，直柄，底座斜直。标本 M310：2，高 11.2、口径 12、底座 6.8 厘米（图九五：8）。

Ⅱ式 7 件。圆唇，斜折腹，盘底较平，底座下凹。标本 M252：11，高 13.2、口径 13.2、底径 8 厘米（图九五：9；图版二二：2）。

Ⅲ式 16 件。折腹，盘底稍平，柄弧，底座斜直。标本 M200：7，高 17.2、口径 14、底径 10 厘米（图九五：10）。

Ⅳ式 24 件。尖唇，折腹，高柄微弧，底座斜直。标本 M300：12，泥质黑衣夹细砂灰胎陶。高 20、口径 16.8、底径 9.6 厘米（图九五：11；图版二三：2）。

Ac 型豆的演变情况是：盘由深渐浅，柄由矮渐高。

Ad 型 61 件。可分为 4 式。

Ⅰ式 8 件。小圆唇，浅盘，斜腹，直柄，底座接地。标本 M154：5，高 8、口径 12、底径 6.4 厘米（图九五：12）。

Ⅱ式 4 件。圆唇，斜弧腹，柄稍粗。标本 M128：5，高 11.2、口径 12、底径 7.5 厘米（图九五：13；图版二二：1）。

Ⅲ式 30 件。敛口，弧腹，盘稍深，底座斜弧。标本 M194：1，高 13.6、口径 15、底径 8.8 厘米（图九五：14；图版二三：1）。

Ⅳ式 19 件。敛口，弧腹，盘较深，曲柄，底座下凹，底口沿接地。标本 M196：1，高 12.8、口径 14.8、底径 8.8 厘米（图九五：15）。标本 M185：1，泥质红陶。尖唇，斜腹，浅盘。高 13、口径 16.8、底径 8.5 厘米（图九五：16）。

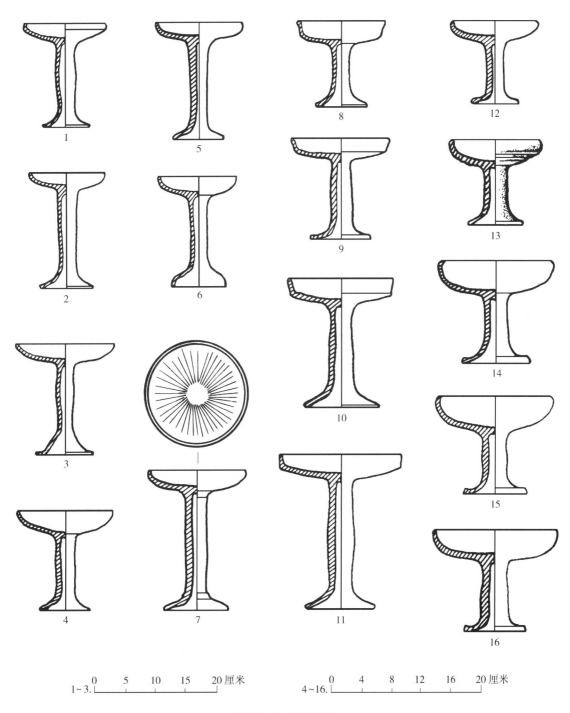

图九五　A 型陶豆

1. 丙类一期一段 Aa 型 I 式（M403：1）　　2. 乙类三期四段 Aa 型 II 式（M371：2）　　3. 丙类三期六段 Aa 型 III 式（M627：4）

4. 乙类四期九段 Aa 型 III 式（M220：8）　　5. 乙类一期一段 Ab 型 I 式（M151：2）　　6. 乙类三期四段 Ab 型 II 式（M160：7）

7. 乙类三期五段 Ab 型 III 式（M174：5）　　8. 丙类一期一段 Ac 型 I 式（M310：2）　　9. 乙类三期六段 Ac 型 II 式（M252：11）

10. 丙类三期六段 Ac 型 III 式（M200：7）　　11. 乙类四期八段 Ac 型 IV 式（M300：12）　　12. 乙类二期三段 Ad 型 I 式（M154：5）

13. 丙类二期三段 Ad 型 II 式（M128：5）　　14. 丙类三期四段 Ad 型 III 式（M194：1）　　15. 丙类三期五段 Ad 型 IV 式（M196：1）

16. 丙类三期六段 Ad 型 IV 式（M185：1）

图九六　A 型陶豆

1. 丙类三期六段 Ae 型Ⅰ式（M627：3）　　2. 丙类四期七段 Ae 型Ⅱ式（M129：3）

3. 乙类四期八段 Ae 型Ⅲ式（M622：5）　　4. 丙类一期一段 Af 型Ⅰ式（M403：3）

5. 丙类三期六段 Af 型Ⅱ式（M203：7）　　6. 丙类四期九段 Af 型Ⅱ式（M322：4）

7. 丙类四期八段 Af 型Ⅲ式（M89：3）　　8. 丙类二期二段 Ag 型Ⅰ式（M65：7）

9. 丙类三期五段 Ag 型Ⅱ式（M122：3）　　10. 丙类三期五段 Ag 型Ⅱ式（M205：2）

11. 乙类四期九段 Ag 型Ⅲ式（M635：2）

Ad 型豆的演变情况是：盘由浅渐深，直柄渐向曲弧形柄变化。

Ae 型　32 件。柄由高渐矮。可分为 3 式。

Ⅰ式　2 件。圆唇，折腹，高柄中部微凹凸，底座面斜直。标本 M627：3，高 21.2、口径 16.4、底径 9.2 厘米（图九六：1）。

Ⅱ式　13 件。圆唇，斜折腹，高柄微曲，底座下凹。标本 M129：3，泥质红陶。高 14.4、口径 13.5、底径 7.5 厘米（图九六：2）。

Ⅲ式　17 件。浅盘，胎壁较厚，腹外壁微折曲，柄凹凸有箍。底座斜直。标本 M622：5，高 11.2、口径 13.2、底径 7.2 厘米（图九六：3）。

Ae 型豆出土较少，其演变情况是：盘由深渐浅，柄由高渐矮。

Af 型　114 件。可分为 3 式。

Ⅰ式 9件。口微内敛，弧壁，浅盘，喇叭形底座。标本 M403：3，高 15.6、口径 12.8、底径 6.8 厘米（图九六：4）。

Ⅱ式 46件。斜弧壁，底座下凹。标本 M203：7，高 13.2、口径 14.8、底径 8 厘米（图九六：5）。标本 M322：4，弧腹壁，盘稍深，喇叭形底座。高 14、口径 16、底径 8.4 厘米（图九六：6）。

Ⅲ式 59件。直口，浅盘，柄实心，喇叭形座。盘口饰白地黑线朱彩柿蒂纹图案，底座白地朱色折曲纹。标本 M89：3，高 13.5、口径 14、底径 8.4 厘米（图九六：7；彩版一四：1）。标本 M612：10，高 11、口径 13、底径 7 厘米（彩版一四：2）。

Af 型豆的演变情况是：盘由浅渐深，壁由弧腹变成斜直。

Ag 型 65件。矮柄，深盘。可分为 3 式。

Ⅰ式 13件。尖唇，弧腹，矮直柄，底座凸弧形。标本 M65：7，高 13、口径 16、底 9 厘米（图九六：8）。

Ⅱ式 24件。盘内壁斜弧，外壁有棱，高喇叭形底座。标本 M122：3，泥质灰黄色陶。高 12、口径 13.6、底径 7.5 厘米（图九六：9）。标本 M205：2，圆唇，斜深腹，腹外壁有棱，矮柄，底座面下凹。高 11.5、口径 14.8、底径 7.5 厘米（图九六：10；图版二二：4）。

Ⅲ式 28件。小圆唇，直口，矮柄，柄壁厚，底座面下凹。标本 M635：2，高 11.6、口径 14.8、底径 8.4 厘米（图九六：11）。

Ag 型豆的演变情况是：胎壁由薄渐厚，盘由深渐浅。底座由喇叭形变为座面下凹。

Ah 型 85件。可分为 4 式。

Ⅰ式 1件。敞口，近折腹，柄较高，喇叭形座。标本 M63：4，高 13.2、口径 13.2、底径 7.2 厘米（图九七：1）。

Ⅱ式 5件。形体较大。小圆唇，盘较厚，盘内壁斜直，外壁有凸棱，高柄，底座面较宽且下凹。标本 M55：3，高 19.6、口径 19.2、底径 11.6 厘米（图九七：2）。

Ⅲ式 17件。口沿外侧有凸棱一周，弧腹，高柄，底座面下凹。标本 M432：8，泥质黑依灰胎陶。高 17.6、口径 15.6、底径 10.4 厘米（图九七：3；图版二二：3）。标本 M340：1，斜折腹，浅盘，高柄。高 13.6、口径 15、底径 9 厘米（图九七：4）。

Ⅳ式 62件。折腹，盘底平，矮柄，喇叭形底座。标本 M90：5，高 12、口径 14.4、底径 8.4 厘米（图九七：5）。

Ah 型豆的演变情况是柄由高渐矮。

B 型豆 48件。多折腹，竹节形柄。可分为 3 式。

Ⅰ式 37件。分 4 亚式。

Ⅰa 式 12件。折腹，浅盘，高柄，底座面下凹。柄上下有两组凹弦纹四周，标本 M238：14，泥质黑衣褐胎陶。高 16.8、口径 12.8、底径 9 厘米（图九八：1）。标本 M130：3，泥质夹砂褐陶。柄稍粗，底座面斜直，弦纹较细。高 17.5、口径 14.5、底径 9.5 厘米（图九八：2；图版二二：5）。

Ⅰb 式 6件。直口，弧腹，高粗柄，柄中部微鼓，底座下凹。柄中部与下部有凸弦纹两周。标本 M489：18，泥质黑衣灰陶。盘内饰柿蒂纹图案。高 21、口径 16、底径 10 厘米（图九八：4；图版二二：6）。

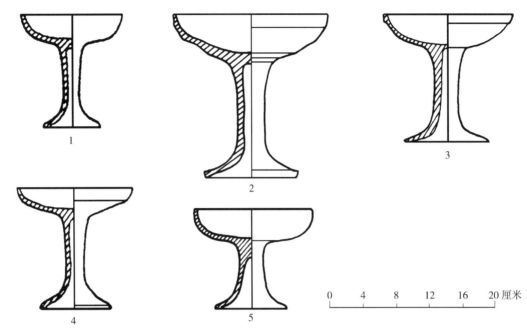

图九七 A型陶豆

1. 丙类三期四段 Ah 型 I 式（M63：4）   2. 丙类三期五段 Ah 型 II 式（M55：3）
3. 甲类三期六段 Ah 型 III 式（M432：8）   4. 丙类四期八段 Ah 型 III 式（M340：1）
5. 丙类四期九段 Ah 型 IV 式（M90：5）

I c 式　10 件。折腹，近平盘，柄稍粗，喇叭形座。柄凹弦纹二周。标本 M338：10，高 14、口径 14.4、底径 9.6 厘米（图九八：6）。

I d 式　9 件。圆唇，折腹，盘底平，高柄，柄中部微鼓，柄中部饰凹弦纹三周。喇叭形底座。标本 M199：1，高 17.5、口径 16、底径 8.8 厘米（图九八：7）。

II 式　7 件。可分为 2 式。

II a 式　4 件。圆唇，直口，弧腹，深盘，矮柄，喇叭形座。柄中部凸弦纹二周。标本 M639：1，高 14.8、口径 15.2、底径 8 厘米（图九八：3）。

II b　3 件。敞口，斜深腹，喇叭形座，座面微凸弧。柄上部细弦纹三周。标本 M58：21，高 16.4、口径 14、底径 8.4 厘米（图九八：5）。

III 式　4 件。大敞口，盘近平，盘壁胎厚，口沿外有凸棱一周，柄细直，大喇叭形座。柄中部凸弦纹数周。标本 M613：6，高 17.2、口径 16.8、底径 10.4 厘米（图九八：8）。

B 型豆出现于战国中期以后，其演变情况是：由折腹、高柄趋向斜深腹、矮柄。

陶鬲　5 件。根据口沿、腹部、足的变化，可分为 4 式。

I 式　1 件。标本 M310：1，折沿束颈，肩部隆起，腹较深，弧裆，裆线上弧，足残。肩、腹、足部饰绳纹。残高 18、口径 17、腹径 31、腹深 15 厘米（图九九：1；图版一八：1）。

II 式　1 件。标本 M364：2，夹砂褐红陶。盖隆起，上有 3 个对称柱形纽。平折沿，短颈，肩部隆起，深腹，下腹微收，裆部弧线形，短柱形足。肩、腹部饰间断绳纹。通高 20.5、口径 12、腹径 15.2、腹深 10 厘米（图九九：2；彩版一三：1）。

III 式　1 件。标本 M627：1，平折沿，短颈，斜肩，扁圆形腹，裆线微下弧，圆柱形高足。腹、足部饰间断绳纹。口径 19.2、高 25.6、腹径 26、腹深 14.8 厘米（图九九：3；彩版一三：2）。

　　IV式　2件。标本 M540：2，形体较小，折沿，短颈，扁圆形腹，裆线近平，高柱足。

　　钵　110件。能分型式的有 93件，分属于 80座墓。可分为 4型。

　　A 型　86件。分 3亚型。

　　Aa 型　55件。分为 7式。

图九八　B 型陶豆

1. 乙类三期六段 B 型 I a 式（M238：14）　　2. 丙类三期六段 B 型 I a 式（M130：3）

3. 乙类四期九段 B 型 II a 式（M639：1）　　4. 甲类四期八段 B 型 I b 式（M489：18）

5. 乙类四期九段 B 型 II b 式（M58：21）　　6. 乙类四期七段 B 型 I c 式（M338：10）

7. 乙类四期八段 B 型 I d 式（M199：1）　　8. 乙类四期八段 B 型 III 式（M613：6）

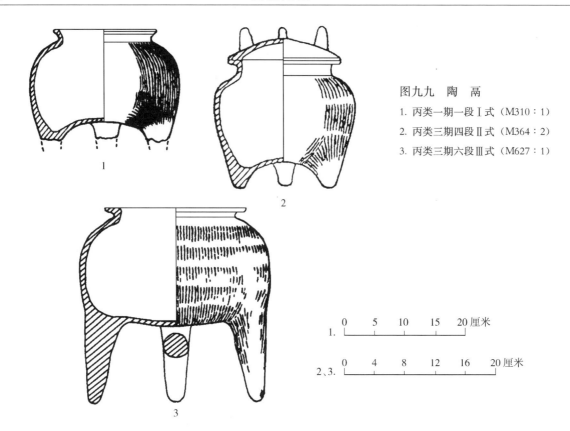

图九九　陶 鬲

1. 丙类一期一段Ⅰ式（M310∶1）
2. 丙类三期四段Ⅱ式（M364∶2）
3. 丙类三期六段Ⅲ式（M627∶1）

　　Ⅰ式　6件。圆唇，平折沿，肩部微突，弧腹壁，较深，大圜底。腹、底部饰斜线绳纹。标本M187∶2，高8、口径20厘米（图一〇〇∶1）。

　　Ⅱ式　12件。方唇，平折沿，宽沿面，短颈，深腹，下腹收，小平底。标本M215∶1，高70.5、口径22、底径6.5厘米（图一〇〇∶2；图版二〇∶1）。标本M213∶1，斜唇，折沿，沿面向内，束颈，腹径最大处在肩上腹部，圜底内凹。高8.8、口径19.2、底径10.5厘米（图一〇〇∶3）。

　　Ⅲ式　8件。翻折沿，沿面向外，束颈，最大径在肩上腹部，下腹收，圜底内凹。下腹部饰交错绳纹。标本M251∶2，高8.8、口径16.8、底径8厘米（图一〇〇∶4）。标本M154∶3，沿面向外下翻，短颈，肩部突起，下腹收，凹圜底。腹部饰水波式绳纹。高9.6、口径18、底径8厘米（图一〇〇∶5；图版二〇∶3）。标本M429∶3，泥质黑皮陶。宽平沿，沿面弦纹四周，颈稍高，肩突起，下腹收，圜底微凹。腹部饰网格绳纹。高9.2、口径21.2、底径8厘米（图一〇〇∶6）。

　　Ⅳ式　15件。尖唇，平沿外卷，短颈，突肩，下腹收，平底微内凹。饰绳纹。标本M214∶3，高6.4、口径19.2、底径6.4厘米（图一〇〇∶7；图版二〇∶4）。标本M210∶2，折沿向内，短颈，突肩，浅腹，平底。高5.6、口径19.2、底径8厘米（图一〇〇∶8）。

　　Ⅴ式　6件。尖唇矮于沿平面，短颈，肩微突，浅腹，平底。标本M205∶5，高6.8、口径22、底径8.8厘米（图一〇〇∶9）。

　　Ⅵ式　6件。尖唇，沿面外翻，束颈，突肩，下腹收，小平底。标本M206∶2，高7.6、口径20.8、底径7.2厘米（图一〇〇∶10）。

　　Ⅶ式　2件。尖唇，沿面微向外斜，浅腹，平底。标本M122∶1，高6、口径16、底径8.4厘米（图一〇〇∶11）。

Aa 型钵的演变情况是：沿面由向内斜到沿平面，腹由深渐浅，由圜底趋向平底内凹，再近平底。

Ab 型 18 件。宽平沿，平底。可分为 3 式。

Ⅰ式 1 件。标本 M407：5，方唇，折平沿，浅腹，平底。高 6、口径 21、底径 11 厘米（图一○○：12）。

Ⅱ式 10 件。方唇，折沿向内，深腹，下腹收，小平底。标本 M196：3，高 9.6、口径 22.2、底径 8.8 厘米（图一○○：13）。标本 M198：4，宽平沿，下腹弧收，小平底。高 6、口径 18.5、底径 6.4 厘米（图一○○：14）。标本 M194：3，圆唇，平折沿，弧腹，小平底。高 7.2、口径 20、底径 8 厘米（图一○一：1）。

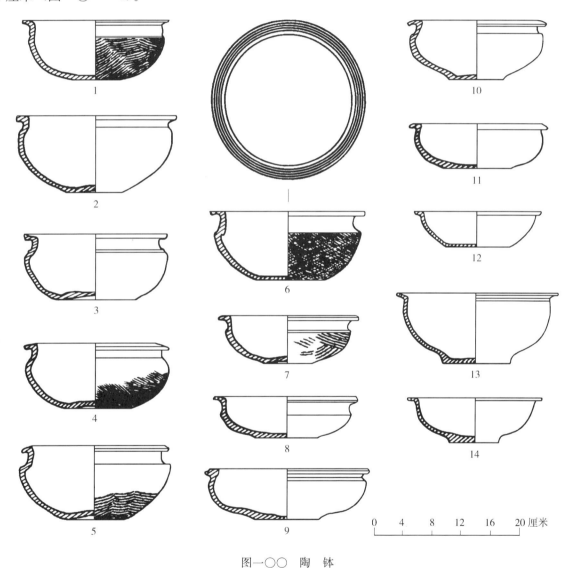

图一○○ 陶 钵

1. 丙类一期一段 Aa 型Ⅰ式（M187：2）　　2. 丙类二期二段 Aa 型Ⅱ式（M215：1）　　3. 丙类二期二段 Aa 型Ⅱ式（M213：1）

4. 丙类二期二段 Aa 型Ⅲ式（M251：2）　　5. 乙类二期三段 Aa 型Ⅲ式（M154：3）　　6. 丙类二期三段 Aa 型Ⅲ式（M429：3）

7. 丙类三期四段 Aa 型Ⅳ式（M214：3）　　8. 丙类三期四段 Aa 型Ⅳ式（M210：2）　　9. 丙类三期五段 Aa 型Ⅴ式（M205：5）

10. 丙类三期六段 Aa 型Ⅵ式（M206：2）　　11. 丙类三期六段 Aa 型Ⅶ式（M122：1）　　12. 丙类一期一段 Ab 型Ⅰ式（M407：5）

13. 丙类三期五段 Ab 型Ⅱ式（M196：3）　　14. 丙类三期六段 Ab 型Ⅱ式（M198：4）

Ⅲ式　7件。尖唇，宽平沿微外斜，腹急收，小平底。标本 M239：3，高 5.2、口径 19.2、底径 6 厘米（图一○一：2；图版二○：6）。标本 M237：3，圆唇，宽平沿，突肩，下腹急收，小平底。高 6.4、口径 21.4、底径 6.4 厘米（图一○一：3）。

Ab 型钵的演变情况是：由浅腹大平底趋向深腹小平底，口径由窄渐宽。

Ac 型　13件。依口沿、腹、底的变化，可分为 3 式。

Ⅰ式　2件。圆唇，卷沿，束颈，肩部外鼓，深腹，最大腹径在肩部，下腹收，底内凹较甚。腹部饰斜线间断绳纹。标本 M4：1，高 12、口径 20、底径 8.8、最大腹径 20 厘米（图一○一：4；图版二○：2）。

Ⅱ式　2件。标本 M416：5，尖唇，卷沿，束颈，肩部隆起，深腹，下腹急收，底内凹。通体饰间断绳纹。高 10、口径 20、底径 6、最大腹径 20 厘米（图一○一：5）。标本 M590：2，尖唇，沿平面向外斜，肩部突起，圜底内凹。饰绳纹。高 8.4、口径 22.8、底径 8.8 厘米（图一○一：6）。

Ⅲ式　9件。圆唇，平沿，斜腹急收，小平底。标本 M197：2，高 7.6、口径 20.2、底径 6.5 厘米（图一○一：7）。标本 M402：3，尖唇，卷沿向外斜，深腹，小平底。肩部饰弦纹三周。高 11、口径 21、底径 8 厘米（图一○一：8）。

Ac 型钵的演变情况是：由折沿向内，逐渐变成折沿向外斜，肩部突起明显逐渐消失，由深腹变

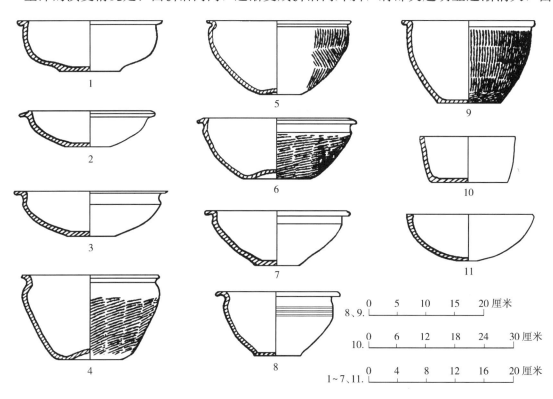

图一○一　陶 钵

1. 丙类三期四段 Ab 型Ⅱ式（M194：3）　　2. 丙类三期六段 Ab 型Ⅲ式（M239：3）　　3. 丙类三期五段 Ab 型Ⅲ式（M237：3）

4. 丙类一期一段 Ac 型Ⅰ式（M4：1）　　5. 丙类二期二段 Ac 型Ⅱ式（M416：5）　　6. 丙类三期四段 Ac 型Ⅱ式（M590：2）

7. 丙类三期五段 Ac 型Ⅲ式（M197：2）　　8. 丙类三期五段 Ac 型Ⅲ式（M402：3）　　9. 丙类三期五段 B 型（M67：2）

10. 丙类二期三段 C 型（M54：3）　　11. 丙类二期三段 D 型（M128：2）

成浅腹，由圜底内凹变成小平底。

B 型　2 件。圆唇，平折沿，深腹，平底。通体饰间断绳纹。标本 M67：2，高 14、口径 23、底径 10 厘米（图一〇一：9）。

C 型　2 件。圆唇，斜直腹，平底。标本 M541：3，高 10、口径 20、底径 16.2 厘米（图一〇一：10）。

D 型　3 件。整体近半圆形，斜唇向内，圜底。标本 M128：2，高 6.4、口径 17.5 厘米（图一〇一：11）。

小壶　29 件。分别出土于 27 座墓。根据口沿、腹部、圈足变化情况，可分为 5 型。

A 型　22 件。可分为 4 式。

Ⅰ式　3 件。方唇，平沿内向，侈口，粗颈，斜肩，折腹，平底。标本 M407：2，高 14、口径 10、腹径 14、底径 11.2 厘米（图一〇二：1）。

Ⅱ式　2 件。尖唇，卷沿外削，颈稍长，凹肩，圆鼓腹较深，凹圜底。标本 M310：5，高 17、口径 12、腹径 14.6、底径 10 厘米（图一〇二：2）。

Ⅲ式　16 件。分 2 亚式。

Ⅲa式　7 件。圆唇，粗颈略外侈，斜肩，深腹，平底。最大腹径在上部。标本 M416：4，泥质黄灰色陶。高 17.6、口径 12、腹径 14.8、底径 8 厘米（图一〇二：3）。标本 M627：5，尖唇，平沿，口外侈，粗颈，宽肩，深腹，平底。颈饰弦纹两周。高 16.8、口径 10.5、腹径 14.4、底径 8 厘米（图一〇二：4；图版一九：1）。

Ⅲb式　9 件。口微侈，粗颈较长，斜肩，圆鼓腹，平底。标本 M127：2，高 16.3、口径 10.4、腹径 14、底径 7.5 厘米（图一〇二：5）。

Ⅳ式　1 件。标本 M311：1，方唇，盘口，颈内缩，折肩，最大腹径在肩部，下腹收，平底。高 16、口径 10、腹径 13.2、底径 6 厘米（图一〇二：6）。

A 型小壶出土较少，其演变情况是：由侈口、束颈、鼓腹，整体较短，变成口、颈部近直，颈腹变长，最大腹径往下移，整体增长。

B 型　6 件。依据颈、腹、底的不同，可分为 3 式。

Ⅰ式　2 件。圆唇，口略外侈，粗颈，扁鼓腹，平底。颈、肩部饰抹平绳纹。标本 M403：4，高 12.8、口径 9.6、腹径 14、底径 6.6 厘米（图一〇二：7；图版一九：2）。

Ⅱ式　1 件。标本 M166：2，隆盖，顶平缓，上饰 3 个对称"Y"形矮纽。粗颈，斜宽肩，扁圆腹，大平底微内凹。高 16、口径 8.7、腹径 14、底径 9.6 厘米（图一〇二：8；图版一九：3）。

Ⅲ式　3 件。厚圆唇，平沿，粗颈，溜肩，扁圆腹略下垂，圜底内凹。标本 M214：4，泥质磨光红陶。高 10.8、口径 10.5、腹径 12.4、底径 5 厘米（图一〇二：9）。

B 型小壶的演变情况是：粗颈，最大腹径往下移，再变成腹部略垂。

C 型　1 件。标本 M429：2，圆唇，粗颈，溜肩，圆腹，圜底。颈、腹部各饰弦纹二周。高 12、口径 10、腹径 12 厘米（图一〇二：11）。

D 型　1 件。标本 M116：5，圆唇，口微敞，粗颈，斜肩，圆鼓腹，下腹收，小平底略圜。颈部饰凸弦纹，肩腹处弦纹二周。腹底交接处有一小环纽。高 15.8、口径 10.5、腹径 14、底径 4.8 厘米

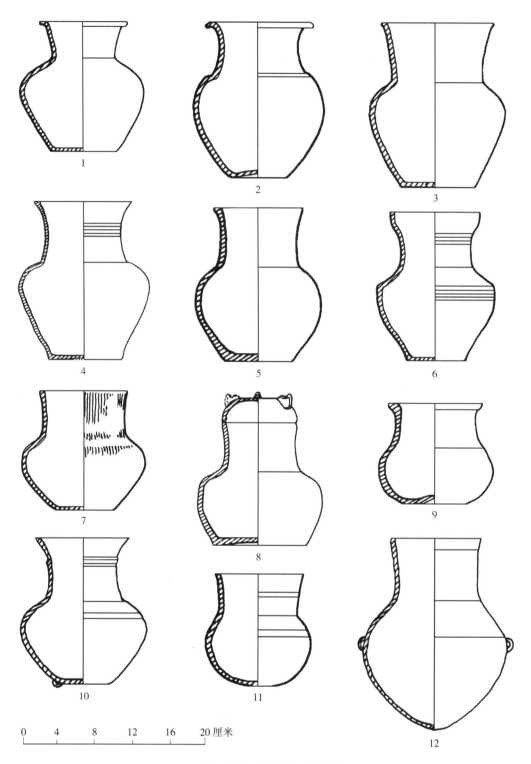

图一〇二　陶小壶、尖底壶

1. 丙类一期一段 A 型 I 式小壶（M407：2）　　2. 丙类一期一段 A 型 II 式小壶（M310：5）　　3. 丙类二期二段 A 型Ⅲa式小壶（M416：4）

4. 丙类三期六段 A 型Ⅲa式小壶（M627：5）　　5. 丙类三期六段 A 型Ⅲb式小壶（M127：2）　　6. 丙类三期五段 A 型Ⅳ式小壶（M311：1）

7. 丙类一期一段 B 型 I 式小壶（M403：4）　　8. 丙类三期四段 B 型 II 式小壶（M166：2）　　9. 丙类三期四段 B 型Ⅲ式小壶（M214：4）

10. 丙类三期六段 D 型小壶（M116：5）　　11. 丙类二期三段 C 型小壶（M429：2）　　12. 丙类二期二段尖底壶（M118：1）

（图一〇二：10）。

尖底壶 1件。标本 M118：1，方唇，近直口，溜肩，鼓腹，尖底。腹部有一对称环纽。高 20.5、口径 10、腹径 15.3 厘米（图一〇二：12）。

罐 34件。出土于 29 座墓中。依据口沿、颈部、腹部的不同，可分为 3 型。

A型 27件。根据口沿、腹部的变化，可分为 7 式。

Ⅰ式 3件。方唇，折沿，颈较短，广肩，最大腹径偏上，凹圜底。腹部饰绳纹。标本 M154：4，高 13.2、口径 11、腹径 13.2、底径 6.5 厘米（图一〇三：1）。

Ⅱ式 4件。方唇，短直颈，广肩，深腹，小平底。肩饰波折纹。标本 M181：9，高 12.5、口径 7.5、腹 13.7、底 5 厘米（图一〇三：2）。

Ⅲ式 7件。斜方唇向内，敛口，短颈，腹扁圆，大平底微内凹。标本 M154：2，高 9.2、口径 10、腹径 14、底径 8.8 厘米（图一〇三：3；图版一九：6）。标本 M217：1，泥质灰黄陶。圆唇，口微外侈，斜肩。高 9.2、口径 9.2、腹径 13.6、底径 8 厘米（图一〇三：4）。

Ⅳ式 5件。方唇，直口，广肩，鼓腹，平底。标本 M128：3，高 10.4、口径 9.6、腹径 15.6、底径 6.8 厘米（图一〇三：5）。

Ⅴ式 2件。尖唇，沿微外折，斜肩，多棱形腹，大平底。标本 M236：1，泥质灰黄色陶。高 12、口径 10.8、腹径 18.4、底径 9.5 厘米（图一〇三：6）。

Ⅵ式 4件。圆唇，短直颈，深腹，大平底。腹外部凹凸有棱。标本 M211：3，高 13.6、口径 12.4、腹径 18、底径 11.2 厘米（图一〇三：7）。

Ⅶ式 2件。短颈。肩稍圆，深腹，小平底。上腹部均匀分布凹弦纹四周。标本 M141：1，泥质灰黄色陶。高 16、口径 9.8、腹径 16.8、底径 6 厘米（图一〇三：8）。

A型罐的演变情况是：口由仰折沿到平沿，腹部最大径由上渐下，腹部逐渐增长。并出现外部有棱。

B型 2件。仰折沿，圆唇内敛，束颈，斜肩，长棱形腹，平底。标本 M147：1，高 18、口径 10.5、腹径 17、底径 9.8 厘米（图一〇三：9；图版一九：4）。

C型 5件。分为 5 式。

Ⅰ式 1件。标本 M241：5，圆唇，颈略显，扁腹，大平底。高 8、口径 12、腹径 17.2、底径 9.5 厘米（图一〇三：10）。

Ⅱ式 1件。标本 M218：7，泥质灰衣褐胎陶。方唇、敛口，斜肩，扁圆腹，大平底。高 8、口径 8.4、腹径 13.6、底径 8 厘米（图一〇三：11）。

Ⅲ式 1件。标本 M166：3，隆盖，顶有圆形握手。子口内敛，扁圆腹，大平底微内凹。高 9.3、口径 8.4、腹径 12、底径 6 厘米（图一〇三：13；图版一九：5）。

Ⅳ式 1件。标本 M222：7，圆唇，口内敛，鼓腹，大平底内凹。口沿上有彩绘。高 7.2、口径 7.2、腹径 11.2、底径 6.6 厘米（图一〇三：14）。

Ⅴ式 1件。标本 M261：1，口，扁腹，大平底内凹。高 6、口径 12、腹径 15.2、底径 8 厘米（图一〇三：12）。

绳纹圜底罐 54件。分别出土于 54 座墓。可分为 3 式。

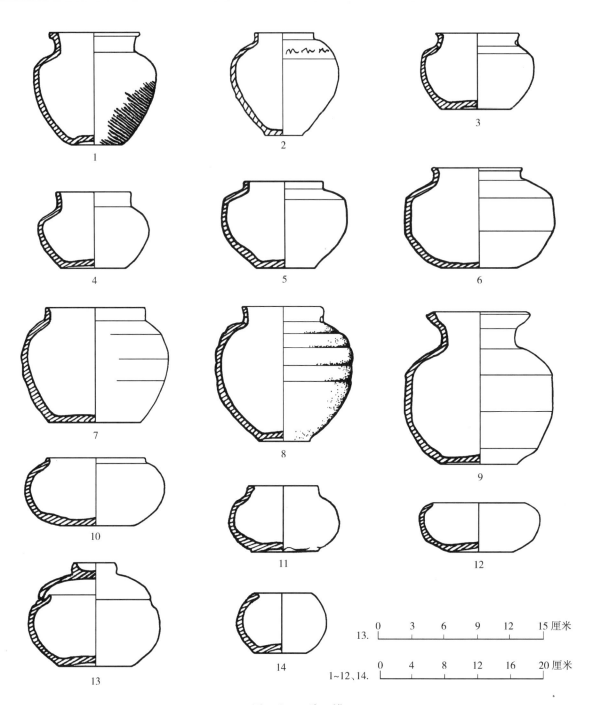

图一〇三　陶　罐

1. 乙类二期三段 A 型Ⅰ式（M154：4）　　2. 乙类二期三段 A 型Ⅱ式（M181：9）

3. 乙类二期三段 A 型Ⅲ式（M154：2）　　4. 乙类二期三段 A 型Ⅲ式（M217：1）

5. 丙类二期三段 A 型Ⅳ式（M128：3）　　6. 丙类二期三段 A 型Ⅴ式（M236：1）

7. 丙类三期四段 A 型Ⅵ式（M211：3）　　8. 丙类三期四段 A 型Ⅶ式（M141：1）

9. 丙类三期五段 B 型（M147：1）　　　10. 乙类三期四段 C 型Ⅰ式（M241：5）

11. 乙类四期八段 C 型Ⅱ式（M218：7）　12. 丙类四期八段 C 型Ⅴ式（M261：1）

13. 乙类三期四段 C 型Ⅲ式（M166：3）　14. 甲类四期八段 C 型Ⅳ式（M222：17）

Ⅰ式　34件。形体较大。分6亚式。

Ⅰa式　2件。平折沿，方唇，近直口，高直颈，斜肩，长圆腹，凹圜底，腹部饰斜线绳纹。标本M4∶2，口径16.8、腹径22、高26.8厘米（图一〇四∶1）。

Ⅰb式　13件。圆唇，仰折沿，口斜直，圆肩，圆鼓腹，凹圜底。标本M215∶3，口径16.4、腹径22、高23.2厘米（图一〇四∶2）。

Ⅰc式　7件。平折沿，高颈微外侈，圆鼓腹，凹圜底。腹部饰绳纹。标本M237∶1，口径14.8、腹径21.6、高22.4厘米（图一〇四∶3；图版二一∶1）。

Ⅰd式　5件。圆唇，侈口，凹肩，最大腹径偏上，凹圜底。腹部饰斜线交错绳纹。标本M203∶2，口径14.8、腹径22.4、高23.5厘米（图一〇四∶4）。

Ⅰe式　3件。尖唇，折沿，斜肩，鼓腹，圜底近平。通体饰绳纹。标本M148∶2，口径12、腹径21.6、高22.5厘米（图一〇四∶5）。

Ⅰf式　4件。尖唇，卷沿，沿面有一周凹槽，侈口，颈较长，鼓腹略下垂，凹圜底。标本M143∶1，泥质黑衣灰胎陶。口径12.8、腹径21.2、高22.5厘米（图一〇四∶6）。

Ⅱ式　11件。折沿，鼓腹，凹圜底。饰绳纹。分4亚式。

Ⅱa　3件。宽折沿，沿面平，粗颈稍短，长圆腹，凹圜底内凹较深。肩饰弦纹，腹部饰间断绳纹。标本M65∶3，口径15.2、腹径17.6、高18.8厘米（图一〇五∶1）。

Ⅱb式　1件。标本M364∶3，尖唇，宽折沿，粗颈，扁圆腹。腹部饰交错绳纹。口径16、腹径22、高20厘米（图一〇五∶2）。

Ⅱc式　4件。圆唇，平折沿，粗颈稍长，鼓腹。通体饰竖绳纹。标本M197∶1，口径14、腹径18.4、高18厘米（图一〇五∶3）。

Ⅱd式　3件。方唇，侈口，细颈较长，宽肩，扁圆腹。腹部饰间断绳纹与交错绳纹。标本M146∶1，泥质黄灰陶。口径12.4、腹径21.2、高21.2厘米（图一〇五∶4）。

Ⅲ式　9件。分3亚式

Ⅲa式　2件。平折沿，颈较直，溜肩，长圆腹，凹圜底。通体饰间断绳纹。标本M71∶3，口径15、腹径20、高22厘米（图一〇五∶5；图版二一∶2）。

Ⅲb式　1件。标本M185∶2，仰折沿，直颈，溜肩，深腹略下垂。通体饰交错绳纹。口径12.4、腹径17.2、高20.8厘米（图一〇五∶6）。

Ⅲc式　6件。圆唇，平折沿，颈稍长，圆鼓腹，圜底。腹饰间断绳纹。标本M121∶1，口径14.4、腹径20.4、高22.7厘米（图一〇五∶7；图版二一∶3）。

绳纹圜底罐的演变规律是：颈由粗、短，变细、变长，由长圆腹变成鼓腹，再变成腹下垂。凹圜底内凹较深，变成浅凹圜底，或近平底。

长颈壶　3件。依据其腹部变化，可分为2式。

Ⅰ式　1件。标本M63∶3，圆唇，平折沿，粗颈，肩部突出，腹略垂，底内凹。沿面饰凹弦纹一周。高18.4、口径11.2、底6.4、腹径13.6厘米（图一〇五∶8；图版二一∶4）。

Ⅱ式　2件。标本M524∶3，圆唇，卷沿，长直颈，扁圆腹略下垂，平底。颈腹部饰细弦纹。高17、口径10、底径6厘米（图一〇五∶9）。

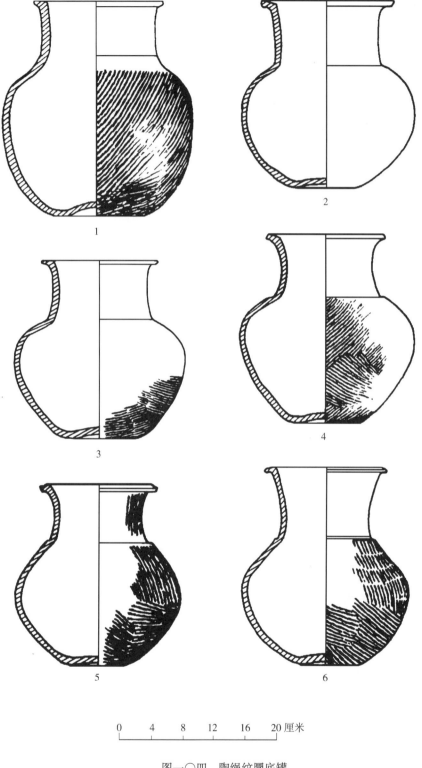

0　　4　　8　　12　　16　　20 厘米

图一〇四　陶绳纹圜底罐

1. 丙类一期一段Ⅰa式（M4∶2）　　2. 丙类二期二段Ⅰb式（M215∶3）

3. 丙类三期五段Ⅰc式（M237∶1）　　4. 丙类三期六段Ⅰd式（M203∶2）

5. 乙类四期七段Ⅰe式（M148∶2）　　6. 丙类四期一段Ⅰf式（M143∶1）

罍　15件。分别出土于11座墓。可分为4型。

A型　2件。可分为2式。

Ⅰ式　1件。标本M70∶4，圆唇，侈口，短颈，圆肩，大圆腹，凹圜底。颈部饰弦纹数周，腹部饰间断绳纹。口径18、腹径28.5、高25厘米（图一〇六∶1）。

Ⅱ式　2件。外唇斜削，口微侈，短颈，肩稍宽，深腹，圜底微凹。颈、肩处有2个对称小镂孔。标本M255∶1，口径10.8、腹径17.2、高15.2厘米（图一〇六∶2）。

B型　10件。依口沿、环耳的不同，可分为4式。

Ⅰ式　1件。标本M415∶1，侈口，颈稍长，深腹，小平底微内凹。肩部饰弦纹一周与1对称圆形环耳，腹部饰间断绳纹。口径14、腹径19.6、底径7.2、高17厘米（图一〇六∶3）。

Ⅱ式　2件。泥质灰黄陶。短颈，斜肩，鼓腹，大平底微内凹。肩部饰有1对称环形小耳。标本M210∶3，口径10.5、腹径16.8、底径9、高13.5厘米（图一〇六∶4）。

Ⅲ式　2件。圆唇，

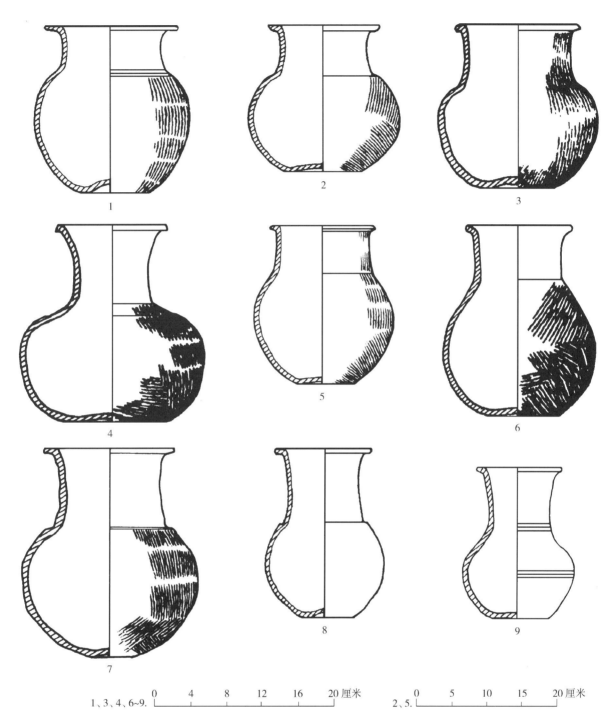

1、3、4、6~9.　　0　　4　　8　　12　　16　　20 厘米　　　　0　　5　　10　　15　　20 厘米
2、5.

图一〇五　陶绳纹圜底罐、长颈壶

1. 丙类二期二段Ⅱa式绳纹圜底罐（M65∶3）　　2. 丙类三期四段Ⅱb式绳纹圜底罐（M364∶3）

3. 丙类三期五段Ⅱc式绳纹圜底罐（M197∶1）　　4. 丙类三期六段Ⅱd式绳纹圜底罐（M146∶1）

5. 乙类三期五段Ⅲa式绳纹圜底罐（M71∶3）　　6. 丙类三期六段Ⅲb式绳纹圜底罐（M185∶2）

7. 丙类三期六段Ⅲc式绳纹圜底罐（M121∶1）　　8. 丙类三期四段Ⅰ式长颈壶（M63∶3）

9. 丙类三期七段Ⅱ式长颈壶（M524∶3）

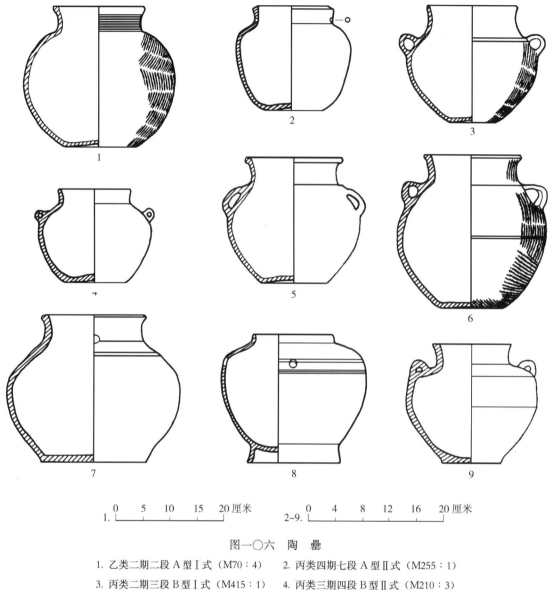

0 5 10 15 20厘米
1. |————|————|————|————|

0 4 8 12 16 20厘米
2~9. |————|————|————|————|————|

图一〇六 陶罍

1. 乙类二期二段 A 型 I 式（M70：4）　　2. 丙类四期七段 A 型 II 式（M255：1）

3. 丙类二期三段 B 型 I 式（M415：1）　　4. 丙类三期四段 B 型 II 式（M210：3）

5. 丙类三期五段 B 型 III 式（M67：4）　　6. 乙类三期五段 B 型 III 式（M119：5）

7. 丙类四期七段 D 型（M10：1）　　8. 甲类三期六段 C 型（M432：12）

9. 甲类四期七段 B 型 IV 式（M489：20）

仰折沿，深鼓腹，平底微内凹。肩部饰 1 对称半月形环耳。标本 M67：4，口径 14.4、腹径 19.6、底径 10、高 18 厘米（图一〇六：5；图版一八：2）。标本 M119：5，圆唇，侈口，深腹，平底。肩部饰 1 对称圆形环耳。通体饰绳纹，腹中部饰弦纹一周。口径 14.4、腹径 22、底径 9、高 21.6 厘米（图一〇六：6）。

IV式　5 件。方唇，束颈，耸肩，深腹，平底。肩部饰 1 对称半圆形环耳。肩、腹部饰弦纹。标本 M489：20，口径 12、腹径 19.6、底径 8.8 厘米（图一〇六：9；图版一八：3）。

B 型罍的演变情况是：颈由长变短，环耳由圆形趋向半圆形，由突起到贴近肩部，腹部逐渐下移，胎壁渐厚。

C 型 2 件。形体肥胖。直口，颈特短，最大腹径在上部，圜底接圈足。肩、腹部饰弦纹二周，肩部有 4 个对称圆形小镂孔。标本 M432：12，口径 12、腹径 21.6、圈足径 14、高 18.4 厘米（图一〇六：8；图版一八：4）。

D 型 1 件。标本 M10：1，胎壁较厚，圆唇，溜肩，鼓腹，平底。肩部饰弦纹。口径 15.6、腹径 26、底径 15.6、高 21.2 厘米（图一〇六：7）。

（三）其他陶器

盖豆 1 件。标本 M151：4，泥质红陶。子口内敛，直壁深腹，柄残。口沿、腹部饰凹弦纹三周。口径 19、残高 15 厘米（图一〇七：1）。

高柄壶形豆 12 件。分别出土于 7 座墓。可分为 2 型。

A 型 1 件。标本 M224：2，圆唇，侈口，颈内缩，鼓腹，短圈足。口径 9、腹径 12、底径 7.5、高 12.6 厘米（图一〇七：4；图版二五：1）。

B 型 11 件。可分为 2 式。

Ⅰ式 9 件。圆唇，短颈，扁鼓腹，高柄外撇，平底。标本 M43：13，口径 4、腹径 8、底径 6、高 11.2 厘米（图一〇七：2；图版二五：2）。标本 M287：11，直口，颈稍长，鼓腹，高柄。口径 4、底径 6.5、通高 11.5 厘米（图版二五：3）。

Ⅱ式 2 件。方唇，短颈，鼓腹，实心粗柄，平底。标本 M635：8，口径 5.6、腹径 8、底径 5.2、高 9.2 厘米（图一〇七：3；图版二五：4）。

杯 9 件。分别出土于 5 座墓，可分为 2 型。

A 型 7 件。依据圈足的不同，可分为 3 式。

Ⅰ式 1 件。标本 M212：1，泥质灰黄色陶。圆唇，斜直腹，平底。口径 9.2、底径 5.5、高 11.6 厘米（图一〇七：6；图版二四：4）。

Ⅱ式 3 件。尖唇，斜直腹，高足。标本 M130：4，夹砂褐黄色陶。口径 7.2、底径 3.6、高 13.4 厘米（图一〇七：5；图版二四：5）。

Ⅲ式 3 件。尖唇，斜直腹，饼足底。标本 M195：12，口径 10.8、底径 3.6、高 10.5 厘米（图一〇七：7；图版二四：6）。

B 型 2 件。尖唇，斜直腹，实心底座。标本 M43：20，口径 9.6、足径 5.6、高 8.4 厘米（图一〇七：8）。

泥金饼 1 件。标本 M42：28，帽形，胎厚，外壁不平，顶微下凹，口沿突出。通高 4.5、口径 10 厘米（图一〇七：12）。

异形壶 1 件。标本 M59：10，方唇，侈口，颈微曲特长，圆肩，扁圆形腹，平底。高 18、口径 3.4、颈长 13.5、腹径 8.7、底径 3.8 厘米（图一〇七：13；图版二六：6）。

柄形器 2 件 标本 M42：29、30，长锥形，截面圆形。柄部扁条形，两端残。柄长 10 厘米（图一〇七：10、11）。

甑 1 件。标本 M168：1，钵形，小圆唇，卷沿，直腹，器底有小圆孔 13 个。肩部有凸弦纹三周，口径 17.5、底径 15、高 9.6 厘米（图一〇七：9；图版二〇：5）。

俑头 10 件。分别出土于 4 座墓。标本 M338：1，瓜子形脸，前额 3 个小圆孔，左侧从前额至

后脑 5 个小圆点，后脑右边部位 3 个小圆孔。圆颈中空。高 12、脑部宽 6.6、颈径 5.4 厘米（图一〇
八：1）。标本 M43：1，脸面部稍圆，两侧有耳孔，前额并排 3 个小圆孔，两耳边各 3 个对称小圆孔，
后脑部 5 个圆孔呈 "V" 形，后脑顶有不规则圆孔。通高 12、头长 8.4、宽 8 厘米（图一〇八：2；图

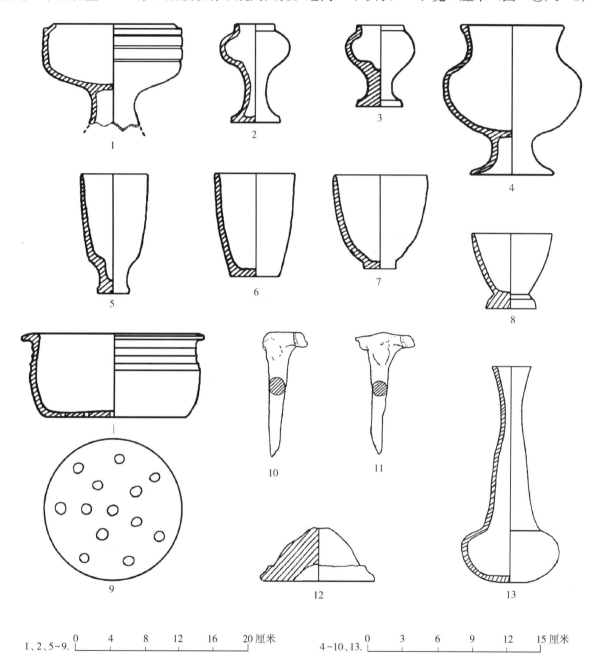

1、2、5~9.　0　　4　　8　　12　　16　　20厘米　　　　4~10、13.　0　　3　　6　　9　　12　　15厘米

图一〇七　陶盖豆、高柄壶形豆、杯、甑、柄形器、异形壶

1. 乙类一期一段盖豆（M151：4）　　2. 乙类四期八段 B 型Ⅰ式高柄壶形豆（M43：13）　　3. 乙类四期九段 B 型Ⅱ式高柄壶形豆
（M635：8）　　4. 乙类四期七段 A 型高柄壶形豆（M224：2）　　5. 丙类三期六段 A 型Ⅱ式杯（M130：4）　　6. 丙类三期五段 A 型
Ⅰ式杯（M212：1）　　7. 乙类四期七段 A 型Ⅲ式杯（M195：12）　　8. 乙类四期八段 B 型杯（M43：20）　　9. 丙类四期八段甑
（M168：1）　　10、11. 甲类四期七段柄形器（M42：29：30）　　12. 甲类四期七段泥金饼（M42：28）　　13. 甲类三期五段异形壶
（M59：10）

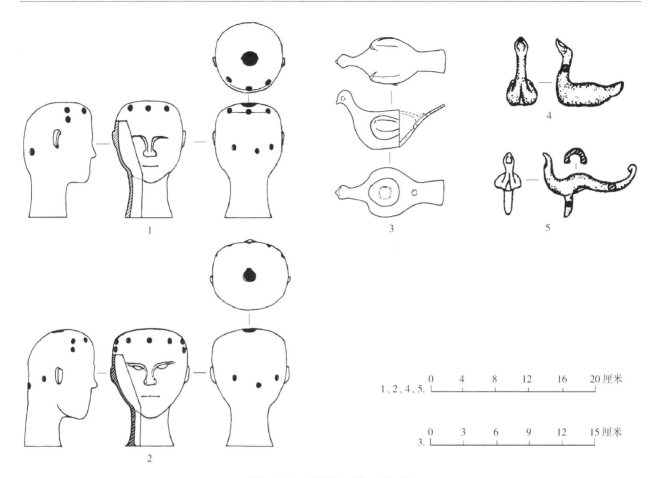

图一〇八　陶俑头、鸽、鸭、鸟

1. 乙类四期七段俑头（M338：1）　2. 乙类四期八段俑头（M43：1）　3. 丙类四期七段鸽（M618：6）
4. 甲类四期七段鸭（M153：32）　5. 甲类四期七段鸟（M153：27）

版二六：1、2）。

鸽　1件。标本 M618：6，俯首，匍匐状，尾上翘，尾下端有小圆孔。身空心。高5.5、长10厘米（图一〇八：3；图版二六：3）。

鸭　1件。标本 M153：32，头仰，颈较长，匍匐状。高7.6、长8厘米（图一〇八：4；图版二六：4）。

鸟　1件。标本 M153：27，站立状，头仰，长尾上翘，尾端上卷。通长11.2、高7.2厘米（图一〇八：5；图版二六：5）。

第二节　青铜器

一、容器

30件。有鼎、敦、簠、壶、罍、盘、匜、洗等。

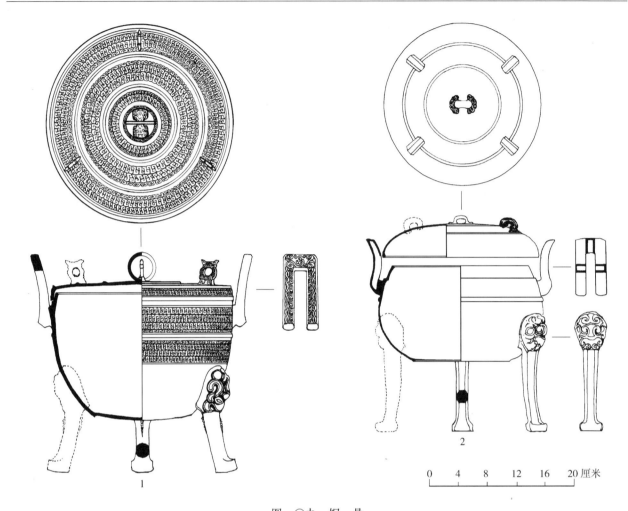

图一○九　铜　鼎

1. 甲类一期一段 A 型 I 式（M183：18）　　2. 甲类三期六段 A 型 II 式（M452：3）

（一）鼎　15 件。分别出土于 14 座墓，能分型式的有 10 件，可分为 3 型。

A 型　3 件。楚式鼎，均为方形附耳、兽蹄足。可分为 2 式。

I 式　1 件。标本 M183：18，盖顶近平，正中有双兽面纽衔环，近沿处分布有 3 个兽形立纽，纽上饰卷云纹和方格纹。盖面饰"S"形云纹三组，内一组由一竖一横两周"S"形云纹组成；外两组由两竖一横三周"S"形云纹组成。身子口，口微敛，斜腹较深，底近平，长方形附耳微外撇，三兽蹄足较矮，外撇较甚。腹部饰"S"形云纹两组，每组由三竖一横四周"S"形云纹组成。耳饰云纹和雷纹。通高 30、口径 25.6、腹径 26.2、足高 14.8 厘米（图一○九：1；图一二三：3；彩版一六：1）。

II 式　2 件。标本 M452：3，盖隆起，正中有鼻纽，纽两侧饰卷云纹，其外分布 4 个半环形立纽。盖面饰凸弦纹两周。身子口，口内敛，圆鼓腹，平底，长方形附耳微外撇，三兽面棱形蹄足。腹部耳下有凸棱一周。通高 27、口径 19.4、腹径 23.4、底径 13.8、足高 16.4 厘米（图一○九：2；彩版二○：1、3）。

B 型　6 件。越式鼎，均为扁足，梯形或方形耳。可分为 4 式。

I 式　2 件。标本 M71：2，浅盖，顶近平，正中有鼻纽。纽外为由折线和点相间构成的纹饰一周，再外是由密集斜线组成的弦纹两周，二者间饰“S”形云纹两周，最外侧是方折纹一周。身敛口，腹微鼓，大圜底，梯形附耳微内敛，高扁足微外撇，横断面作新月形。通高 17.8、口径 14.4、腹径 15.8、足高 10 厘米（图一一〇）。

Ⅱ式　2件。标本 M422：1，无盖。敛口，圆鼓腹且较深，圜底，梯形附耳内收，足内侧扁平微外撇，上腹附耳处有凸弦纹一周。通高 13.2、口径 11.2、腹径 14.4、足高 6.7 厘米（图一一一：1；图版二九：1）。

Ⅲ式　1件。标本 M413：7，无盖，敛口，圆鼓腹，平底，方形附耳微内收，棱形足外撇，足内侧扁平。耳上饰圆点纹两周，上腹附耳处有凸棱一周。通高 24、口径 18、腹径 20、足高 11.6 厘米

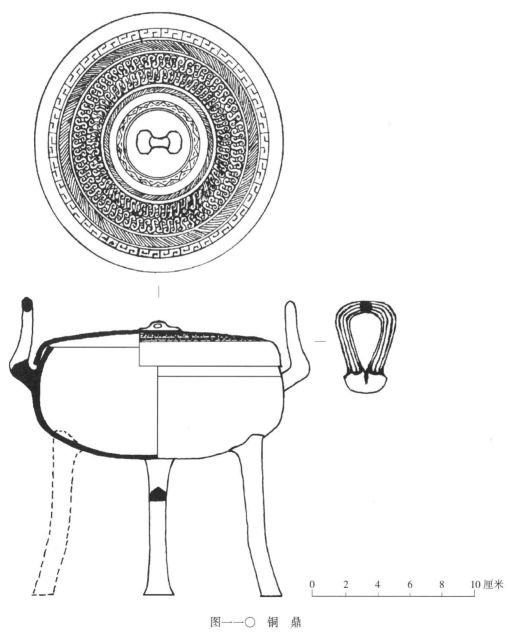

图一一〇　铜　鼎
乙类三期五段 B 型Ⅰ式（M71：2）

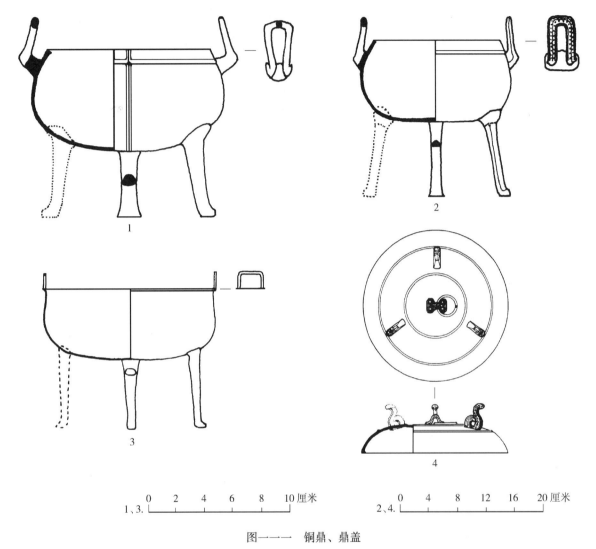

0 2 4 6 8 10厘米
1、3.

0 4 8 12 16 20厘米
2、4.

图一一一　铜鼎、鼎盖

1. 乙类三期六段 B 型 II 式鼎（M422：1）　　2. 乙类四期八段 B 型 III 式鼎（M413：7）

3. 甲类二期二段 C 型鼎（M139：1）　　4. 乙类二期二段鼎盖（M375：6）

（图一一一：2；图版二九：2）。

　　IV式　1件。标本 M379：1，盖微弧且较矮，正中有鼻纽，纽外有绹纹一周，盖面其余部分满饰
"S"形云纹，由三周密集斜线组成的弦纹分隔。近沿处分布有 3 个半环形小立纽。身口微敛，腹微
垂，平底，梯形附耳微外撇，扁五棱形足且较直。腹上部饰弦纹两周。通高 21、口径 18、腹径
20.8、底径 15.2、足高 13 厘米（图一一二，图一二一：3；图版二八：2）。

　　C 型　1件。标本 M139：1，无盖。胎极薄，直口，微鼓腹，圜底近平，方形耳直立于口沿上，三
细柱状足，足尖外撇。通高 10.4、口径 11.6、腹径 12.2、足高 5 厘米（图一一一：3；彩版一七：1）。

　　另有鼎盖 1 件。标本 M375：6，顶近平，正中有衔环鼻纽，顶上分布 3 蛇形立纽，纽面上饰"S"
形纹。盖径 20.4、通高 6.4 厘米（图一一一：4；彩版一九：3）。

　　（二）敦　2件。分别出土于两座墓。可分为 2 式。

　　I式　1件。标本 M170：12，墨绿色，盖与身合为球形。盖上分布 3 个鸟形立纽，盖顶中心饰卷

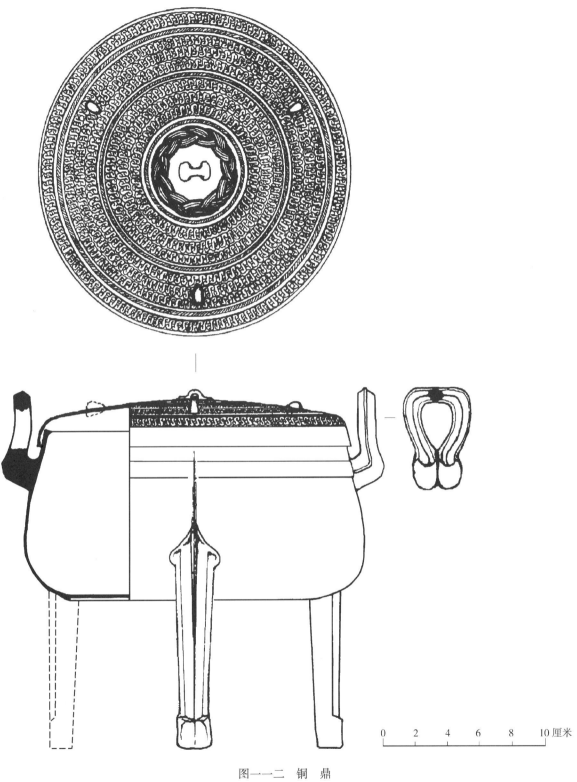

图一一二 铜 鼎
乙类四期 B 型Ⅳ式（M379：1）

0 2 4 6 8 10厘米

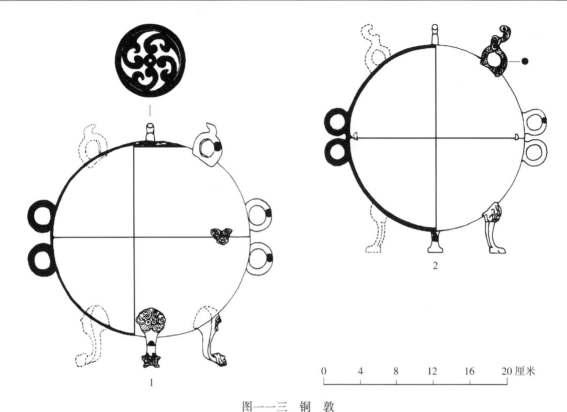

图一一三　铜　敦

1. 甲类一期一段Ⅰ式（M170：12）　　2. 甲类二期二段Ⅱ式（M139：2）

云纹一周，口沿处有 3 个蝶形卡，卡面饰卷云纹。盖口、器口均有一对环形纽。器底有 3 个扁蹄形足，足尖外撇较甚。足上、下两端饰卷云纹。通高 26.4、口径 22.2 厘米（图一一三：1；彩版一五：3）。

　　Ⅱ式　1 件。标本 M139：2，青绿色，盖与身合为球形。盖上分布 3 个云形纽，纽上饰弦纹和卷云纹，口沿有 3 个小卡。盖口、器口均有一对环形纽，器底有 3 个扁兽面蹄形足，足尖外撇。通高 24、口径 19.6 厘米（图一一三：2；彩版一七：4）。

　　（三）壶　7 件。分别出土于 5 座墓，能分型式的有 5 件。可分为 3 型。

　　A 型　3 件。可分为 3 式。

　　Ⅰ式　1 件。标本 M452：19，盖隆起，子口，上立 3 个鸟形纽。身侈口，长颈微束，鼓腹，高喇叭形圈足。最大腹径偏上，肩部有对称兽面衔环铺首，环上饰"S"形云纹。颈、肩、腹部用三组凹弦纹将器身纹饰分成四组，颈部饰三角云纹，肩、腹部的三组纹饰相同，每组由三周纹饰组成，中间一周为连续的三角形中饰两朵云纹，上、下两周为卷云纹。圈足上亦有一组相同的纹饰。通高 33、口径 10、腹径 20.4、底径 12.6、足高 4.2 厘米（图一一四，图一二〇：1、2；彩版二〇：2）。

　　Ⅱ式　1 件。标本 M300：3，灰绿色，无盖。口微侈，长颈微束，鼓腹斜收，喇叭形圈足，肩部有对称兽面衔环铺首，环上饰云纹。颈、肩、腹部用三组双凹弦纹将纹饰分为四组，颈部饰三角云纹，肩、腹部的三组纹饰相同，每组由三周纹饰组成，中间的一周为连续的三角中饰两朵对称云纹，上、下两周则为变形云纹，圈足上亦有纹饰两周，上一周为卷云纹，下一周为三角和云纹结合。通高 28.2、口径 8、腹径 19、底径 11.6、足高 3.7 厘米（图一一五，图一二一：1、2）。

　　Ⅲ式　1 件。标本 M42：2，盖圆弧，上立 4 个梯形纽，盖面满饰草叶纹和云纹。身侈口，长颈，

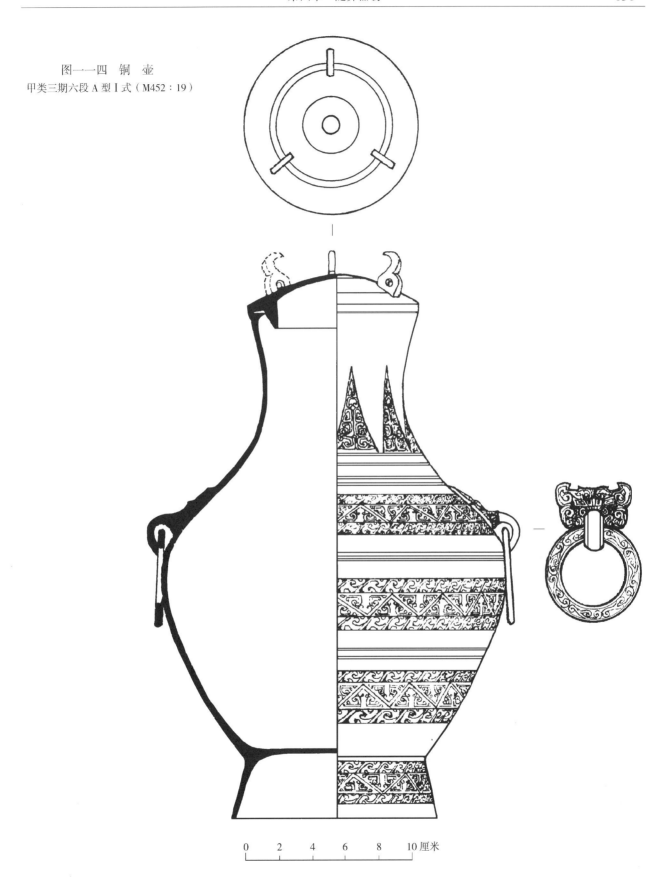

图一一四 铜 壶
甲类三期六段 A 型 I 式（M452：19）

0 2 4 6 8 10厘米

圆鼓腹，最大腹径在中部，喇叭形圈足，腹部有对称兽面衔环铺首。颈部饰三角云纹，肩、腹及圈足上间饰弦纹、云纹、连续的三角中饰两朵云纹的纹饰数周。通高 26、口径 7.6、腹径 13.7、底径 10、足高 3 厘米（图一一六：1）。

　　B 型　1 件。标本 M413：6，为提梁壶。盖圆弧，两侧各有一鼻纽衔环，纽面饰云纹，盖面由内而外分别饰回纹、云纹和绚纹。身小口，细长颈，圆鼓腹，盘状圈足座。肩部有对称兽面衔环铺首，有链式提梁，作双首龙形。身颈部饰三角云纹，颈、肩结合处及圈足各饰一组连续的三角形中饰两朵云纹，肩、腹部饰四组云纹，每组两周，云纹两两相对。通高 42、口径 6、腹径 17、底径 12.5 厘米（图一一七，图一二〇：3；彩版一八；彩版一九：2）。

　　C 型　1 件。标本 M379：4，为提梁方壶。无盖，身正方形盘口，颈微束，腹部四棱微鼓，圈足

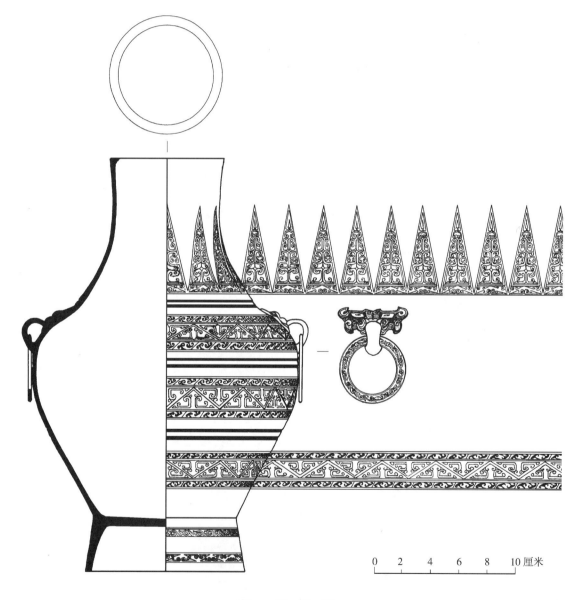

图一一五　铜　壶

乙类四期八段 A 型 Ⅱ 式（M300：3）

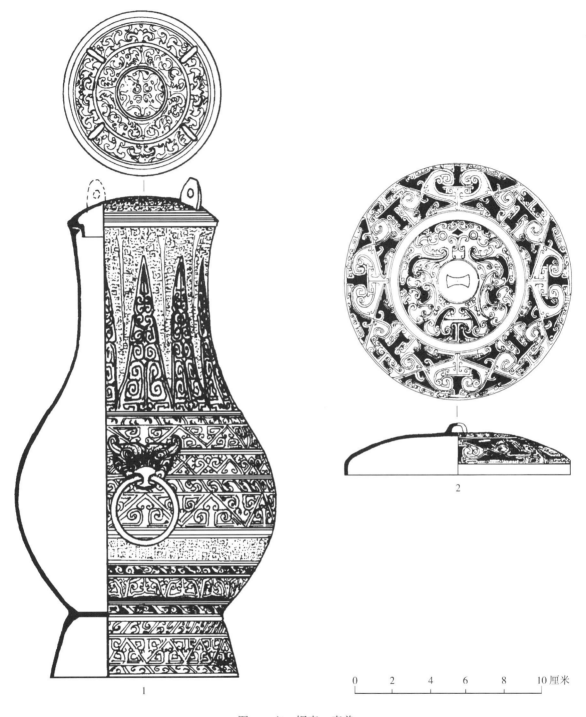

图一一六　铜壶、壶盖

1. 甲类四期八段 A 型Ⅲ式壶（M42：2）　　2. 乙类三期五段壶盖（M71：1）

外撇，底也为正方形。肩部四侧各有一兽面衔环铺首，有链式提梁，为弧形。身颈部饰三角云纹，肩、腹及圈足部饰四组云纹。通高 32.5、壶身高 23.5、口径 7.2、腹径 15、底径 10.3 厘米（图一一八、图一二〇：4；彩版一九：1）。

另有壶盖 1 件。标本 M71：1，盖顶正中有鼻纽，上有错金纹饰，内圈饰两端内卷的云纹，外圈

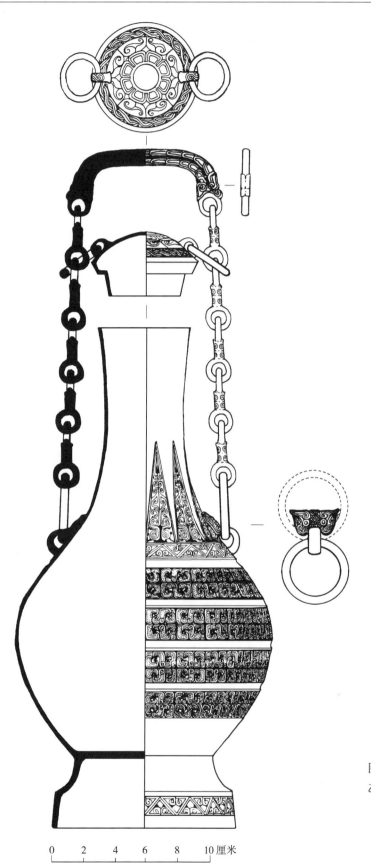

图一一七 铜壶

乙类四期八段 B 型（M413∶6）

0   2   4   6   8   10 厘米

图一一八　铜　壶
乙类四期 C 型（M379：4）

0　　2　　4　　6　　8　　10 厘米

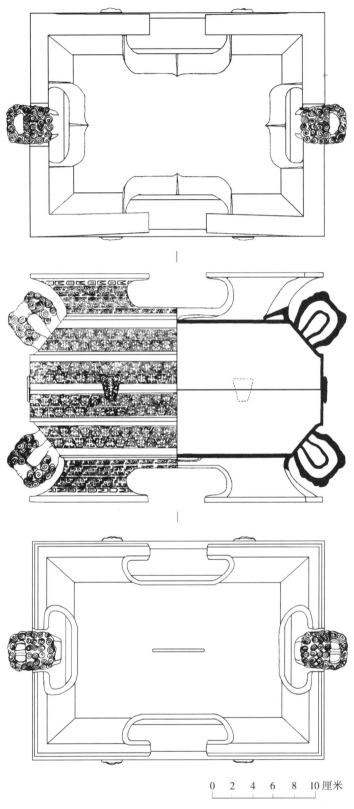

图一一九　铜　簠

甲类一期一段（M183：19）

0　2　4　6　8　10厘米

饰弦纹和勾连云纹。高 2.7、口径 12.1 厘米（图一一六：2；彩版一七：3）。

（四）尊缶　1件。标本 M183：1，深灰绿色，有盖，盖浅，顶近平，上立 4 个飞鸟环形系，正中饰"S"形云纹一周，外侧饰密集云纹三周。盖与口沿结合处有 4 卡。身直口，圆唇，颈较短，圆鼓腹，底微内凹，腹部两侧有飞鸟环形系，另两侧有对称兽面铺首。肩、腹部饰五组密集卷云纹。通高 38.8、口径 17、腹径 33、底径 18 厘米（图一二二：1；图一二三：1、2；彩版一五：1、2；图版二七：1）。

（五）洗　1件，标本 M452：9，灰绿色，直口，矮领，鼓腹，圈足。肩部有对称环形双耳，耳内衔环，环为椭圆形，上饰云纹，器底部有 4 个铆钉装饰。口径 26.8、腹径 27.6、底径 16.4、高 13.6 厘米（图一二二：2；图版二九：3）。

（六）匜　1件，标本 M300：1，浅灰绿色，口部近圆形，底部为椭圆形。直口，弧腹，一侧有方形短流，平底。口径 19、底径 10×13.8、流长 7.2 厘米（图一二二：3；图版二九：4）。

（七）簠　1件。标本 M183：19，长方形体，直口折壁，腹侧有一对梯形耳，矩形圈足。耳上饰卷云纹，腹部饰两组两端内卷的云纹，圈足饰一组变形云纹。盖和器身形状相同，大小一样，且上下对称。通高 22、口长 26.5、宽 20 厘米（图一一九，图一二一：4；彩版一六：2；图版二七：2）。

（八）杯　1件。标本 M489：2，直口，两侧口沿上竖对称桥形耳，上腹近直，下腹弧收，平底。通高 3.9、口径

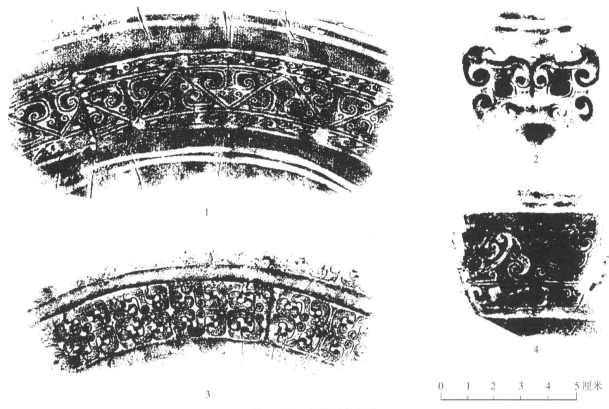

图一二〇　铜壶纹饰拓片

1. 甲类三期六段 A 型Ⅰ式壶（M452：19）腹部　2. 甲类三期六段 A 型Ⅰ式壶（M452：19）铺首

3. 乙类四期八段 B 型壶（M413：6）腹部　4. 乙类四期 C 型壶（M379：4）腹部

5.3、底径 3.1 厘米（图一二二：4）。

（九）盘　1 件。标本 M183：20，青绿色，口微敛，弧腹较浅，圈底。口沿外侧有 4 个两两对称的环形耳，耳内衔环。口径 30、高 9 厘米（彩版一七：2）。

二、兵器

380 件。

（一）铜剑 99 件，分别出土于 97 座墓，能分型式的有 49 件（表二七）。可分为 3 型。

A 型　20 件。茎为全空，圆形首，窄镡，脊起棱，身断面呈菱形，末端收杀成锋。可分为 3 式。

Ⅰ式　11 件。茎近首端较粗，近镡端较细。标本 M161：1，通长 48.4 厘米（图一二四：1；图版三〇：2）。标本 M259：2，通长 52.5 厘米（图一二四：2；彩版二一：1）。标本 M112：1，通长 38 厘米（图版三〇：3）。

Ⅱ式　7 件。茎两端大小基本相同。标本 M307：1，灰绿色，脊隆起较甚。通长 47.8 厘米（图一二四：3；彩版二一：2）。标本 M222：1，墨绿色。通长 50.1 厘米（图一二四：4；图版三〇：1）。

Ⅲ式　2 件。标本 M42：5，茎上双箍，上大下小，镡较宽。通长 46 厘米（图一二四：5；图版三〇：6）。标本 M431：6，窄镡。通长 29.8 厘米（图版三〇：7）。

B 型　20 件。首作喇叭形，广镡，柱茎实心，茎的横断面近圆形或椭圆，茎部双箍形似算珠。可分为 2 式。

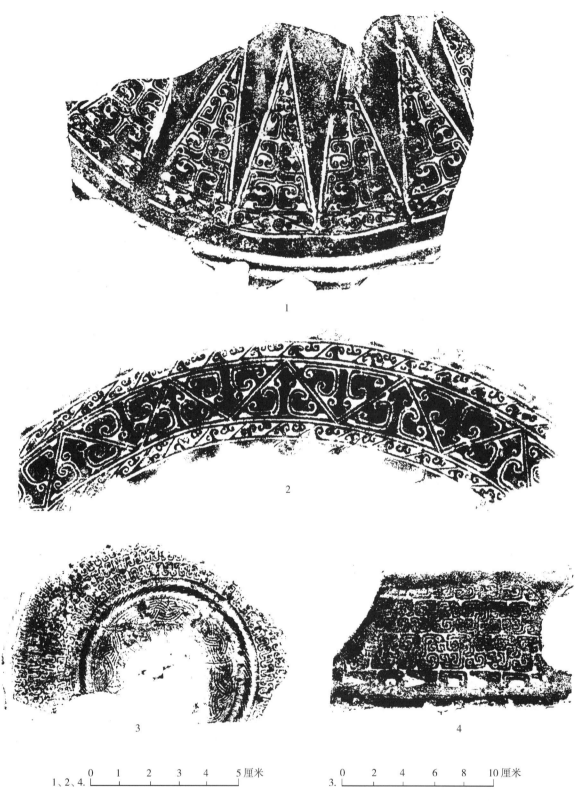

图一二一　铜壶、鼎、簠纹饰拓片

1. 乙类四期八段 A 型 II 式壶（M300：3）颈部　2. 乙类四期八段 A 型 II 式壶（M300：3）腹部

3. 乙类四期 B 型 IV 式鼎（M379：1）盖部　4. 甲类一期一段簠（M183：19）足部

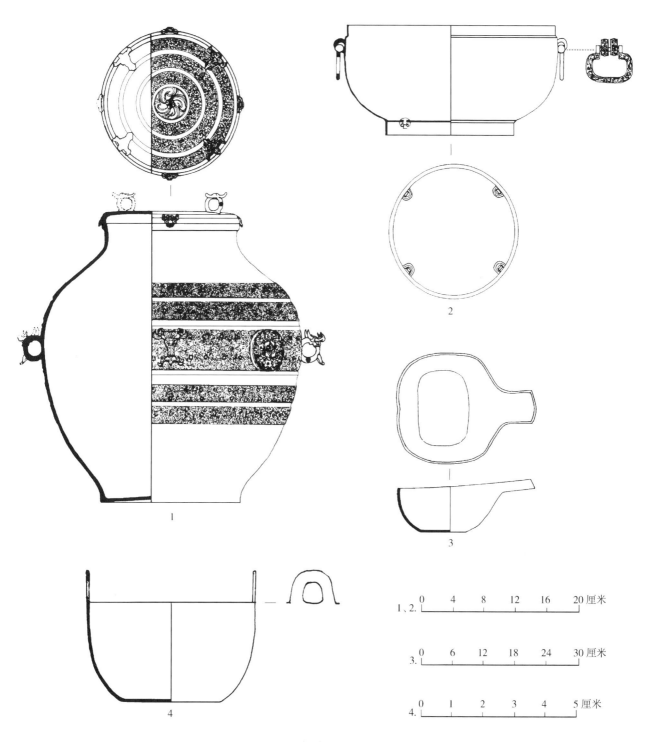

图一二二　铜尊缶、洗、匜、杯

1. 甲类一期一段尊缶（M183：1）　　2. 甲类三期六段洗（M452：9）

3. 乙类四期八段匜（M300：1）　　4. 甲类四期八段杯（M489：2）

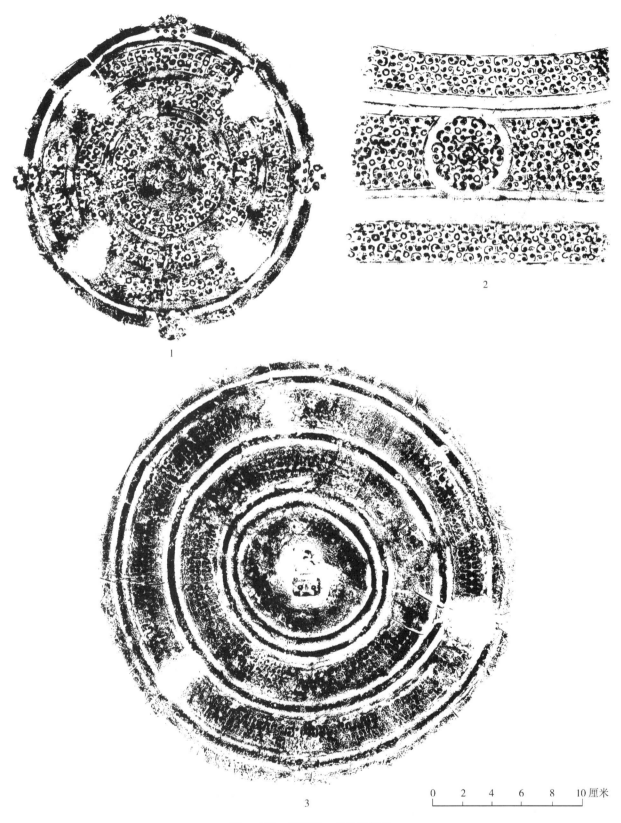

图一二三　铜尊缶、鼎纹饰拓片

1. 甲类一期一段尊缶（M183：1）盖部　2. 甲类一期一段尊缶（M183：1）腹部　3. 甲类一期一段 A 型 I 式鼎（M183：18）盖部

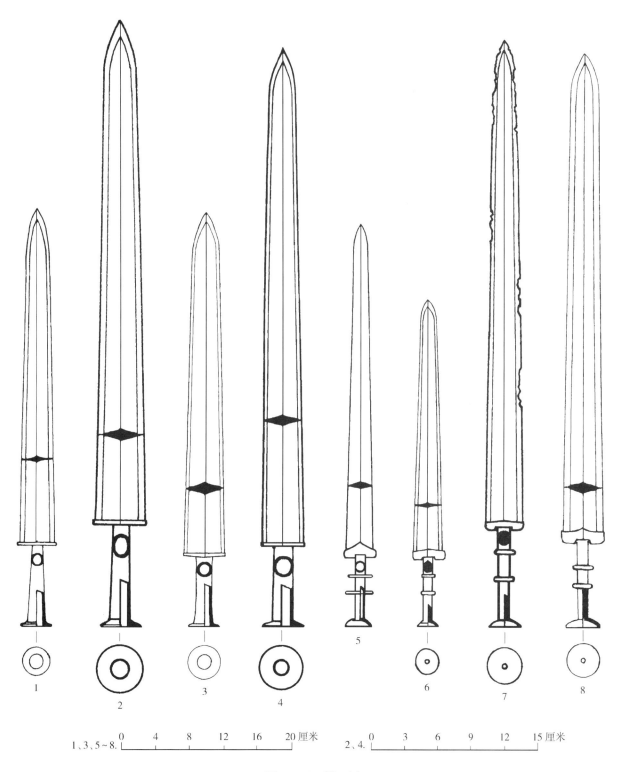

图一二四　铜　剑

1. 丙类战国 A 型 I 式（M161∶1）　　2. 甲类战国 A 型 I 式（M259∶2）　　3. 乙类战国 A 型 II 式（M307∶1）

4. 甲类四期八段 A 型 II 式（M222∶1）　　5. 甲类四期八段 A 型 III 式（M42∶5）　　6. 乙类三期五段 B 型 I a 式（M140∶5）

7. 乙类战国 B 型 I a 式（M53∶1）　　8. 乙类战国 B 型 I a 式（M558∶1）

Ⅰ式　18件。首、镡、箍上均光素无纹。分2亚式。

Ⅰa式　9件。柱茎两端大小基本相同，标本M140：5，青绿色。通长37.6厘米（图一二四：6）。标本M53：1，墨绿色，两侧刃稍残。通长67.6厘米（图一二四：7）。标本M558：1，深墨绿色。通长66.8厘米（图一二四：8；图版三〇：8）。标本M42：4，灰绿色，残存部分剑鞘，麻布胎，表面尚残留有少量漆皮。通长46.8厘米（图一二五：1）。标本M72：2，灰绿色，首残，中脊隆起较甚，通长46.5厘米（图版三〇：4）。

Ⅰb式　9件。茎从近首端至第一箍由细渐粗。标本M153：1，青绿色。通长49.6厘米（图一二五：2；彩版二一：3），此剑锈蚀严重，经金相检测含铜61.48％，锡32.13％，铅5.65％（见附录二：表2；图版四二：2）。标本M164：1，黑色，前部两侧刃向内微弧。通长44.8厘米（图一二五：3；图版三〇：5）。标本M223：2，两侧刃稍残，通长49.8厘米（图一二五：4）。标本M86：1，一侧刃稍残，通长57.2厘米（图一二五：5）。标本M452：20，墨绿色，出土时保存有部分剑鞘，鞘用薄木片拼合。通长58厘米（图一二五：6；彩版二一：4）。

Ⅱ式　2件。剑上有装饰。标本M220：1，镡较宽，上饰云纹，两侧刃稍残。通长46.8厘米（图一二六：1）。标本M234：1，首残缺，镡较宽，上嵌绿松石，锋残。残长31.5厘米（图一二六：2）。

C型　9件。柱茎无箍，无首无镡，身中脊起棱，断面为菱形，柱茎断面有圆形、扁圆形两种，柱茎有宽、窄两种。可分为2式。

Ⅰ式　6件。柱茎较窄。分2亚式。

Ⅰa式　1件。标本M648：3，扁茎，断面呈扁圆形。身首端平齐，较宽，刃稍残。通长37厘米（图一二六：3）。标本M407：6，通长75.5厘米（彩版二一：5）。

Ⅰb式　5件。标本M546：1，扁茎，上有一圆穿，身首端斜折。通长60厘米（图一二六：4）。

Ⅱ式　3件。柱茎较宽。分2亚式。

Ⅱa式　2件。标本M144：2，茎断面近圆形，上有一圆穿，身首端斜折。通长21.5厘米（图一二六：5）。

Ⅱb式　1件。标本M605：1，茎稍残，断面为扁圆形，上有一圆穿。身首端平齐，铸有不规则的斑纹。残长28厘米（图一二六：6）。

剑首　21件。形制基本相同，均作喇叭形。标本M92：1，下部为柱形，素面。高0.9、直径3.1厘米（图一二六：7）。

剑镡　8件。形制基本相同，仅有宽窄之别。标本M88：1，菱形，中有扁圆形孔，以套入剑茎。长4.3、高1.2厘米（图一二六：8）。

（二）匕　3件。可分为2型。

A型　2件。棱脊。可分为2式。

Ⅰ式　1件。标本M174：1，无首无镡，扁圆茎，上有一圆穿，身两侧有血槽。通长19.2厘米（图一二七：1）。

Ⅱ式　1件。标本M47：1，柱茎无箍，喇叭形首，宽镡，身两侧刃均残。通长18.6厘米（图一二七：2）。

B型　1件。标本M202：1，柱茎无箍，喇叭形首，宽镡，身平脊。通长23.2厘米（图一二七：3）。

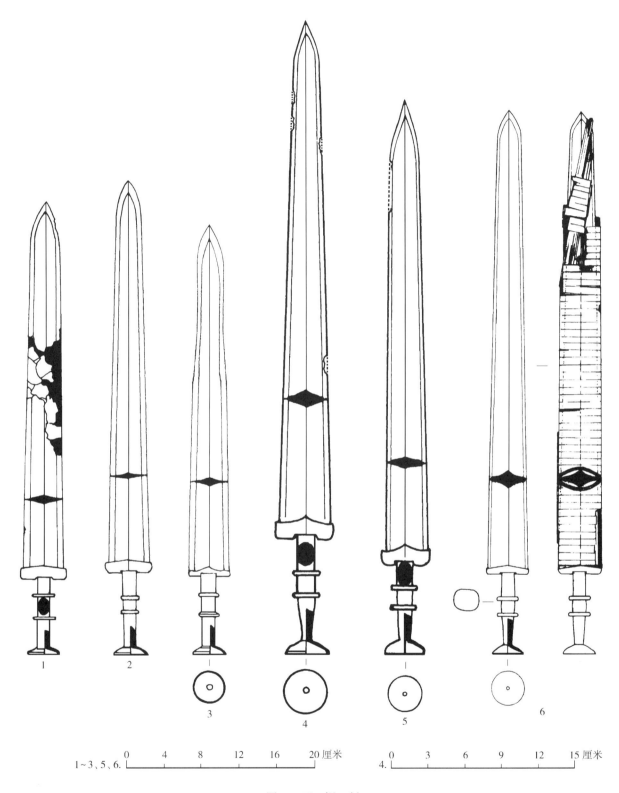

图一二五　铜　剑

1. 甲类四期八段 B 型 I a 式（M42：4）　　2. 甲类四期七段 B 型 I b 式（M153：1）　　3. 乙类四期七段 B 型 I b 式（M164：1）

4. 丙类战国 B 型 I b 式（M223：2）　　5. 丙类四期九段 B 型 I b 式（M86：1）　　6. 甲类三期六段 B 型 I b 式（M452：20）

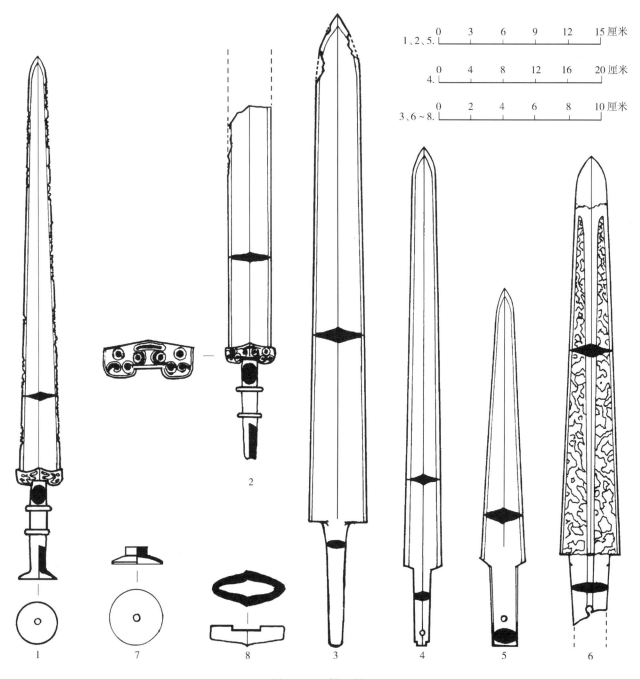

图一二六　铜　剑

1. 乙类四期七段 B 型Ⅱ式（M220：1）　　2. 丙类四期七段 B 型Ⅱ式（M234：1）　　3. 丙类三期 C 型Ⅰa 式（M648：3）

4. 乙类四期八段 C 型Ⅰb 式（M546：1）　　5. 丙类战国 C 型Ⅱa 式（M144：2）　　6. 乙类四期九段 C 型Ⅱb 式（M605：1）

7. 乙类四期九段剑首（M92：1）　　8. 乙类四期九段剑镡（M88：1）

（三）戈　79 件。分别出土于 59 座墓，能分型式的有 35 件（表二九）。可分为 4 型。

A 型　2 件。二穿戈。可分为 2 式。

Ⅰ式　1 件。标本 M145：3，阑侧二穿，内短而扁平，上有二穿，为圆穿和三角形穿。援扁平，稍残。通长 16.5、援残长 10.2、援宽 2.4、内长 6.3、内宽 2.4 厘米（图一二八：1）。

…

…

Ⅱ式　1件。标本 M155：2，阑侧两穿，内长而扁平，内上有四道浅凹槽。援狭长，中胡较宽。通长 23、援长 12.5、援宽 2.1、胡长 11、内长 10.5、内宽 3 厘米（图一二八：2）。

B 型　17 件。三穿戈。可分为 3 式。

Ⅰ式　6 件。素戈。分 4 亚式。

Ⅰa 式　1 件。标本 M183：3，内扁平，上有一长穿，内末下端有一缺。援较短，中胡较宽。通长 21 厘米（图一二八：3；图版三二：1）。

Ⅰb 式　2 件。标本 M140：2，内扁平，上有一穿，内末上下两端均有一缺。援扁平而无脊隆。通长 21 厘米（图一二八：4）。

Ⅰc 式　2 件。标本 M152：2，内较长而扁平，上有一穿。援狭长，棱脊起隆，援胡结合处内弧较甚，胡窄长。通长 22 厘米（图一二八：5）。标本 M66：7，内上一穿近三角形。通长 20.4 厘米（图版三二：3）。

Ⅰd 式　1 件。标本 M536：9，内长而扁平，且微向上翘，上有一穿。援狭长，棱脊起隆，胡较短。通长 28.6 厘米（图一二八：6；图版三二：5）。

Ⅱ式　4 件。有纹饰或铭文的戈。分 3 亚式。

Ⅱa 式　2 件。标本 M152：3，内扁平，上饰双线勾成的凤鸟。援微上扬，棱脊起隆，胡较宽。通长 20 厘米（图一二九：2）。

Ⅱb 式　1 件。标本 M348：5，内扁平，后部作燕尾形，上有梯形穿。援无脊隆，援上近阑处有铭文"子者□或（国）"4 字。胡较短。通长 25.4 厘米（图一二九：3；彩版二二：1、2）。

Ⅱc 式　1 件。标本 M390：1，内后部向下弧折为刃，上有铭文"雕阴"2 字，援极狭，棱脊起隆，胡狭长。通长 26.6 厘米（图一二九：1；图一三四：4）。

Ⅲ式　8 件。内刃戈。分 3 亚式。

Ⅲa 式　4 件。标本 M59：3，内向上翘，后半部上下尾部均有刃。援有棱脊。

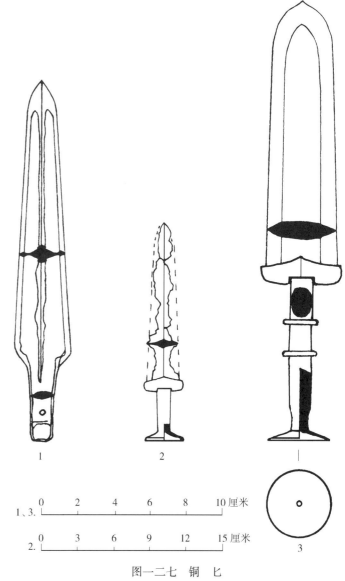

图一二七　铜　匕

1. 乙类三期四段 A 型Ⅰ式（M174：1）

2. 乙类战国 A 型Ⅱ式（M47：1）

3. 乙类三期五段 B 型（M202：1）

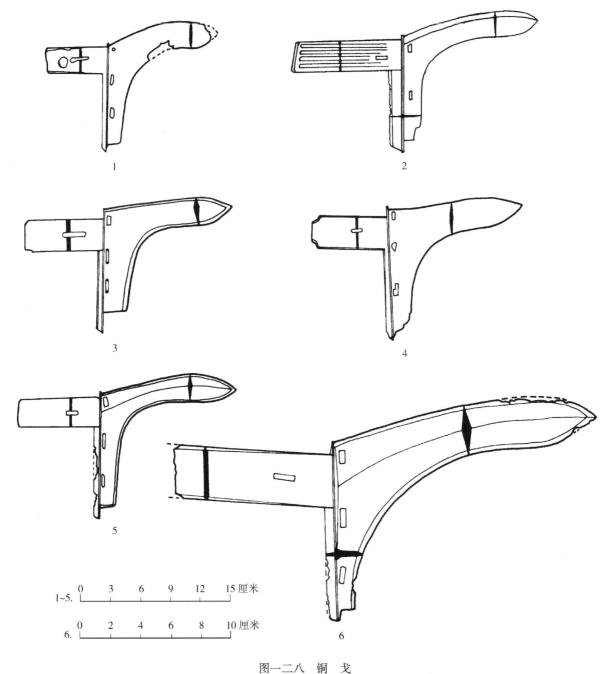

图一二八　铜　戈

1. 乙类战国 A 型 I 式（M145：3）　　2. 乙类三期六段 A 型 II 式（M155：2）　　3. 甲类一期一段 B 型 I a 式（M183：3）

4. 乙类三期五段 B 型 I b 式（M140：3）　　5. 甲类三期六段 B 型 I c 式（M152：2）　　6. 乙类战国 B 型 I d 式（M536：9）

通长 23.6 厘米（图一二九：4）。标本 M240：1，通长 24.6 厘米（图版三二：6）。

　　III b 式　1 件。标本 M53：2，内微上翘，后半部弧折缩小，且上、下尾部均有刃。援扁平，无脊棱。通长 24 厘米（图一二九：5）。

　　III c 式　3 件。标本 M153：3，内长而扁平，微上翘，内的后半部上下尾部均有刃。援狭长，援有棱脊，长胡较窄。通长 29.7 厘米（图一二九：6）。

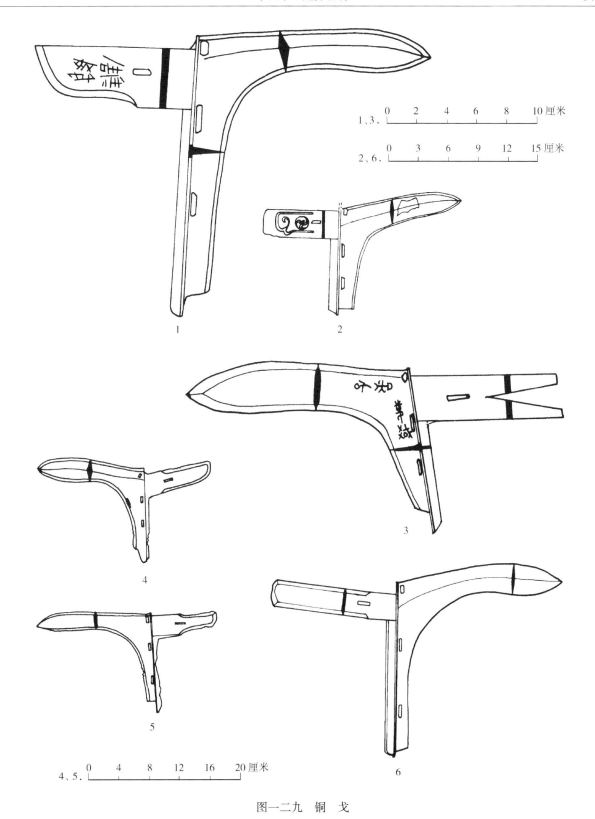

图一二九 铜 戈

1. 丙类四期九段 B 型 Ⅱ c 式 （M390：1）　　2. 甲类三期六段 B 型 Ⅱ a 式 （M152：3）　　3. 乙类四期八段 B 型 Ⅱ b 式 （M348：5）

4. 甲类三期五段 B 型 Ⅲ a 式 （M59：3）　　5. 乙类战国 B 型 Ⅲ b 式 （M53：2）　　6. 甲类四期七段 B 型 Ⅲ c 式 （M153：3）

C 型　15 件。长胡四穿戈。可分为 5 式。

Ⅰ式　3 件。援脊偏上。分 2 亚式。

Ⅰa 式　1 件。标本 M174：2，内短，上有近三角形穿。援较宽，胡末端方折。通长 20.4 厘米（图一三〇：1）。

Ⅰb 式　2 件。标本 M222：2，内上有一长方形穿。援较宽，胡末端弧折。通长 18.2 厘米（图一三〇：2；图版三二：4）。

Ⅱ式　1 件。标本 M413：4，内后半部上下尾部均有刃，尾部残。援中部有棱脊，断面呈菱形，胡末端折收。通长 21.5 厘米（图一三〇：3）。

Ⅲ式　4 件。援较扁平，无明显脊隆。分 2 亚式。

Ⅲa 式　3 件。内末端下角有一缺。援较窄，胡末端方折。标本 M153：4，通长 22 厘米（图一三〇：4）。标本 M240：2，最上部一穿在阑顶端与援结合处。通长 22.4 厘米（图一三〇：5）。

Ⅲb 式　1 件。标本 M509：15，内略呈梯形，后半部分两侧及尾部均稍加宽。援极狭，胡较窄，胡末端折收。通长 24.4 厘米（图一三〇：6；图版三二：2）。

Ⅳ式　3 件。长胡四穿，援狭长，内后半部上下尾部均有刃，出土时带有竹柲，柲尾部有镦，镦中部有三道凸箍。标本 M452：36，镦较长。戈长 24.6、镦长 13.8、戈及柲、镦全长 158.4 厘米（图一三一：1；图版三一：2；彩版二三：4）。标本 M452：35，镦较短。戈长 28.2、戈及柲、镦全长 177 厘米（图一三一：2）。标本 M452：40，通长 26 厘米（彩版二四：1）。

Ⅴ式　3 件。铭文戈。分 3 亚式。

Ⅴa 式　1 件。标本 M339：1，内后半部上下尾部均有刃。援后部近阑处有铭文"鱼"，援较窄，中有棱脊。内上有铭文"武王之□□"5 字。通长 28.6 厘米（图一三一：3；图一三四：1、2；彩版二三：1）。

Ⅴb 式　1 件。标本 M307：3，内后半部上下尾部均有刃，上有铭文"武王之□□"5 字。援较窄，有脊棱。通长 28 厘米（图一三一：4；图一三四：3；彩版二二：3；图版三一：3）。

Ⅴc 式　1 件。标本 M489：21，内长而扁平，上有铭文"虎乍（作）戈三百"5 字。援平伸，有脊棱。通长 18.4 厘米（图一三一：5；图一三四：5；彩版二三：2）。

D 型　1 件。巴式戈。标本 M259：3，中胡三穿，宽援较短，援整体扁平，正中有三道凸弦纹，锋部圆收。内部有山字形穿。戈正面内部有由密集圆圈组成的方形框，内有简化鸟纹；援近阑处有一小兽面及一小兽。戈背面内部有由密集圆圈组成的方形回纹，内有简化鸟纹；援近栏处有小兽面及由云纹组成的长条形纹饰。通长 24 厘米（图一三二：1、2；图一三三：1、2；彩版二三：3；图版三一：1）。

（四）镦　30 件。分别出土于 22 座墓中，能分型式的有 22 件。可分为 5 型。

A 型　4 件。圆筒状，素面凸箍，平底。可分为 2 式。

Ⅰ式　2 件。标本 M452：41，凸箍三周在上部。出土时残存有较长的竹柲。镦长 8.4、连柲全长 113.4 厘米（图一三五：1）。

Ⅱ式　2 件。标本 M452：37，上圆下椭，凸箍三周在中部。出土时残存有部分漆竹柲，漆皮大部分已脱落。镦长 16、连柲全长 35.4 厘米（图一三五：2）。

B 型　7 件。素面凸箍，八方底或尖底。可分为 4 式。

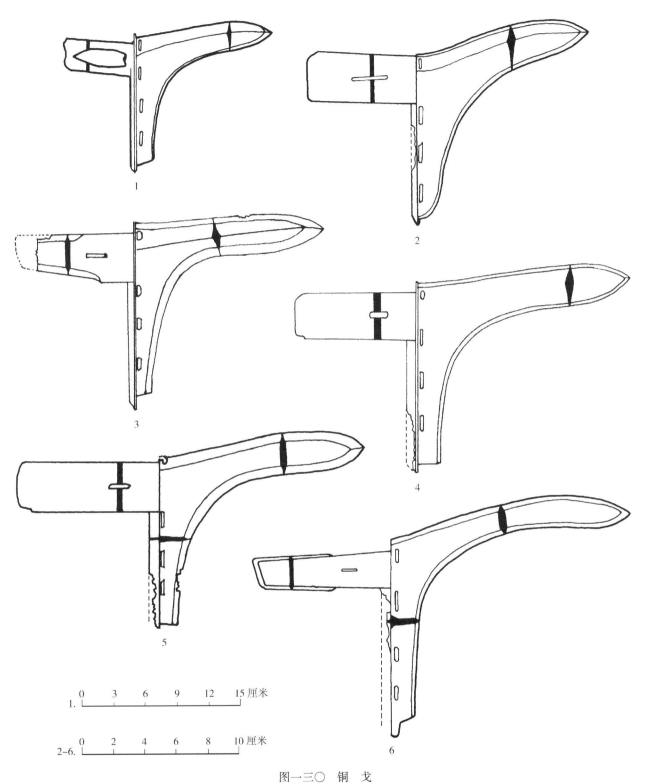

图一三〇　铜　戈

1. 乙类三期四段 C 型 I a 式（M174：2）　　2. 甲类四期八段 C 型 I b 式（M222：2）　　3. 乙类四期八段 C 型 II 式（M413：4）

4. 甲类四期七段 C 型 III a 式（M153：4）　　5. 甲类四期八段 C 型 III a 式（M240：2）　　6. 乙类四期八段 C 型 III b 式（M59：15）

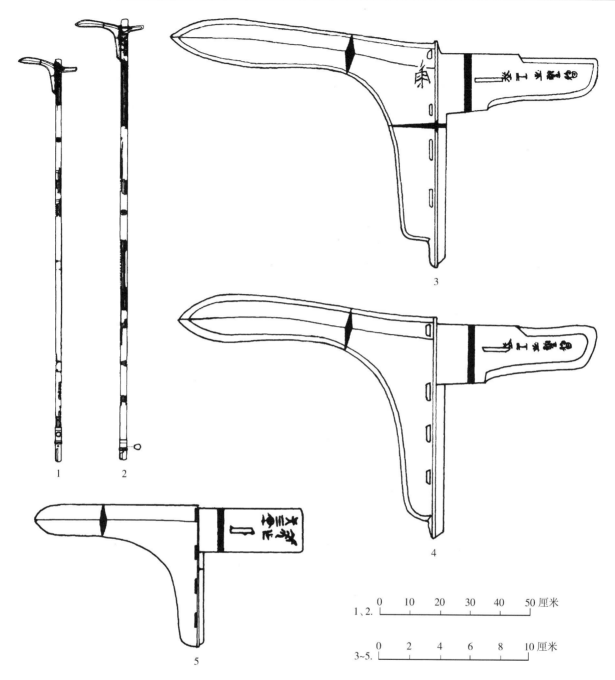

图一三一　铜　戈

1. 甲类三期六段 C 型 Ⅳ 式（M452：36）　　2. 甲类三期六段 C 型 Ⅳ 式（M452：35）　　3. 乙类战国 C 型 Ⅴ a 式（M339：1）

4. 乙类战国 C 型 Ⅴ b 式（M307：3）　　5. 甲类四期八段 C 型 Ⅴ c 式（M489：21）

　　Ⅰ式　1件。标本 M413：16，銎口作椭圆形，中部有平行凸箍三周，下半部作八方形，并逐渐收缩成蹄足。残长 19、銎口径 3.2～4.8 厘米（图一三五：3）。

　　Ⅱ式　2件。标本 M105：1。銎口圆形，中部有平行凸箍三周，下半部亦为圆形，并逐渐收成尖底。长 7、銎口径 3 厘米（图一三五：4）。

　　Ⅲ式　2件。标本 M223：3，銎口椭圆形，中部有凸箍三周，钉孔在上半部，下半部也为椭圆

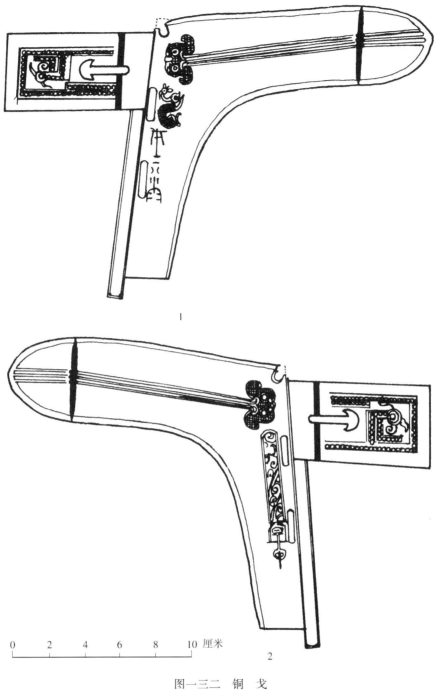

0　2　4　6　8　10 厘米

图一三二　铜　戈

1. 甲类战国 D 型（M259：3）正面　2. 甲类战国 D 型（M259：3）背面

形，并逐渐向下收缩成尖底。长 10、銎口径 1.4～2.2 厘米（图一三五：5）。

Ⅳ式　1件。标本 M222：4，銎口椭圆形，中部凸箍三周外凸较甚，一钉孔在下半部，下半部为椭圆形，较短，弧底略尖。长 5.4、銎口径 1.2～2.2 厘米（图一三五：6）。

C 型　9件。鸟纹镈。可分为 2 式。

Ⅰ式　7件。分 6 亚式。

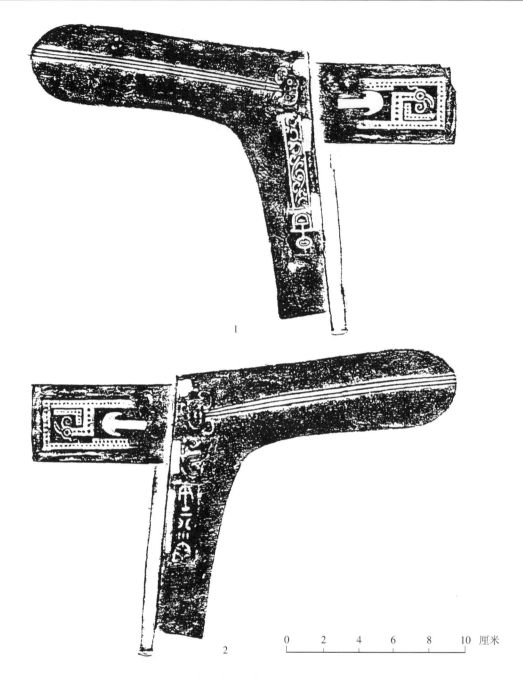

图一三三　铜戈纹饰拓片

1. 甲类战国 D 型（M259：3）正面　2. 甲类战国 D 型（M259：3）背面

　　Ⅰa式　1件。标本 M489：12，中部饰一鸟，侧身，头扬起，尖喙，圆眼，长颈。翼、尾清晰，颈、背分别饰鳞纹和云纹。中上部有一钉孔，最上部饰绹纹一周，其余部分饰云纹，下半部为圆形，并逐渐收成平底。长 12.4、銎口径 2.6 厘米（图一三六：1；图一四六：1；彩版二五：6）。

　　Ⅰb式　2件。标本 M650：2，中部饰一鸟纹，头高高扬起，长喙，大圆眼，高冠，长颈。颈、背、尾均饰细网格纹。钉孔在鸟纹下，下半部有凸箍三周，八方底。长 12.5、銎口径 1.7～2.6 厘米（图一三六：2；图一四六：2；彩版二五：4）。另 1 件采集品（益阳白石塘乡一座遭破坏的战国墓中

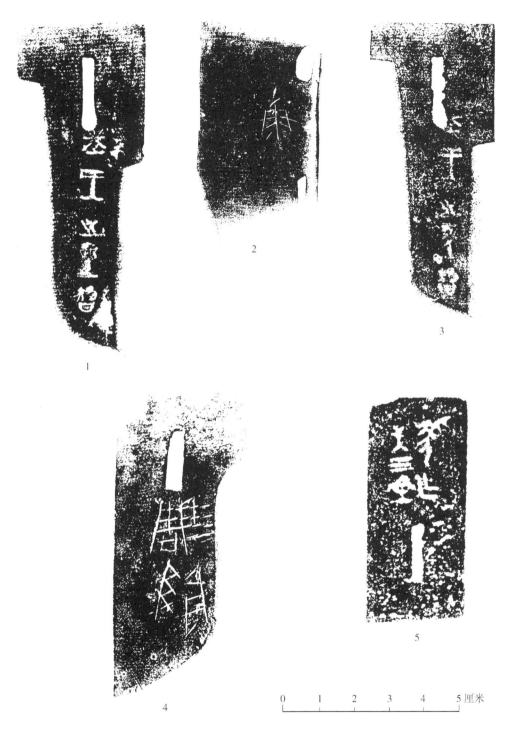

图一三四　铜戈铭文拓片

1. 乙类三期六段 C 型Ⅴa式（M339∶1）内部　2. 乙类三期六段 C 型Ⅴa式（M339∶1）援部

3. 乙类战国 C 型Ⅴb式（M307∶3）内部　4. 丙类四期九段 B 型Ⅱc式（M390∶1）内部

5. 丙类四期九段 C 型Ⅴc式（M489∶21）内部

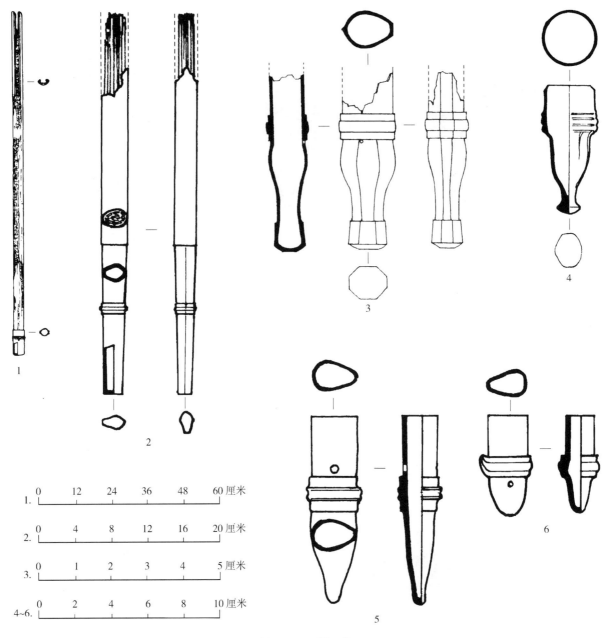

图一三五　铜 镈

1. 甲类三期六段 A 型 I 式（M452：41）　　2. 甲类三期六段 A 型 II 式（M452：37）　　3. 乙类四期八段 B 型 I 式（M413：16）

4. 丙类战国 B 型 II 式（M105：1）　　5. 丙类战国 B 型 III 式（M223：3）　　6. 甲类四期八段 B 型 IV 式（M222：4）

出土），形制、纹饰基本与 M650：2 相同，唯下半部较细长。通长 14.8 厘米（彩版二五：1）。

Ｉc 式　1 件。标本 M413：1，中部饰一鸟纹，鸟纹只作简单的线条，头朝下，长颈，其余部分素面。上部残，下部作八方形，并收向一侧，八方蹄足。长 15.5、銎口径 2.2～2.6 厘米（图一三七；图版三三：2）。

Ｉd 式　1 件。标本 M651：3，中部鸟纹头向一侧伸出较甚，长喙，圆眼，长颈，长尾且向一侧外卷。鸟纹下饰"S"形云纹一周，其余部分素面。钉孔在下半部，下半部作八方形，并逐渐下收，

八方底。通长 13.8、銎口径 2~2.5 厘米（彩版二
五：3）。

Ie 1件。标本 M371：14，中部鸟纹仅头部
喙、冠、眼较为清晰，其余部分素面，钉孔在上
半部。銎口椭圆，稍残，下半部作八方形，并逐
渐下收，底微凸。长 9.7、銎口径 1.8~2.5 厘米
（图一三八：1；图版三三：1）。

If式 1件。标本 M348：19，中部鸟纹已
简化，仅剩下轮廓，其余部分素面，钉孔在鸟纹
下。銎口椭圆，下半部整体作八方体形，并逐渐
下收，由稍扁平而渐圆。长 16.6、銎口径 1~1.5
厘米（图一三八：2；彩版二五：2）。

II式 2件。饰变形鸟纹。分 2 亚式。

IIa式 1件。标本 M153：8，中部鸟纹由弧
线、卷云纹等组成，其余部分素面。銎口为方形，
下半部较长，作不规则的瓜棱形，平底。长 13、
銎口边长 1.8 厘米（图一三九：1）。

IIb式 1件。标本 M259：8，中部鸟纹由密
集斜线、点、两端内卷的云纹组成，其余部分素
面，钉孔在上部。銎口椭圆，下半部作八方体形，
并向下渐收，末端套一圆箍为底。长 15.4、銎口
径 2~2.6 厘米（图一三九：2）。

D型 1件。标本 M452：42，椭圆形銎口，
中有平行凸箍三周，中间一周更凸，上饰 "S" 形
云纹。其余部分饰三角、卷云纹、勾连云纹。下
半部为圆形，并向下渐收成圜底。长 6.8、銎口径
2~2.8 厘米（图一三九：3；彩版二五：5）。

E型 1件。标本 M452：19，椭圆形銎口，
中有一周较宽的凸箍，上饰斜线和卷云纹。上半
部和下半部以兽纹为主，其余部分饰卷云纹。下
半部亦为椭圆形，底微凸。出土时銎内尚残存部
分竹柲。铸长 12、銎口径 2.1~3、连柲残长 24 厘
米（图一四○；图版三三：3）。

（五）戈鐏 5件。可分为 2 型。

A型 4件。鸟形。可分为 3 式。

I式 2件。标本 M153：4，仅具鸟的轮廓，

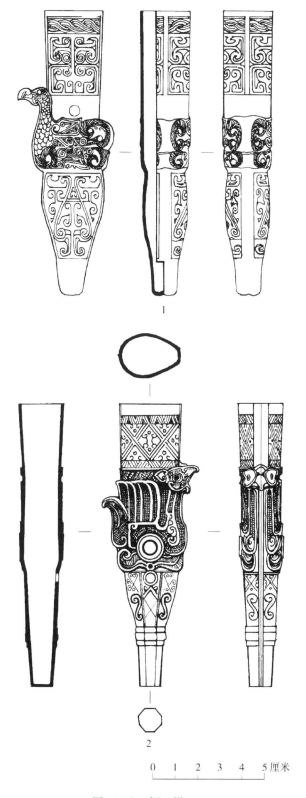

0 1 2 3 4 5厘米

图一三六 铜鐏

1. 甲类四期八段 C 型 I a 式（M489：12）

2. 乙类三期 C 型 II 式（M650：2）

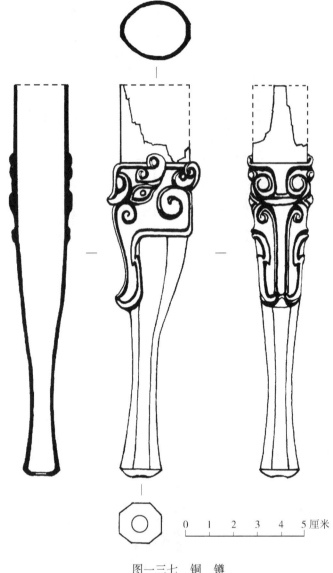

图一三七　铜镦

乙类四期八段 C 型Ⅰc式（M413：1）

腹部为椭圆孔，一侧有小钉孔。长 7.7、腹部孔径 1.4～3.1 厘米（图一四一：1；图版三四：6）。

Ⅱ式　1 件。标本 M42：32，鸟作回首状，长尖喙，圆眼，腹部为椭圆孔，侧面有小钉孔。长 7.7、腹部孔径 2～2.3 厘米（图一四一：2；彩版二四：2）。

Ⅲ式　1 件。标本 M452：40，仅具鸟的轮廓，腹部一侧有钉孔，鸟尾为纳戈之槽。长 6.8 厘米（图一四一：3；图版三四：5）。

B 型　1 件。菱形。标本 M518：4，銎口椭圆，断面作扁菱形，既可为戟之刺，又起戈鐏的作用。长 8、銎口径 1.8～2.4 厘米（图一四一：4）。

（六）矛　78 件。分别出土于 58 座墓中，能分型式的有 38 件（表二八）。可分为 5 型。

A 型　9 件。无纽矛。可分为 3 式。

Ⅰ式　4 件。圆骹较短粗，銎口平齐，身较短，脊隆起，两侧有血槽。标本 M181：3，叶后部折收。通长 13.5 厘米（图一四二：1；图版三三：6）。标本 M233：1，叶后部微向内弧收。通长 10.5 厘米（图一四二：2）。

Ⅱ式　3 件。骹圆较细长。分 2 亚式。

Ⅱa式　2 件。标本 M123：1，身较长，窄脊隆起，骹稍残。通长 14.2 厘米（图一四二：3）。

Ⅱb式　1 件。标本 M145：1，身较短，宽脊，两侧有血槽，銎口平齐。通长 12.8 厘米（图一四二：4）。

Ⅲ式　2 件。骹上有小钉孔。分 2 亚式。

Ⅲa式　1 件。标本 M165：4，身柳叶形，窄脊隆起，圆骹较长，銎口平齐，钉孔在骹的上部。通长 11.8 厘米（图一四二：5）。

Ⅲb式　1 件。M165：3，身窄长，宽脊，两侧有血槽，圆骹较短，銎口平齐，钉孔在骹的中部。通长 12.2 厘米（图一四二：6）。

B 型　24 件。单纽矛。可分为 7 式。

Ⅰ式　3 件。脊呈直线隆起。标本 M230：4，圆骹较长，銎口平齐，身较短，叶后部折收，断面

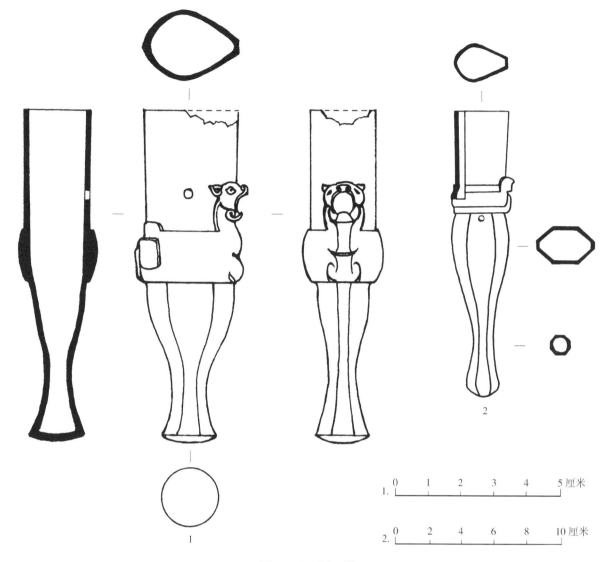

图一三八　铜　镈

1. 乙类三期四段 C 型 I e 式（M371∶4）　　2. 乙类四期八段 C 型 I f 式（M348∶19）

呈菱形，纽较宽大。通长 14.1 厘米（图一四三∶1；彩版二六∶1）。

Ⅱ式　10 件。窄脊矛。分 3 亚式。

Ⅱa 式　5 件。身较短，叶后部两侧均向内弧曲，窄脊隆起，两侧有浅槽，骹口平齐。标本 M260∶1，骹较长，纽在骹的中部且较长。通长 15.6 厘米（图一四三∶2）。标本 M155∶4，骹较短，长纽在骹的末端。通长 14 厘米（图一四三∶3）。标本 M140∶4，骹较长，血槽较深。通长 12.8 厘米（图一四三∶4）。标本 M259∶6，骹较长，出土时骹口内尚残存少许木柲，通长 25.4 厘米（图一四三∶5）。

Ⅱb 式　3 件。身叶后部两侧均折收。标本 M240∶1，身较短，窄脊隆起，两侧槽较深，骹较短，骹口平齐。通长 15.9 厘米（图一四三∶6）。标本 M220∶1，身长，窄脊凸起，骹较短，骹口平齐。通长 24.3 厘米（图一四三∶7；彩版二六∶2；图版三三∶7）。

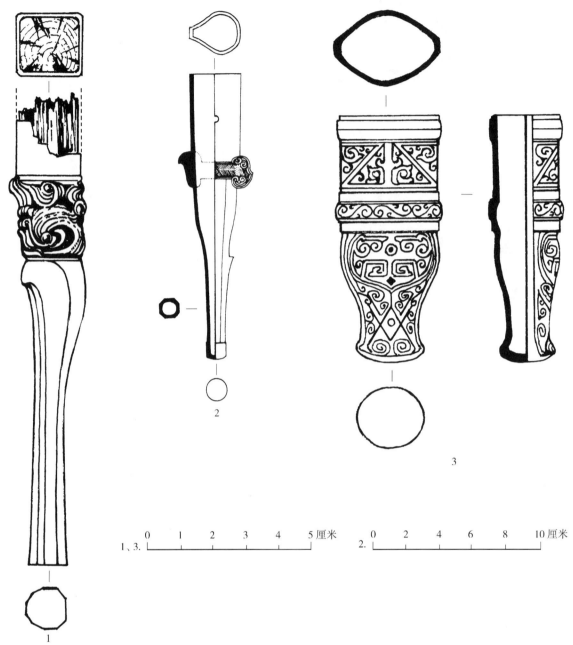

图一三九　铜 镈

1. 甲类四期七段 C 型 Ⅱa 式（M153：8）　2. 甲类战国 C 型 Ⅱb 式（M259：8）　3. 甲类三期六段 D 型（M452：42）

　　Ⅱc 式　2 件。标本 M117：2，身窄而较短，窄脊起棱，骹椭圆且较长，銎口内凹。通长 22.2 厘米（图一四三：8）。

　　Ⅲ式　7 件。宽脊。分 2 亚式。

　　Ⅲa 式　4 件。标本 M230：5，身较长，宽脊圆凸，两侧有浅槽，叶后部折收，圆骹，銎口平齐。通长 20.4 厘米（图一四三：9）。标本 M234：1，通长 20.6 厘米（图版三四：1）。

　　Ⅲb 式　3 件。标本 M186：4，身柳叶形且较短，骹延伸成宽脊，叶后部弧收，骹长，銎口平齐。通长 23.1 厘米（图一四三：10）。

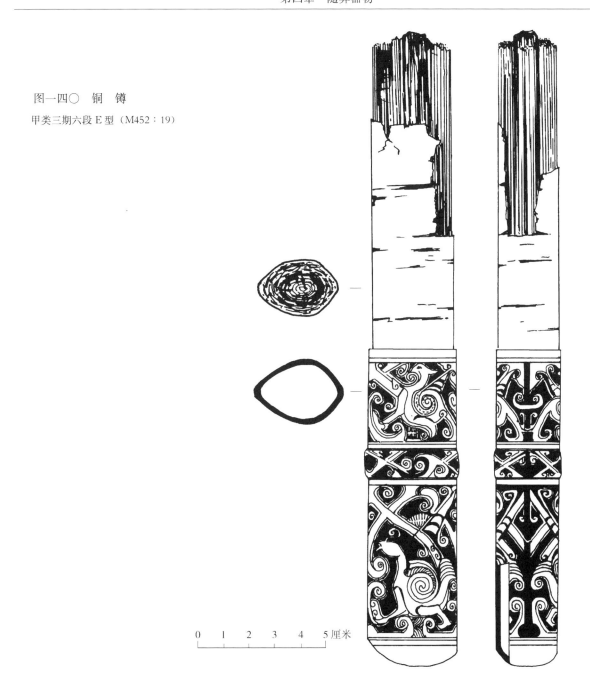

图一四〇　铜镈

甲类三期六段 E 型（M452：19）

0　1　2　3　4　5厘米

　　Ⅳ式　1件。标本 M181：2，身较窄，窄脊起棱，圆骹较长，銎口平齐，纽上端有一小兽面。身翠绿地，满饰墨绿色松花状隐形斑纹。通长 21.6 厘米（图一四四：1）。

　　Ⅴ式　1件。标本 M371：11，身较窄，圆骹较长，銎口平齐。身饰黑色鸟形斑纹，每面四行，骹上两行。通长 26.5 厘米（图一四四：2；彩版二六：5）。

　　Ⅵ式　1件。标本 M643：21，身较短、窄脊起棱，骹较长，銎口内凹。脊饰蝉形纹两组，中部有一"囧"字符。通长 18.8 厘米（图一四四：3；图一四六：3；彩版二六：3；图版三三：8）。

　　Ⅶ式　1件。标本 M621：16，身短而窄，脊呈直线隆起，身断面呈菱形，圆骹，銎口平齐。叶后部两侧饰由黑色斑点组成的 4 个对称圆形纹，通长 15.4 厘米（图一四四：4）。

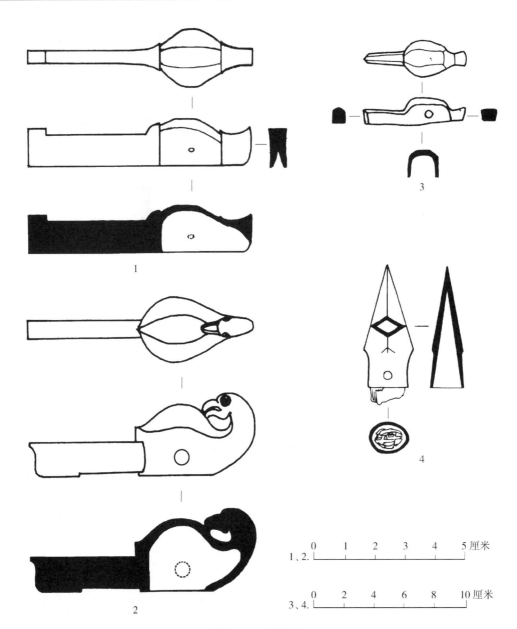

图一四一　铜戈龠

1. 甲类四期七段 A 型Ⅰ式（M153：4）　　2. 甲类四期八段 A 型Ⅱ式（M42：32）

3. 甲类三期六段 A 型Ⅲ式（M452：40）　　4. 乙类四期八段 B 型（M518：4）

　　C 型　2 件。双纽矛。标本 M536：8，身呈三角形且较宽，骹上部近刃处作八方形且延伸为脊，骹下部为圆形，銎口平齐。骹中部两侧有对称桥形纽。通长 26.8 厘米（图一四五：1；彩版二六：4）。

　　D 型　1 件。四纽矛。标本 M149：3，身短，作柳叶形，宽脊，长骹，銎口平齐。骹中部两侧有对称半环形纽各两个。通长 21 厘米（图一四五：2）。

　　E 型　2 件。六纽矛。可分为 2 式。

　　Ⅰ式　1 件。标本 M259：5，身长，宽脊，骹较短，銎口平齐。骹中部两侧各有 3 个连在一起整体呈方形的纽。通长 26 厘米（图一四五：3）。

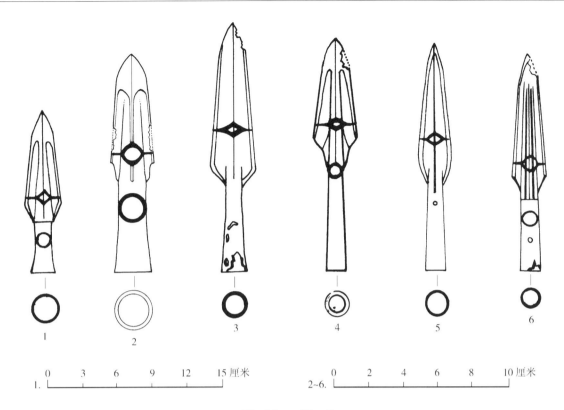

图一四二　铜　矛

1. 乙类二期三段 A 型 I 式（M181：3）　　2. 丙类三期六段 A 型 I 式（M233：1）　　3. 乙类四期八段 A 型 II a 式（M123：1）
4. 乙类战国 A 型 II b 式（M145：1）　　5. 乙类战国 A 型 III a 式（M165：4）　　6. 乙类战国 A 型 III b 式（M165：3）

II 式　1 件。标本 M193：1，身较长，宽脊，两侧有浅槽，圆骹，骹口平齐。骹上部两侧各有 3 个纽，骹下部近骹口处有一个小钉孔。通长 27.2 厘米（图一四五：4）。

（七）镦　14 件。可分为 3 型。

A 型　3 件。标本 M153：5，圆筒形，上宽下窄，底开叉且较长，素面。出土时銎孔内残存部分木柲。通长 14.6、銎口径 2.4 厘米（图一四七：1）。

B 型　9 件。椭圆形，上宽下窄，平底。可分为 2 式。

I 式　4 件。标本 M153：12，整体为扁椭圆形且显细长，钉孔在中上部。长 10.2、銎口径 1.8～2.4 厘米（图一四七：2；图版三三：4）。

II 式　5 件。标本 M509：4，底稍窄于銎口，钉孔在中部。长 6.8、銎口径 3～3.4 厘米（图一四七：3）。

C 型　2 件，标本 M518：3，整体呈扁椭圆形且銎口和底大小基本相同，中部有平行凸箍二周，钉孔在中部。出土时銎孔内残存有部分木柲。长 12.4、銎口径 1.8～4 厘米（图一四七：4；彩版二六：6）。

（八）镞　72 件。分别出土于 33 座墓，能分型式的有 44 件，均为三棱形刃。可分为 2 型。

A 型　21 件。长刃三棱形镞。可分为 3 式。

I 式　5 件。短圆关，关以上即收杀成锋。分 2 亚式。

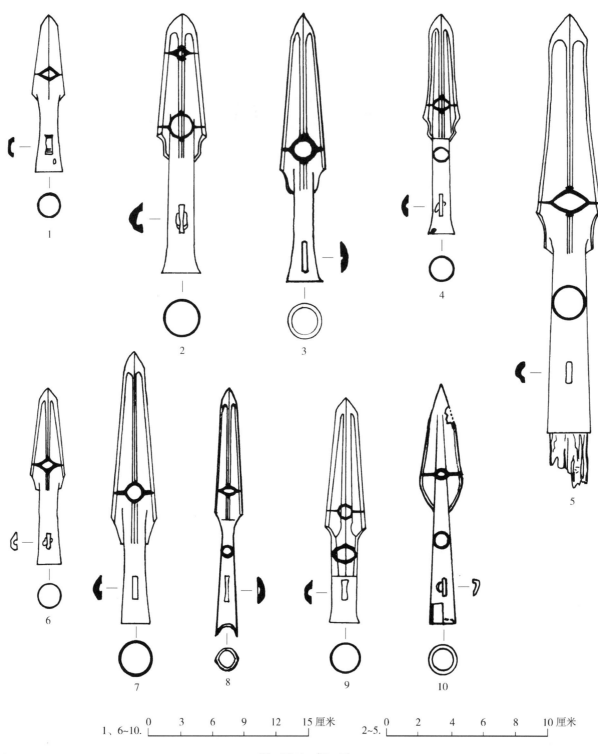

图一四三 铜 矛

1. 甲类三期五段 B 型 I 式（M230：4） 2. 丙类战国 B 型 II a 式（M260：1） 3. 乙类三期六段 B 型 II a 式（M155：4）

4. 乙类三期五段 B 型 II a 式（M140：4） 5. 甲类战国 B 型 II a 式（M259：6） 6. 甲类四期八段 B 型 II b 式（M240：1）

7. 乙类四期七段 B 型 II b 式（M220：1） 8. 丙类战国 B 型 II c 式（M117：2） 9. 甲类三期五段 B 型 III a 式（M230：5）

10. 丙类战国 B 型 III b 式（M186：4）

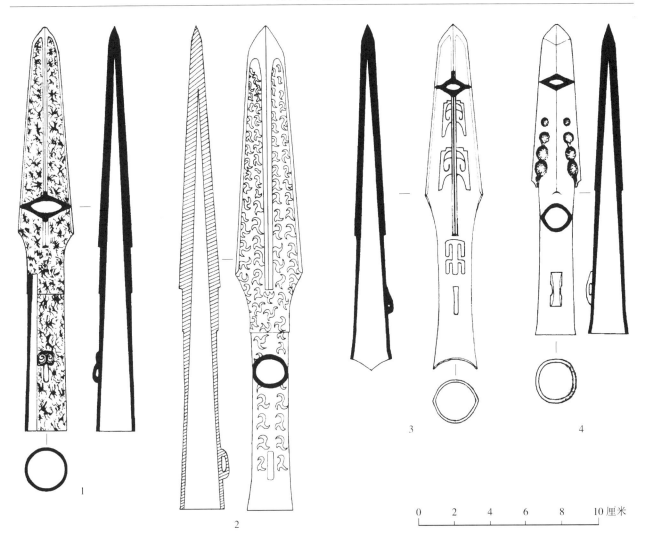

图一四四　铜　矛

1. 乙类二期三段 B 型Ⅳ式（M181：2）　　2. 乙类三期四段 B 型Ⅴ式（M371：11）

3. 甲类战国 B 型Ⅵ式（M643：21）　　4. 甲类战国 B 型Ⅶ式（M621：16）

Ⅰa式　4件。标本 M153：13，圆铤较长。通长 12.2、刃长 4.4、关长 0.8、铤长 7 厘米（图一四八：1）。标本 M153：3，铤残。残长 8.4、刃长 4.6、关长 0.6、铤残长 3.2 厘米（图一四八：2）。

Ⅰb式　2件。标本 M98：1，刃特长，铤为三棱形，残长 12.4、刃长 7.8、关长 0.5、铤残长 4.1 厘米（图一四八：3）。

Ⅱ式　8件。从刃上部开始收杀成锋。分 2 亚式。

Ⅱa式　3件。标本 M165：1，圆柱状铤。残长 11.9、刃长 6.4、铤残长 5.5 厘米（图一四八：4）。

Ⅱb式　5件。标本 M259：9，圆关较长，三棱形铤。残长 23.4、刃长 11.2、关长 3.4、铤残长 8.8 厘米（图一四八：5）。

Ⅲ式　2件。标本 M140：6，三棱形刃，近关处束腰，短圆关，三棱形铤。残长 9.3、刃长 3.8、关长 0.6、铤残长 4.9 厘米（图一四八：6；图版三三：5）。

B 型　23件。短刃三棱形镞。可分为 2 式。

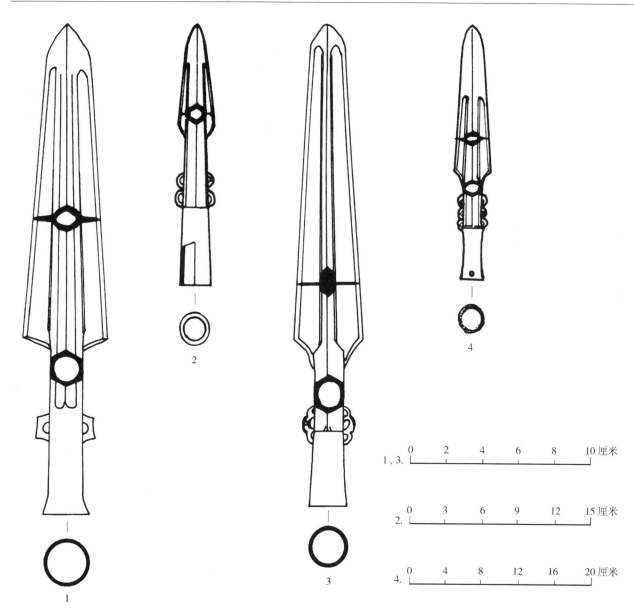

图一四五　铜　矛

1. 乙类战国 C 型 （M536：8）　2. 乙类二期三段 D 型 （M149：3）

3. 甲类战国 E 型 I 式 （M259：5）　4. 丙类战国 E 型 II 式 （M193：1）

　　I 式　8 件。三棱形长铤。分 2 亚式。

　　I a 式　5 件。标本 M230：12－1～5，铤身均为三棱形，下端一小段内空。通长分别为 6、18.5、19、19.3、23 厘米（图一四九：1～5；彩版二四：3）。

　　I b 式　3 件。标本 M452：34－1～3，铤身上半部为三棱形，下半部为圆心，下端一小段内空。通长分别为 15.3、15.8、16.2 厘米（图一四九：6～8；彩版二四：4）。

　　II 式　15 件。长关短铤。标本 M452：34－4～9，关特长，大部分为三棱形，近铤处小部分为圆形，铤亦为三棱形。关长分别为 22.4、29.4、29、30.4、31、37，铤长分别为 3.6、6.4、6.8、6.4、8.8、14.2 厘米（图一四九：9～14；彩版二四：4）。

三、服饰器

（一）镜　44件。出自42座墓中，能分型式的有27件（表三〇）。可分为7型。

A型　1件。单线连弧纹镜。标本M19：12，三弦纽，圆纽座，座外饰内向单线连弧纹一周，其余部分素面。仅残存小部分。残存部分半径7.8厘米（图一五〇）。

B型　1件。羽状地四叶纹镜。标本M81：4，弦纽，圆纽座，以羽状纹为地纹，四叶呈桃形，叶边至叶梗处向内勾卷，叶中有三弧线组成的花卉形云纹，部分残缺。直径10.8厘米（图一五一）。

C型　13件。羽状地山字纹镜。弦纽，纽座均为方形，在羽状地纹上饰4个山字主纹，"山"底

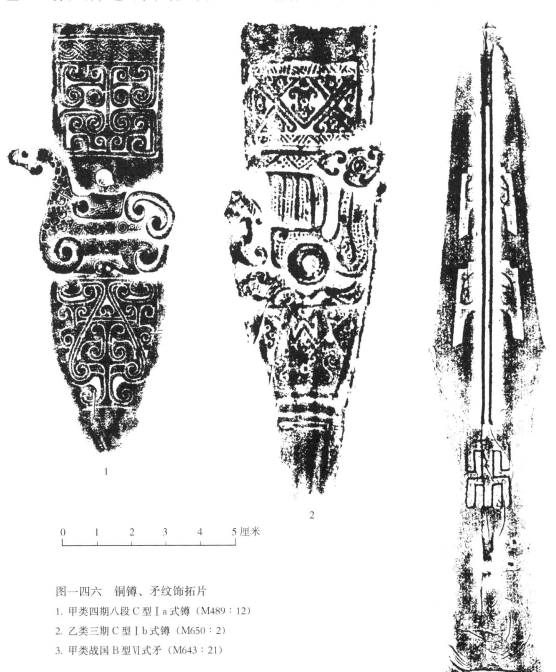

```
0   1   2   3   4   5厘米
```

图一四六　铜鐏、矛纹饰拓片

1. 甲类四期八段C型Ⅰa式鐏（M489：12）

2. 乙类三期C型Ⅰb式鐏（M650：2）

3. 甲类战国B型Ⅵ式矛（M643：21）

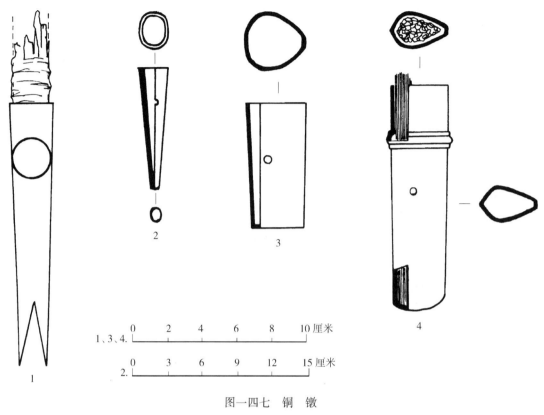

图一四七　铜　镞

1. 甲类四期七段 A 型（M153：5）　　2. 甲类四期七段 B 型 I 式（M153：12）

3. 乙类四期八段 B 型 II 式（M509：4）　　4. 乙类四期八段 C 型（M518：3）

和两侧多用勾勒线勾边。可分为 5 式。

　　I 式　1 件。四叶四山纹镜。标本 M554：9，近缘凸弦纹处向内伸入四叶，四叶分别位于 4 个山字之间，且均通过一直线与方纽座四角相连，四叶均增饰单线叶边，山字左旋，底边与方纽座底边平行。直径 9.6 厘米（图一五二）。

　　II 式　7 件。八叶四山纹铜镜。分 2 亚式。

　　II a 式　4 件。标本 M205：1，方纽座四角各伸出连贯二叶，间以短斜线绳纹相连，八叶均增饰锯齿形叶边，呈十字交叉状将纹样分为四区，每区内饰一右旋山字，中竖较长，底边与方纽座边平行。直径 11.2 厘米（图一五三；图版三五：1）。标本 M648：8，直径 12.8 厘米（图版三五：2）。标本 M108：5，直径 10.6 厘米（图版三五：3）。标本 M645：5，直径 13.4 厘米（图版三六：1）。

　　II b 式　3 件。标本 M329：3，方纽座四角各伸出连贯二叶，间有平面绳纹相连，八叶均增饰单线叶边，呈十字交叉状将纹样分为四区，每区内饰一左旋山字，底边与方纽座边平行。直径 13.3 厘米（图一五四；彩版二七：1）。标本 M290：6，直径 13.4 厘米（图一五五；图版三六：2）。标本 M334：2，直径 9.3 厘米（图一五六；图版三五：4）。

　　III 式　2 件。十二叶四山纹镜。分 2 亚式。

　　III a 式　1 件。标本 M647：5，从方纽座四角各伸出连贯二叶，与方纽座四边中央对称的近缘处又各饰一叶，十二叶均增饰单线叶边，以平面绳纹将十二叶相连，形成一带十字交叉的四角形图案，左旋山字分别在四角，底边与纽座边平行，近缘处的四叶正好落于山字的右肋。直径 13.5 厘米（图一五八）。

　　Ⅲb式　1件。标本 M19：3，十二叶布局同Ⅲa式，增饰锯齿形叶边，以短斜线绳纹相连，山字右旋，近缘处四叶正好落于山字的左肋。直径 13.2 厘米（图一五九）。

　　Ⅳ式　1件。十二叶四竹叶四山纹镜。标本 M452：1，从方纽座四角各伸出连贯二叶，与纽座四边对称的近镜缘处各饰一叶，十二叶均增饰单线叶边，以密集短斜线组成的绳纹将十二叶相连，形成一带十字交叉状的四角形图案，四左旋山字分别位于四角，近沿处的四叶正好落于山字的右肋，四竹叶纹叶尖朝右与纽座角伸出的小叶相连。直径 15.8 厘米（图一五七；彩版二七：3）。

　　Ⅴ式　2件。八叶四花四山纹镜。标本 M278：3，从方纽座的四角各伸出一叶，其上方近缘处饰一凹面双重圆圈为花蕊的四瓣花朵，与方纽座四边对称的近缘处亦各饰一叶，共八叶四花，以短斜线绳纹相连，形成一带十字交叉的四角形图案，四山字分别位于四角，山字左旋，底边与纽座边平行，近缘处的四叶正好分别落于山字的右肋，四花分别位于四山字之间。直径 14 厘米（图一六〇；图版三五：5）。标本 M106：1，稍残。直径 14.1 厘米（图版三五：6）。

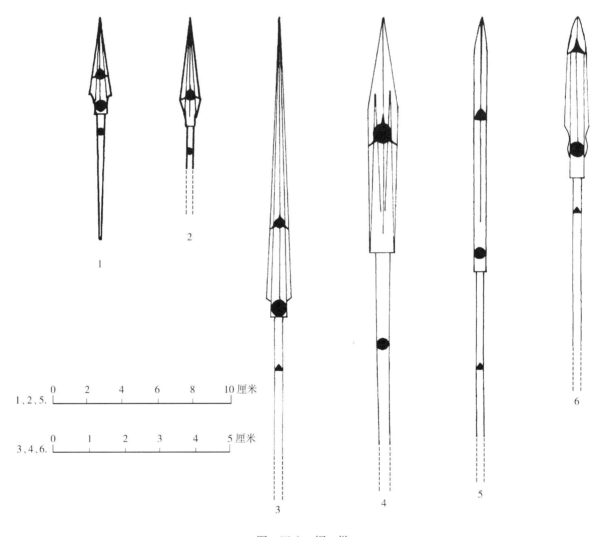

图一四八　铜　镞

1. 甲类四期七段 A 型Ⅰa式（M153：13）　　2. 甲类四期七段 A 型Ⅰa式（M153：3）　　3. 乙类四期九段 A 型Ⅰb式（M98：1）

4. 乙类战国 A 型Ⅱa式（M165：1）　　5. 甲类战国 A 型Ⅱb式（M259：9）　　6. 乙类三期五段 A 型Ⅲ式（M140：6）

图一四九 铜 镞

1～5. 甲类三期五段 B 型Ⅰa式（M230：12-1～5）
6～8. 甲类三期六段 B 型Ⅰb式（M452：34-1～3）
9～14. 甲类三期六段 B 型Ⅱ式（M452：34-4～9）

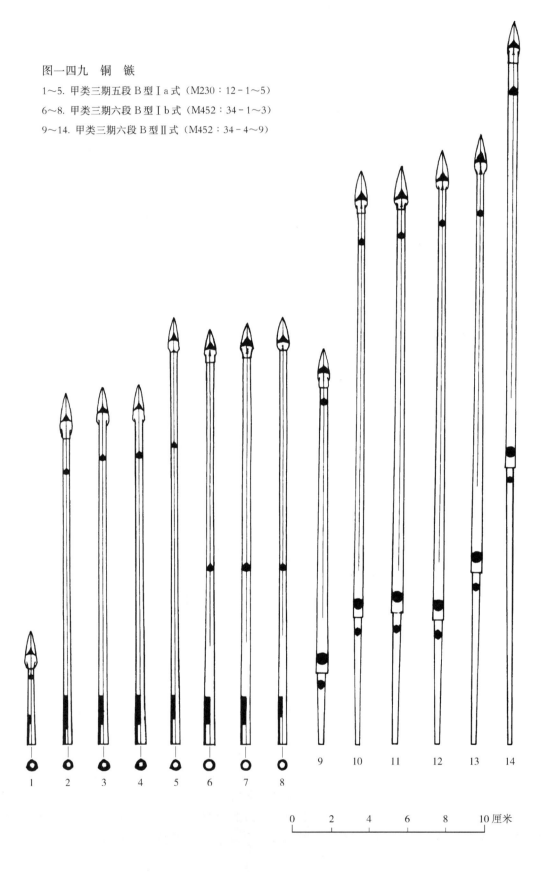

0   2   4   6   8   10厘米

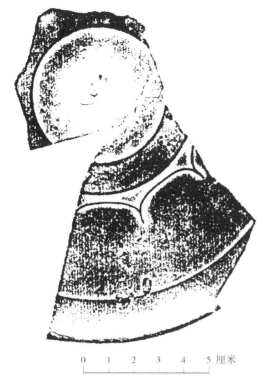

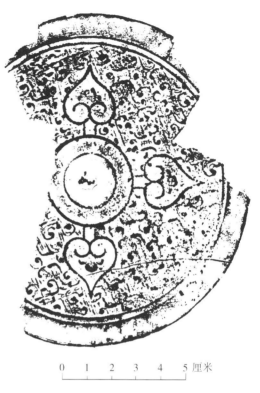

图一五〇　乙类战国 A 型铜镜（M19：12）拓片　　　图一五一　丙类四期八段 B 型铜镜（M81：4）拓片

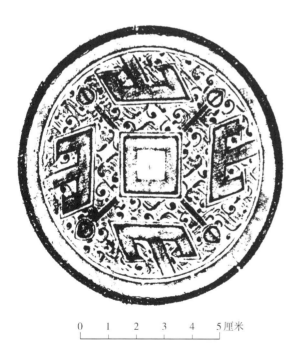

图一五二　乙类四期九段 C 型 I 式铜镜
（M552：9）拓片

图一五三　丙类二期三段 C 型Ⅱa 式铜镜
（M205：1）拓片

0 1 2 3 4 5厘米

图一五四　丙类战国 C 型 Ⅱ b 式铜镜
（M329：3）拓片

0 1 2 3 4 5厘米

图一五五　丙类四期九段 C 型 Ⅱ b 式铜镜
（M290：6）拓片

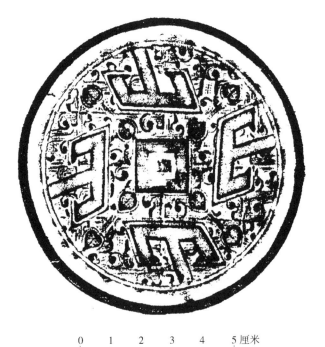

0 1 2 3 4 5厘米

图一五六　丙类四期八段 C 型 Ⅱ b 式
铜镜（M334：2）拓片

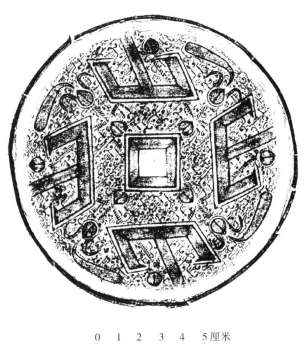

0 1 2 3 4 5厘米

图一五七　甲类三期六段 C 型 Ⅳ 式
铜镜（M452：1）拓片

0 1 2 3 4 5厘米

图一五八 丙类战国 C 型Ⅲa 式
铜镜（M647∶5）拓片

侧的两组方连纹相同且亦相互对称，每组分别
由 6 个磬形正反相对相连而成。直径 13.2 厘
米（图一六四；彩版二七∶4）。

F 型 3 件。连弧纹镜。弦纽，圆纽座。
可分为 2 式。

Ⅰ式 2 件。主纹为八凹面连弧。分 2 亚
式。

Ⅰa 式 1 件。标本 M354∶1，圆纽座外
围依次饰凹面宽带纹、绹纹、短斜线纹、凹面
宽带纹、短斜线纹、绹纹各一周，主纹为八连
弧，连弧内上、下、左、右各饰一叶，弧外饰
八龙纹，且均伸入弧内，缘处饰绹纹、短斜线
纹各一周。直径 22.8 厘米（图一六五；彩版二
七∶2）。是目前湖南楚墓中发现的最大铜镜。

Ⅰb 式 1 件。标本 M92∶3，圆纽座外围
饰凹面宽带纹、绹纹各一周，主纹为八连弧，
地纹之上饰八龙纹，四大四小，八凹面连弧叠
压于四条大龙之上，四小龙均为鸟首龙身，位

D 型 3 件。羽状地菱形纹镜。标本
M98∶1，弦纽，圆纽座，地纹之上主纹由 8 个
磬形和 8 个半边磬形正反相连折叠，形成 9 个
小菱形区，中心区为一个完整的菱形。从纽座
外伸出四花瓣，形成一个纽座为花蕊的四瓣花
朵，与中心菱形区四边相接的 4 个菱形区内各
饰 1 个以凹面圆圈为花蕊的四瓣花朵，与中心
菱形区顶角相对的 4 个菱形小区内各饰一叶，
叶均增饰单线叶边。直径 11.5 厘米（图一六
一；彩版二七∶5）。标本 M641∶1，直径
11.4 厘米（图一六二；图版三七∶3）。标本
M54∶5，直径 11.8 厘米（图一六三；图版三
六∶5）。

E 型 1 件。羽状地方连纹镜。标本
M1∶1，弦纽，双重圆纽座，地纹之上主纹为 4
组由磬形和半边磬形相连组成的方连纹，纽座
两侧各有 1 组中间由 5 个磬形正反相连，两端
各有一半边磬形相连的方连纹且相互对称，外

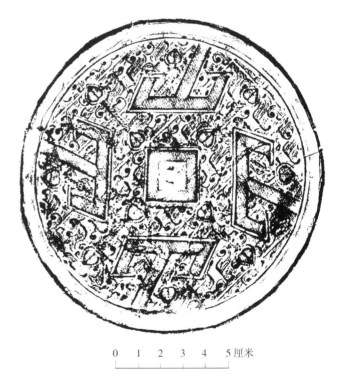

0 1 2 3 4 5厘米

图一五九 乙类战国 C 型Ⅲb 式
铜镜（M19∶3）拓片

于连弧之内。缘处饰绚纹、短斜线纹各一周。直径14.3厘米（图一六六；图版三七：2）。

Ⅱ式　1件。标本M512：5，圆纽座外依次饰凹面宽带纹、短斜线纹、绚纹各一周，再外是龙纹一周，为4龙，由四乳突分别将四龙分开，最外为十二内向连弧纹一周。直径为13.5厘米（图版三六：4）。

G型　3件。龙纹镜。弦纽、圆纽座，主纹为龙纹，均作绕纽环状排列。可分为3式。

Ⅰ式　1件。标本M450：3，圆纽座外围依次饰绚纹、云雷纹、凹面宽带纹、短斜线纹各一周，近缘处饰短斜线纹一周。主纹为四龙，龙体呈"S"形，每两龙为一组，相互勾连，两组龙之间两侧各有一小叶将之分开。直径14.8厘米（图一六七；图版三六：3）。

Ⅱ式　1件。标本M635：3，圆纽座外依次饰云雷纹、绚纹、凹面宽带纹各一周，纽座外圈缺口处延伸出四叶，间饰四龙纹，龙

图一六一　乙类四期九段D型
铜镜（M98：1）拓片

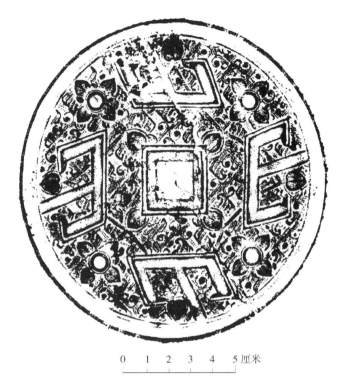

图一六○　乙类四期九段C型Ⅴ式
铜镜（M278：3）拓片

由3个"S"形线条组成。直径13.7厘米（图一六八）。

Ⅲ式　1件。标本M13：3，圆纽座外饰斜线纹、凹面宽带纹、绚纹各一周。主纹为四龙纹，龙呈"S"形，既单独构图又紧紧相连。直径9.5厘米（图版三七：1）。经对标本M397：1取样送中国科技大学进行金相检测，其含铜、锡、铅的百分比分别为50.4％，26.45％，21.1％（见附录二：表2；图版四二：1）。因锈蚀严重，此检测报告仅供参考。

（二）带钩　58件。分别出土于53座墓中。可以分为5型。

A型　21件。鸭头形钩首，素面。可分为5式。

Ⅰ式　3件。标本M55：5，钩首较细长，颈弯曲较甚，颈与钩体界线分明，身似鸭腹与尾相连，圆纽。长5、宽0.7、纽径1.2厘米（图一六九：1）。

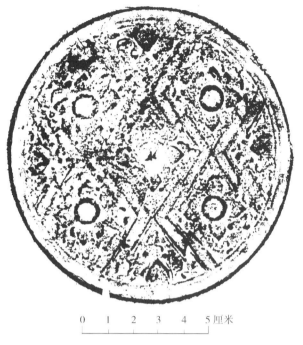

0　1　2　3　4　5厘米

图一六二　乙类四期九段 D 型铜镜
（M641：1）拓片

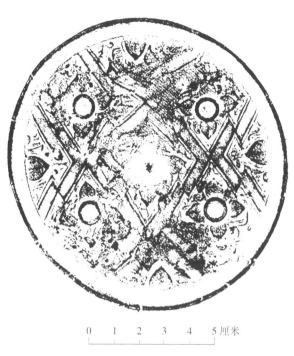

0　1　2　3　4　5厘米

图一六三　丙类战国 D 型铜镜
（M54：5）拓片

0　1　2　3　4　5厘米

图一六四　乙类三期六段 E 型铜镜
（M1：1）拓片

0　1　2　3　4　5厘米

图一六五　甲类四期八段 F 型
Ⅰa 式铜镜（M354：1）拓片

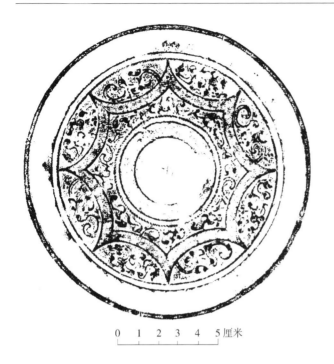

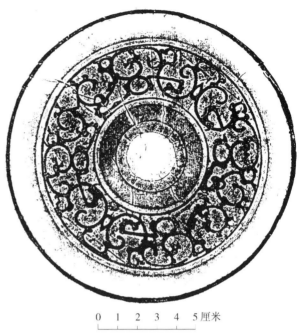

图一六六　乙类四期九段 F 型
Ⅰ b 式铜镜（M92∶3）拓片

图一六七　丙类四期八段 G 型
Ⅰ式铜镜（M450∶3）拓片

Ⅱ式　8 件。标本 M66∶3，钩首较短，颈与身界线分明，身凸起，断面近梯形，纽残。长 5.2、宽 0.8 厘米（图一六九∶2）。

Ⅲ式　8 件。标本 M252∶15，钩首较短，头上双目清晰且对称，身似鸭腹，略圆凸，圆纽较小。长 4.4、宽 0.8、纽径 1 厘米（图一六九∶3）。

Ⅳ式　1 件。标本 M54∶14，钩首较短，颈较细，颈与身有明显分界线，身整体微凸，且至尾分三级梯形次减，圆纽。长 3.8、宽 1.1、纽径 0.9 厘米（图一六九∶4）。

Ⅴ式　1 件。标本 M546∶3，钩首残，身体似鸭腹，圆凸，大圆纽。残长 2.2、宽 1.2、纽径 2.7 厘米（图一六九∶5）。

B 型　6 件。纽在身中部，身中部上拱。可分为 3 式。

Ⅰ式　1 件。标本 M307∶6，蛇头形

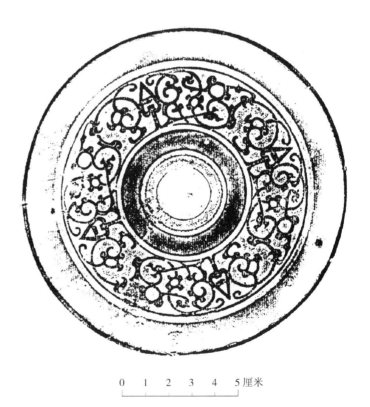

图一六八　乙类四期九段 G 型
Ⅱ式铜镜（M635∶3）拓片

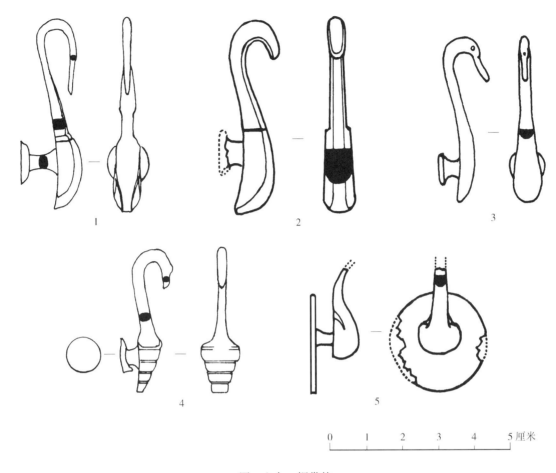

图一六九　铜带钩

1. 丙类三期五段 A 型 I 式（M55∶5）　　2. 甲类三期五段 A 型 II 式（M66∶3）　　3. 乙类三期六段 A 型 III 式（M252∶15）

4. 丙类战国 A 型 IV 式（M54∶14）　　5. 乙类四期八段 V 式（M546∶3）

钩首，两目突出，身饰蝉形纹，尾稍残，圆纽。残长 10.5、宽 1.9、纽径 2.3 厘米（图一七〇∶1；图版三四∶4）。

II 式　1 件。标本 M354∶2，钩首、尾均为蛇首形，身呈曲棒形，上饰错金骨节纹，错金大部分已脱落，圆纽较小。通长 22.8、纽径 1.8 厘米（图一七〇∶2）。

III 式　4 件。标本 M57∶11，钩首残，身为扁棱形，圆纽稍残。残长 5.2、宽 0.6、纽径 0.9 厘米（图一七〇∶3）。

C 型　1 件。标本 M511∶8，钩首残，身为飞鸟形，上饰卷云纹，圆纽。残长 2.9、宽 0.6、纽径 0.9 厘米（图一七〇∶4）。

D 型　1 件。标本 70∶5，整个钩体略弧曲，钩首为双翼形，上饰卷云纹。身正中部分饰两两相对的密集斜线纹和少部分鳞纹，两侧各附一蟠曲之蛇，且互相对称，蛇首勾勒清晰，双目突出，每蛇向外侧弓出而空出部分状似卷云，"S"形云纹的构件相连接，使钩体两侧呈镂空状。长 10、钩首宽 3.6、身宽 6.8 厘米（图一七〇∶5；彩版二九∶3）。

四、车马器

（一）车舌　2 件。标本 M644∶2，圆筒状，下端较粗，有折边，中上部有凸箍两周，凸箍上下

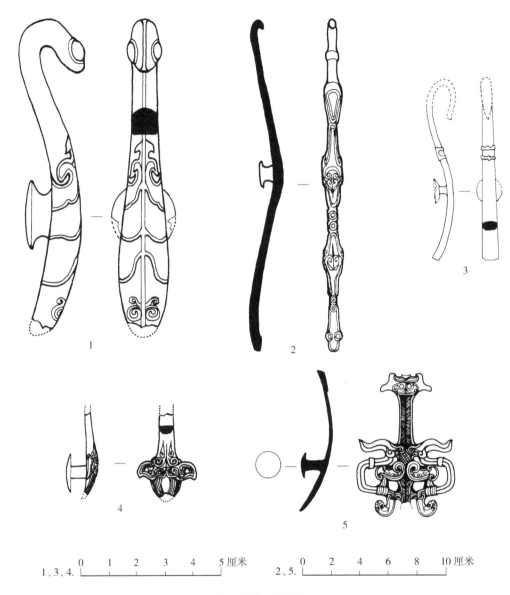

图一七〇 铜带钩

1. 乙类战国 B 型 I 式（M307：6）　2. 丙类战国 B 型 II 式（M354：2）　3. 乙类四期九段 B 型 III 式（M57：11）

4. 乙类四期八段 C 型（M511：8）　5. 乙类二期二段 D 型（M70：5）

和之间饰回纹或云纹三周。箍下有辖，辖首兽面，兽面上饰云纹、鳞纹、绳纹等。高 7.2、底径 6.2
厘米（图一七一：1；彩版二八：4）。

（二）马衔　2件。标本 M644：5，由两根带双环杆套合而成，杆作绳索状，两端各有一环，一
大一小，大环为椭圆，小环近圆形且相套合。通长 19.4、杆长 11.2、大环径 3.6～4.4、小环径 2.8
～3.2厘米（图一七一：2；图版三四：7）。标本 M644：6，通长 23.2、杆长 12.4、大环径 3.4～
4.8、小环径 3～3.2厘米（图一七一：3）。

五、权衡器

116件。有天平盘和砝码。

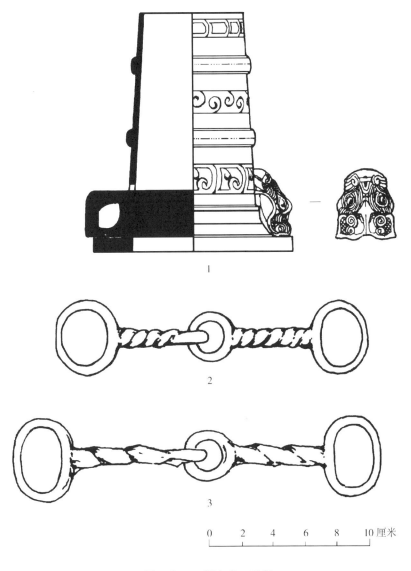

图一七一　铜车舄、马衔

1. 甲类四期七段车舄（M644：2）　　2. 甲类四期七段马衔（M644：5）

3. 甲类四期七段马衔（M644：6）

　　（一）天平盘　16 件。形制基本相同。标本 M219：11，圆形，圜底，边钻四小孔，以系丝线。直径 7.6、盘深 1.3 厘米（图一七二：4）。

　　（二）砝码　100 件（33 套）。均为环形，绝大部分断面近圆形，少部分断面外侧圆弧，内侧微起棱。33 套砝码中，9 个的 1 套，7 个的 1 套，6 个的 1 套，5 个的 7 套，4 个的 3 套，3 个的 2 套，2 个的 7 套，1 个的 11 套。标本 M518：15，黑褐色，全套 9 个。重量依次为 116.1、60、29、13、7.5、3.2、1.5、1、0.4 克（图一七二：1；彩版二八：1）。标本 349：11，翠绿色，全套 6 个。重量依次为 105.6、45.2、20.8、5.8（残重）、6.2、2.58 克（图一七二：2；彩版二八：2）。标本 M298：3，灰褐色，全套 5 个。重量依次为 9、4.4、2.9、1.6、1 克（图一七二：3）。

六、其他器物

(一) 铃 52件。分别出土于13座墓,能分型式的有33件。形制基本相同,均为环纽,作合瓦形,身两侧各镂空作2个不规则形孔。可分为5式。

Ⅰ式 6件。标本M214:2,纽小,底宽,底微内凹,弧度较小。高3.5、宽3.4厘米(图一七三:1;彩版二九:1)。

Ⅱ式 7件。标本M132:1,纽较大,底微内凹。高3.6、宽2.7厘米(图一七三:2)。

Ⅲ式 5件。标本M204:10-1,纽径较小,底内凹成近似三角形。高3.9、宽2.5厘米(图一七三:3;图版三四:2)。

Ⅳ式 5件。标本M204:10-2,纽较大,两侧镂孔也较大,底内凹成三角形。高4.2、宽2.8厘米(图一七三:4)。

Ⅴ式 10件。标本M204:10-3,纽较大,整体显窄,底内凹较甚。高3.6、宽2.2厘米(图一七三:5)。

(二) 提手 1件。标本M338:8-2,整体呈半圆弧形,内有椭圆形柱,内空,顶有鼻形纽,纽内含环。通高3.8、直径2.8厘米(图一七四:1)。

(三) 漆奁足 3件。标本M153:14,上部近椭圆,饰圆斑纹,内侧正中有短钉,中部长条形,与足底相连,足底扁平,为半圆形。通高2.5厘米(图一七四:2)。

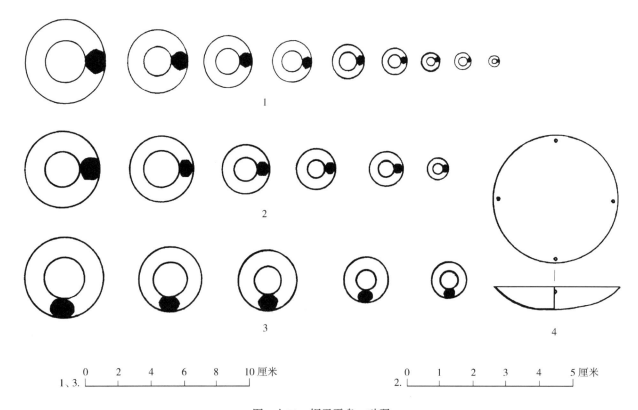

图一七二 铜天平盘、砝码

1. 乙类四期八段砝码(M518:15) 2. 甲类四期八段砝码(M349:11)

3. 丙类四期八段砝码(M294:3) 4. 乙类三期六段天平盘(M219:11)

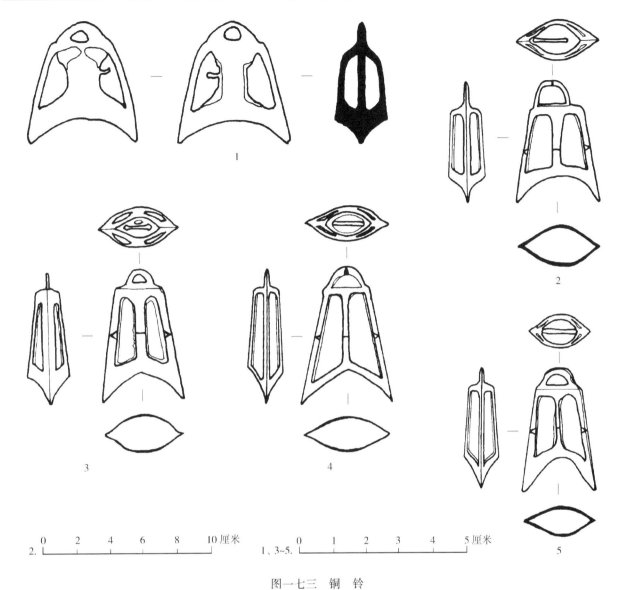

图一七三　铜　铃

1. 丙类三期四段Ⅰ式（M214：2）　2. 丙类战国Ⅱ式（M132：1）　3. 丙类四期七段Ⅲ式（M204：10－1）

4. 丙类四期七段Ⅳ式（M204：10－2）　5. 丙类四期七段Ⅴ式（M204：10－3）

（四）斧　1件。标本 M643：7，銎口为圆角方形，直腰，弧刃，刃两侧微上翘。出土时銎孔内尚残存木柄。高9.6、刃宽4.8、銎口径2.6×3.8厘米（图一七四：3；彩版二九：4）。

（五）印　9件。可分为5式。

Ⅰ式　1件。标本 M307：7，半环形纽，方形印面，为虎纹。高0.8、印面边长1.6厘米（图一七四：4）。

Ⅱ式　1件。标本 M542：7，鼻形纽，印面为不规则椭圆形，印文为"尚"字。高0.9、印面径0.8～1厘米（图一七四：7）。

Ⅲ式　2件，桥形纽，圆形印面。标本 M36：1，印文为"士"字。高0.9、直径0.6厘米（图一七四：9）。标本 M71：1，印为一虎。高1、直径0.8厘米（图一七四：8）。

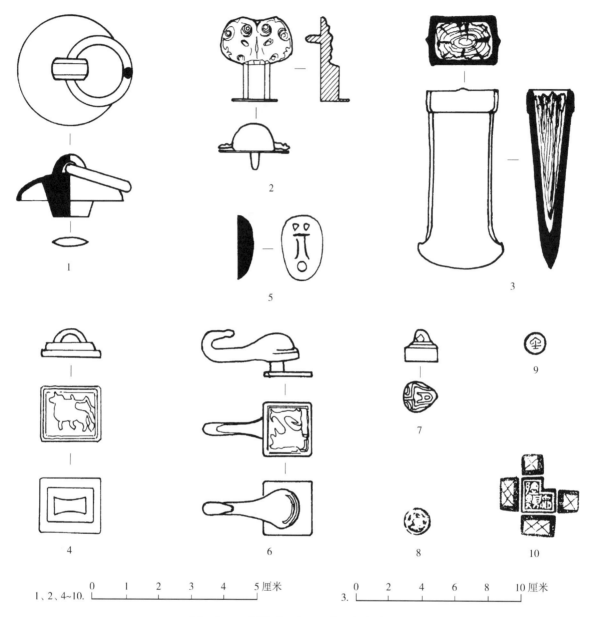

图一七四　铜提手、奁足、斧、蚁鼻钱、印

1. 乙类四期七段提手（M338：8-2）　2. 甲类四期七段漆奁足（M153：14）　3. 甲类三期四段斧（M643：7）

4. 乙类战国Ⅰ式印（M307：7）　5. 丙类四期八段蚁鼻钱（M184：5）　6. 丙类三期四段Ⅴ式印（M214：1）

7. 乙类三期六段Ⅱ式印（M542：7）　8. 乙类三期九段Ⅲ式印（M71：1）钤本　9. 乙类三期六段Ⅲ式印（M36：1）钤本

10. 丙类战国Ⅳ式印（M13：3）钤本

　　Ⅳ式　1件。标本 M13：3，条形柱纽，印面呈"L"形，印文为"隈□信"。通高 2.9、印面四边长分别为 1、1、0.7、0.7 厘米（图一七四：10；彩版二八：5）。

　　Ⅴ式　1件。标本 M214：1，带钩形纽，印面正方形，印为虎纹。纽通长 4、通高 1.3、印面边长 1.5 厘米（图一七四：6；彩版二八：3）。

　　（六）蚁鼻钱　1件。标本 M184：5，正面凸起，背面平，形如瓜子，铸有一字。长 1.9、宽

1.3、厚 0.45 厘米（图一七四：5；图版三
四：3）。

（七）铺首　4 件。出土于同 1 座墓。标本
M452：28，灰褐色，兽面由云纹、细点纹组成，
凤眼，鼻纽含环，鼻两侧饰绳纹。通高 10.5、宽
7、环径 7.2 厘米（图版三四：8）。

第三节　铁　器

126 件。分别出土于 89 座墓。按用途可分为
生活用具、生产工具、兵器等。器形有鼎、鋬、
镢、锸、锄、斧、铲、刮刀、环首刀、刀、剑、
戈、矛、戟、镞、带钩等。

一、生活用具

2 件。为鼎、鋬。

（一）鼎　1 件。标本 M168：2，较完整。
侈口、束颈、矮领、耳残、鼓腹、小平底，有三
个蹄形足，内侧扁平。通高 23.4、口径 22.2、
腹深 15.4、足高 14.1 厘米（图一七五；图版三
七：4）。

（二）鋬　1 件。标本 M191：3，完整，已
锈蚀，呈深褐色。敞口、圆唇、颈微内曲、鼓
腹，一侧附环形耳，小平底。高 15.9、口径
13.2、腹径 18、底径 6、耳径 3.9 厘米（图一七
六：1；图版三七：5）。

二、生产工具

44 件。有镢、锸、锄、斧、铲、刮刀、环首刀和刀等。镢、锸、锄大多出土于填土中，其他多
出于墓室底部。

（一）镢　6 件。分别出土于 6 座墓。长方形，刃稍弧，上有长方形銎。可分为 2 式。

Ⅰ式　5 件。窄长方形，宽度约占长度的一半，直銎，刃稍弧。标本 M59：1，灰褐色锈。长
14.5、刃宽 6、銎长 6.6、銎宽 2.6 厘米（图一七七：1；图版三九：4）。标本 M117：8，红褐色锈
斑。近銎处有二条凸弦纹，銎内残留木柄。长 15、刃宽 5.3、銎长 6、銎宽 3 厘米（彩版三〇：2）。
标本 M54：11，红褐色，已锈蚀。壁厚。长 14.4、刃宽 6、銎长 7、銎宽 3.6、銎厚 0.8 厘米（图一
七七：2；图版三九：1）。88 益赫县医工地采集标本，形制基本同Ⅰ式，黑褐色。长 13.8、刃宽 5.6、銎

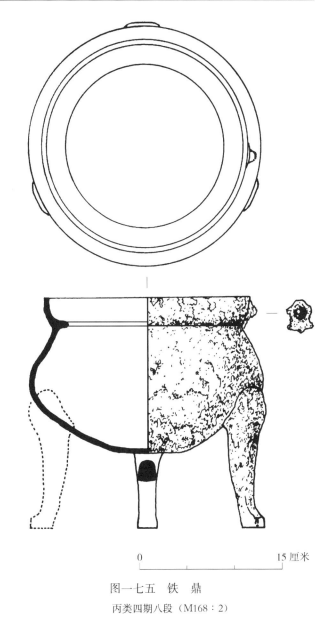

图一七五　铁　鼎
丙类四期八段（M168：2）

0   15 厘米

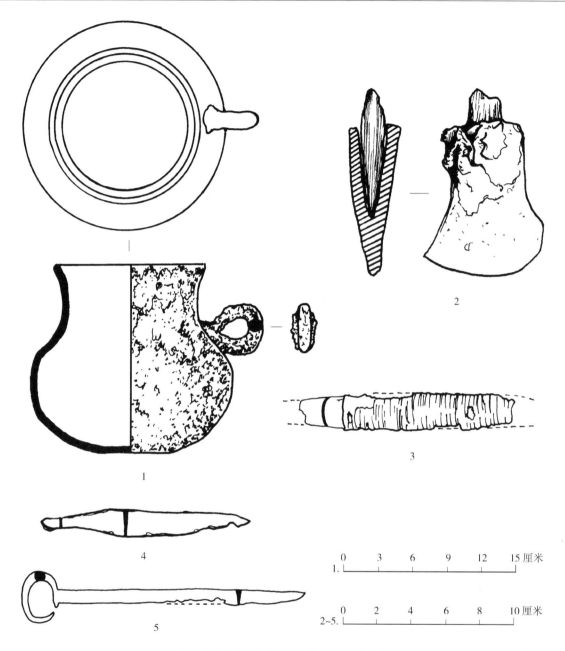

图一七六　铁鍪、刮刀、斧、环首刀、刀

1. 丙类四期八段鍪（M191：3）　　2. 乙类三期五段斧（M188：3）　　3. 丙类四期九段Ⅱ式刮刀（M279：2）

4. 乙类战国刀（M536：5）　　5. 丙类三期六段Ⅱ式环首刀（M147：2）

长 5.6、銎宽 2.8 厘米。

Ⅱ式　1 件。标本 M560：12，深褐色。长方形，直銎，壁薄，宽度约占长度的五分之四。长 9、刃宽 6、銎长 7.2、銎宽 3.6、銎厚 0.4 厘米（图一七七：3）。

（二）锸　16 件。分别出土于 16 座墓。多已残缺，能分型式的有 9 件。可分为 2 型。

A 型　5 件。为刃两侧外凸的凹字形。可分为 2 式。

Ⅰ式　2 件。直銎，弧形刃。标本 M92：17，深褐色。刃上部平直，两侧甚尖，平向外撇。两侧竖立长方形凹槽銎，銎口较大。高 7.4、刃宽 8.8、銎长 5.5、銎宽 1.5、刃高 1.8 厘米（彩版三一：4）。

Ⅱ式　3 件。标本 M553：14，深褐色。弧形刃，上部缺口圆弧形，两侧刃尖斜向外侈，刃上部斜立长方形凹槽銎。高 8.4、刃宽 10.8、銎长 9.2、銎宽 1.2、刃高 1.2 厘米（图一七七：5；图版三九：3）。

B 型　4 件。标本 M174：7，黑褐色。形体较大，刃圆弧，两侧上部平直。銎口较大，一侧残。出土在填土中。高 9.2、刃宽 11.4、銎长 11.8、銎厚 0.3、刃高 1.8 厘米（图一七七：4；图版三九：2）。标本 M559：7，呈红褐色。刃圆弧，已残。两侧竖立长方形凹槽銎，一侧残。高 7.6、刃宽 9.4、銎长 4.8、銎宽 1.4、刃高 1.6 厘米（彩版三一：5）。经对 M331：5 锸进行金相分析，为共晶体白口铸铁，莱氏体组织，基体为渗碳体（附录二，表 1；图版四三：1、2）。

（三）锄　2 件。标本 M346：11，灰绿色。呈六角形板状，上窄下宽。平刃，上部有一方銎。出土在填土中。高 11.3、刃宽 20、顶宽 8、厚 0.4、銎孔 3×2.5 厘米（彩版三〇：3）。标本 M396：9，深褐色。形制基本同上件，銎孔一侧有锈斑堆积。高 11、刃宽 20、顶宽 11、厚 0.5、銎孔 2.5×1.7 厘米，重 395 克（彩版三〇：4）。

（四）斧　1 件。标本 M188：3，红褐色锈斑。銎口部不规整，斜双肩，刃圆弧，两侧刃尖向外凸，一侧残，銎内残存木柄。长 8.4、刃残宽 7、銎长 4.6、銎宽 2.8、銎厚 0.6 厘米（图一七六：2；彩版三一：7）。

（五）刮刀　9 件。分别出土于 9 座墓。均残，有 5 件形制不明。可分为 2 式。

Ⅰ式　3 件。首端较平，锋较尖。标本 M261：1，蓝绿色，上有麻布痕迹。长 13、宽 2.6、厚 0.15 厘米（彩版三一：6）。

Ⅱ式　1 件。两端上翘，呈圆弧状，锋较厚钝。标本 M279：2，灰褐色，两端残，上有麻布痕迹。残长 12、宽 1.4～2、厚 0.2 厘米（图一七六：3）。

（六）环首刀　6 件。分别出土于 5 座墓。有 3 件残。可分为 2 式。

Ⅰ式　2 件。椭圆形环首刀，柄较长。标本 M474：7，黑褐色。身窄长，柄端宽厚，柄身间有一凸箍。锈蚀较少，留有麻布、木鞘痕迹。通长 42、身宽 2.7、柄长 14.5、环径 4×6 厘米（图版三八：2）。

Ⅱ式　1 件。椭圆形环首。标本 M147：2，深褐色。身窄长，平直，刃部稍残。通长 16.4、身宽 0.8、柄长 8.4、环径 2～3 厘米（图一七六：5）。

（七）刀　2 件。标本 M536：5，深褐色。两边有刃，背平直，柄端较细。长 12.2、身长 8、身宽 1.2、柄宽 0.6 厘米（图一七六：4）。

三、兵器

57 件。有剑、戈、矛、戟、镞等。

（一）剑　23 件。分别出土于 22 座墓，能分型式的有 13 件。可分为 4 型。

A 型　10 件。可分为 5 式。

Ⅰ式　1 件。扁柱茎铜格剑。标本 M420：4，首残，茎扁柱状，宽铜格，无纹饰。身中脊起棱，断面菱形，刃稍残，锋尖。表面部分锈蚀，红褐色。残长 69、身长 61.7、身宽 4.2、脊厚 0.7、格宽 4.7 厘米（彩版三一：1）。

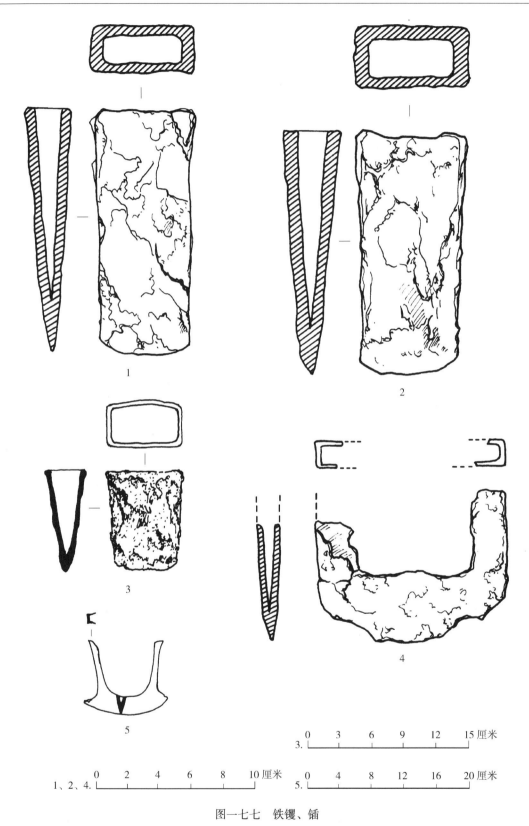

图一七七　铁镬、锸

1. 甲类三期五段 I 式镬（M59：1）　　2. 丙类战国 I 式镬（M54：11）　　3. 乙类四期九段 II 式镬（M560：12）

4. 乙类三期四段 B 型锸（M174：7）　　5. 乙类四期八段 A 型 II 式锸（M553：14）

　　Ⅱ式　1件。长扁茎宽铜格长体剑。标本M331：1，茎作扁条形，无剑首，铜厚格，无纹饰。身较长，有棱脊，断面菱形。通长86.8、身长96.2、身宽1.6～2.4、脊厚0.8、茎长17.6厘米（图一七八：2；彩版三一：2）。

　　Ⅲ式　6件。扁平茎铜格剑。标本M24：1，褐色，通体锈蚀。扁平茎已残，薄铜格，身较宽，断面扁菱形。残长70.8、身长60、身宽2～4、脊厚0.8厘米（图一七八：3）。标本M51：4，扁条茎有穿，菱形铜格，无纹饰。身棱脊隆起，带残鞘皮。通长70.8、身长62.8、身宽2～4、脊厚1厘米（图一七八：4）。标本M562：5，扁茎有穿，薄铜格，无纹饰，身中脊起棱，断面菱形。通长72、身长64、身宽2～4.4、脊厚0.6厘米（图一七八：5）。标本M380：1，扁茎，菱形铜格，无纹饰。身有棱脊，断面菱形，残。残长65.4、身长56.4、身宽2～4、脊厚1.2厘米（图版三八：4）。

　　Ⅳ式　1件。标本M433：1，铜宽格，两面饰云纹，茎残，其他形制与Ⅲ式相同。残长71.2、身长62、身宽2.2～4、脊厚1.2、铜格宽5.2、铜格厚0.4厘米（图一七九：1）。

　　Ⅴ式　1件。扁茎玉格剑。标本M452：25，深褐色，锈蚀严重，身残。茎扁条形，中脊有棱，断面菱形。宽菱形厚玉格，棕黄色，两面饰云雷纹，出土时套在铁剑上（彩版三三：1）。残长74、茎残长8、身宽5、脊厚0.8厘米。

　　B型　1件。玉首圆茎中空铜格剑。标本M23：1，玉剑首圆饼状，正面内区饰云纹，外区饰谷纹二周。铜厚格，上饰云纹。圆茎中空。身残留鞘皮，中脊隆起，锋尖，表面锈蚀，呈深褐色。通长72、身长61、身宽2.8～4.8、脊厚1、铜格宽5.2、玉首径3.6厘米（图一七九：4）。

　　C型　1件。无首圆茎中空铜格剑。标本M338：11，茎作圆形中空，薄铜格，无纹饰。身残断，脊隆起，残留部分剑鞘。经取样作金相分析，显示其为亚共晶白口铸铁（图版四二：4）。其中黑色粗大的块状是由初生奥氏体转变成珠光体，基体为渗碳体（附录二，表1）。标本M65：4与M388：11金相组织成分基本一致（附录二，表1；图版四二：3）。表明楚人当时已掌握了生铁的冶炼技术。通长100.5、身长89.7、身宽2、脊厚1.6厘米（图一七八：1；彩版三一：3）。

　　D型　1件。扁茎无格剑。标本M251：1，深褐色，锈蚀。茎残，身扁条形，扁平脊。残长94、身宽3.3、茎残长6.5厘米（图版三八：3）。

　　（二）戈　2件。灰黑色，形制基本相同。长援，身扁平，援断面作椭圆形，稍上扬。内长而平直。标本M154：1，内上一圆穿，阑侧三穿。援残长12.8、内长7厘米（图一八○：2；图版三八：1）。标本M113：1，形制同上件，内与阑锈蚀板结。援残长24.5、内长8.5厘米（图版三八：5）。

　　（三）矛　1件。标本M587：1，深褐色。柳叶形，圆銎，銎端平齐。刺实心，断面菱形。通长33、銎孔径2.2厘米（图一八○：1）。

　　（四）戟　2件。标本M12：8，褐色。戟身瘦长，援上扬，内横出，与胡接近垂直。援长19.5、胡长16.5、内长12.5厘米（图一八○：3；彩版三○：1）。标本M594：4，黑褐色。形制基本同上件，已残。

　　（五）镞　30件。分别出土于7座墓。出土时多已残断，有8件形制不清。标本M548：1，15件，为同墓出土。残，铤为圆棍状。残长10～14厘米（图一七九：2）。标本M222：5，6件，形制基本相同。铤圆棍状，身柳叶形。经金相分析，显示其为亚共晶白口铸铁。残长11厘米（图一七九：3）。

　　此外，在多座墓葬中出土有数件残铁器、带钩，形制不清。

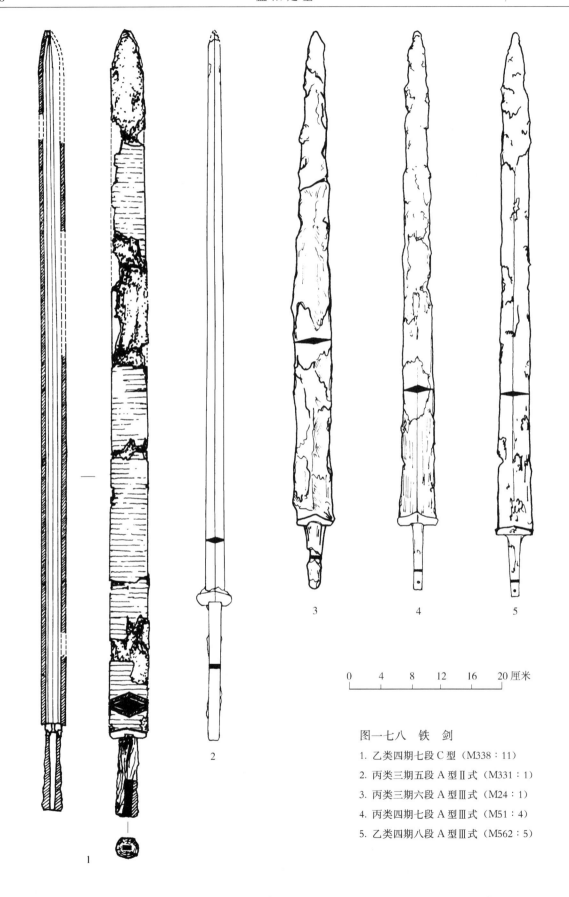

图一七八　铁　剑

1. 乙类四期七段 C 型（M338：11）

2. 丙类三期五段 A 型Ⅱ式（M331：1）

3. 丙类三期六段 A 型Ⅲ式（M24：1）

4. 丙类四期七段 A 型Ⅲ式（M51：4）

5. 乙类四期八段 A 型Ⅲ式（M562：5）

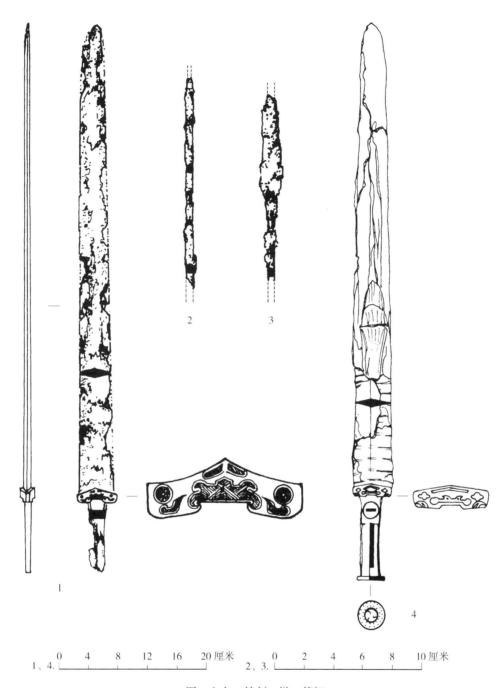

图一七九　铁剑、镞、箭铤

1. 丙类战国 A 型Ⅳ式（M433：1）　　2. 乙类战国镞铤（M548：1）

3. 甲类四期八段镞（M222：5）　　4. 乙类三期六段 B 型（M23：1）

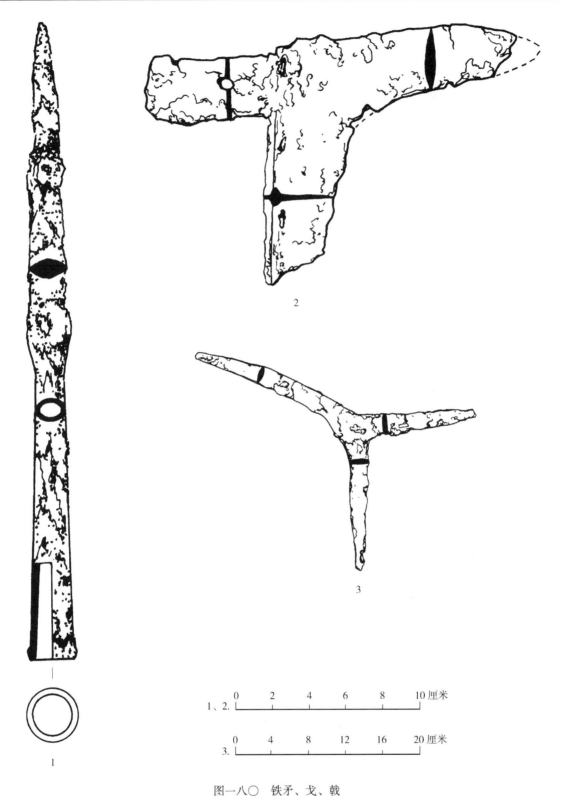

1、2. 0　2　4　6　8　10 厘米

3. 0　4　8　12　16　20 厘米

图一八〇　铁矛、戈、戟

1. 丙类三期五段矛（M587：1）　2. 乙类二期三段戈（M154：1）　3. 丙类战国戟（M12：8）

第四节　玻璃器、玛瑙器、玉器、石器

一、玻璃器

50 件。分别出土于 43 座墓。

（一）璧　36 件。均饰谷纹，出土时大部分残，能分型式的有 18 件。可分为 4 式。

Ⅰ式　1 件。四圈谷纹璧。标本 M613∶1，浅绿色，半透明。两面各饰粗谷纹四圈，背面纹饰较平而涩。直径 8.2、好径 3.3、边厚 0.3 厘米（图一八二∶2）。

Ⅱ式　10 件。五圈谷纹璧。分 3 亚式。

Ⅱa　4 件。标本 M511∶6，粉绿色。两面各饰粗谷纹五圈。正面光亮，半透明；背面粗涩，纹较平。直径 8、好径 3.4、边厚 0.25 厘米（图一八一∶2）。标本 M518∶1，浅绿色。两面粗谷纹，大小不一。正面光亮，反面无光。直径 9、好径 4、边厚 0.25 厘米（图一八一∶3；彩版三二∶2）。经 X 射线分析，结果 M518∶1 等两件玻璃璧均属铅钡玻璃（附录二，表 3）。

Ⅱb 式　4 件。标本 M622∶3，黄绿色，半透明。两面各饰细谷纹五圈，正面内外缘有凸弦纹，反面较粗涩，无光泽。直径 9.2、好径 3.8、边厚 0.25 厘米（图一八一∶1）。标本 M280∶3，淡绿色，半透明。两面饰谷纹五圈，内外缘有凸弦纹，反面粗涩，谷纹较平，无光。直径 8.2、好径 3.8、厚 0.26 厘米（彩版三二∶3）。

Ⅱc 式　2 件。标本 M638∶3，淡蓝色，透明。两面各饰谷纹五圈，一面谷纹较粗，外缘一凸弦纹。另一面粗涩，无光。直径 11.3、好径 4.6、厚 0.28 厘米（图一八二∶1；彩版三二∶4）。

Ⅲ式　4 件。六圈谷纹璧。标本 M589∶5，淡蓝色，半透明。一面谷纹光亮、密集、均匀，内缘有细凸弦纹，另一面光泽差，有谷纹。直径 8、好径 3.2、边厚 0.25 厘米（图一八一∶4；一八三∶2）。标本 M652∶1，乳白色。一面饰谷纹六圈，光亮，另一面粗涩、无纹。直径 11.2、好径 4.5、厚 0.25 厘米（彩版三二∶1）。

Ⅳ式　3 件。标本 M286∶13，浅墨绿色，缺光泽。两面各饰谷纹七圈，排列有序。内外缘饰凸弦纹。直径 12.3、好径 3、边厚 0.3 厘米（图一八三∶1；彩版三二∶5）。标本 M270∶1，残，灰白色。一面谷纹七圈，背面平而涩，直径 12.5、好径 4、边厚 0.28（图版三九∶5）。

（二）珠　14 件。分别出土于 9 座墓。为蜻蜓眼，近圆珠形，中有穿孔。胎体多为深褐色，较粗涩。外表所饰蜻蜓眼，由蓝、白相间的圆圈组成，蓝色在中央。蜻蜓眼多已脱落，能分型式的有 7 件。可分为 4 式。

Ⅰ式　1 件。标本 M621∶2，十六眼，胎体黑褐色。蜻蜓眼由蓝、白各二圈相间组成，分上下两层对称排列。高 0.8、直径 1.5、孔径 0.6 厘米（图一八四∶2）。

Ⅱ式　4 件。十八眼珠。分 2 亚式。

Ⅱa 式　2 件。标本 M653∶1，圆球形，胎体深褐色。眼有三大六中九小，三个大眼居中，分三层排列，上下层对称，中层错开。大、中眼均在蓝底色上由七个小白圈组合，小眼为蓝珠白圈。高

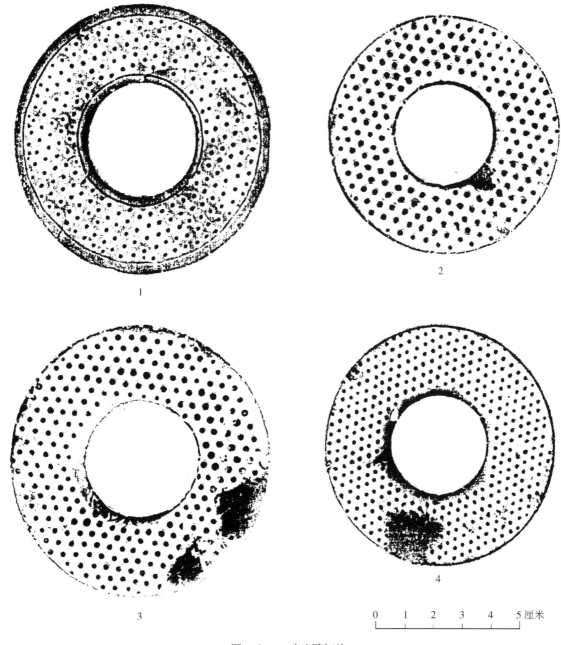

图一八一　玻璃璧拓片

1. 乙类四期八段Ⅱb式（M622：3）　2. 乙类四期八段Ⅱa式（M511：6）

3. 乙类四期八段Ⅱa式（M518：1）　4. 丙类四期八段Ⅲ式（M589：5）

1.7、直径2.3、孔径0.8厘米（彩版三二：7）。标本M574：1，胎呈深褐色。眼的数量、排列均同上件。眼为蓝、白各三圈组成，十八个眼已有十二个眼脱落，眼内凹处呈灰褐色。高2.4、直径2.5、孔径0.8厘米（图版四〇：7）。

　　Ⅱb　2件。标本M115：1，圆球形，胎体深绿色。眼为蓝珠白圈，向外突出，有三大六中九小，三大三小在中层，上下层各三中三小相间排列，上下对称。白色小点连成三个双线菱形，三个大眼居菱形中央。高1.8、直径2、孔径0.8厘米（图版四〇：8）。标本M290：8，胎呈灰褐色，无光泽。

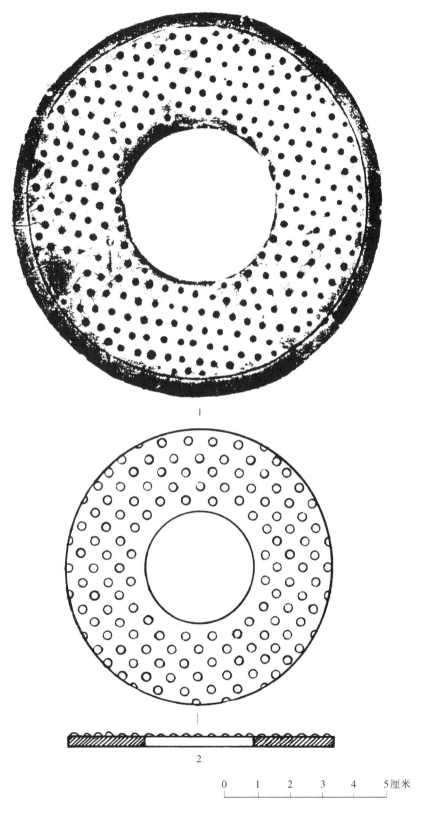

图一八二　玻璃璧与拓片

1. 乙类四期九段Ⅱc式（M638∶3）拓片　2. 乙类四期八段Ⅰ式（M613∶1）

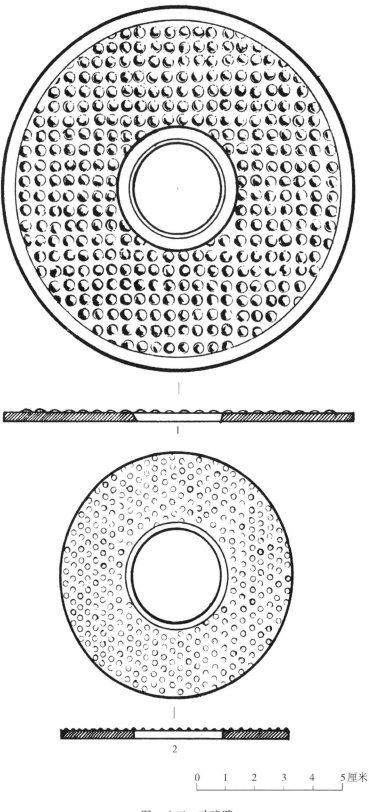

图一八三　玻璃璧

1. 甲类四期八段Ⅳ式璧（M286∶13）　　2. 丙类四期八段Ⅲ式璧（M589∶5）

十八眼分九大九小，分三层错开排列，眼为蓝珠白圈。有白色小点连成双线，白色小点已掉落一部分，组成三个菱形，大眼居菱形中央。大眼直径 0.8、小眼直径 0.4 厘米。珠高 2.4、直径 2.6、孔径 1.2 厘米（彩版三二：8）。

Ⅲ式　1件。二十眼珠。标本 M608：6，胎体呈深绿色，腰鼓形。蜻蜓眼分三层，上下层各有四中四小相间排列，上下对称。用深蓝色小点在白底色上连成四个正方形，中层的四个由蓝底白圈组合的大眼居正方形中。珠的两端在淡黄色底色上各饰蓝色小点一圈。蜻蜓眼多已脱落。高 2.9、直径 2.1、孔径 1 厘米（彩版三二：6）。

Ⅳ　1件。二十二眼珠。标本 M270：2，胎体呈黄黑色，无光泽。眼为扁圆形，由蓝、白两色共六圈组成。二十二眼中，四大四小在中层，上下层各四大三小，均相间排列，白色小点连成单线四个菱形，中层的四个大眼居菱形中央。高 1.5、直径 2.1、孔径 0.4 厘米（图一八四：3）。

标本 M224：5，同时出土 6 件形制不同的蜻蜓眼，因腐蚀严重无法起取（图版四〇：5）。

二、玛瑙珠

7件。可分为 2 式。

Ⅰ式　4件。腰鼓形，橘红色，光亮，中有穿孔，无纹饰。标本 M115：3，同出 4 件。高 1.7、直径 0.6～0.25、孔径 0.2 厘米（图一八四：1；彩版三三：4）。

Ⅱ式　3件。圆形，橘红色，光亮。中有穿孔，无纹饰。标本 M115：3，同出 3 件。直径 0.7、孔径 0.2 厘米（图一八四：1；彩版三三：4）。

三、玉器

19件。分别出土于 16 座墓。

（一）璧　6件。分别出土于 6 座墓，有的出土时残碎，能分型式的 4 件。可分为 2 型。

A 型　2件。云纹璧。可分为 2 式。

Ⅰ式　1件。标本 M452：30，白底泛淡蓝色，夹有褐色。两面饰凸起的云纹四圈，内外缘有凹弦纹。直径 11.5、好径 4.2、厚 0.4 厘米（图一八五：1；图一八七：1；图版三九：6）。

Ⅱ式　1件。标本 M489：1，乳白色，无光泽，玉质差。双面饰凸起

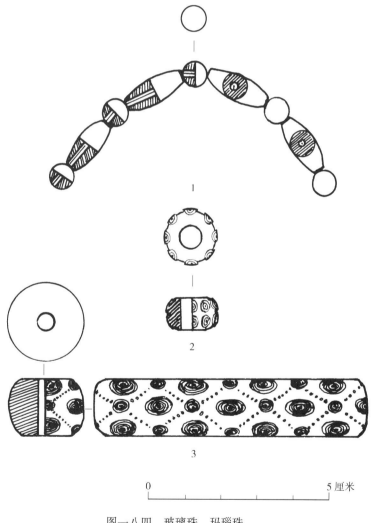

0　　　　　　　　　　　5 厘米

图一八四　玻璃珠、玛瑙珠

1. 丙类三期五段Ⅰ式、Ⅱ式玛瑙珠（M115：3）　2. 甲类三期五段Ⅰ式玻璃珠（M621：2）　3. 乙类四期八段Ⅳ式玻璃珠（M270：2）

的云纹五圈，反面粗涩。内外缘各饰凹弦纹二周，间刻密集的细斜纹。直径 16.9、好径 5.5、厚 0.4
厘米（图版三九：7）。

　　B 型　2 件。谷纹璧。可分为 2 式。

　　Ⅰ 式　1 件。标本 M635：1，浅绿色。双面饰谷纹六圈，内外缘有细凹弦纹，并刻有菱形格，反
面较粗涩。直径 16.6、好径 2.1、厚 0.35 厘米（图一八六：2；图一八七：2；图版四〇：4）。

　　Ⅱ 式　1 件。标本 M653：7，乳白色。双面谷纹七圈，内外缘有凹弦纹。直径 14.5、好径 5、厚

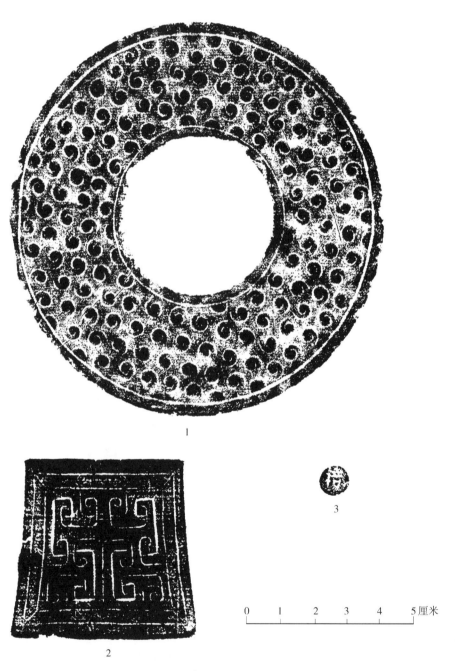

图一八五　玉璧、剑珌、印

1. 甲类三期六段 A 型 Ⅰ 式璧（M452：30）　2. 丙类四期八段剑珌（M469：9）　3. 丙类三期印（M649：1）

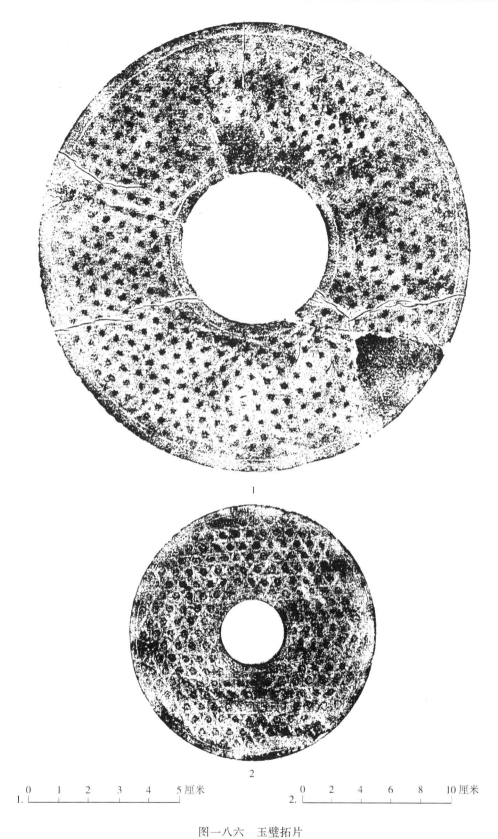

图一八六　玉璧拓片

1. 乙类四期八段 B 型 II 式（M653：7）　　2. 乙类四期九段 B 型 I 式（M635：1）

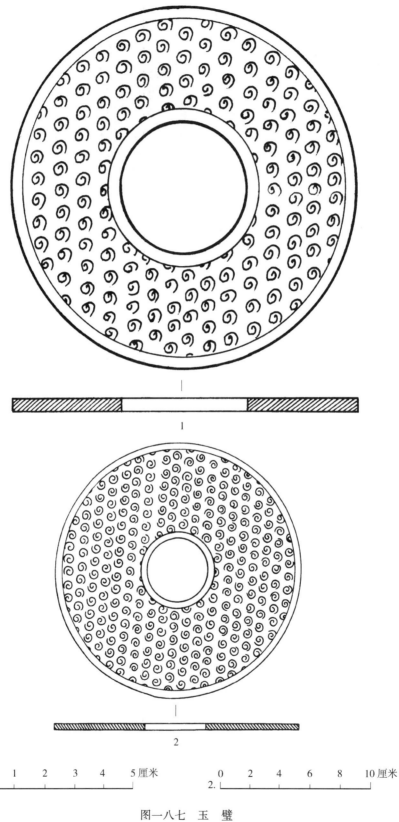

图一八七　玉　璧

1. 甲类三期六段 A 型 I 式（M452：30）　　2. 乙类四期九段 B 型 I 式（M635：1）

0.38 厘米（图一八六：1）。

（二）环　3 件。分别出土于 3 座墓。可分为 2 型。

A 型　2 件。标本 M183：17，残，灰白色。素面，内缘有弦纹。直径 3.8、好径 0.9、厚 0.5 厘米（图一八八：3）。

B 型　1 件。标本 M383：5，素面，白玉质，不透明。环内缘正反两面凸部各高 0.6、边厚 0.2 厘米。直径 11.2、好径 6.4、边厚 0.3 厘米（图一八八：1；彩版三三：5）。

（三）管　5 件。分别出土于 2 座墓。可分为 2 式。

Ⅰ 式　4 件。同一墓出土，圆形管状。其中 3 件，标本 M170：7～9，均为素面，淡绿色，质坚光滑，中有穿孔。直径均为 1、长分别为 3.1、1.8、1.7，孔径为 0.1、0.2、0.3 厘米（图一八八：5～7；图版四〇：6）。另 1 件，标本 M170：10，残，黄色，质不坚，胎较薄，表面粗涩，如石膏粉沫状，易碎，中有穿孔。长 2.8、直径 0.9、孔径 0.7 厘米（图一八八：8）。

Ⅱ 式　1 件。标本 M183：5，乳白色，质坚光洁。腰鼓形，中有穿孔。长 1.8、直径 0.8～1.05、孔径 0.1 厘米（图一八八：4）。

（四）璜　1 件。标本 M629：5，白色，表面光亮不透明。形体短小，扁平状，单首龙形。两面饰凸云纹，首端与中部各有一圆孔，孔径 0.1 厘米。通长 4.5、宽 0.9、厚 0.2 厘米（彩版三三：6）。

（五）剑格　1 件。标本 M452：25，棕黄色，有白色沁。宽厚格，两面饰云雷纹。侧视作长条形，俯视作菱形，中有椭圆形套入剑茎之孔。出土时已套在残铁剑上。长 5.4、中宽 2.2、厚 0.5 厘米（彩版三三：1）。

（六）剑珌　1 件。标本 M469：9，乳白色，夹有淡绿色。梯形，横断面作梭形，两面饰云雷纹，四周有细线尖角云纹。上表面中央有直径 0.6、深 0.8 厘米的圆孔。高 5.2、上宽 4.7、下宽 5.6、厚 1.2～1.4 厘米（图一八五：2；彩版三三：3）。

（七）剑首　1 件。标本 M23：1，白色质，无光泽。圆饼形，正面内区为云纹，外区饰谷纹两圈。出土时套在铁剑上。直径 3.6、边厚 0.4 厘米（彩版三三：7）。

（八）印　1 件。标本 M649：1，白玉质，无光泽。圆柱状，纽上有一圆形穿，径 0.2 厘米。印面刻有凹形字。印面直径 0.9、通高 2.5（图一八五：3；图一八八：2；彩版三三：2）。

四、石器

6 件。分别出土于 6 座墓。有璧、斧、锛、珠及残石器。标本 M26：2，穿孔石珠。长 5.2、直径 4、孔径 0.8 厘米。

此外，部分墓葬出土有小型玉片、玉管等多件，均已残碎，器形不明。

第五节　漆木器、竹器

47 件。分别出土于 8 座墓中。

一、漆木器

44 件。

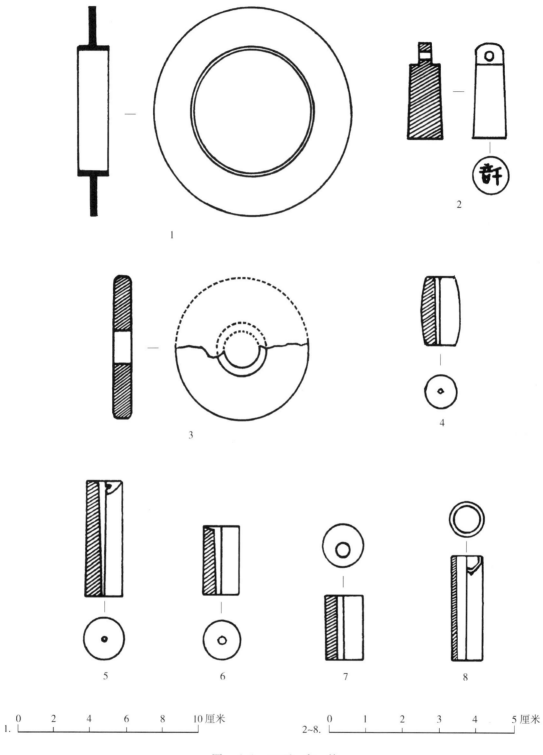

图一八八　玉环、印、管

1. 丙类战国B型环（M383：5）　　2. 丙类三期印（M649：1）　　3. 甲类一期一段A型环（M183：17）

4. 甲类一期一段Ⅱ式管（M183：5）　　5. 甲类一期一段Ⅰ式管（M170：7）　　6. 甲类一期一段Ⅰ式管（M170：8）

7. 甲类一期一段Ⅰ式管（M170：9）　　8. 甲类一期一段Ⅰ式管（M170：10）

漆器 32件。分别出土于6座墓中，均为木胎。按用途可分为生活用具、丧葬用器、乐器、兵器等。另有一些不知名残片。这些漆木器大部分残破，仅少数较完整。

（一）耳杯 15件。分别出土于4座墓中，器形较完整的8件，均放置于头箱或边箱内。可分为2型。

A型 10件。可分为3式。

Ⅰ式 4件。杯口呈椭圆形，口沿四周绘花草纹，两端椭圆，弧壁，平底。耳呈残月形，上饰变形云纹。均为木胎，杯内髹朱漆。标本M452：2，高5.2、长17、宽14厘米（图一八九：2；图版四一：1）。

Ⅱ式 4件。较Ⅰ式稍短，弧壁，大平底。杯内饰变形凤鸟纹，口沿呈椭圆形，口沿及耳部四周饰变形云纹。均为木胎。标本M300：16，高3.9、长14.5、宽11厘米（彩版三六：2；图版四一：2）。

Ⅲ式 2件。形制接近Ⅰ式，但较Ⅰ式更显椭长。杯内饰变形凤鸟纹。两耳均残。标本M2：26，残高4.2、长14.5厘米（图版四一：3）。

B型 5件。分别出土于3座墓中。能辨器形的3件，均身作长方形，弧壁，平底，假圈足。长方双耳中部凹进，耳上翘高出口沿，杯口略呈椭长形，但两端较方。木胎较厚，内髹朱漆，外髹黑漆，耳部朱绘动物花朵纹，口沿四周饰变形云纹和菱形几何纹。标本M300：6，高5.4、长17.5、宽14.5厘米（彩版三六：3；图版四一：4）。

（二）樽 3件。分别出土于3座墓中，均保存较差。有木胎和夹纻胎，均为圆筒形，有盖，盖上有3个"S"形纽，一侧有鋬手，平底，下设3个青铜小蹄足。通体髹黑漆，朱彩绘多层纹饰，其中一、三、五层以变形云雷纹相间。标本M452：26，通高17、直径11厘米（图一八九：1）。

（三）卮 2件。标本M42：13，薄木胎，圆筒形，盖残。外表髹黑漆，内为朱彩，器表彩绘云纹和变形几何纹。纹饰可分为4层，笔调生动。残高14、直径17厘米（彩版三五：2；图一八九：3）。

（四）奁 4件。分别出土于3座墓中，能辨器形的仅1件。标本M452：32，扁圆筒形，盖残。直口，直腹，大平底。器内外均髹漆，外黑内朱，腹中饰变形几何纹一周。木胎。高8、直径26.5厘米（图一八九：4）。

（五）盒盖 5件。分别出土于3座墓葬，均残。可分为2式。

Ⅰ式 1件。标本M452：7，圆形，盖部稍隆起，底部残损，盖外表髹黑漆，内髹朱漆，顶朱绘变形凤鸟纹及同心纹。木胎。高1.2、直径22厘米（图一九〇）。

Ⅱ式 4件。标本M452：23，盖部隆起，上饰同心纹三周，朱绘四组变形凤鸟纹，间饰云气纹和三角纹。内髹朱漆，外髹黑漆，薄木胎。高2.8、直径20厘米（图一九一：2；彩版三四：2；彩版三五：4）。标本M452：11，形制及大小与M452：23基本相同，唯盖部云纹中加进多组星点纹（彩版三五：3）。

（六）鼓 1件。标本M2：22，木胎。鼓面较平，扁圆形，腹外鼓，边沿有一小孔残存木楔。鼓面髹褐黑色漆，漆大部脱落。从榫眼内残存的木塞推测，应为悬鼓明器。厚4.4、直径30厘米（图一九一：1）。

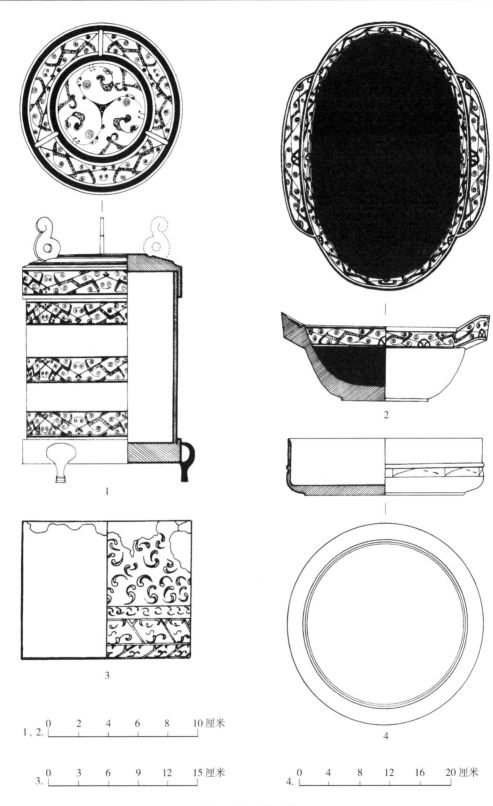

1、2. 0 2 4 6 8 10厘米

3. 0 3 6 9 12 15厘米

4. 0 4 8 12 16 20厘米

图一八九　漆　器

1. 甲类三期六段樽（M452：26）　　2. 甲类三期六段 AI 式耳杯（M452：2）

3. 甲类四期八段卮（M42：13）　　4. 甲类三期六段奁（M452：32）

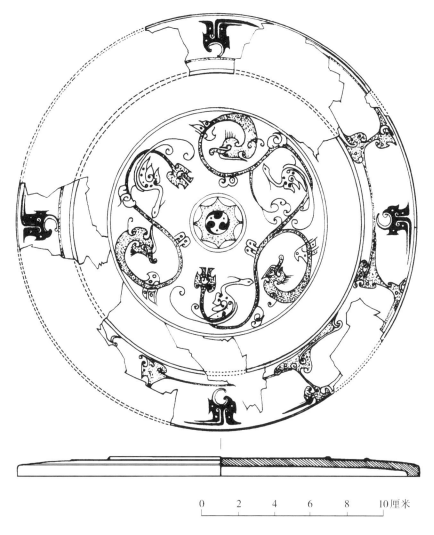

0　　2　　4　　6　　8　　10厘米

图一九〇　漆盒盖
甲类三期六段Ⅰ式（M452：7）

（七）勺　1件。标本M452：10，斗较深，圆唇，口稍敛，圜底。长粗柄，已残。柄上髹黑漆，斗内髹朱漆。高4、口径8厘米（图一九三：3）。

（八）弩　1件。标本M489：14，弩臂用整木制成，通体髹黑褐色漆，漆已大部分脱落。臂前端较窄，有一穿孔，后部较宽厚，臂中部下边有一凹槽，可能为挂弓弦而设。臂后端装置铜弩机，弩机由机牙、悬刀等组成，直接安装在木臂上。弩通长63、厚2.5～5.5、宽2.5～4.8厘米（图一九三：2；图版四〇：3）。

此外，尚发现漆弓两件，仅见残迹。另有部分残漆片，器形不明。

木器　12件。分别出土于4座墓中，按用途分为生活用具、丧葬用具、乐器等。

（一）篦　1件。标本M646：2，保存基本完整，深黄色。上弧下方，侧面为锥形，齿密而整齐，有篦齿48根。长8、宽7、厚1.5厘米（图一九三：4；彩版三四：3）。

（二）梳　2件。标本M2：25，为深褐色。上弧形，侧面为锥形，有梳齿15根，齿下部已残断。

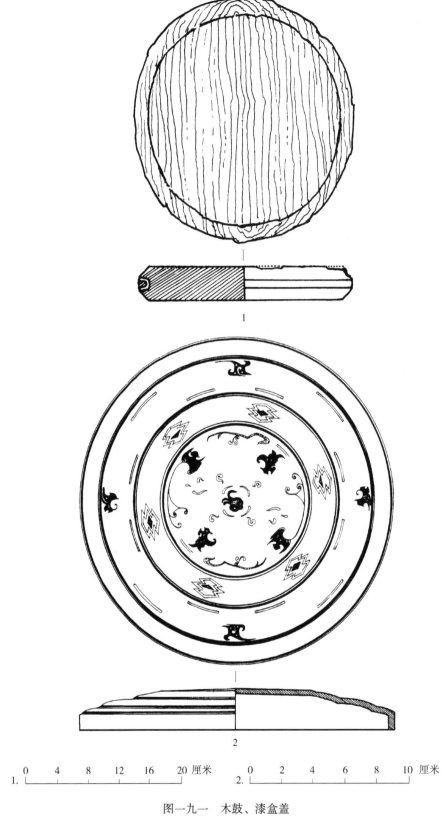

图一九一 木鼓、漆盒盖

1. 甲类四期八段木鼓（M2：22）   2. 甲类三期六段Ⅱ式漆盒（M452：23）

残长 3.9、宽 4.6、厚 1.8 厘米（图一九二：7）。

（三）竽　1件。标本 M2：29，用整木雕成弧形，竽斗呈圆形，下方一凹槽，另一端为柄形。素面。应为明器。通长 15、斗高 8 厘米（图一九二：8）。

（四）俑　6件。均出土于 M2，保存基本完整。俑身系整木圆雕，但有的头、手、身分开，雕成后再拼合。可分为 4 式。

Ⅰ式　2件。标本 M2：3，身手分制。头椭圆，耳、鼻近于写实，束腰，双手前伸（图一九二：2；图版四〇：1）。

Ⅱ式　2件。标本 M2：28，身手分制。头扁圆，眉、眼、鼻近于Ⅰ式，腰身修长，双手伸向两边，作舞蹈状（图一九二：1；彩版三四：1）。

Ⅲ式　1件。M2：1，头、身、手分制。头扁圆，手向下垂，呈站立状（图一九二：3；彩版三四：4）。

Ⅳ式　1件。标本 M2：26，整木雕成，眉、鼻高隆，双手合于胸前，系宽腰带（图一九二：4）。

（五）连座鸟　1件。标本 M2：5、9、15～17、19、21、24、34、38，由座、足、身、翅、颈、头、冠等分制合成，两翅已残断。经复原为雌雄两鸟昂首展翅立于一长方形木座上，制作虽粗糙，但造型十分生动。通高 94、长 82 厘米，木座长 96、宽 20、高 10 厘米（图一九二：6；彩版三六：1）。

（六）镇墓兽　1件。标本 M2：4、7、13、20，方座，座上立一长颈怪兽，头扁圆，口吐长舌，颈稍弯曲，背部有两个圆孔。座长 45、宽 30、通高 70 厘米（图一九二：5；图版四〇：2）。

此外，还发现残木瑟、残木座形器各 1 件，以及木俑头、木牍残片多件，均已朽蚀，无法具体描述。

二、竹器

3件。

（一）笥　1件。标本 M2：35，残，织法为人字形。呈长方形，由盖、底合成。残长 45、宽 28 厘米。

（二）席　1件。标本 M2：41，织法为人字形，纵横相间，纹理较粗。出土时残碎成数块，与泥浆粘在一起，无法提取。

（三）杆　1件。标本 M2：18，圆管状，一端有孔，另一端已折断，残存两个竹节。残长 35、直径 1.9 厘米。

此外，在部分墓葬中发现有朽蚀的竹片，器形不明，有的可能为竹弓残片。

第六节　皮革器、麻织品及其他

一、皮革器

5件。分别出土于 4 座墓中，有漆皮甲、漆皮盾、皮袋形器。

（一）漆皮甲　3件。分别出土于 3 座墓中，出土时均堆放在一起，甲片上髹深褐色漆，甲片上

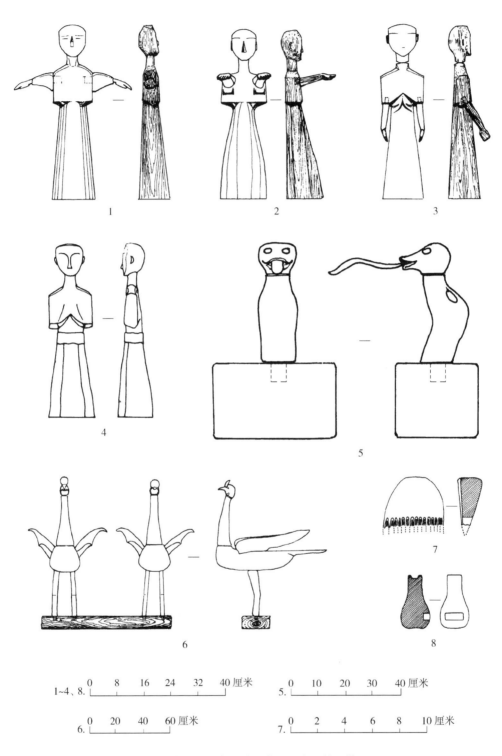

图一九二　木俑、镇墓兽、飞鸟、梳、竿

1. 甲类四期八段Ⅱ式俑（M2：28）　2. 甲类四期八段Ⅰ式俑（M2：3）　3. 甲类四期八段Ⅲ式俑（M2：1）
4. 甲类四期八段Ⅳ式俑（M2：26）　5. 甲类四期八段镇墓兽（M2：4、7、13、20）　6. 甲类四期八段连座鸟
（M2：5、9、15~17、19、21、24、34、38）　7. 甲类四期八段梳（M2：25）　8. 甲类四期八段竿（M2：29）

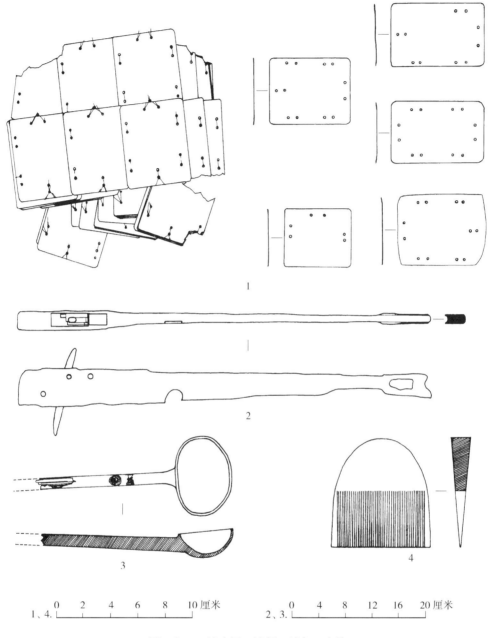

图一九三　漆皮甲、漆弩、漆勺、木篦
1. 甲类三期六段漆皮甲残片（M452∶21）　2. 甲类四期八段木弩机（M489∶14）
3. 甲类三期六段漆勺（M452∶10）　4. 乙类三期木篦（M646∶2）

均有数目不等的小孔。标本 M452∶21，甲片分为不同形状，有正方形、长方形、枕形和多边形等，呈多层叠压，共 180 余片。甲片长 4～7、宽 3～5 厘米，孔径 0.3～0.5 厘米。甲片孔数不等，有的 6 孔、有的 12 孔，由于出土时残甚，整体器形不明（图一九三∶1）。

（二）漆皮盾　1 件。标本 M62∶4，从现场痕迹可看出，盾上部稍窄，顶端呈弧形，下部近似长方形。残长 52、残宽 40 厘米。盾把已朽蚀，盾正面髹黑褐色漆，漆皮大部脱落，从残漆片上可看出朱绘云气纹，因残甚，无法提取。

（三）皮袋形器　1件。标本 M2：8，棕黑色，袋状，双层，边沿上有细孔。残长 24、宽 15 厘米。出土时与泥浆粘在一起，已残碎，其用途不明。

二、麻织品

7件。分别出土于 3 座墓。

（一）麻布　3件。标本 M300：20，灰绿色。似为斜纹提花织物，经纬密度每平方厘米约经线 30 根，纬线 20 根。因与黄色泥浆粘在一起，仅能从痕迹上观察出基本特征（彩版三五：1）。

（二）麻鞋　2件。形制基本一致，出自一座墓中。标本 M646：8，出土时呈灰黑色，鞋面已残破。麻布似斜纹提花织物，鞋底已挤压变形，可以看出用粗麻线平绕多圈编制而成。底残长 20、宽 8.5 厘米。

（三）残麻织物　2件。1件出土于 M2 头箱中，另 1 件出土于 M2 边箱与头箱交界处。深褐色，纹路较细，其中 1 件较大，1 件较小，均与灰色泥浆混合在一起，无法进一步清理，其长、宽度不明。

三、其他

在多座墓中发现种子和果壳。这些种子和果壳出土时分别放置在陶敦和陶壶中，呈褐黑色。均已炭化。经湖南农学院沈美娟教授对 M140 陶壶内出土的种子进行鉴定，系蔬菜中的木耳菜，即落葵。M183 出土于陶敦中的果壳经有关专家鉴定应为粟壳。此外，在 M2 边箱中发现猪骨数块。这些均被作为随葬品使用。

第五章　分期与年代

收入本报告的 653 座楚墓，有随葬器物的 620 座，没有随葬器物的空墓 33 座，随葬器物能分型、式的墓葬 477 座。有 140 座墓葬陶器出土时过于破碎不能辨形，19 座墓只出土有青铜兵器，3 座墓出土泥坯器，这些墓均不能分期分段。由于发掘时间过长，少数墓葬出土的陶器标签散失，亦无法分期。另外，33 座丁类墓只作大致的时代估计。

第一节　组　合

在已进行分型分式的 477 座墓葬中，有 473 座墓随葬有陶器，另有 4 座随葬青铜礼器或兵器。在陶器的型式排比中可以分为三类，一类是仿日用陶器墓；二类是随葬仿铜陶礼器墓；三类是青铜礼器墓。现分别介绍其组合情况。

一、仿日用陶器组合

仿日用陶器墓共 171 座，它们的组合情况如下。

（一）第一类　出土鬲的墓：M310、M364、M493、M540、M627，共 5 座（表九）。

（二）第二类　不出土鬲的墓

第 1 组　（1）罐：M33、M95、M97、M147、M217、M241、M261，共 7 座（表一○）。

（2）罐、壶：M229，1 座。

（3）罐、钵：M141、M236、M361、M400、M494，共 5 座（表一一）。

（4）罐、豆：M111、M308、M336、M350、M384、M406、M453、M458、M459、M482、M519、M525，共 12 座（表一二）。

（5）罐、钵、豆：M94、M128、M154、M228、M312、M331、M496、M500、M567、M585、M626，共 11 座（表一三）。

第 2 组　（1）钵：M11、M273、M249、M293、M427，共 5 座。

（2）钵、豆：M26、M53、M250、M366，共 4 座。

第 3 组　（1）绳纹圜底罐：M115、M146、M321、M339、M356、M378、M404、M422、M520，共 9 座（表一四）。

（2）绳纹圜底罐、钵：M4、M28、M121、M197、M206、M215、M237、M239、M495、M586，共 10 座（表一五）。

（3）绳纹圜底罐、豆：M22、M56、M64、M65、M71、M72、M151、M185、M208、M325、M373、M375、M455、M522、M576、M595，共16座（表一六）。

（4）绳纹圜底罐、钵、豆：M187、M194、M196、M239、M247、M281、M363、M368、M409、M436、M442、M492、M506、M590，共14座（表一七）。

（5）绳纹圜底罐、钵、豆、壶：M196，1座。

第4组　（1）小壶、钵：M34、M127、M214、M299、M414、M429、M498、M556、M579、M587，共10座（表一八）。

（2）小壶、豆：M9、M118、M174、M309、M313、M403、M405、M425，共8座（表一九）。

（3）小壶、钵、豆：M24、M100、M120、M311、M369、M402、M407、M416、M460、M541，共10座（表二〇）。

（4）小壶、钵、盘：M556，1座。

第5组　（1）壶：M209、M263、M276、M323、M328、M424，共6座（表二一）。

（2）壶、钵：M251、M374、M412、M419、M420、M428，共6座（表二二）。

（3）壶、豆：M27、M51、M63、M224、M256、M439、M501、M524、M529，共9座（表二三）。

（4）壶、钵、豆：M69、M112、M205、M285、M324、M526，共6座（表二四）。

第6组　变形长颈壶：M63、M224、M524，共3座。

第7组　（1）豆：M169、M173、M207、M233、M234、M242、M243、M245、M253、M332、M351、M362、M370、M379、M507，共15座（表二六）。

（2）豆、勺：M62，1座。

第8组　罍

（1）罍与日用陶器同出的有7座（表二五）。

　　　罍　　M70

　　　罍、豆　　M10

　　　罍、钵　　M213

　　　罍、璧　　M119

　　　罍、钵、豆　　M67、M210

　　　罍、盘、豆　　M415

（2）罍与陶礼器同出的有：M255、M432、M446、M489，共4座。

第9组　其他类

（1）钵、熏炉：M50

（2）甑、钵：M168

（3）罐、釜、盘：M52

以上共9组日用陶器组合，出土最多的是第二类第1组、第3组、第4组。其中第4组、第5组同是陶壶组合，但因陶壶形制的差别，故将其分开。

二、仿铜陶礼器组合

仿铜陶礼器组合的墓共 401 座，是益阳楚墓的主要陶器组合形式，占总数的 60％以上。主要组合形式是鼎、敦、壶，同时伴出豆、盘、勺、匕、匜等。鼎、盒、壶在益阳楚墓中并不多见，且组合不齐。依据器物组合形式可以分为两类：第一类以鼎、敦、壶为主或加其他陶礼器，或伴出日用器，其中包括鼎、敦、壶组合不齐，或只有鼎，或只有壶、敦；第二类以鼎、盒、壶为主，加其他陶礼器，或伴出日用器。

第一类：鼎、敦、壶组合较全的墓 326 座。鼎、敦、壶组合不全的墓 50 座（墓号后括弧内的数字表示鼎的数量）。

（一）鼎、敦、壶组合较全的墓

1. 鼎、敦、壶：M1（2）、M5（1）、M25（1）、M61（2）、M66（2）、M114（2）、M131（1）、M140（2）、M145（2）、M149（2）、M164（1）、M171（1）、M179（2）、M182（1）、M188（2）、M190（1）、M202（2）、M240（2）、M265（1）、M283（1）、M288（1）、M297（1）、M333（1）、M349（1）、M390（1）、M443（2）、M456（1）、M457（1）、M536（1），共 29 座。

2. 鼎、敦、壶、豆：M7（1）、M8（2）、M31（1）、M49（1）、M55（1）、M58（1）、M68（2）、M102（1）、M152（2）、M155（1）、M156（1）、M167（2）、M177（2）M235（1）、M246（1）、M254（2）、M275（1）、M315（1）、M335（2）、M340（1）、M342（1）、M343（1）、M347（2）、M371（1）、M408（1）、M430（2）、M447（1）、M450（1）、M397（1）、M632（2）、M633（1）、M523（1）、M533（1）、M547（1）、M593（1）、M598（2）、M555（2）、M571（2）、M572（1）、M605（4）、M607（2）、M616（2）、M630（1）、M640（1）、M646，共 45 座。

3. 鼎、敦、壶、盘：M189（2）、M230（1）、M327（1）、M480（2）、M619（2），共 5 座。

4. 鼎、敦、壶、钵：M600（1）、M611（1），共 2 座。

5. 鼎、敦、壶、勺：M266（2）、M278（2）、M380（1）、M480（1），共 4 座。

6. 鼎、敦、壶、簠：M372（2），1 座。

7. 鼎、敦、壶、绳纹圜底罐：M219（1），1 座。

8. 鼎、敦、壶、匕、盘：M329（1），1 座。

9. 鼎、敦、壶、豆、盘：M6（1）、M83（1）、M98（2）、M564（1）、M134（1）、M160（2）、M272（1）、M291（1）、M318（2）、M319（1）、M322（2）、M464（1）、M521（2）、M537（1）、M564（1）、M580（1）、M581（2），共 17 座。

10. 鼎、敦、壶、豆、勺：M3（1）、M12（1）、M15（2）、M75（1）、M81（1）、M86（1）、M91（2）、M557（1）、M559（1）、M563（2）、M101（1）、M106（2）、M267（1）、M270（2）、M125（1）、M135（1）、M277（2）、M279（1）、M280（2）、M184（1）、M294（1）、M553（1）、M554（2）、M466（1）、M568（2）、M570（1）、M577（2）、M552（2）、M596（2）、M604（4）、M610（1）、M637（2）、M638（2）、M641（2）、M645，共 35 座。

11. 鼎、敦、壶、豆、钵：M474（1）、M477（2），共 2 座。

12. 鼎、敦、壶、簠、豆：M152（3），1 座。

13. 鼎、敦、壶、罐、钵：M385（2），1 座。

14. 鼎、敦、壶、豆、杯：M130（1），1座。

15. 鼎、敦、壶、豆、纺轮：M286（4）、M628（1），共2座。

16. 鼎、敦、壶、匜、勺：M467（1），1座。

17. 鼎、敦、壶、豆、匜：M13（1）、M475（2）、M476（2）、M544（2）、M639（2），共5座。

18. 鼎、敦、壶、勺、匕：M16（1）、M193（1），共2座。

19. 鼎、敦、壶、豆、壶形高柄豆：M574（4），1座。

20. 鼎、敦、壶、豆、勺、匕：M19（2）、M20（1）、M45（2）、M46（1）、M47（1）、M48（2）、M86（1）、M103（2）、M108（1）、M137（1）、M226（2）、M274（2）、M320（1）、M334（1）、M344（1）、M345（2）、M346（2）、M438（1）、M446（1）、M481（1）、M511（2）、M514（1）、M518（2）、M550（1）、M565（2）、M578（2）、M602（1）、M608（1）、M613（2），共29座。

21. 鼎、敦、壶、豆、勺、匜：M204（1）、M298（2）、M497（1）、M545（2），共4座。

22. 鼎、敦、壶、勺、盘、匜：M617（2），1座。

23. 鼎、敦、壶、豆、勺、灯：M96（2），1座。

24. 鼎、敦、壶、豆、勺、璧：M473（1），1座。

25. 鼎、敦、壶、匜、匕、环：M531（2），1座。

26. 鼎、敦、豆、绳纹圜底罐、勺、匜：M148（1），1座。

27. 鼎、敦、壶、罐、匜、盘：M181（2）、M218（2），共2座。

28. 鼎、敦、罐、豆、勺、匕：M104（1），1座。

29. 鼎、敦、壶、豆、勺、匕、盘：M17（1）、M18（1）、M23（2）、M29（1）、M35（1）、M36（2）、M38（1）、M39（1）、M47（2）、M54（1）、M57（2）、M74（2）、M79（2）、M82（1）、M84（1）、M85（1）、M87（1）、M88（2）、M89（1）、M90（1）、M92（2）、M93（1）、M560（2）、M561（2）、M566（2）、M126（1）、M133（2）、M162（2）、M201（1）、M238（3）、M268（2）、M269（2）、M271（2）、M282（1）、M284（1）、M290（1）、M292（1）、M329（1）、M301（2）、M302（2）、M316（2）、M629（1）、M382（3）、M391（1）、M393（1）、M394（2）、M395（1）、M631（1）、M399（2）、M440（2）、M441（1）、M444（1）、M451（2）、M426（2）、M468（1）、M470（1）、M478（2）、M503（1）、M504（1）、M505（1）、M508（2）、M509（2）、M512（1）、M515（1）、M516（1）、M517（1）、M527（1）、M528（1）、M534（1）、M538（2）、M539（1）、M543（1）、M546（2）、M569（2）、M582（2）、M588（1）、M591（1）、M592（2）、M594（2）、M599（1）、M603（2）、M606（4）、M609（1）、M612（2）、M615（2），共85座。

30. 鼎、敦、壶、豆、盘、勺、簋：M551（1），1座。

31. 鼎、敦、壶、豆、钵、勺、纺轮：M483（1）、M589（1）、M625（2），共3座。

32. 鼎、敦、壶、豆、勺、匜、纺轮：M485（1），1座。

33. 鼎、敦、壶、豆、勺、匕、纺轮：M286（4），1座。

34. 鼎、敦、壶、豆、匜、盘、勺、匕：M14（2）、M44（2）、M73（2）、M123（1）、M129（1）、M200（1）、M220（2）、M252（2）、M259（2）、M300（1）、M330（2）、M348（2）、M449（1）、M469（1）、M499（1）、M510（2）、M530（2）、M549（1）、M558（4）、M601（2），共20座。

35. 鼎、敦、壶、豆、盘、杯、勺、匕：M195（2）、M542（2）、M562（2），共 3 座。

36. 鼎、敦、壶、豆、盘、环、勺、匕：M535（2），1 座。

37. 鼎、敦、壶、豆、盘、鸽俑、鸟俑、勺：M616（1），1 座。

38. 鼎、敦、壶、豆、匜、盘、勺、罐：M222（2），1 座。

39. 鼎、敦、壶、豆、盘、钵、勺、高柄壶形豆：M376（3），1 座。

40. 鼎、敦、壶、豆、盘、勺、绳纹圜底罐：M203（1）、M513（1），共 2 座。

41. 鼎、敦、壶、豆、簠、尊缶、匜、罐、罍：M432（2），1 座。

42. 鼎、敦、壶、匜、豆、勺、匕、盘、璧：M532（2），1 座。

43. 鼎、敦、壶、豆、勺、匕、匜、钵、盘：M199（2），1 座。

44. 鼎、敦、壶、豆、高柄壶形豆、长颈异形壶、勺、匕：M59（4），1 座。

45. 鼎、敦、壶、豆、盘、勺、匜、泥金饼、柄形器：M42（2），1 座。

46. 鼎、敦、壶、豆、盘、匜、勺、杯、璧、高柄壶形豆：M287（2），1 座。

47. 鼎、敦、壶、豆、盘、勺、匕、杯、璧、俑头：M43（2），1 座。

以上 47 组鼎敦壶陶礼器组合中，较为常见的组合有下列 7 组：

1. 鼎、敦、壶。

2. 鼎、敦、壶、豆。

3. 鼎、敦、壶、豆、盘。

4. 鼎、敦、壶、豆、勺。

5. 鼎、敦、壶、豆、勺、匕。

6. 鼎、敦、壶、豆、勺、匕、盘。

7. 鼎、敦、壶、豆、盘、匜、勺、匕。

（二）鼎敦壶组合不全的墓

1. 有鼎的墓　25 座。

（1）鼎、壶：M341（1）、M634（1），共 2 座。

（2）鼎、敦、罐：M326（1），1 座。

（3）鼎、敦、钵：M387（1），1 座。

（4）鼎、壶、钵：M411（1），1 座。

（5）鼎、壶、豆：M488（1）、M490（4），共 2 座。

（6）鼎、钵、豆：M410（1）、M418（1）、M421（1）、M428（1），共 4 座。

（7）鼎、绳纹圜底罐、钵：M358（1），1 座。

（8）鼎、敦、绳纹圜底罐：M143（1），1 座。

（9）鼎、罐、钵：M178（1），1 座。

（10）鼎、长颈壶、豆：M524（1），1 座。

（11）鼎、壶、盘、豆：M396（2），1 座。

（12）鼎、壶、豆、勺、匕：M435（1），1 座。

（13）鼎、钵、豆、匕、勺：M597（1），1 座。

（14）鼎、钵、小壶、豆：M122（1），1座。

（15）鼎、壶、钵、勺、匕：M487（1），1座。

（16）鼎、壶、匜、盘、熏炉：M377（2），1座。

（17）鼎、壶、钵、豆、勺：M138（2）、M198（1）、M221（1）、M465（1），共4座。

2. 无鼎的墓　25座。

（1）壶：M258、M263、M276、M323、M388、M424，共6座。

（2）壶、钵：M412、M419，共2座。

（3）壶、豆：M30、M37、M51、M205、M401，共5座。

（4）壶、敦：M150、M296、M502，共3座。

（5）壶、豆、勺：M76、M439，共2座。

（6）小壶、敦、豆：M116，1座。

（7）壶、钵、豆：M69、M285，共2座。

（8）壶、钵、勺：M78，1座。

（9）壶、敦、豆、勺、匕：M434，1座。

（10）壶、敦、豆、钵、杯：M454，1座。

（11）壶、敦、钵、盘、勺、匕：M437，1座。

第二类：以鼎、盒、壶、钫为主要组合的墓。

（一）鼎、盒、壶组合的墓　15座。

1. 鼎、盒、壶：M359（2）、M486（2），共2座。

2. 鼎、盒、壶、豆：M357（1），1座。

3. 鼎、盒、壶、钵、匕：M484（2），1座。

4. 鼎、盒、壶、体、勺、匕：M352（2）、M389（2）、M398（2），共3座。

5. 鼎、敦、盒、壶、豆、盘、勺：M472（1），1座。

6. 鼎、盒、壶、豆、勺：M117（1）、M622（2），共2座。

7. 鼎、敦、壶、盒、豆：M365（2）、M573（2），共2座。

8. 鼎、盒、壶、豆、勺、斗：M314（2），1座。

9. 鼎、盒、壶、豆、匜、勺、高柄壶形豆：M635（2），1座。

10. 鼎、盒、壶、罍、豆、罐、勺、匕：M489（4），1座。

（二）鼎、敦、钫组合的墓　7座。

1. 鼎、钫、豆：M379，1座。

2. 鼎、敦、钫、豆：M355（4），1座。

3. 鼎、敦、钫、豆、俑头：M307（2）、M338（2），共2座。

4. 鼎、敦、壶、钫、豆：M431（1），1座。

5. 鼎、敦、钫、豆、盘：M620（2），1座。

6. 鼎、敦、壶、钫、豆、勺、环耳鼎：M381（4），1座。

（三）无鼎组合的墓　2座。

1. 敦、壶、盒：M109（1），1座。

2. 罐、盒、勺：M360（1），1座。

（四）其他组合的墓　1座。

1. 鼎、壶、盘、匜、熏炉：M377（2），1座。

益阳楚墓仿铜礼器以鼎、敦、壶为主要器类，它们的组合关系主要是鼎、敦、壶、豆、盘、勺、匕，其次是鼎、敦、壶、豆，它们从战国早期开始直至战国末期，贯穿战国时代的始终。鼎、盒、壶，鼎、盒、钫组合在益阳楚墓中数量稀少，只有少数几个墓地出有此类组合，说明这种组合在益阳地区并不流行。

三、青铜礼器组合的墓

益阳楚墓出土铜礼器组合的不多，且组合不全。主要出土铜鼎、壶。包括出土单件铜鼎或铜壶在内的有16座（表四），其中伴出仿铜陶礼器的墓4座，伴出仿日用陶器的墓9座。

1. 鼎：M63、M65、M119、M385，共4座。

2. 鼎、匕：M422，1座。

3. 鼎、壶：M71、M300、M387，共3座。

4. 鼎、盘：M375，1座。

5. 鼎、敦：M139、M170，共2座。

6. 鼎、壶、盘：M412，1座。

7. 鼎、簠、罍、盘：M183，1座。

8. 鼎、壶、鉴、洗：M452，1座。

9. 鼎、钫：M379，1座。

10. 壶、盘：M42，1座。

上述10组铜礼器组合中，最多的是铜鼎，其次是铜壶和铜盘。

第二节　分　期

益阳楚墓甲、乙、丙三类墓葬中，分布于40多个墓地，虽个别有打破关系，除M4以外，被打破的墓内空无一物，无法从打破关系上进行分期，而主要采取下列几种方法：1. 仿铜陶礼器、仿日用陶器、青铜礼器各自的组合变化；2. 对其组合变化关系及其器物按考古类型学的方法进行纵向排比；3. 各类器物的横向比较；4. 与周边地区同类器物组合关系与同器物横向比较。用以上几种方法来确定其发展序列和分期，推断益阳楚墓的大致年代。

在653座楚墓中，有477座墓能够辨识器形，并选择有代表性的墓葬作为各期段的标尺进行分类整理。其中甲类墓6座（表一）、乙类墓30座（表二）、丙类墓45座（表三）、青铜礼器墓16座（表四）。另分别列出甲、乙、丙各期段的陶器组合图（图一九四～图二七五）。

关于甲、乙、丙三类墓陶器的变化，各种器物的演变情况见图二七六～图二八九。

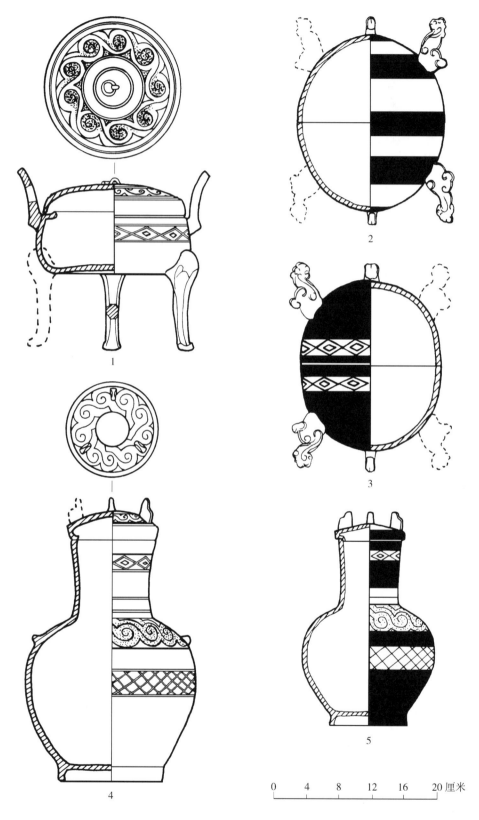

图一九四　甲类三期六段 M152 陶器组合

1. C 型 I 式鼎　2. B 型 I c 式敦　3. B 型 I c 式敦　4、5. A 型Ⅲb 式壶

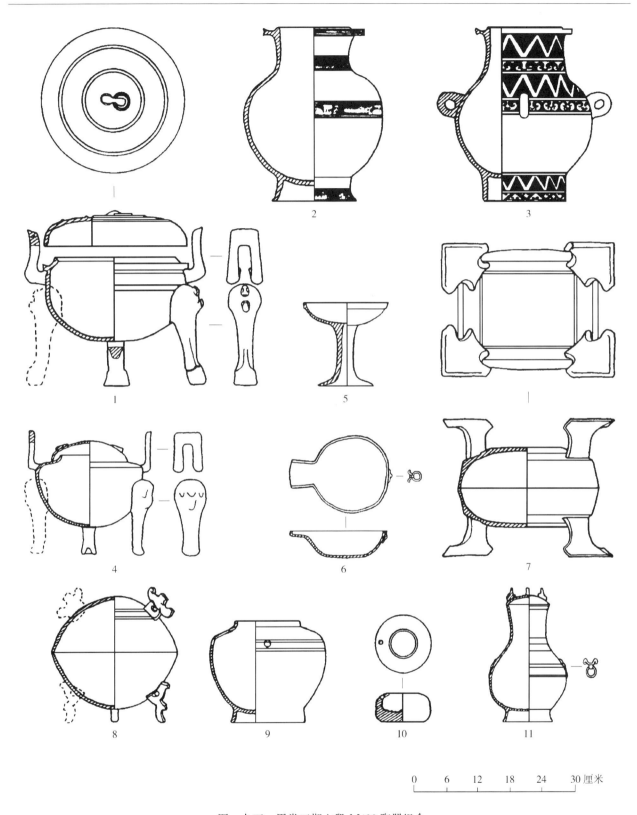

图一九五 甲类三期六段 M432 陶器组合

1. H 型鼎 2. Ⅱ式尊缶 3. Ⅰ式尊缶 4. 小口鼎 5. Ah 型Ⅲ式豆 6. Ⅰ式匜 7. Ⅰ式簠

8. B 型Ⅲ式敦 9. C 型罍 10. Ⅰ式勺 11. A 型Ⅳb 式壶

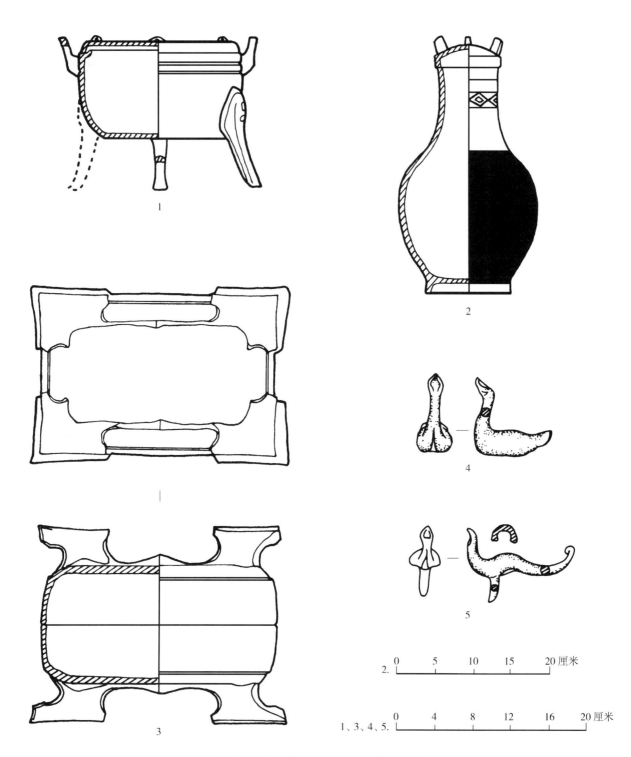

图一九六　甲类四期七段 M153 陶器组合

1. G型Ⅳ式鼎　2. A型Ⅴ式壶　3. Ⅱ式簠　4. 鸟　5. 鸭

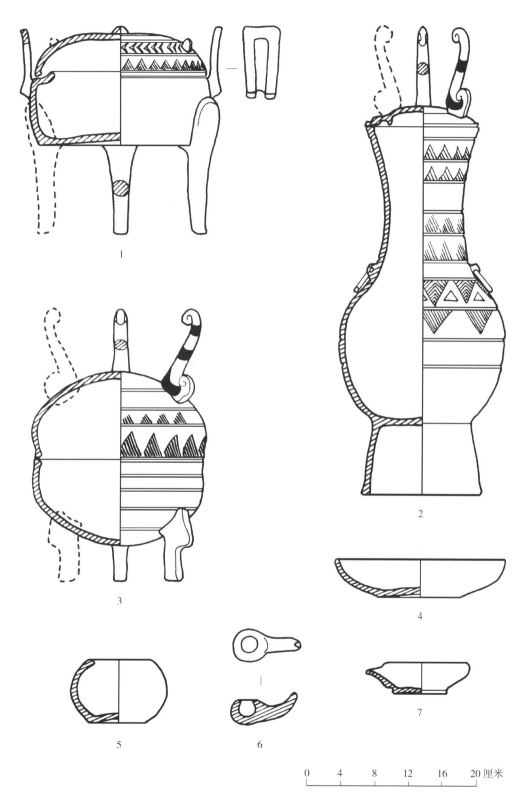

图一九七　甲类四期八段 M222 陶器组合

1. E 型Ⅵ式鼎　2. C 型Ⅳa 式壶　3. D 型Ⅳ式敦　4. B 型Ⅰ式盘　5. C 型Ⅳ式罐　6. Ⅲ式勺　7. Ⅲc 式匜

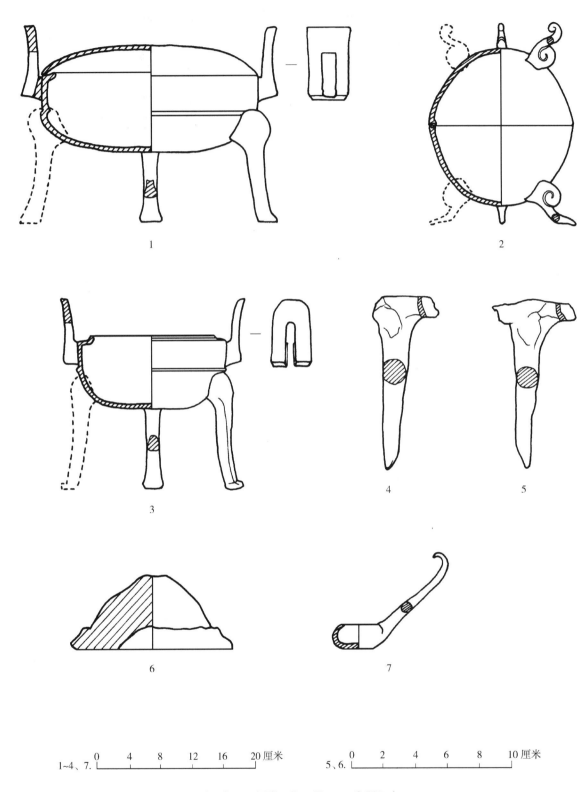

1~4、7.　0　4　8　12　16　20厘米

5、6.　0　2　4　6　8　10厘米

图一九八　甲类四期八段 M42 陶器组合

1.E 型 I 式鼎　2.A 型 Xa 式敦　3.E 型 II 式鼎　4、5. 柄形器　6. 泥金饼　7. I 式勺

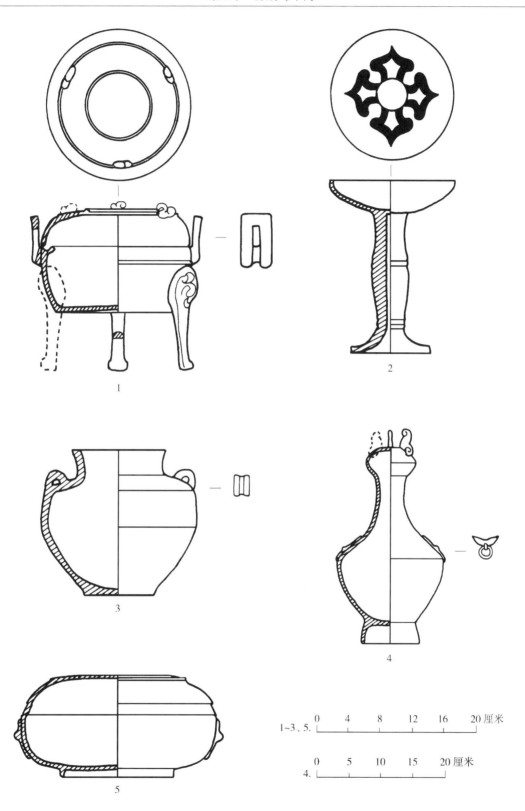

图一九九　甲类四期八段 M489 陶器组合

1. A 型Ⅴ式鼎　2. B 型Ⅰb 式豆　3. B 型Ⅳ式罍　4. C 型Ⅴa 式壶　5. Ⅰ式盒

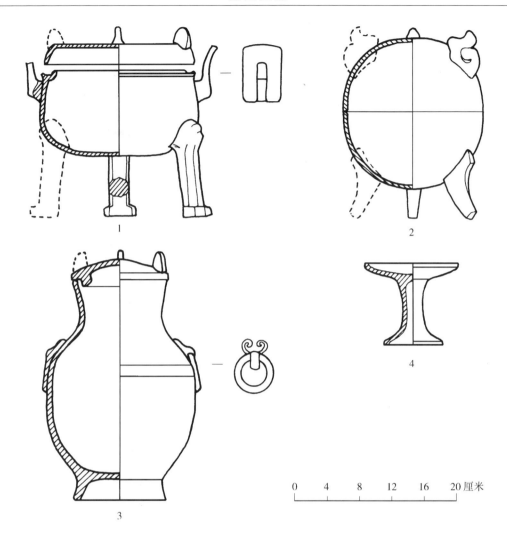

图二〇〇　乙类二期三段 M68 陶器组合

1. A 型 I 式鼎　2. D 型 I 式敦　3. C 型 II 式壶　4. Ad 型 I 式豆

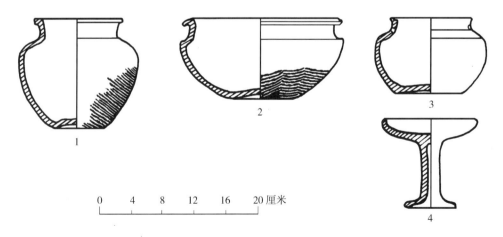

图二〇一　乙类二期三段 M154 陶器组合

1. A 型 I 式罐　2. Aa 型 III 式钵　3. A 型 III 式罐　4. Ad 型 I 式豆

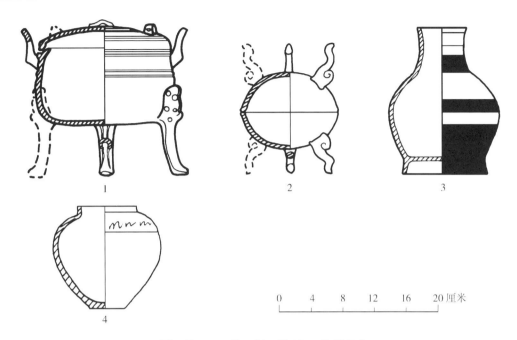

图二○二　乙类二期三段 M181 陶器组合

1.C 型 I 式鼎　2.A 型 I 式敦　3.A 型 I 式壶　4.A 型 II 式罐

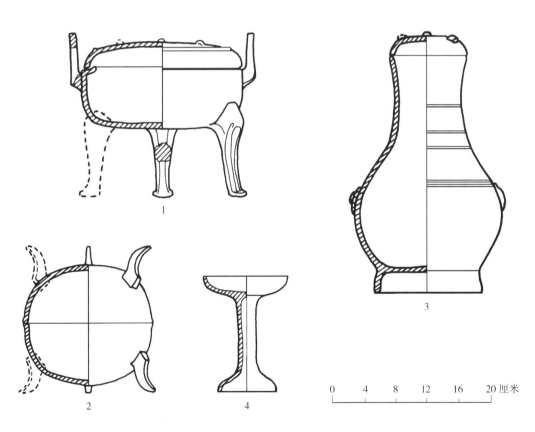

图二○三　乙类三期四段 M160 陶器组合

1.C 型 I 式鼎　2.D 型 II 式敦　3.A 型 IVa 式壶　4.Ab 型 II 式豆

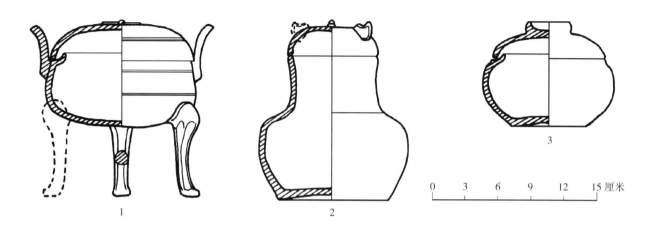

图二〇四　乙类三期四段 M166 陶器组合

1.B 型 I 式鼎　2.B 型 II 式小壶　3.C 型 III 式罐

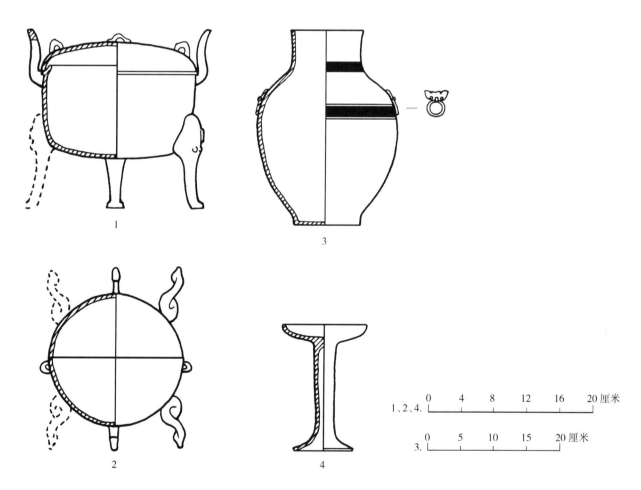

图二〇五　乙类三期四段 M371 陶器组合

1.G 型 II 式鼎　2.A 型 II 式敦　3.F 型壶　4.Aa 型 II 式豆

图二〇六

乙类三期五段

M179 陶器组合

1. B 型 Ⅳ 式鼎

2. B 型 Ⅰb 式敦

3. A 型 Ⅱ 式壶

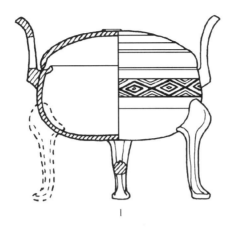

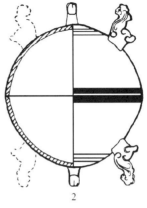

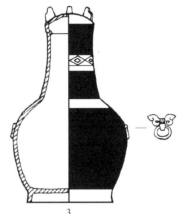

1、2. 0　4　8　12　16　20 厘米

3. 0　5　10　15　20 厘米

图二〇七

乙类三期五段

M202 陶器组合

1. A 型 Ⅱ 式鼎

2. C 型 Ⅰ 式敦

3. C 型 Ⅲb 式壶

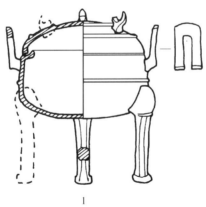

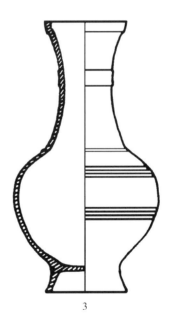

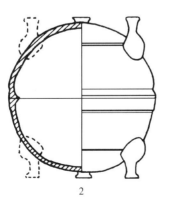

0　4　8　12　16　20 厘米

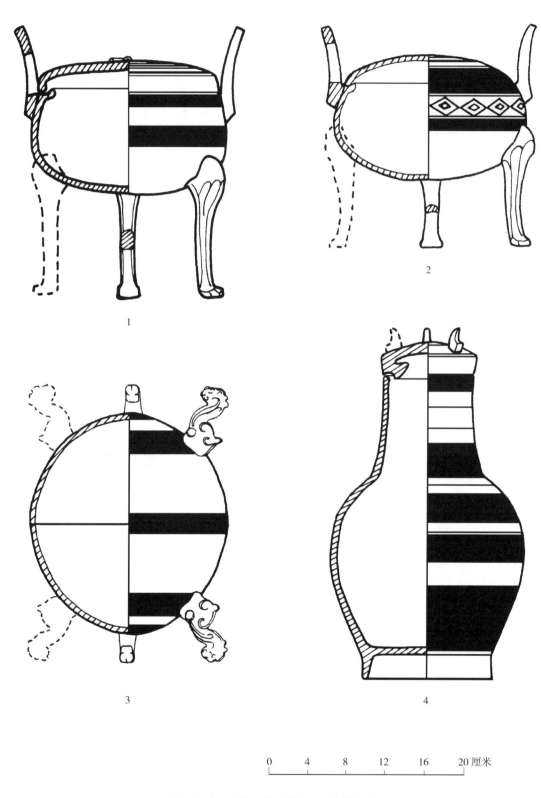

图二〇八　乙类三期五段 M188 陶器组合

1. B型Ⅳ式鼎　2. B型Ⅳ式鼎　3. B型Ⅰb式敦　4. A型Ⅲa式壶

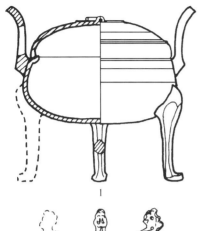

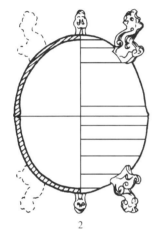

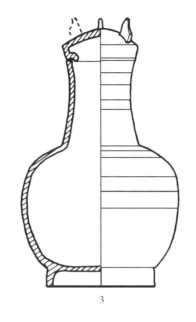

图二〇九

乙类三期五段 M140 陶器组合

1. B 型Ⅳ式鼎

2. B 型Ⅰb 式敦

3. A 型Ⅲa 式壶

图二一〇

乙类三期六段 M189 陶器组合

1. B 型Ⅴ式鼎

2. B 型Ⅰc 式敦

3. A 型Ⅲb 式壶

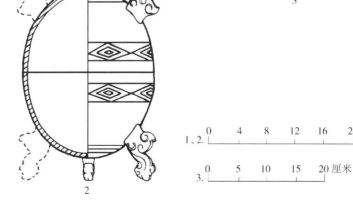

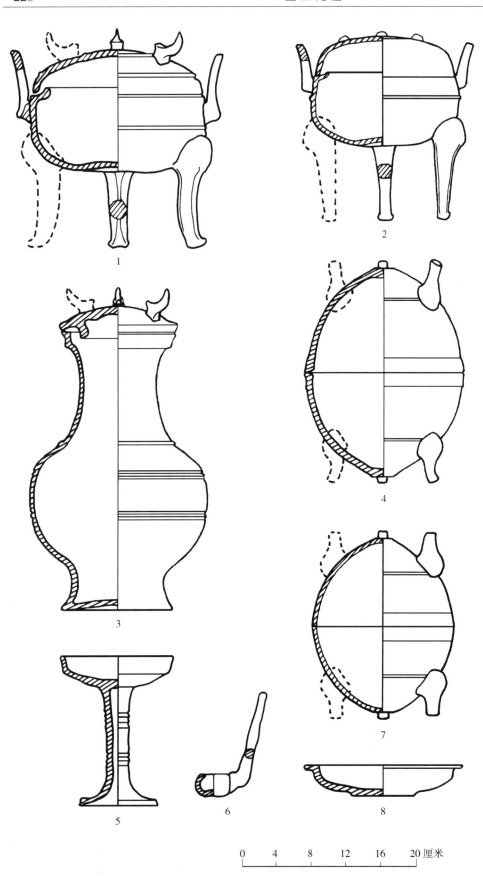

图二一一

乙类三期六段

M238 陶器组合

1. A 型 Ⅲ 式鼎

2. F 型 Ⅰ 式鼎

3. B 型 Ⅳ a 式壶

4、7. C 型 Ⅲ 式敦

5. B 型 Ⅰ a 式豆

6. Ⅰ 式勺

8. A 型 Ⅲ a 式盘

0　　4　　8　　12　　16　　20厘米

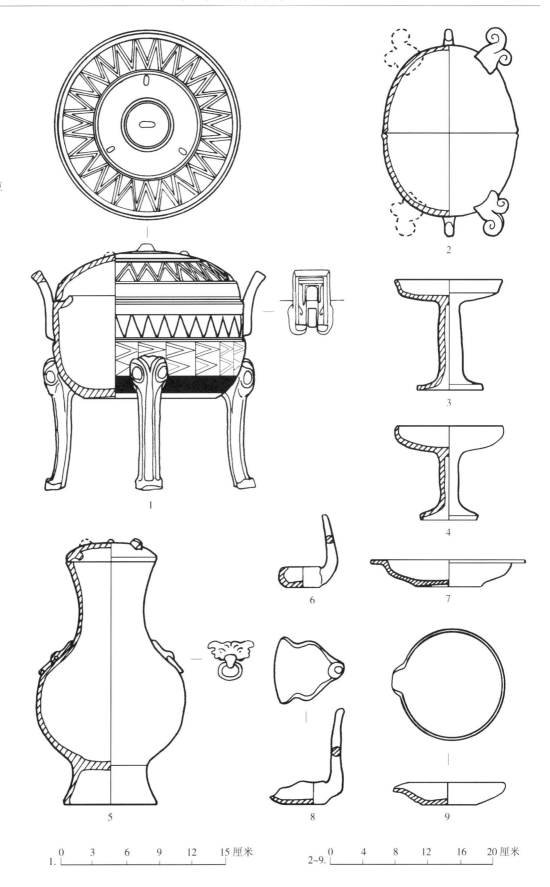

图二一二
乙类三期六段
M252 陶器组合
1. D 型 I 式鼎
2. A 型 Ⅶa 式敦
3、4. Ac 型 Ⅱ 式豆
5. C 型 Ⅲa 式壶
6. I 式勺
7. A 型 Ⅱa 式盘
8. I 式匕
9. Ⅱ 式匜

0　　3　　6　　9　　12　　15 厘米
1.

0　　4　　8　　12　　16　　20 厘米
2~9.

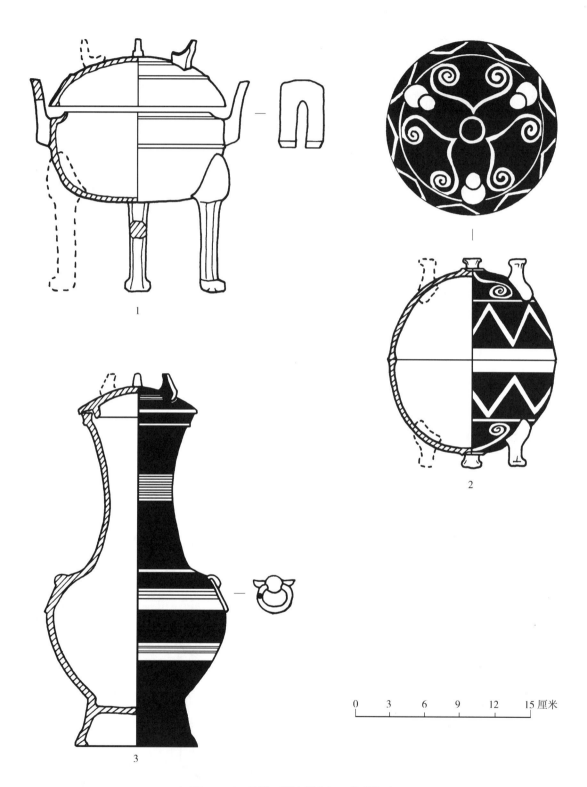

图二一三　乙类三期六段 M616 陶器组合

1. A 型Ⅲ式鼎　2. C 型Ⅱ式敦　3. C 型Ⅲb式壶

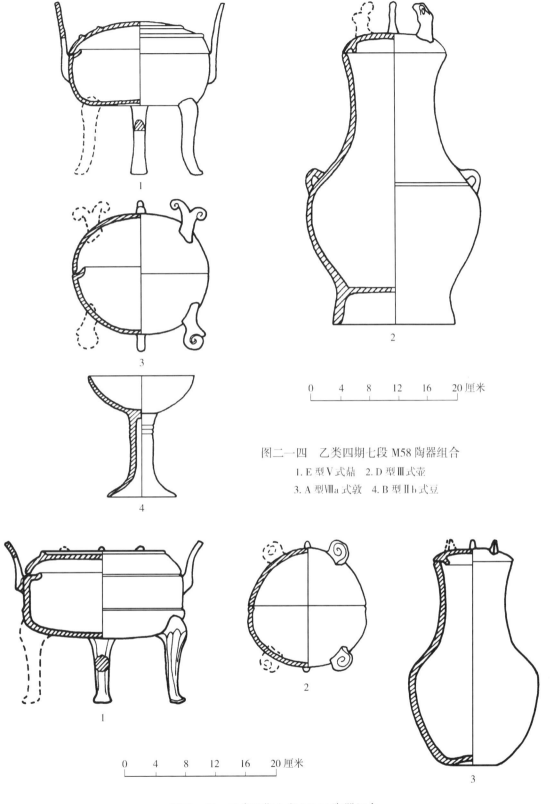

图二一四　乙类四期七段 M58 陶器组合

1. E 型 V 式鼎　2. D 型 III 式壶

3. A 型 VIIIa 式敦　4. B 型 IIb 式豆

图二一五　乙类四期七段 M164 陶器组合

1. C 型 II 式鼎　2. F 型敦　3. G 型 II 式壶

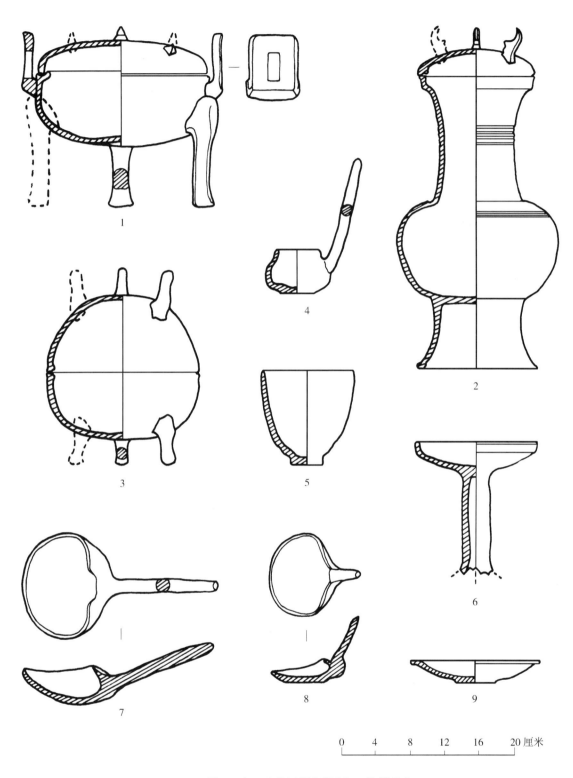

0   4   8   12   16   20厘米

图二一六   乙类四期七段 M195 陶器组合

1. F 型Ⅱ式鼎   2. C 型Ⅷb式壶   3. C 型Ⅳa式敦   4. Ⅰ式勺   5. A 型Ⅲ式杯

6. Ac型Ⅳ式豆   7. Ⅰ式勺   8. Ⅰ式匕   9. A 型Ⅲc式盘

图二一七　乙类四期七段 M220 陶器组合

1. C 型Ⅲ式鼎　2. C 型Ⅶa 式壶　3. B 型Ⅱ式敦　4. B 型Ⅲ式敦　5. Aa 型Ⅲ式豆　6. Ⅲa 式匜　7. A 型Ⅴ式盘

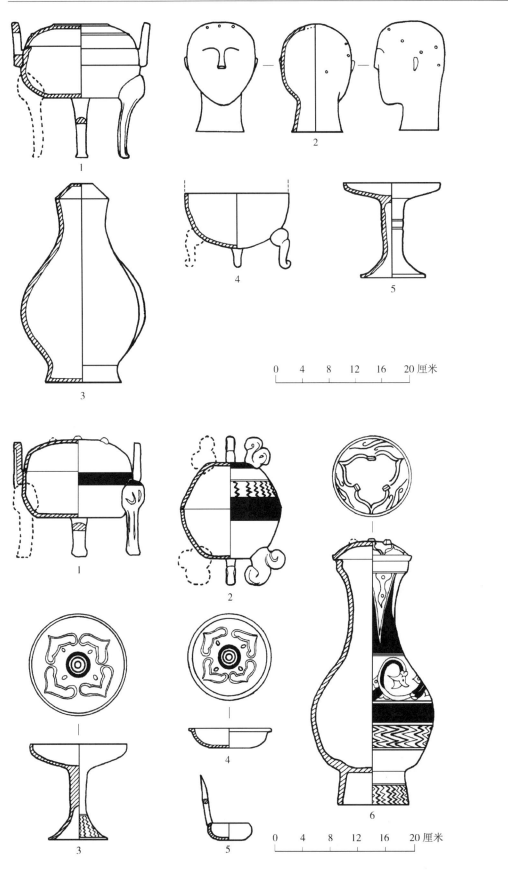

图二一八
乙类四期七段 M338
陶器组合
1. F 型 I 式鼎
2. 俑头
3. I 式钫
4. A 型 V a 式敦
5. B 型 I c 式豆

0　　4　　8　　12　　16　　20 厘米

图二一九
乙类四期八段 M89
陶器组合
1. A 型 Ⅶ式鼎
2. A 型 Ⅶ c 式敦
3. Af 型 Ⅲ式豆
4. C 型盘
5. I 式勺
6. C 型 Ⅳ b 式壶

0　　4　　8　　12　　16　　20 厘米

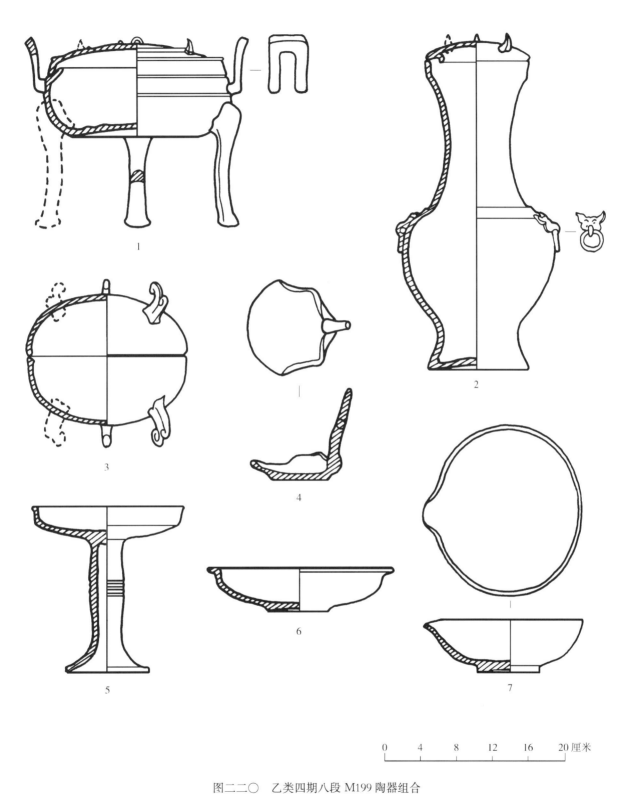

0　　4　　8　　12　　16　　20厘米

图二二〇　乙类四期八段 M199 陶器组合

1.F 型Ⅱ式鼎　2.B 型Ⅳc 式壶　3.A 型Ⅺb 式敦　4.Ⅰ式匕　5.B 型Ⅰd 式豆　6.A 型Ⅲa 式盘　7.Ⅳ式匜

图二二一　乙类四期八段 M218 陶器组合

1. E 型 Ⅵ 式鼎　2. D 型 Ⅳ 式敦　3. C 型 Ⅱ 式罐　4. Ⅲ c 式匜　5. C 型 Ⅳ a 式壶　6. B 型 Ⅰ 式盘

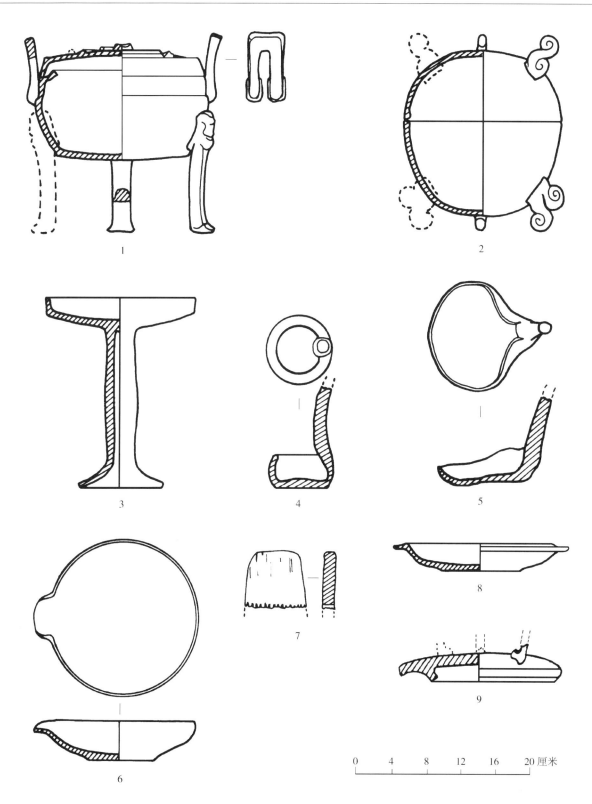

图二二二　乙类四期八段 M300 陶器组合

1. A 型 V 式鼎　2. A 型 Ⅷ b 式敦　3. Ac 型 Ⅳ 式豆　4. Ⅰ 式勺　5. Ⅰ 式匕
6. Ⅲ b 式匜　7. 木梳　8. A 型 Ⅱ b 式盘　9. 壶盖

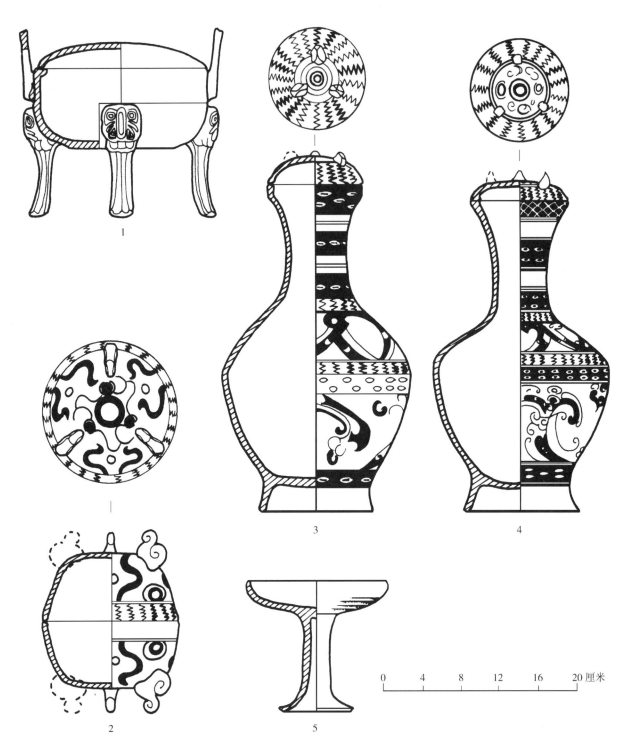

图二二三　乙类四期八段 M301 陶器组合

1. D 型 II 式鼎　2. A 型 IXa 式敦　3、4. C 型 VIIIa 式壶　5. Ad 型 III 式豆

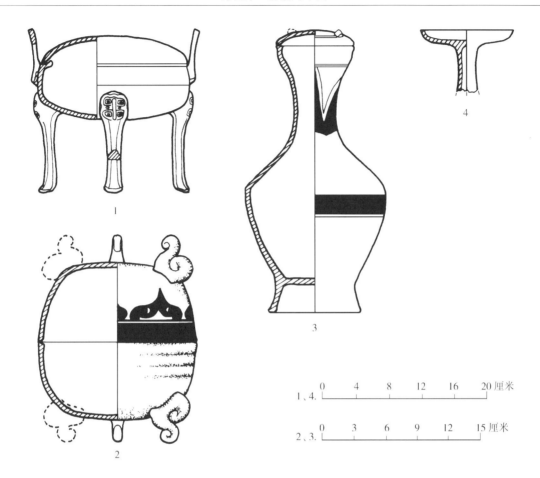

图二二四　乙类四期八段 M226 陶器组合
1. D 型Ⅲ式鼎　2. A 型Ⅸa 式敦　3. C 型Ⅷb 式壶　4. Aa 型Ⅲ式豆

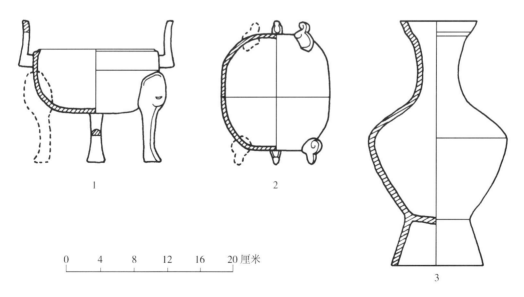

图二二五　乙类四期九段 M302 陶器组合
1. F 型Ⅲc 式鼎　2. A 型Ⅸb 式敦　3. C 型Ⅹ式壶

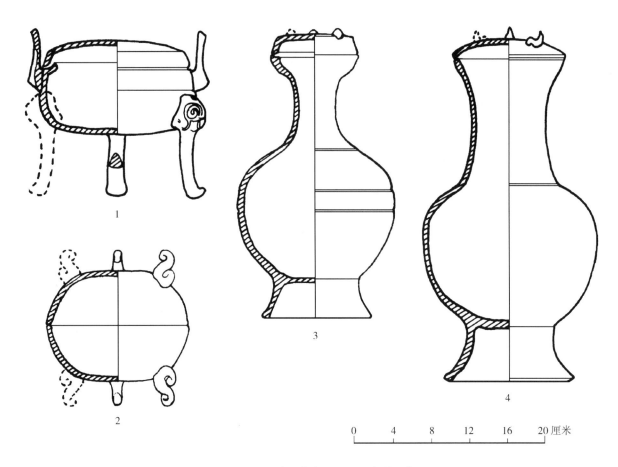

图二二六 乙类四期九段 M227 陶器组合
1. A 型Ⅶ式鼎 2. A 型Ⅸb 式敦 3. C 型Ⅶe 式壶 4. C 型Ⅶd 式壶

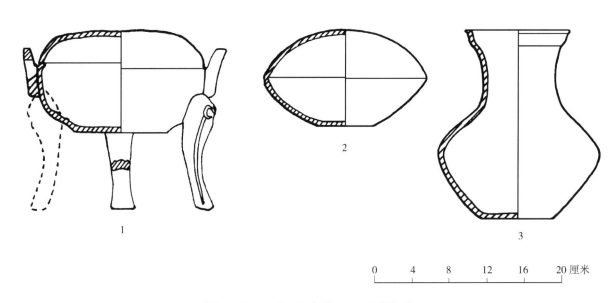

图二二七 乙类四期九段 M314 陶器组合
1. F 型Ⅳa 式鼎 2. Ⅲ式盒 3. H 型壶

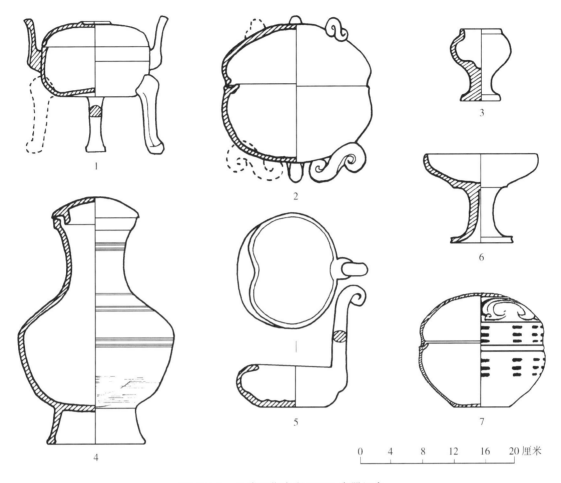

图二二八　乙类四期九段 M635 陶器组合

1. D 型Ⅵ式鼎　2. E 型Ⅱ式敦　3. B 型Ⅱ式高足壶形豆　4. C 型Ⅺb 式壶　5. Ⅰ式勺　6. Ag 型Ⅲ式豆　7. Ⅱ式盒

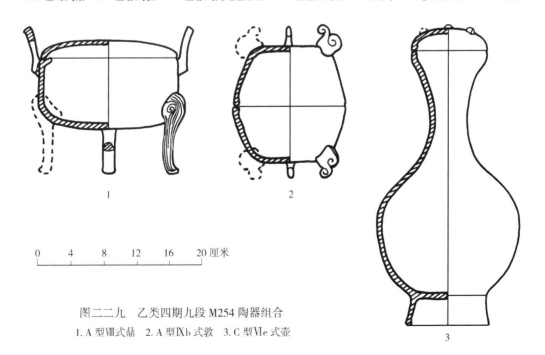

图二二九　乙类四期九段 M254 陶器组合

1. A 型Ⅷ式鼎　2. A 型Ⅸb 式敦　3. C 型Ⅵe 式壶

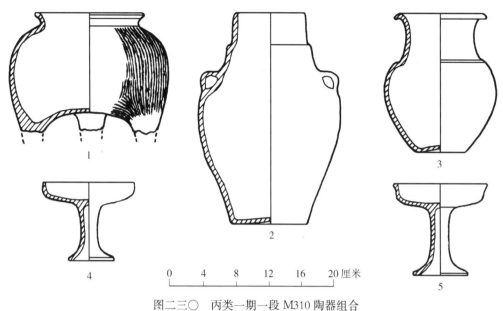

图二三〇　丙类一期一段 M310 陶器组合

1. Ⅰ式鬲　2. E型双系壶　3. A型Ⅱ式小壶　4、5. Ac型Ⅰ式豆

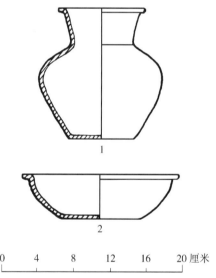

图二三一　丙类一期一段 M407 陶器组合

1. A型Ⅰ式小壶　2. Ab型Ⅰ式钵

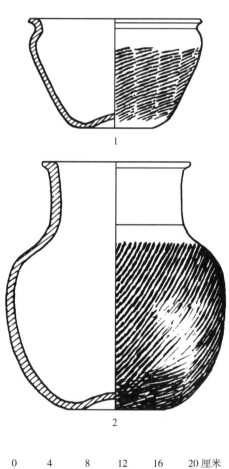

图二三二　丙类一期一段 M4 陶器组合

1. Ac型Ⅰ式钵　2. Ⅰa式绳纹圜底罐

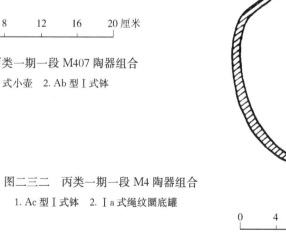

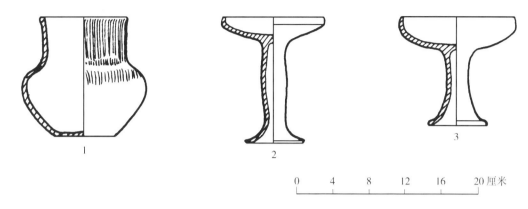

图二三三 丙类一期一段 M403 陶器组合

1. B 型 I 式小壶 2. Aa 型 I 式豆 3. Af 型 I 式豆

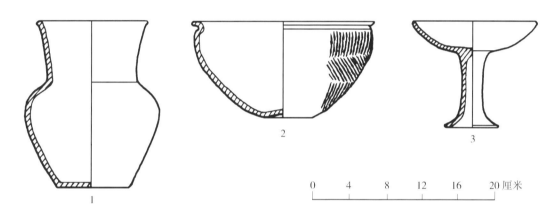

图二三四 丙类二期二段 M416 陶器组合

1. A 型 Ⅲa 式壶 2. Ac 型 Ⅱ式钵 3. Af 型 I 式豆

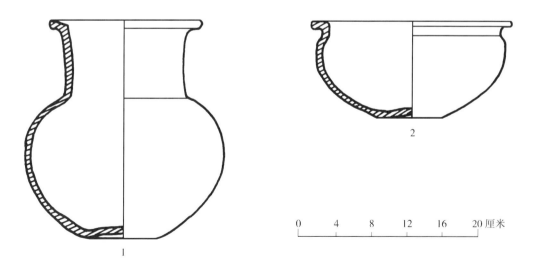

图二三五 丙类二期二段 M215 陶器组合

1. Ⅰb 式圈底罐 2. Aa 型 Ⅱ式钵

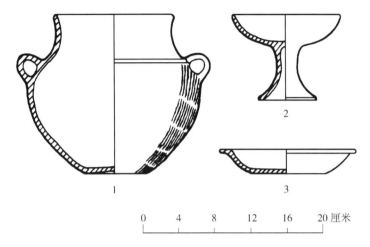

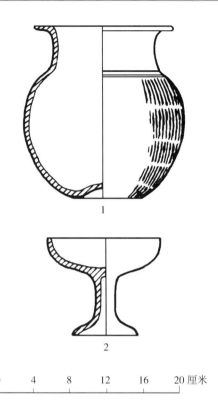

0　　4　　8　　12　　16　　20厘米

图二三六　丙类二期二段 M415 陶器组合

1. B 型 I 式罍　2. Ag 型 I 式豆　3. A 型 I 式盘

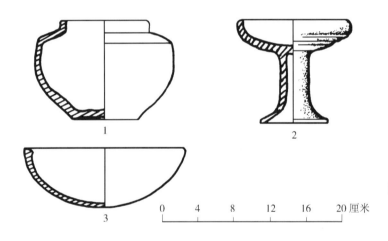

0　　4　　8　　12　　16　　20厘米

图二三七　丙类二期二段 M65 陶器组合

1. II a 型绳纹圈底罐　2. Ag 型 I 式豆

0　　4　　8　　12　　16　　20厘米

图二三八　丙类二期三段 M128 陶器组合

1. A 型 IV 式罐　2. D 型钵　3. Ad 型 II 式豆

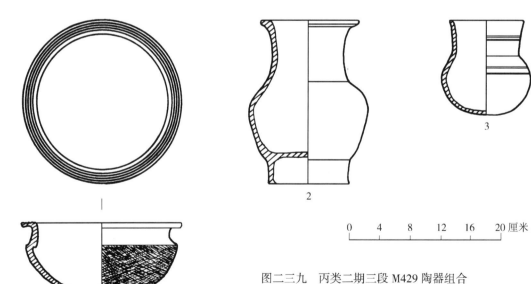

0　　4　　8　　12　　16　　20厘米

图二三九　丙类二期三段 M429 陶器组合

1. Aa 型 III 式钵　2. C 型 I 式壶　3. C 型小壶

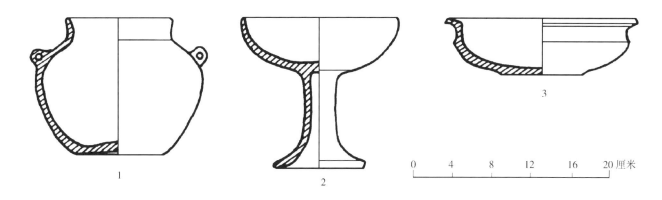

图二四〇 丙类三期四段 M210 陶器组合
1. B 型 II 式罍 2. Af 型 II 式豆 3. Aa 型 IV 式钵

图二四一
丙类三期四段 M364 陶器组合
1. II 式鬲 2. II b 式绳纹圜底罐

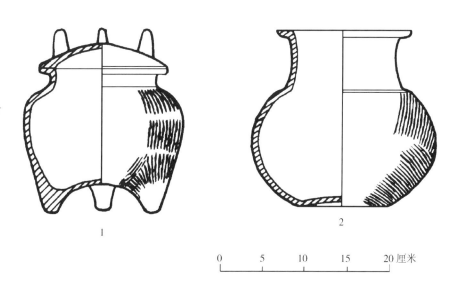

图二四二
丙类三期四段 M63 陶器组合
1. I 式长颈壶 2. Ah 型 I 式豆

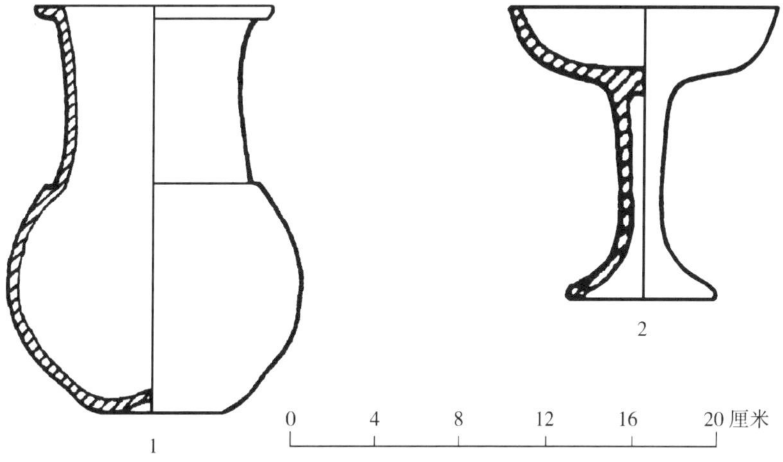

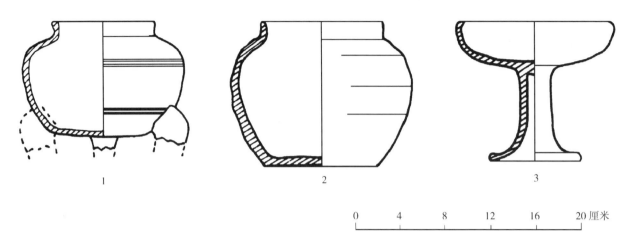

图二四三　丙类三期四段 M211 陶器组合

1. 罐形鼎　2. A 型Ⅵ式罐　3. Ad 型Ⅲ式豆

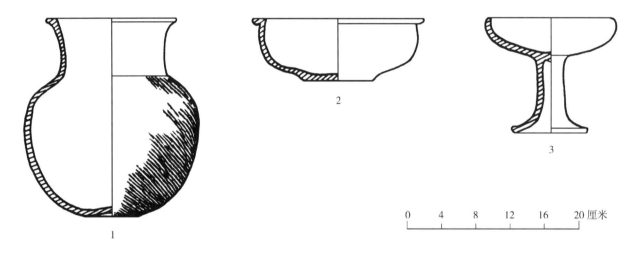

图二四四　丙类三期四段 M194 陶器组合

1. Ⅰb 式绳纹圈底罐　2. Ab 型Ⅱ式钵　3. Ad 型Ⅲ式豆

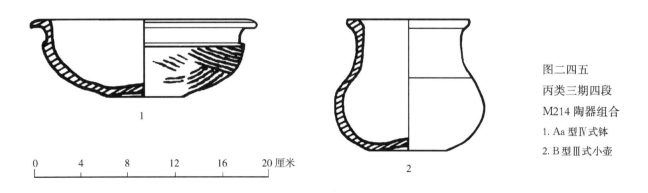

图二四五
丙类三期四段
M214 陶器组合
1. Aa 型Ⅳ式钵
2. B 型Ⅲ式小壶

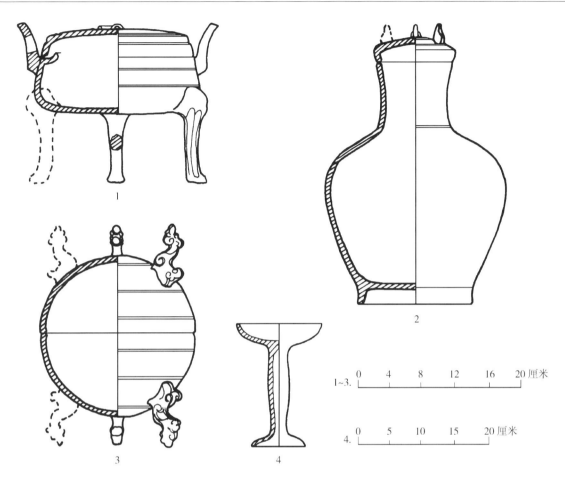

图二四六　丙类三期四段 M177 陶器组合
1. C 型 I 式鼎　2. A 型 II 式壶　3. B 型 I a 式敦　4. Aa 型 II 式豆

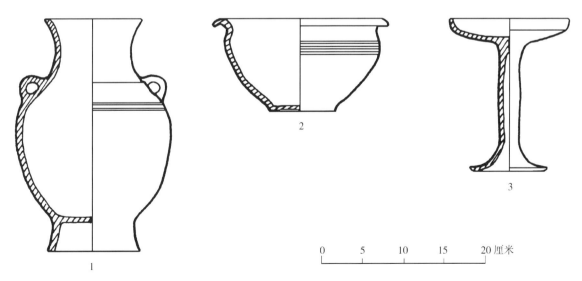

图二四七　丙类三期五段 M402 陶器组合
1. D 型 II 式双系壶　2. Ac 型 III 式钵　3. Aa 型 III 式豆

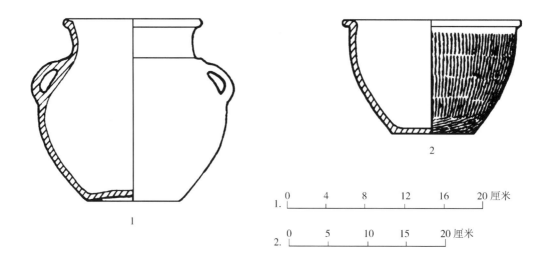

图二四八　丙类三期五段 M67 陶器组合

1. B 型Ⅲ式罍　2. B 型钵

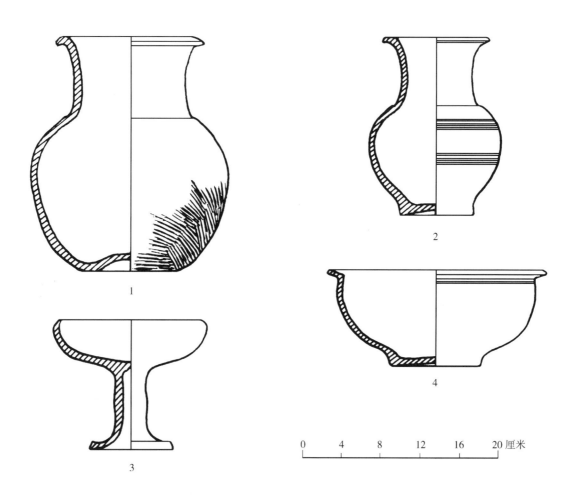

图二四九　丙类三期五段 M196 陶器组合

1. Ⅰd 绳纹圜底罐　2. B 型Ⅲb 式壶　3. Ad 型Ⅳ式豆　4. Ab 型Ⅱ式钵

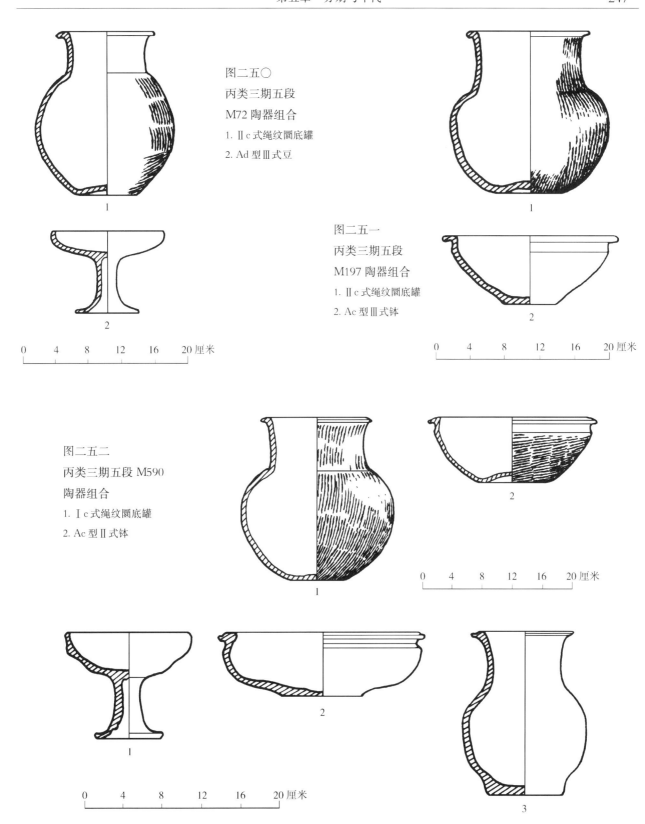

图二五○
丙类三期五段
M72 陶器组合
1. Ⅱc 式绳纹圈底罐
2. Ad 型Ⅲ式豆

图二五一
丙类三期五段
M197 陶器组合
1. Ⅱc 式绳纹圈底罐
2. Ac 型Ⅲ式钵

图二五二
丙类三期五段 M590
陶器组合
1. Ⅰc 式绳纹圈底罐
2. Ac 型Ⅱ式钵

图二五三　丙类三期五段 M205 陶器组合
1. Ag 型Ⅱ式豆　2. Aa 型Ⅴ式钵　3. B 型Ⅰ式壶

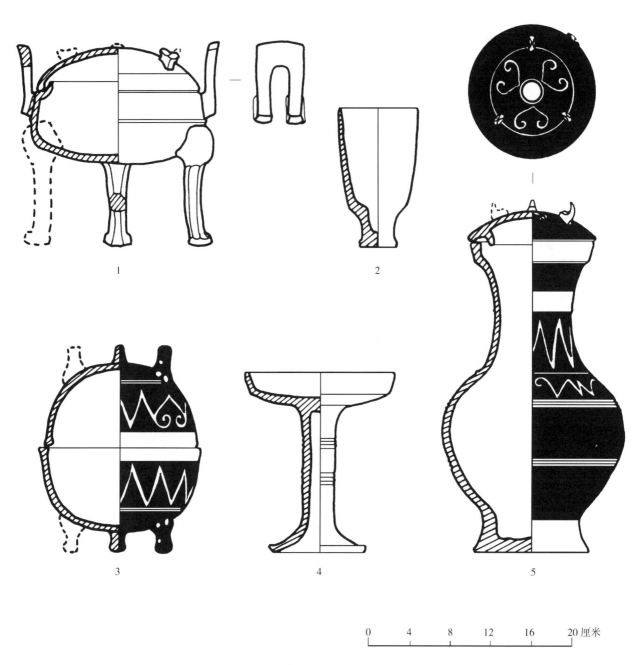

图二五四　丙类三期六段 M130 陶器组合

1.A 型Ⅲ式鼎　2.A 型Ⅱ式杯　3.C 型Ⅱ式敦　4.B 型Ⅰa 式豆　5.B 型Ⅳb 式壶

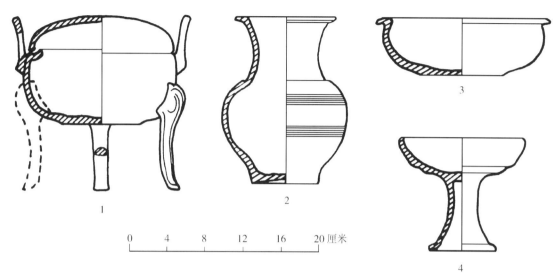

图二五五 丙类三期六段 M122 陶器组合

1. F型Ⅱ式鼎 2. B型Ⅲb式壶 3. Aa型Ⅶ式钵 4. Ag型Ⅱ式豆

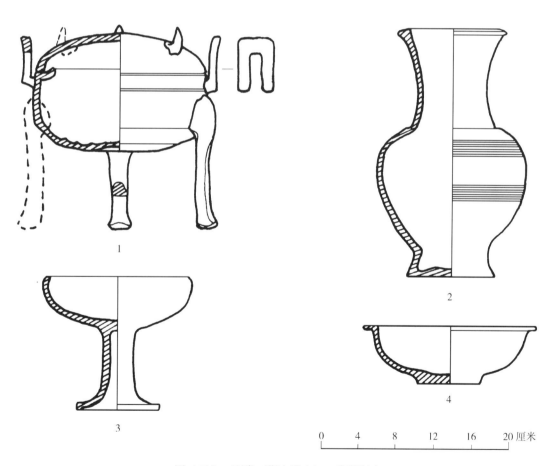

图二五六 丙类三期六段 M198 陶器组合

1. F型Ⅱ式鼎 2. B型Ⅲb式壶 3. Af型Ⅱ式豆 4. Ab型Ⅱ式钵

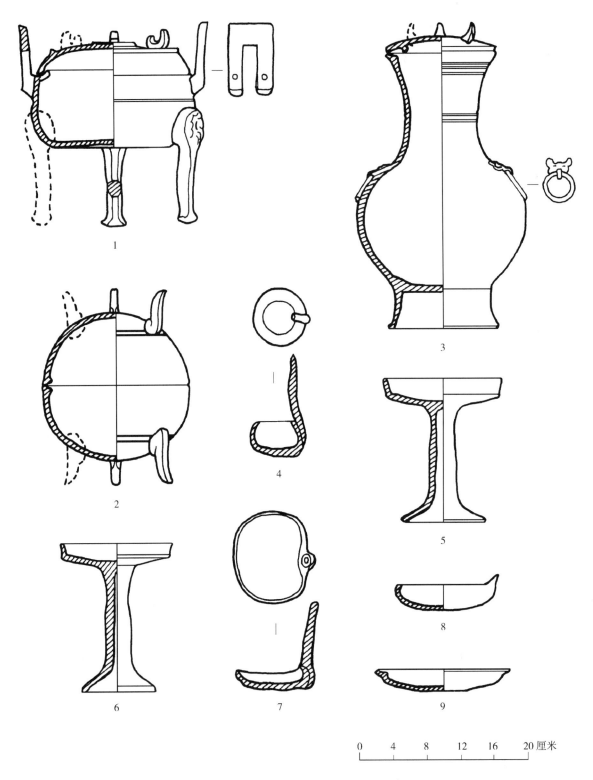

图二五七 丙类三期六段 M200 陶器组合

1. A 型 V 式鼎 2. D 型 Ⅲ 式敦 3. C 型 Ⅲ a 式壶 4. Ⅰ 式勺 5、6. Ac 型 Ⅲ 式豆 7. Ⅰ 式匕 8. V 式匜 9. A 型 Ⅳ 式盘

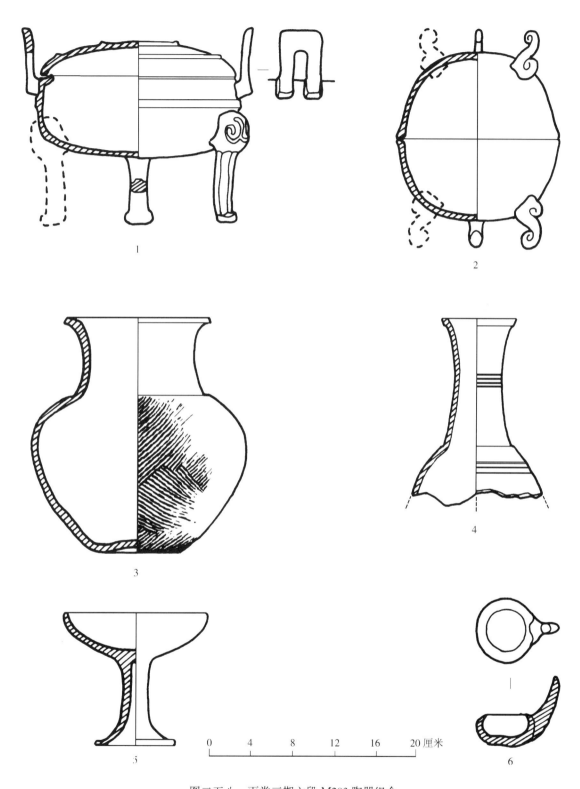

图二五八　丙类三期六段 M203 陶器组合

1. A 型Ⅵ式鼎　2. A 型Ⅵ式敦　3. Ⅰd 式绳纹圈底罐　4. C 型Ⅲb 式壶　5. Af 型Ⅱ式豆　6. Ⅱa 式勺

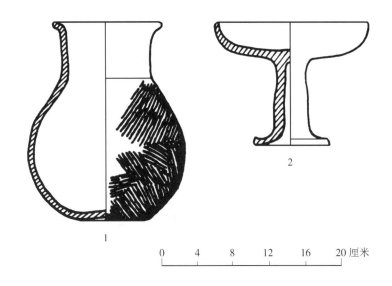

0 　 4 　 8 　 12 　 16 　 20 厘米

图二五九　丙类三期六段 M185 陶器组合

1. Ⅲb 式绳纹圜底罐　2. Ad 型Ⅳ式豆

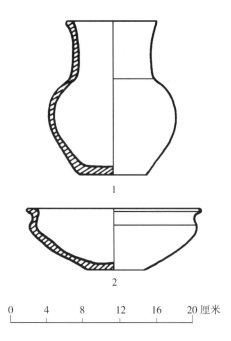

0 　 4 　 8 　 12 　 16 　 20 厘米

图二六〇　丙类三期六段 M127 陶器组合

1. A 型Ⅲb 式小壶　2. Ac 型Ⅲ式钵

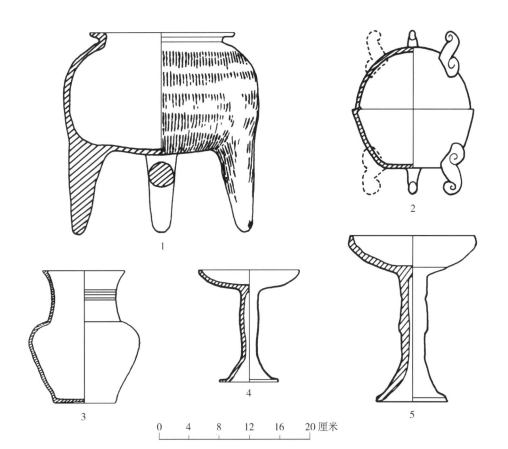

0 　 4 　 8 　 12 　 16 　 20 厘米

图二六一

丙类三期六段

M627 陶器组合

1. Ⅲ式鬲

2. A 型Ⅳ式敦

3. A 型Ⅲa 式小壶

4. Aa 型Ⅲ式豆

5. Ae 型Ⅰ式豆

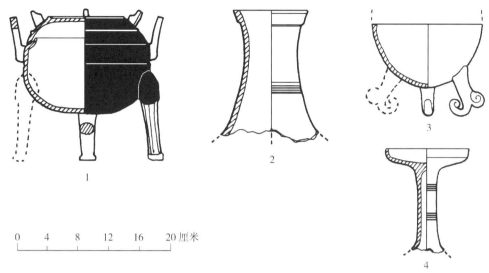

图二六二　丙类三期六段 M408 陶器组合

1. A 型Ⅳ式鼎　2. C 型Ⅲb 式壶　3. A 型Ⅶb 式敦　4. B 型Ⅰa 式豆

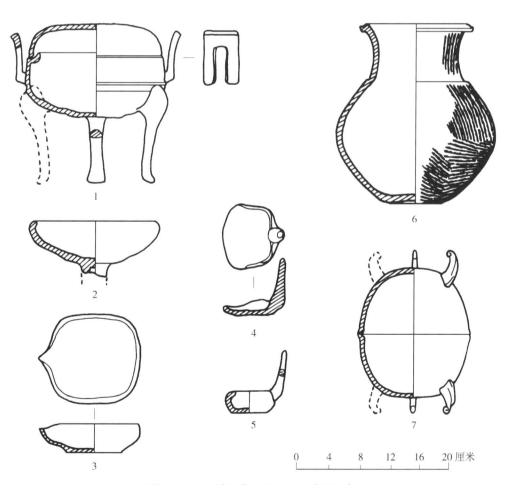

图二六三　丙类四期七段 M148 陶器组合

1. F 型Ⅰ式鼎　2. Af 型Ⅱ式豆　3. Ⅲb 式匜　4. Ⅰ式匕　5. Ⅰ式勺　6. Ⅰe 式绳纹圈底罐　7. A 型Ⅺa 式敦

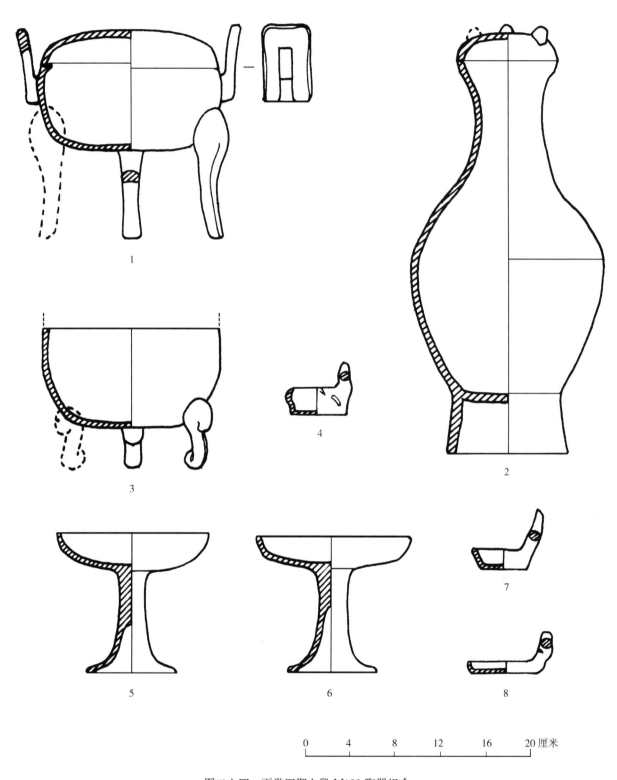

图二六四　丙类四期七段 M133 陶器组合

1. F 型Ⅲb 式鼎　2. C 型Ⅵb 式壶　3. A 型Ⅴa 式敦　4. Ⅰ式勺　5、6. Af 型Ⅲ式豆　7. Ⅱc 式勺　8. Ⅱb 式勺

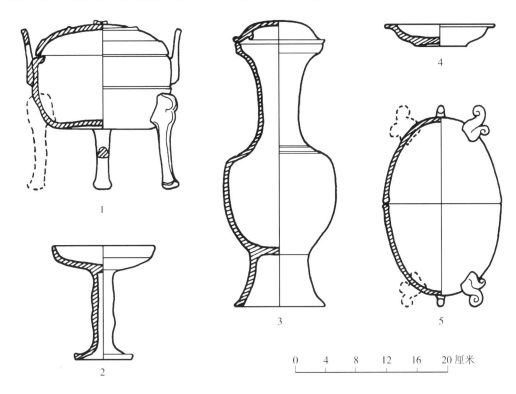

图二六五　丙类四期七段 M129 陶器组合

1. A 型 V 式鼎　2. Ae 型 II 式豆　3. C 型 VII c 式壶　4. A 型 III b 式盘　5. A 型 VII b 式敦

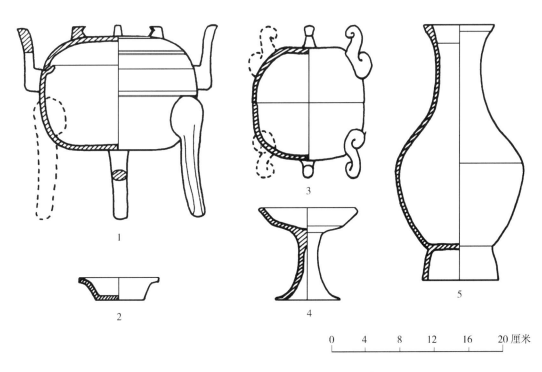

图二六六　丙类四期七段 M134 陶器组合

1. F 型 III a 式鼎　2. E 型盘　3. A 型 IV 式敦　4. Af 型 III 式豆　5. C 型 VI b 式壶

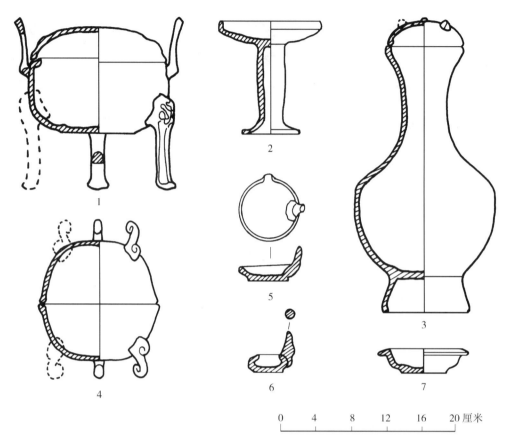

0　　4　　8　　12　　16　　20厘米

图二六七　丙类四期八段 M201 陶器组合

1. A 型 V 式鼎　2. Ac 型 II 式豆　3. C 型 VIIa 式壶　4. A 型 IV 式敦　5、6. II b 式勺　7. D 型 I 式盘

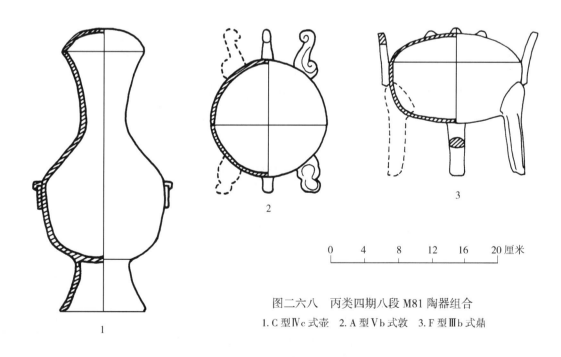

0　　4　　8　　12　　16　　20厘米

图二六八　丙类四期八段 M81 陶器组合

1. C 型 IVc 式壶　2. A 型 Vb 式敦　3. F 型 IIIb 式鼎

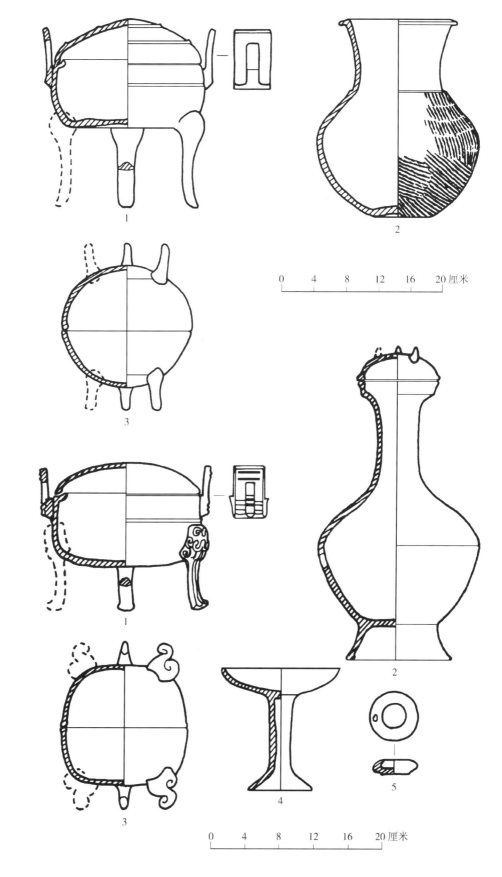

图二六九
丙类四期八段
M143 陶器组合
1. E 型 V 式鼎
2. C 型 IVb 式敦
3. I f 型绳纹圈底罐

图二七〇
丙类四期九段
M125 陶器组合
1. A 型 VIII 式鼎
2. C 型 IX 式壶
3. C 型 IXa 式敦
4. Aa 型 III 式豆
5. II b 式勺

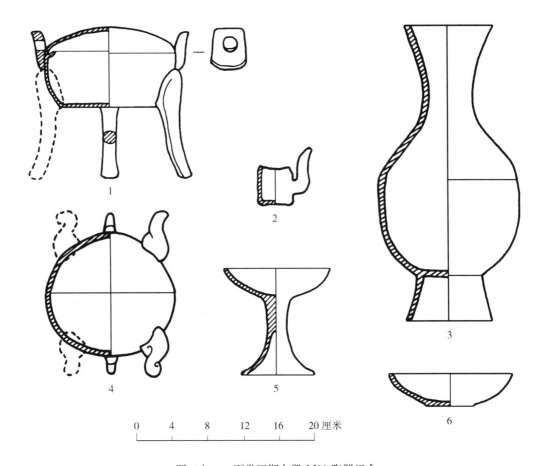

图二七一　丙类四期九段 M82 陶器组合

1. F 型Ⅳb 式鼎　2.Ⅳ式勺　3. C 型Ⅵd 式壶　4. A 型Ⅸb 式敦　5. Af 型Ⅲ式豆　6. B 型Ⅱ式盘

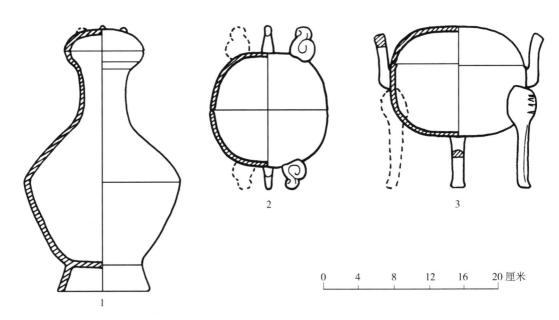

图二七二　丙类四期九段 M137 陶器组合

1. C 型Ⅺb 式壶　2. A 型Ⅸb 式敦　3. F 型Ⅲb 式鼎

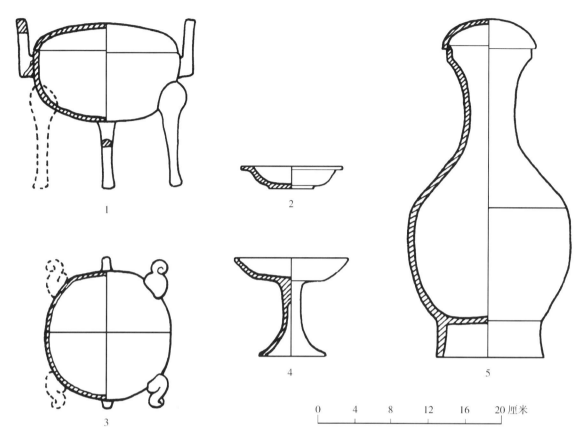

图二七三 丙类四期九段 M84 陶器组合

1. B 型 Ⅵ式鼎 2. D 型 Ⅱ式盘 3. A 型 Ⅸc式敦 4. Af 型 Ⅲ式豆 5. C 型 Ⅵc式壶

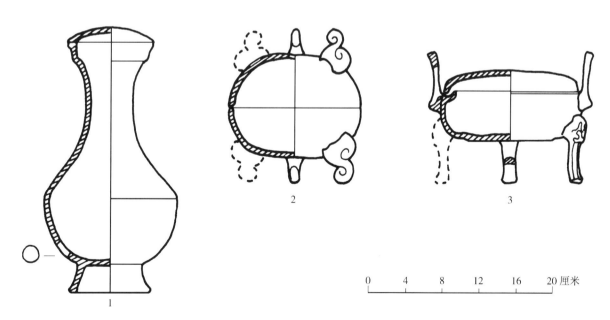

图二七四 丙类四期九段 M246 陶器组合

1. C 型 Ⅴb式壶 2. A 型 Ⅸb式敦 3. A 型 Ⅸ式鼎

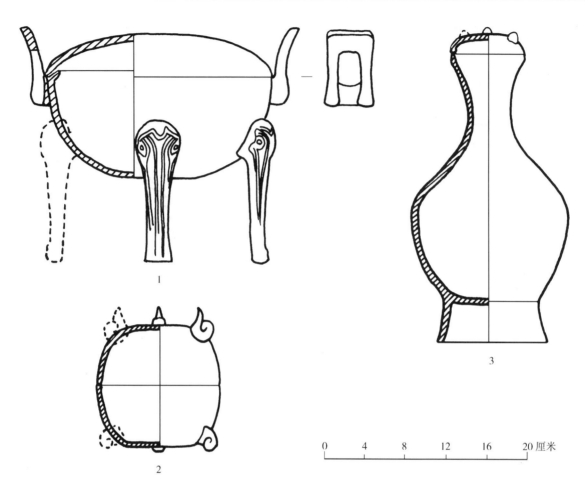

图二七五　丙类四期九段 M35 陶器组合
1. D 型Ⅷ式鼎　2. A 型Ⅸc 式敦　3. C 型Ⅷa 式壶

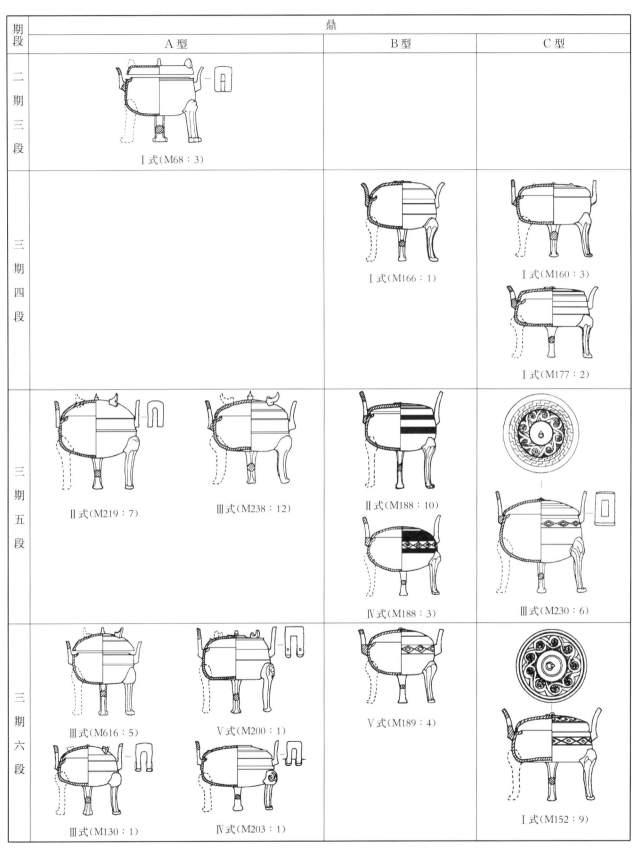

图二七六　仿铜陶礼器鼎演变图

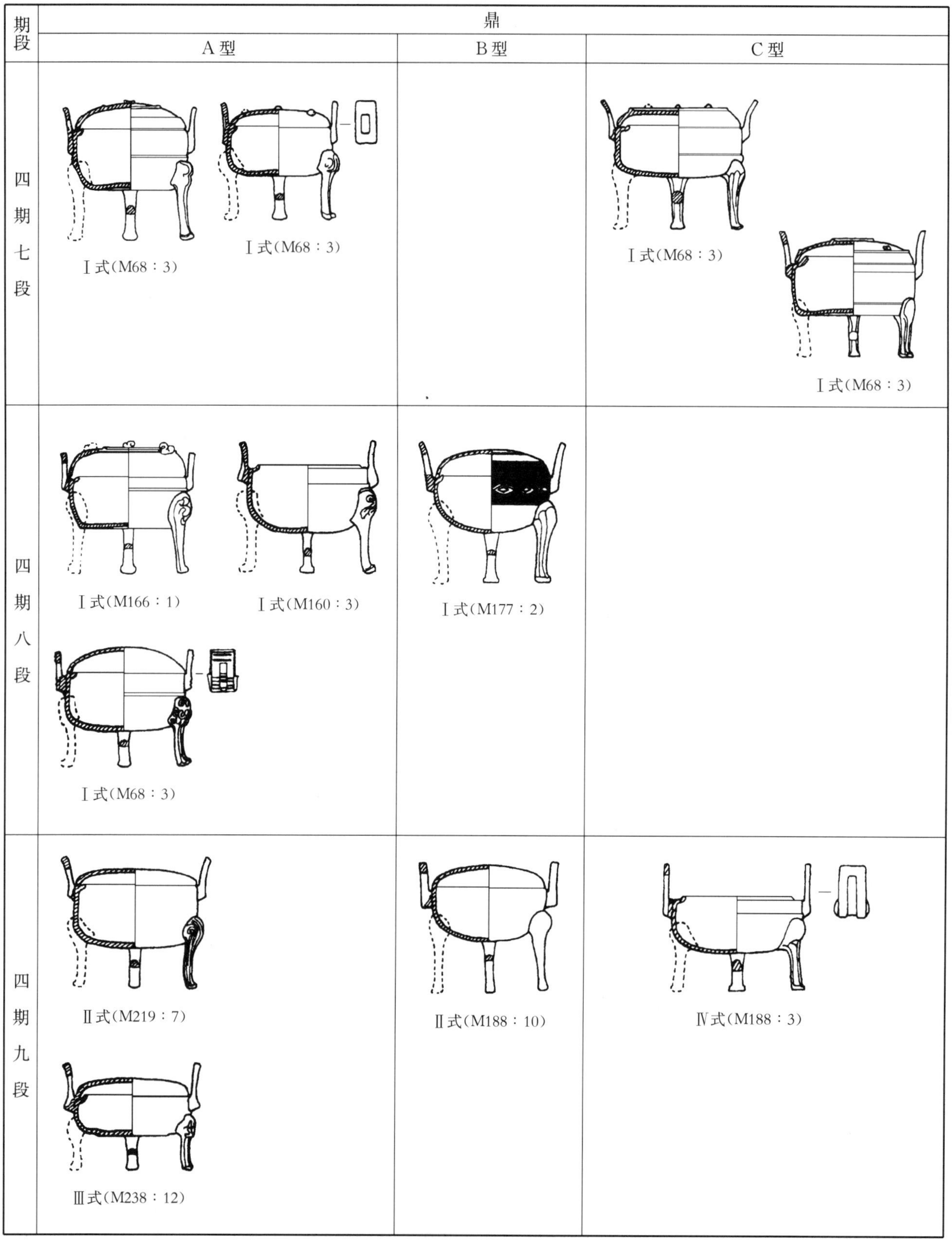

期段	鼎		
	A 型	B 型	C 型
四期七段	I 式(M68∶3)　　　I 式(M68∶3)		I 式(M68∶3) I 式(M68∶3)
四期八段	I 式(M166∶1)　　I 式(M160∶3) I 式(M68∶3)	I 式(M177∶2)	
四期九段	II 式(M219∶7) III 式(M238∶12)	II 式(M188∶10)	IV 式(M188∶3)

图二七七　仿铜陶礼器鼎演变图

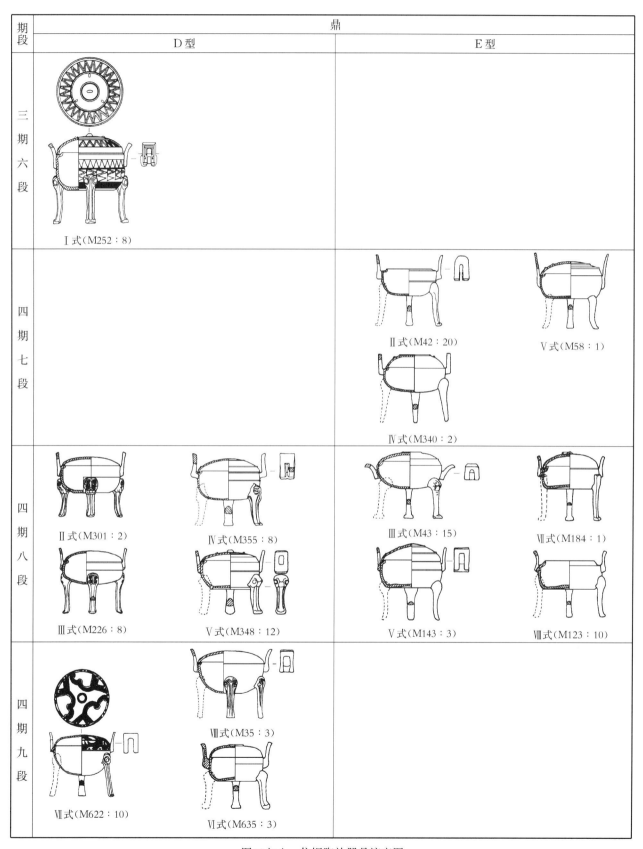

期段	鼎	
	D 型	E 型
三期六段	I 式（M252：8）	
四期七段		II 式（M42：20）　　V 式（M58：1） IV 式（M340：2）
四期八段	II 式（M301：2）　　IV 式（M355：8） III 式（M226：8）　　V 式（M348：12）	III 式（M43：15）　　VII 式（M184：1） V 式（M143：3）　　VIII 式（M123：10）
四期九段	VII 式（M622：10）　　VIII 式（M35：3） VI 式（M635：3）	

图二七八　仿铜陶礼器鼎演变图

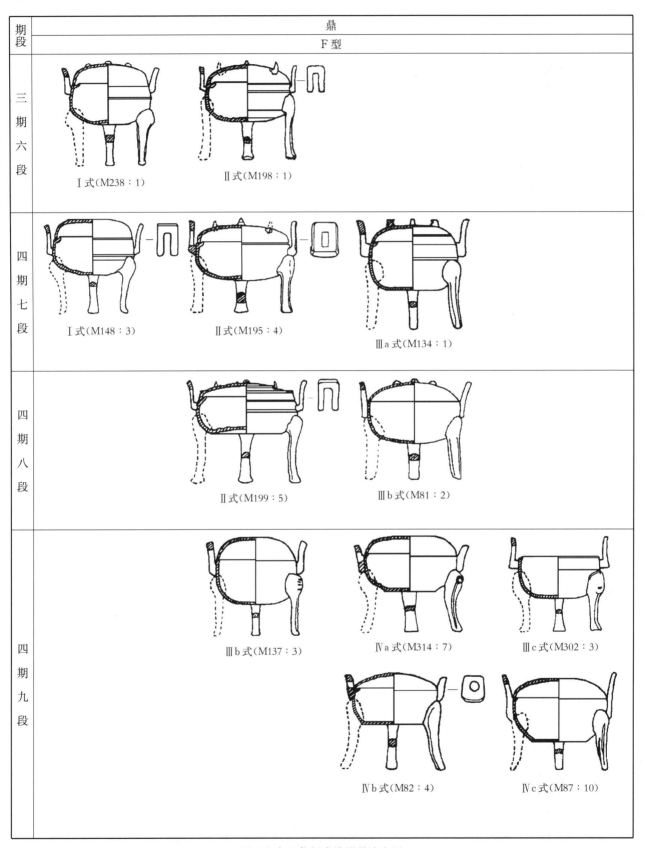

图二七九　仿铜陶礼器鼎演变图

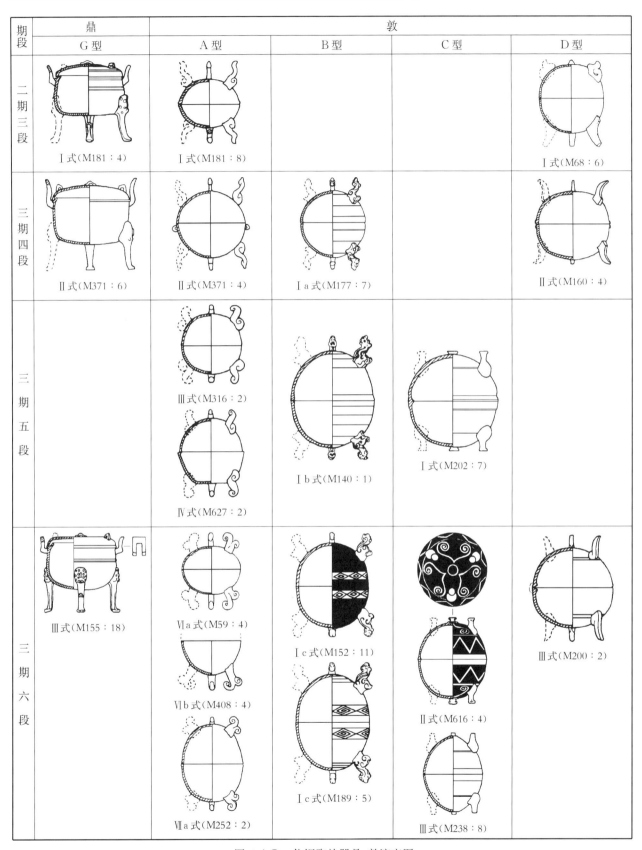

期段	鼎	敦			
	G 型	A 型	B 型	C 型	D 型
二期三段	Ⅰ式(M181：4)	Ⅰ式(M181：8)			Ⅰ式(M68：6)
三期四段	Ⅱ式(M371：6)	Ⅱ式(M371：4)	Ⅰa式(M177：7)		Ⅱ式(M160：4)
三期五段		Ⅲ式(M316：2) Ⅳ式(M627：2)	Ⅰb式(M140：1)	Ⅰ式(M202：7)	
三期六段	Ⅲ式(M155：18)	Ⅵa式(M59：4) Ⅵb式(M408：4) Ⅶa式(M252：2)	Ⅰc式(M152：11) Ⅰc式(M189：5)	Ⅱ式(M616：4) Ⅲ式(M238：8)	Ⅲ式(M200：2)

图二八〇　仿铜陶礼器鼎、敦演变图

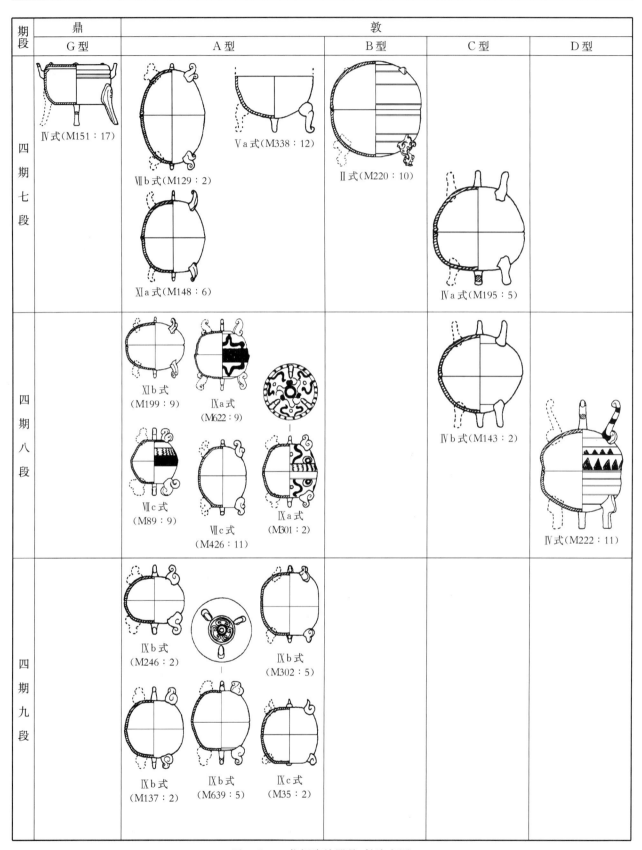

图二八一　仿铜陶礼器鼎、敦演变图

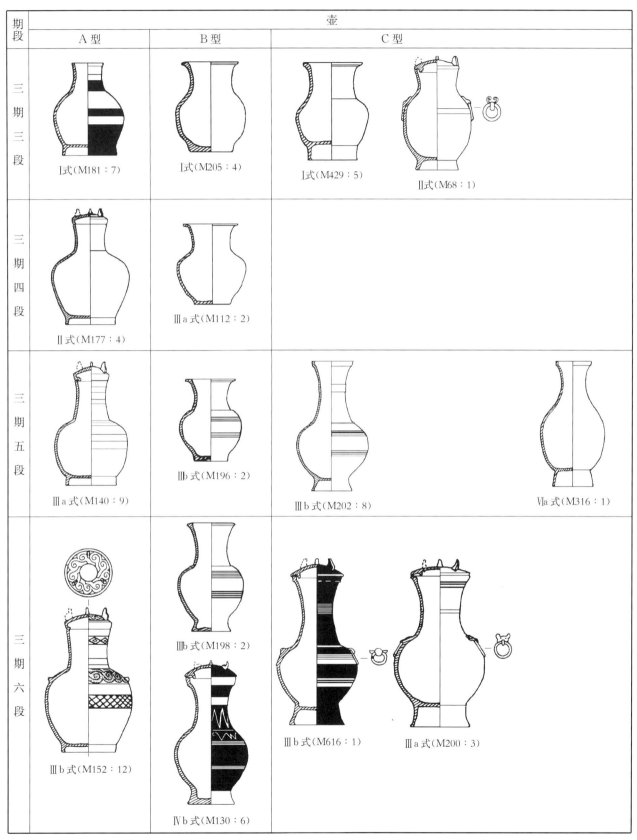

图二八二 仿铜陶礼器壶演变图

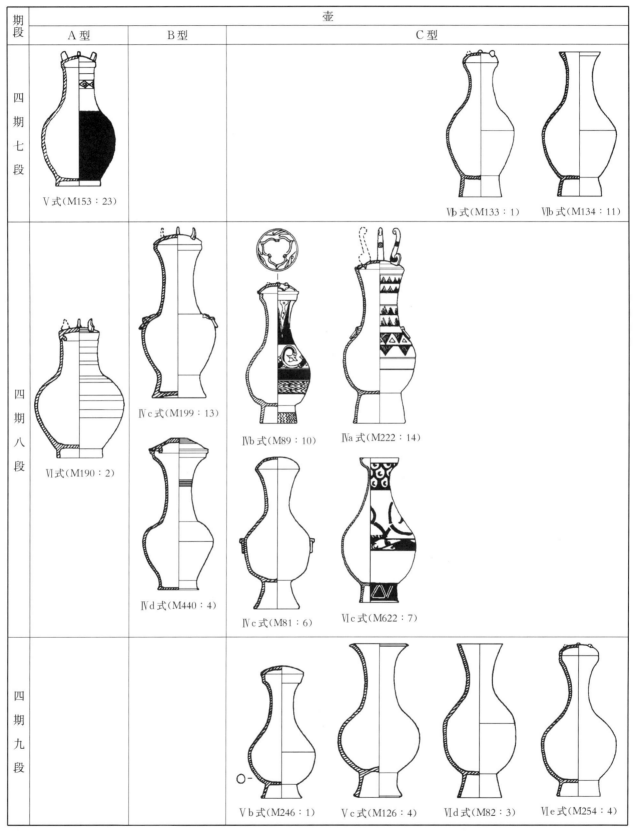

图二八三　仿铜陶礼器壶演变图

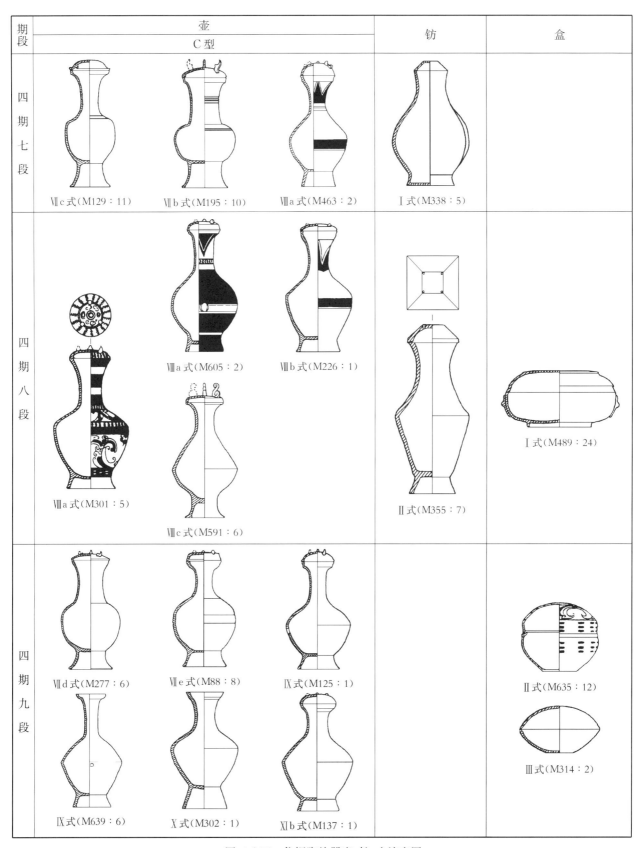

图二八四　仿铜陶礼器壶、钫、盒演变图

期段	豆					
	Aa 型	Ab 型	Ac 型	Ad 型	Ae 型	Af 型
一期一段	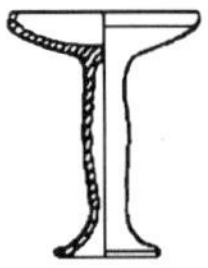 Ⅰ式（M403：1）	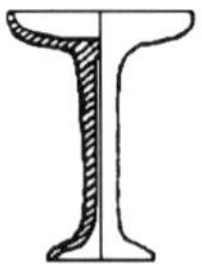 Ⅰ式（M151：2）	 Ⅰ式（M310：2）	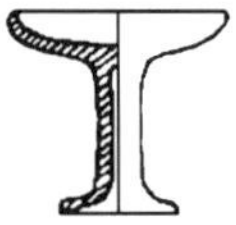 Ⅰ式（M154：5）		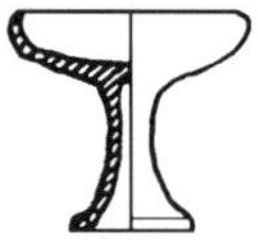 Ⅰ式（M403：3）
二期二段						
二期三段				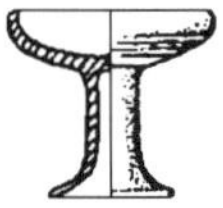 Ⅱ式（M128：5）		
三期四段	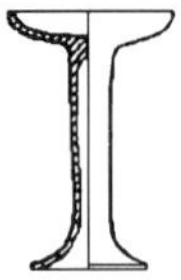 Ⅱ式（M371：2）	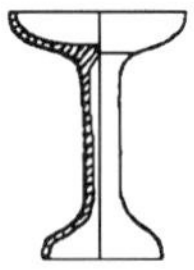 Ⅱ式（M160：7）		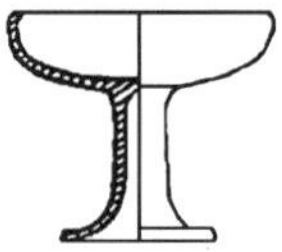 Ⅲ式（M194：1）		
三期五段	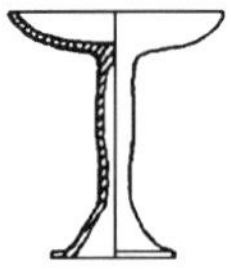 Ⅲ式（M627：4）	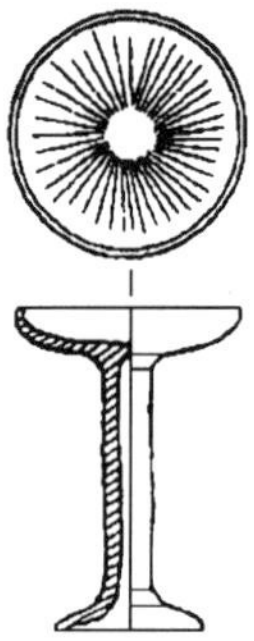		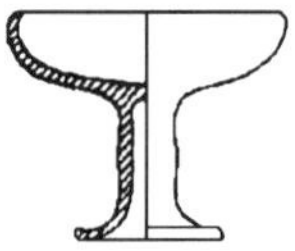 Ⅳ式（M196：1）		
三期六段		Ⅲ式（M174：5）	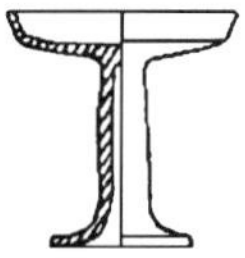 Ⅱ式（M252：11）	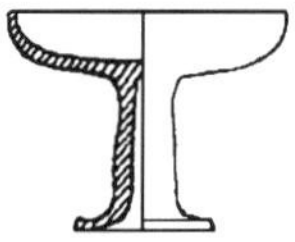 Ⅳ式（M185：2）	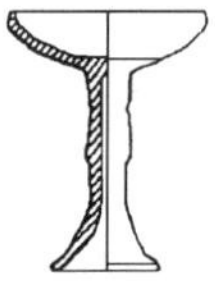 Ⅰ式（M627：3）	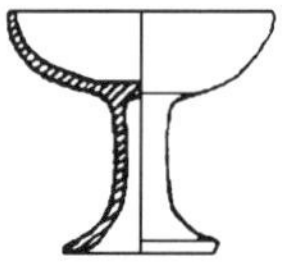 Ⅱ式（M203：7）
四期七段					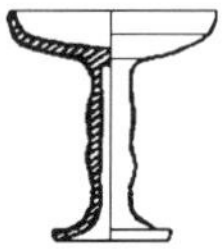 Ⅱ式（M129：3）	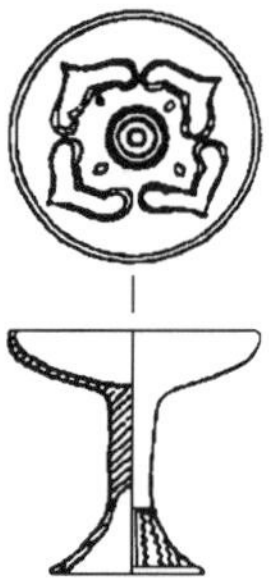
四期八段			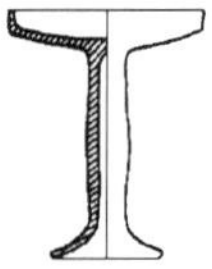 Ⅲ式（M200：7）		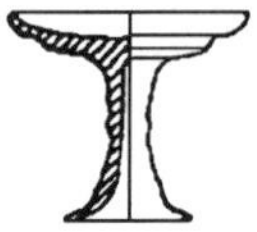 Ⅲ式（M622：5）	Ⅲ式（M89：3）
四期九段	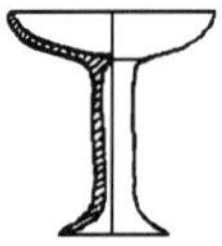 Ⅲ式（M220：8）					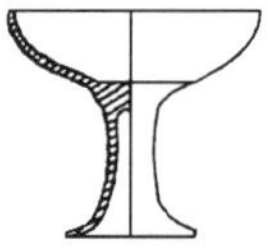 Ⅱ式（M322：4）

图二八五　仿日用陶器豆演变图

期	豆			鬲		
段	Ag 型	Ah 型	竹 节 豆	I	II	III
一期一段				I式（M310：1）		
二期二段	I式（M65：7）					
二期三段						
三期四段		I式（M63：4）			II式（M364：2）	
三期五段	II式（M122：3）	II式（M55：3）				
三期六段		III式（M432：8）	I a式（M238：14）			III式（M627：1）
四期七段			I c式（M338：10）			
四期八段		III式（M340：1）	Ib式（M489：18） Id式（M199：1）			
四期九段	III式（M635：2）	IV式（M90：5）	II a式（M639：1） IIb式（M58：21）			

图二八六　仿日用陶器豆、鬲演变图

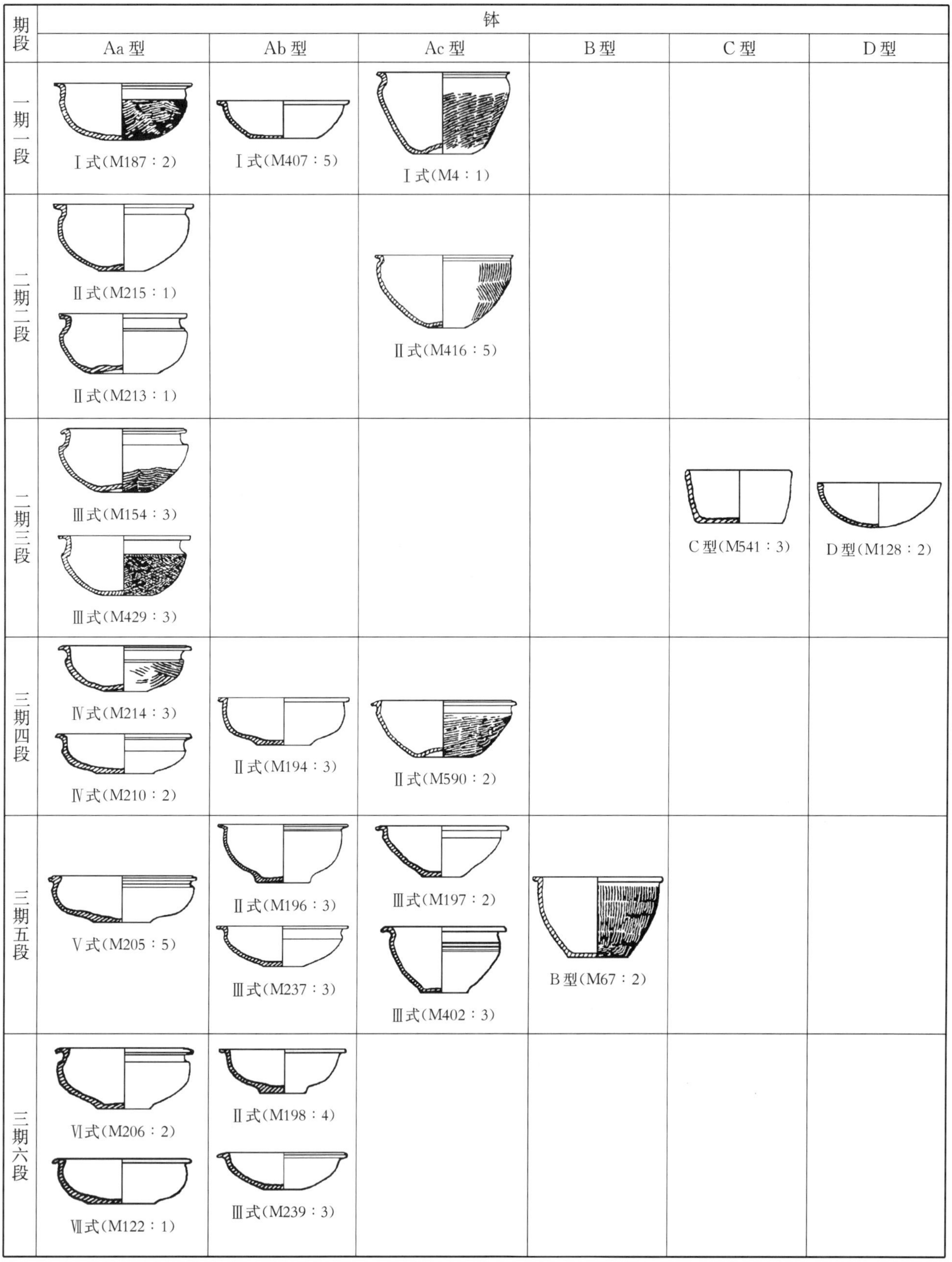

期段	钵					
	Aa 型	Ab 型	Ac 型	B 型	C 型	D 型
一期一段	Ⅰ式（M187：2）	Ⅰ式（M407：5）	Ⅰ式（M4：1）			
二期二段	Ⅱ式（M215：1） Ⅱ式（M213：1）		Ⅱ式（M416：5）			
二期三段	Ⅲ式（M154：3） Ⅲ式（M429：3）				C 型（M541：3）	D 型（M128：2）
三期四段	Ⅳ式（M214：3） Ⅳ式（M210：2）	Ⅱ式（M194：3）	Ⅱ式（M590：2）			
三期五段	Ⅴ式（M205：5）	Ⅱ式（M196：3） Ⅲ式（M237：3）	Ⅲ式（M197：2） Ⅲ式（M402：3）	B 型（M67：2）		
三期六段	Ⅵ式（M206：2） Ⅶ式（M122：1）	Ⅱ式（M198：4） Ⅲ式（M239：3）				

图二八七　仿日用陶器钵演变图

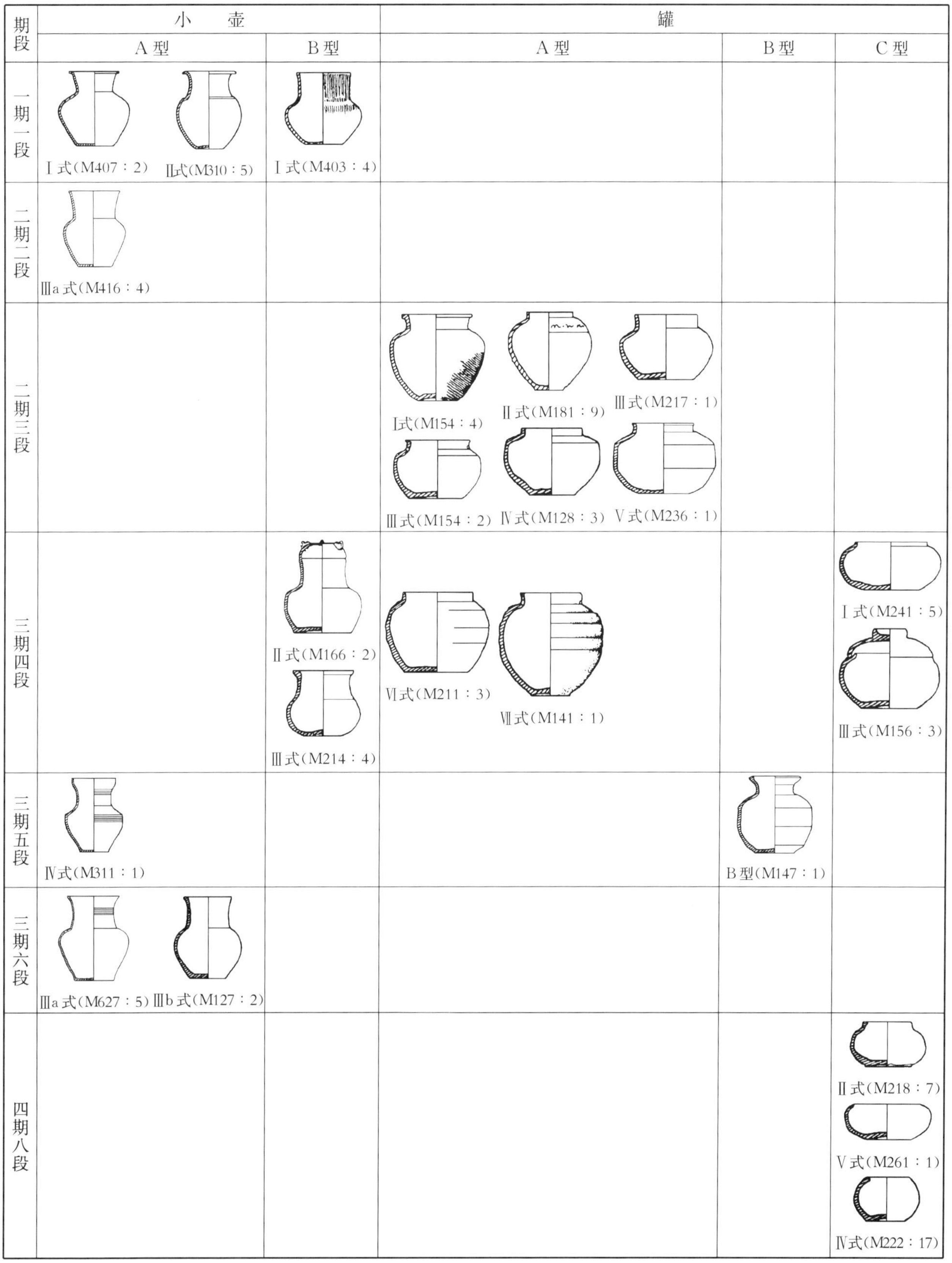

期段	小 壶		罐		
	A 型	B 型	A 型	B 型	C 型
一期一段	Ⅰ式（M407：2）　Ⅱ式（M310：5）	Ⅰ式（M403：4）			
二期二段	Ⅲa式（M416：4）				
二期三段			Ⅰ式（M154：4）　Ⅱ式（M181：9）　Ⅲ式（M217：1）　Ⅲ式（M154：2）　Ⅳ式（M128：3）　Ⅴ式（M236：1）		
三期四段		Ⅱ式（M166：2）　Ⅲ式（M214：4）	Ⅵ式（M211：3）　Ⅶ式（M141：1）		Ⅰ式（M241：5）　Ⅲ式（M156：3）
三期五段	Ⅳ式（M311：1）			B型（M147：1）	
三期六段	Ⅲa式（M627：5）　Ⅲb式（M127：2）				
四期八段					Ⅱ式（M218：7）　Ⅴ式（M261：1）　Ⅳ式（M222：17）

图二八八　仿日用陶器小壶、罐演变图

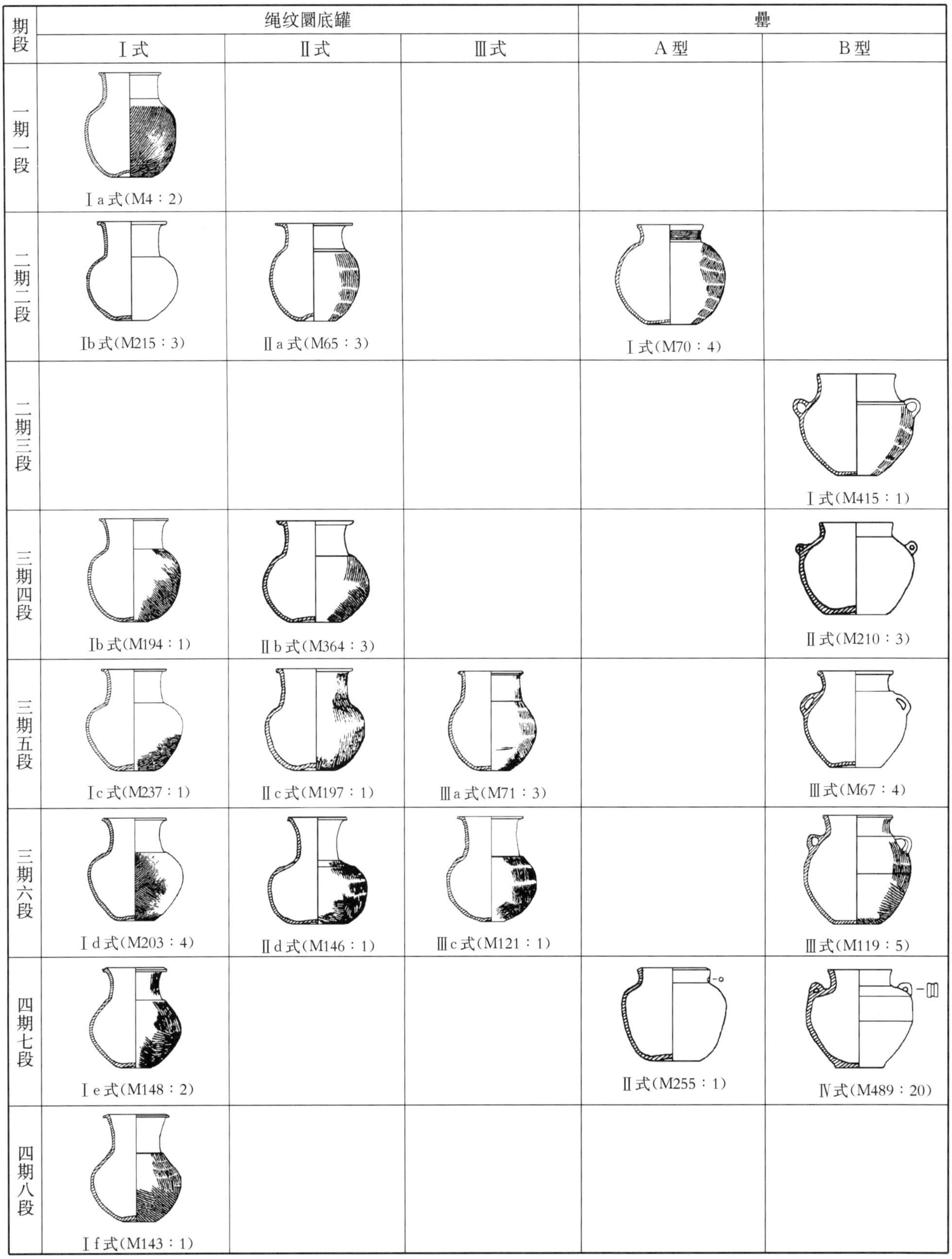

期段	绳纹圜底罐			罍	
	Ⅰ式	Ⅱ式	Ⅲ式	A 型	B 型
一期一段	Ⅰa式(M4：2)				
二期二段	Ⅰb式(M215：3)	Ⅱa式(M65：3)		Ⅰ式(M70：4)	
二期三段					Ⅰ式(M415：1)
三期四段	Ⅰb式(M194：1)	Ⅱb式(M364：3)			Ⅱ式(M210：3)
三期五段	Ⅰc式(M237：1)	Ⅱc式(M197：1)	Ⅲa式(M71：3)		Ⅲ式(M67：4)
三期六段	Ⅰd式(M203：4)	Ⅱd式(M146：1)	Ⅲc式(M121：1)		Ⅲ式(M119：5)
四期七段	Ⅰe式(M148：2)			Ⅱ式(M255：1)	Ⅳ式(M489：20)
四期八段	Ⅰf式(M143：1)				

图二八九　仿日用陶器绳纹圜底罐、罍演变图

一　仿铜陶礼器墓的分期

表一　　仿铜陶礼器墓（甲类）的分期

期	段	墓　　号	陶　器　组　合	图　号
三	六	M152(85益热M15)	CⅠ鼎2　BⅠc敦1　AⅢb壶2　豆1	一九四
三	六	M432(91益县财M5)	H鼎2　小口鼎1　BⅢ敦1　AⅣb壶2　Ⅰ簋2　尊缶1　Ⅱ尊缶1　C罍2　AhⅢ豆4　匕1　Ⅰ匜1　Ⅰ勺1　小罐1	一九五
四	七	M153(85益热M16)	GⅣ鼎1　GⅢ鼎2　CⅠ敦1　AV壶3　Ⅱ簋2　AbⅢ豆5　小动物2	一九六
四	八	M222(85益羊资M29)	EⅥ鼎2　DⅣ敦2　CⅣa壶2　CⅣ罐1　豆1　BⅠ盘1　Ⅲc匜1　Ⅲ勺1	一九七
四	八	M42(83益轴M1)	EⅠ鼎1　EⅡ鼎1　AⅩa敦2　壶2　豆2　盘2　Ⅰ勺2　匜2　泥金饼数枚　柄形器2	一九八
四	八	M489(92益羊宁粮M2)	AV鼎4　敦2　木弩机　CVa壶4　Ⅰ盒1　BⅠb豆3　BⅣ罍4　罐2　匕1　Ⅰ勺1	一九九

表二　　仿铜陶礼器墓（乙类）的分期

期	段	墓　　号	陶　器　组　合	图　号
二	三	M68(84益赫房M10)	AⅠ鼎2　DⅠ敦2　CⅡ壶2　AdⅠ豆2	二〇〇
二	三	M154(85益热M17)	AⅠ罐1　AⅢ罐1　AaⅢ钵1　AdⅠ豆2	二〇一
二	三	M181(85益热M44)	GⅠ鼎2　AⅠ敦2　AⅠ壶1　AⅡ罐1　匜1　盘1	二〇二
三	四	M160(85益热M23)	CⅠ鼎2　DⅡ敦2　AⅣa壶2　AbⅡ豆2　盘1	二〇三
三	四	M166(85益热M29)	BⅠ鼎1　BⅡ小壶2　CⅢ罐1	二〇四
三	四	M371(88益县医M16)	GⅡ鼎1　AⅡ敦1　F壶1　AaⅡ豆1	二〇五
三	五	M179(85益热M42)	BⅣ鼎2　BⅠb敦2　AⅡ壶2	二〇六
三	五	M202(85益羊资M9)	AⅡ鼎2　CⅠ敦1　CⅢb壶1	二〇七
三	五	M188(85益热M52)	BⅡ鼎1　BⅣ鼎1　BⅠb敦2　AⅢa壶2	二〇八
三	五	M140(85益热M3)	BⅣ鼎2　BⅠb敦2　AⅢa壶2	二〇九
三	六	M189(85益热M53)	BV鼎2　BⅠc敦2　AⅢb壶2　盘1	二一〇
三	六	M238(85益羊资M45)	FⅠ鼎2　AⅢ鼎1　CⅢ敦2　BⅣa壶2　BⅠa豆2　AⅢa盘2　Ⅰ勺2　匕2	二一一
三	六	M252(85益羊资M69)	DⅠ鼎2　AⅦa敦2　CⅢa壶2　AdⅠ豆2　AⅡa盘2　Ⅱ匜2　Ⅰ勺2　匕2	二一二
三	六	M616(96益笔M1)	AⅢ鼎2　CⅡ敦2　CⅢb壶2　豆2	二一三
四	七	M58(83益赫供M29)	EV鼎1　AⅧa敦1　DⅢ壶1　BⅡb豆3	二一四
四	七	M164(85益热M27)	CⅡ鼎1　F敦1　GⅡ壶1	二一五
四	七	M195(85益羊资M2)	FⅡ鼎2　CⅣa敦2　CⅥb壶2　AcⅣ豆2　Ⅰ匕1　Ⅰ勺2　AⅢ杯3　AⅢc盘1	二一六
四	七	M220(85益羊资M27)	CⅢ鼎2　BⅡ敦1　BⅢ敦1　CⅦa壶1　AaⅢ豆2　AV盘2　Ⅲa匜2	二一七
四	七	M338(88益赫科M24)	俑3　Ⅰ钫2　FⅠ鼎2　AVa敦1　BⅠc豆4	二一八
四	八	M89(85益赫滨M8)	AⅦ鼎2　AⅦc敦2　CⅣb壶2　AfⅢ豆2　Ⅰ勺1　Ⅰ匕1　C盘1	二一九
四	八	M199(85益羊资M6)	FⅡ鼎2　AⅪb敦2　BⅣc壶2　BⅠd豆2　Ⅰ匕1　勺2　Ⅳ匜2　钵1　AⅢa盘1	二二〇
四	八	M218(85益羊资M25)	EⅥ鼎2　DⅣ敦2　CⅣa壶2　CⅡ罐1　BⅠ盘1　Ⅲc匜1	二二一
四	八	M300(86赫招M26)	AV鼎1　AⅧb敦1　壶1　AcⅣ豆2　Ⅲb匜1　Ⅰ勺1　Ⅰ匕1　AⅡb盘1	二二二

续表二

期	段	墓　号	陶　器　组　合	图号
四	八	M301(86 桃招 M1)	DⅡ鼎2　AⅨa敦2　CⅧa壶2　盘1　AdⅢ豆2　勺2　匕1	二二三
四	八	M226(85 益羊资 M33)	DⅢ鼎2　AⅨa敦2　CⅧb壶2　AaⅢ豆2　勺4	二二四
四	九	M302(86 益桃招 M2)	FⅢc鼎2　AⅨb敦2　CⅩ壶2　豆1　勺1　盘1	二二五
四	九	M277(86 益羊桑 M13)	AⅥ鼎2　AⅨb敦2　CⅦd壶1　CⅦe壶1　豆1　勺3	二二六
四	九	M314(87 益赫科 M13)	FⅣa鼎2　H壶2　Ⅲ盒2　AeⅠ豆1　勺2　斗2	二二七
四	九	M635(99 益政协 M1)	DⅥ鼎2　EⅡ敦1　CⅪb壶2　AgⅢ豆5　BⅡ高柄壶形豆1　Ⅱ盒1　Ⅱ匜1　Ⅰ勺1	二二八
四	九	M254(85 益羊资 M72)	AⅧ鼎2　AⅨb敦2　CⅥe壶2　豆2	二二九

表三　　　　　　　　　　　　　　　仿铜陶礼器墓（丙类）的分期

期	段	墓　号	陶　器　组　合	图号
一	一	M310(87 益赫科 M5)	E双系壶2　AⅡ小壶1　AcⅠ豆2　Ⅰ鬲1	二三〇
一	一	M407(91 益义 M15)	AⅠ小壶1　AbⅠ钵2	二三一
一	一	M4(82 益赫旅 M2)	Ⅰa绳纹圈底罐1　AcⅠ钵1	二三二
一	一	M403(91 益义 M4)	BⅠ小壶1　AaⅠ豆2　AfⅠ豆1	二三三
二	二	M416(91 益义 M38)	AⅢa壶1　AcⅡ钵1　AfⅠ豆2	二三四
二	二	M215(85 益羊资 M22)	Ⅰb绳纹圈底罐2　AaⅡ钵1	二三五
二	二	M415(91 益义 M37)	BⅠ罍1　AⅠ盘1　AgⅠ豆1	二三六
二	二	M65(84 益赫房 M5)	Ⅱa绳纹圈底罐1　AgⅠ豆1	二三七
二	三	M128(85 益羊园 M10)	AⅣ罐1　D钵1　AdⅡ豆3	二三八
二	三	M429(91 益义 M55)	C小壶1　AaⅢ钵2　CⅠ壶1	二三九
三	四	M210(85 益羊资 M17)	BⅡ罍1　AaⅣ钵1　AfⅡ豆1	二四〇
三	四	M364(88 益赫财 M3)	Ⅱ鬲1　Ⅱb绳纹圈底罐1　AfⅢ豆2	二四一
三	四	M63(84 益赫房 M1)	Ⅰ长颈壶1　AhⅠ豆1	二四二
三	四	M211(85 益羊资 M18)	AⅥ罐1　罐形鼎1　AdⅢ豆1	二四三
三	四	M194(85 益羊资 M1)	AbⅡ钵1　Ⅰb纹圈底罐1　AⅠ盘1　AdⅢ豆2	二四四
三	四	M214(85 益羊资 M21)	BⅢ小壶1　AaⅣ钵1	二四五
三	四	M177(85 热 M40)	CⅠ鼎2　BⅠa敦2　AⅡ壶1　AaⅡ豆2	二四六
三	五	M402(91 益义 M2)	DⅡ双系壶1　AcⅢ钵2　AbⅢ豆1　BⅠa豆1	二四七
三	五	M67(84 益赫房 M8)	BⅢ罍1　B钵1　豆2	二四八
三	五	M196(85 益羊资 M3)	BⅢb壶1　Ⅰd绳纹圈底罐1　AbⅡ钵1　AdⅣ豆2	二四九
三	五	M72(84 益赫房 M20)	Ⅱc绳纹圈底罐1　AdⅢ豆3	二五〇
三	五	M197(85 益羊资 M4)	Ⅱc绳纹圈底罐1　AcⅢ钵1	二五一
三	五	M590(96 益长白 M7)	Ⅰc绳纹圈底罐1　AdⅠ豆1　AcⅡ钵1	二五二
三	五	M205(85 益羊资 M12)	AaⅤ钵1　BⅠ壶1　AgⅡ豆2	二五三
三	六	M130(85 益羊园 M12)	AⅢ鼎1　CⅡ敦1　BⅣb壶1　BⅠa豆1　AⅡ杯1	二五四

续表三

期	段	墓　　号	陶　器　组　合	图号
三	六	M122(85 益羊园 M3)	FⅡ鼎1　BⅢ小壶1　AaⅦ钵1　AgⅡ豆1	二五五
三	六	M198(85 益羊资 M5)	FⅡ鼎1　BⅢb壶1　AfⅡ豆1　AbⅡ钵1	二五六
三	六	M200(85 益羊资 M7)	AV鼎1　DⅢ敦1　CⅢa壶1　AcⅡ豆2　Ⅰ勺1　AⅣ盘1　V匜1　Ⅰ匕1	二五七
三	六	M203(85 益羊资 M10)	AⅥ鼎1　AⅣ敦1　CⅢb壶1　Ⅰd绳纹圈底罐1　AfⅡ豆3　Ⅱa勺1	二五八
三	六	M185(85 益热 M48)	Ⅲb绳纹圈底罐1　AdⅣ豆1	二五九
三	六	M127(85 益羊园 M9)	AⅢb小壶1　AcⅢ钵1	二六〇
三	六	M627(98 益赫科 M3)	Ⅲ鬲1　AⅣ鼎1　AⅢa壶1　AaⅢ豆1　AeⅠ豆1	二六一
三	六	M408(91 益义 M19)	AⅣ鼎1　AⅥb敦1　CⅢb壶1　BⅠa豆1	二六二
四	七	M148(85 益热 M11)	FⅠ鼎1　AⅪa敦1　Ⅰe带盖绳纹圈底罐1　AfⅡ豆1　Ⅲb匜1　Ⅰ勺1　Ⅰ匕2	二六三
四	七	M133(85 益羊桑 M3)	FⅢb鼎2　AVa敦2　CⅥb壶2　AfⅢ豆2　盘2　Ⅰ勺2　Ⅱb勺1　Ⅱc勺1	二六四
四	七	M129(85 益羊园 M11)	AV鼎1　AⅦb敦1　CⅥc壶1　AeⅡ豆1　AⅢb盘1　勺1　匕1　匜1	二六五
四	七	M134(85 益羊桑 M4)	FⅢa鼎2　AⅣ敦2　CⅥb壶2　AfⅢ豆2　E盘1	二六六
四	八	M201(85 益羊资 M8)	AV鼎1　AⅣ敦1　CⅧa壶1　AcⅡ豆1　Ⅱb勺2　DⅠ盘1	二六七
四	八	M81(84 益赫滨 M10)	FⅢb鼎1　AVb敦1　CⅣc壶1　豆1　勺1	二六八
四	八	M143(85 益热 M6)	EV鼎1　CⅣb敦1　Ⅰf绳纹圈底罐1	二六九
四	八	M125(85 益羊园 M7)	AⅧ鼎1　AⅨa敦1　CⅧa壶1　AaⅡ豆1　Ⅱb勺1	二七〇
四	九	M82(84 益赫滨 M11)	FⅣb鼎1　AⅨb敦1　CⅥd壶1　AfⅢ豆1　BⅡ盘1　Ⅳ勺1	二七一
四	九	M137(85 益赫供 M8)	FⅣb鼎1　AⅨb敦1　CⅪb壶1　AgⅢ豆1　Ⅰ勺1　Ⅰ匕1	二七二
四	九	M84(84 益赫滨 M14)	BⅥ鼎1　AⅨc敦1　CVc壶1　AfⅢ豆1　勺2　DⅡ盘1	二七三
四	九	M246(85 益羊资 M54)	AⅨ鼎1　AⅨb敦1　CVb壶1　豆1	二七四
四	九	M35(83 益赫防疫 M26)	DⅧ鼎1　AⅨc敦1　CⅧa壶1　豆1　盘1　勺1　匕1	二七五

二　青铜礼器墓的分期与陶器组合关系

表四　　　　　　　　　　　青铜礼器分期与陶器组合

墓号	原编墓号	期	段	铜器	兵器及其他	陶器组合
170	85 益热 M33	一	一	AⅠ鼎1　Ⅰ敦1	铜剑1　铜矛1　铜环首刀1　铜削1　玉璜1　玉管4	
183	85 益热 M46	一	一	AⅠ鼎1　簠1　甗1　盘1	铜剑1　BⅠa铜戈1　铜削1　绿灰色铜渣1　玉管1　玉片1　A玉环1　果壳6	
139	85 益热 M2	二	二	C鼎1　Ⅱ敦1	铜剑1　BⅠc铜戈1　铜削1	
375	88 益县医 M26	二	二	BⅠ鼎1　盘1		Ⅱa绳纹圈底罐1　AfⅠ豆3
65	85 益赫房 M5	二	二	BⅡ鼎1	AⅢ铁剑1　漆片(迹)1	Ⅱa绳纹圈底罐1　AgⅠ豆1
63	84 益房 M1	三	四	鼎1	C铁剑1	Ⅰ长颈壶1　AhⅠ豆1
71	84 益房 M18	三	五	BⅠ鼎1　错金壶盖1	Ⅲ铜印1　铜剑1　铜矛1	Ⅲa绳纹圈底罐1　豆1

续表四

墓号	原编墓号	期	段	铜器	兵器及其他	陶器组合
119	84 益房 M30	三	五	BⅢ鼎 1	铜剑 1　铜砝码 2	BⅢ罍 1　璧 1
422	91 益义 M48	三	六	BⅡ鼎 1	AⅡ铜剑 1　铜匕 1　铜镞 1	Ⅱd 绳纹圈底罐 1
452	92 羊粮 M18	三	六	AⅡ鼎 2　AⅠ壶 2　洗 1　鉴 1	BⅠb铜剑 1　CⅣ铜戈 2　BⅢb铜矛 2　AⅢ铜镈 1　AⅡ铜镈 1　铜镦 2　错银铜镈柄 1　铜镞 3　CⅣ铜镜 1　铜带钩 1　铜砝码 2　铜天平盘 2　漆奁铜铺首 4　小铜环 1　小铁饼 3　AV铁剑 1　铁条形器 1　木俑头 3　木琴 1　木牍 1捆　漆耳杯 3　漆盒 3　漆勺 1　漆甲 1　漆樽 1　漆奁 2　AⅠ玉璧 1　玉剑格 1	小熏炉 2
300	86 赫招 M26	四	八	BⅡ鼎 1　AⅡ壶 1　盘 1　匜 1	漆耳杯 4　木梳 1　残麻布　木牍 1	AV鼎 1　AⅧb敦壶 1　AcⅣ豆 2　Ⅲb匜 1　Ⅰ勺 1　Ⅰ匕 1　AⅡb盘 1
42	83 益轴 M1	四	八	AⅢ壶 2　盘 1	AⅢ铜剑 1　铜戈 1　铜矛龠 1　铜砝码 2　铜镞 4　铜镈 1铜镦 1　AⅡ铜戈龠　漆盒 1　漆奁 1	EⅠ鼎 1　EⅡ鼎 1　AⅩa敦 2　壶 2　豆 2　盘 2　Ⅰ勺 2　匜 2　泥金饼数枚　柄形器 2
413	91 益义 M33	四	八	BⅢ鼎 1　B壶 1　盘 1	BⅠb铜剑 1　CⅡ铜戈 1　BⅠ铜镈 1　铜镞 1	BⅠb豆 1
379	88 县医 M35	四		BⅣ鼎 1　钫 1	BⅠb铜剑 1　铜镞 1	豆 1

第三节　年　代

　　综观上述甲、乙、丙三类墓所出陶器组合情况，它们在纵向发展演变过程中，各段落之间没有缺环，并且相互交替，衔接紧密。但明显地呈现有几个大的发展段落，各段落反映出陶器组合特点与陶器形制的不断变化，可将甲、乙、丙类墓随葬器物序列的九段归并为四期。现将各期段进行逐一分析。

　　一期一段，甲类墓 2 座，乙类墓 1 座，丙类墓 10 座，共 13 座。甲类墓 M183 铜鼎盖隆起，深腹，高蹄足，饰细蟠虺纹，与襄阳山湾 M14、M22、M23、M33 所出铜鼎相似[1]，与安徽寿县蔡侯墓所出铜鼎亦相近[2]。铜簠 4 个环纽饰以龙纹，腹部饰细密的蟠虺纹，与襄阳山湾 M14、M22、M33 所出铜簠相同[3]，均属于春秋晚期的典型礼器。M310 Ⅰ式陶鬲仰折沿，圆腹，弧裆，与当阳赵家湖 C 型Ⅳ式鬲类似，也应在春秋晚期[4]。M407 所出 A 型Ⅰ式小陶壶短颈，折腹是此类小陶壶的早期形态，其形制近似于当阳赵家湖 C 型Ⅲ式陶罐[5]，时代不会晚于春秋晚期。M4 Ⅰa 式绳纹圈

〔1〕　湖北省博物馆：《襄阳山湾东周墓葬发掘报告》，《江汉考古》1983 年第 2 期。
〔2〕　安徽省文物管理委员会等：《寿县蔡侯墓出土遗物》，科学出版社，1956 年。
〔3〕　同〔1〕。
〔4〕　湖北省宜昌地区博物馆等：《当阳赵家湖楚墓》，第 90 页，文物出版社，1992 年。
〔5〕　同〔4〕。

底罐，小沿面，高直颈，椭圆形腹，内凹底，类似于当阳赵家湖春秋中晚期 D 型 Ⅱ 式陶罐[1]。因此，将益阳楚墓一期一段推定在春秋晚期。

第二期二段，甲类墓 1 座，乙类墓 6 座，丙类墓 26 座，共 33 座。其中有代表性的墓甲类 M139、乙类 M70、丙类 M416，铜敦圆球形，兽纽，蹄足，与当阳赵家湖春秋晚期晚段 YM6 所出铜敦形制相同[2]，将其归入战国早期应不会有误。M70 陶罍，口微侈，短颈，圆腹，平底。通体饰绳纹，应是陶罍的早期形制，似由当阳赵家湖春秋中期晚段 A 型 Ⅴ 式罐发展演变而来[3]。M416 小陶壶与M407 所出小壶有承接关系，颈腹增长应属于战国早期前段。

在第二期三段中，甲类墓没有找到能修复的典型墓例，乙类墓 4 座，丙类墓 13 座。乙类墓M181、丙类墓 M68 所出仿铜陶礼器具有一定的代表性，G 型 Ⅱ 式鼎与当阳赵家湖战国早期中段 D 型Ⅱ 式鼎相似[4]。A 型 Ⅰ 式陶鼎与江陵 M157 所出一型 Ⅱ 式鼎风格接近[5]，当属战国早期之物。D型 Ⅰ 式陶敦蹄足、"S" 形纽、球形腹，与长沙战国早期早段 B 型 Ⅰ 式陶敦相类似[6]。因此，将此类墓纳入第二期三段即战国早期后段应是恰当的。

第三期，甲类墓 10 座，乙类墓 31 座，丙类墓 11 座，共 111 座。各类墓葬数量大增。现分早、中、晚三段予以分析对比。

第三期早段，乙类墓 5 座，丙类墓 25 座。代表性的有 M160、M371；丙类墓代表性的 M177，仿日用陶器代表性的有 M194、M364。C 型 Ⅰ 式陶鼎盖平弧，腹底转折圆弧，蹄足稍矮，呈六棱形，似是长沙楚墓 C 型Ⅲb 式鼎发展演变而来[7]，盖、腹、耳基本相同，C 型 Ⅰ 式鼎足稍高，略有区别。G 型 Ⅲ 式陶鼎高附耳，盖平弧，深腹，圜底、足外撇，与江陵楚墓战国中期前段一型Ⅲ式鼎[8]、当阳赵家湖战国中期早段 D 型Ⅳ式鼎风格相类似[9]，均为深腹圜底，蹄足，足外撇。A 型Ⅱ式敦上、下相扣呈圆形，高兽蹄足，器身口沿下有 2 个对称小环纽，与当阳赵家湖战国中期早段Ⅳ式敦[10]、长沙楚墓 B 型Ⅳ式敦基本相同[11]。F 型壶与当阳赵家湖战国中期早段 B 型Ⅱ式相类似，M371 鼎、敦、壶均具有江陵、当阳地区特点，死者可能来自于楚国腹地一带，此段的仿铜陶礼器墓增多，仿日用陶器墓减少，仿日用陶器中主要是以绳纹圜底罐为多数，形成绳纹圜底罐、钵、豆组合。

第三期中段甲类墓 5 座，乙类墓 9 座，丙类墓 40 座。具有代表性的墓有 M140、M188、M196、M202、M627、M122。B 型 Ⅰa 式、Ⅰb 式陶敦与长沙楚墓战国中期中段的 B 型 Ⅴ 式[12]、江陵雨台

〔1〕 湖北省宜昌地区博物馆等：《当阳赵家湖楚墓》，第 90 页，文物出版社，1992 年。

〔2〕 同〔1〕，第 123 页。

〔3〕 同〔1〕，第 88 页。

〔4〕 同〔1〕，第 96 页。

〔5〕 湖北省荆州地区博物馆：《江陵雨台山楚墓》，第 63 页，文物出版社，1984 年。

〔6〕 湖南省博物馆等：《长沙楚墓》，第 106 页，文物出版社，2000 年。

〔7〕 同〔6〕，第 97 页。

〔8〕 同〔5〕，第 63 页。

〔9〕 同〔1〕，第 96 页。

〔10〕 同〔1〕，第 102 页。

〔11〕 同〔6〕，第 106 页。

〔12〕 同〔6〕，第 108 页。

山楚墓Ⅱ式陶敦形制相近[1]。A型Ⅱ式陶鼎与长沙楚墓战国中期中段D型Ⅲ式陶鼎大致相同[2]。A型Ⅲa式陶壶与江陵楚墓战国中期前段二型Ⅲ式陶壶近似[3]。因此，将此段定在战国中期中段应是合理的。

第三期晚段甲类墓4座，乙类墓17座，丙类墓46座。随葬仿日用陶器的墓明显减少。有仿日用陶器与陶礼器一并随葬的现象，或陶礼器组合不全的墓。部分器形既有战国中期晚段的特点，又开始向战国晚期转变。代表性墓葬有 M198、M200、M252、M189、M276、M616。这些墓葬在江陵、当阳、长沙能找出一些相类似的器形。A型Ⅴ式陶鼎与长沙楚墓战国中期晚段D型Ⅳ式鼎相似[4]。此段陶蹄足敦增多，盖、身相扣后呈椭圆形，流行"S"形纽，A型Ⅶa式陶敦与长沙楚墓B型Ⅷ式陶敦相似[5]。B型Ⅰc式陶敦与当阳赵家湖楚墓战国中期晚段Ⅴ式陶敦形制相近[6]。此段已有较多的盘口高颈肩饰衔环铺首圈足壶，出现瘦长兽面扁棱形鼎足，C型Ⅲa式陶壶与长沙战国中期晚段A型Ⅸ式陶壶风格接近[7]。根据其器物的自身发展演变规律来看A型陶鼎由圜底逐渐向平底转变，腹由深变浅，B型陶鼎由大圜底逐渐变为小圜底，深腹向浅腹发展，蹄足变小，为多棱形，A型Ⅲ式陶鼎由中期A型Ⅱ式的隆盖，直腹稍深，高粗蹄足接于底部变成斜腹稍浅，蹄足接于腹部。B型Ⅰb式陶敦从近椭圆形变成了B型Ⅰc式长椭圆形，C型Ⅰ式圆形陶敦变成了B型Ⅱ式椭圆形陶敦。通过与周邻地区同类墓葬、同类器物比照，以及器形的自身演变过程，将其年代推定为战国中期晚段较为恰当。

益阳第四期楚墓甲类墓12座，乙类墓91座，丙类墓179座，共279座。占益阳楚墓总数的43%。占已分期段的58.9%。器物组合多样，器形变化异彩纷呈，表现出强烈的地方特色，依据其组合和器物形制的变化可以分为七、八、九三段。现分段论述其年代。

第七段甲类墓2座，乙类墓16座，丙类墓38座。此段随葬仿日用陶器的墓急剧减少。由仿铜陶礼器的墓取而代之。代表性的墓有 M195、M220、M148、M164、M129。可与这一段比较的墓较多，长沙楚墓D型Ⅵ式陶鼎与益阳楚墓A型Ⅶ式陶鼎其形制基本相同[8]；B型Ⅹa式陶敦与益阳楚墓A型Ⅹa式、Ⅹb式陶敦其造型相若[9]；B型Ⅹb式陶敦与益阳楚墓A型Ⅺa式陶敦形制相同[10]。此期已出现少数鼎、盒、壶，鼎、盒、钫组合的墓，陶鼎、敦、壶制作较前段显粗糙，形态不甚规整。鼎耳厚薄不匀，鼎腹普遍变浅，足扁平有棱，陶敦由前期的椭圆形变成侈口，合碗形，纽、足变矮移至顶部。陶壶出现细长颈，垂腹，陶盖纽变矮。这些器物造型不甚规范，器物的风格特征与江陵、赵家湖相比，地方特色鲜明。

第八段甲类墓10座，乙类墓44座，丙类墓67座。其器物的造型，也更加丰富多彩，代表性的

〔1〕 湖北省荆州地区博物馆：《江陵雨台山楚墓》，第67、90页，文物出版社，1984年。

〔2〕 湖南省博物馆等：《长沙楚墓》，第100页，文物出版社，2000年。

〔3〕 同〔1〕，第65页。

〔4〕 同〔2〕，第98页。

〔5〕 同〔2〕，第108页。

〔6〕 湖北省宜昌地区博物馆等：《当阳赵家湖楚墓》，第102页，文物出版社，1992年。

〔7〕 同〔2〕，第115页。

〔8〕 同〔2〕，第101页。

〔9〕 同〔2〕，第108页。

〔10〕 同〔2〕，第110页。

墓葬有 M199、M222、M226、M143、M301 等。此时已进入战国晚期中段，即公元前 278 年秦白起拔郢之后，江陵已被秦国占领，楚都迁至淮阳，长沙这时正是繁荣时期，流行高蹄足鼎，平底平顶敦，侈口、长颈、高圈足外撇壶等。出现较多的扁平多棱形兽面蹄足，平弧鼎盖，鼎足变矮，鼎腹变浅，陶敦多平顶平底，纽变矮，向顶部聚集，盖身由椭圆形变成合碗形。这时的陶壶绝大多数是长细颈，腹突鼓，高圈足。A 型 Ⅴb 式陶敦与长沙 B 型 Ⅺb 式陶敦属于一种风格[1]。E 型 Ⅶ 式陶鼎与长沙 D 型 Ⅶb 式鼎形态一致[2]。F 型 Ⅲa 式陶鼎与长沙 D 型 Ⅶa 式陶鼎也基本相同[3]。C 型 Ⅳa 式陶壶与长沙 A 型 Ⅶ 式陶壶大体属于一种风格[4]。根据器形的演变规律以及与长沙楚墓的比较，将这批楚墓推定在战国晚中段应是比较合理的。

第九段为战国末期，无典型甲类墓，乙类墓 31 座，丙类墓 74 座。此段具有代表性的墓葬有 M246、M254、M635、M137、M35、M302，其陶器组合仍以鼎、敦、壶为主，有少数几座鼎、盒、壶组合的墓。几乎所有的陶器都不甚规整，火候偏低，陶鼎足变矮、变小，足较前段更扁平，少兽面，盖平稍弧，腹浅，大平底内凹，器体瘦小。陶敦平底平顶，纽小而矮，聚集于顶部，盖、器身侈口，器体扁平。陶壶盘口细长颈，折腹起棱，或长近椭圆腹。B 型 Ⅵ 式陶鼎与长沙 D 型 Ⅹ 式鼎基本一致[5]；A 型 Ⅸb 式陶敦与长沙 B 型 Ⅷa 式敦属于一种形态[6]。C 型 Ⅷc 式陶壶与长沙 A 型 ⅩⅢ 式陶壶有相同的风格[7]。从陶器的演变规律来看，鼎、敦、壶的盖、纽、足退化，以及逐渐消失，演变脉络清晰。因此，从器形的演变规律和同周邻地区同期陶器器形的比较将最后一段推定为战国末期，应是合宜的。

至于益阳战国晚期出土的陶盒、钫，由于组合形式较少，器形变化不大，未作分期的比较分析。

以上是 477 座随葬陶器、铜器墓的分期断代。有 6 座墓只做了大致分期，没有分段；尚有 170 座墓无法进行分期（其中陶器残破、标签散失，还有铜兵器墓 15 座、出铁兵器墓 2 座、残铁器墓 1 座、出铜印章和铁鏊墓 1 座、无随葬器物墓 33 座）。这些分期不明的墓，就其墓坑形制，填土，陶器组合，铜、铁兵器的形制来看，均具有楚墓的风格。所以，一并归入战国楚墓（表五）。

通过以上甲、乙、丙三类墓四期九段的纵向发展演变过程以及与周邻地区同期陶器的横向比较，以及相互印证，其年代基本吻合，可以推定四期九段的大致年代是：

一期一段　　春秋晚期
二期二段　　战国早期前段
二期三段　　战国早期后段
三期四段　　战国中期前段
三期五段　　战国中期中段
三期六段　　战国中期晚段

[1]　湖南省博物馆等：《长沙楚墓》，第 110 页，文物出版社，2000 年。
[2]　同[1]，第 101 页。
[3]　同[1]，第 101 页。
[4]　同[1]，第 116 页。
[5]　同[1]，第 101 页。
[6]　同[1]，第 110 页。
[7]　同[1]，第 116 页。

四期七段   战国晚期前段
四期八段   战国晚期中段
四期九段   战国晚期末段

这四期九段墓，大约始于公元前 500 年前后，至楚国被秦灭亡（前 223 年）前后数年为止，前后共经历约 280 年，反映出辉煌灿烂的楚文化，推动了历史文明的进程。

第四节 小 结

通过对以上 653 座楚墓的综合梳理，分期断代，使我们对这批墓葬的形制、随葬器物等方面有以下几点认识。

一、地理位置 从益阳地区已发掘的数十个墓地来看，墓葬一般埋葬在丘陵岗地，低矮山包，稍大的墓一般埋在山脊的顶端，其他相对较小的墓葬置于大墓周围，山脊山坡上。

二、墓葬形制 大体可以分为狭长形、长方形、宽坑形墓三类。长方形墓最多，约占 65％，宽坑形墓约占 20％，狭长形墓约占 15％。墓口宽度在 1 米以下的较浅；深度约在 3 米以下，墓口宽度在 1 米以上的，深度多数为 4～5 米。春秋晚期至战国早期狭长形、长方形墓多于宽坑形墓。战国晚期不见窄坑形墓。陆贾山墓地宽坑形墓较多，呈覆斗形，墓壁坡度在 80°左右，与江陵、当阳一带的墓坑形制相同。随葬器物具有江陵风格，年代多在战国早期至战国中期，推测墓主可能来自江陵一带，带来了他们当地的埋葬习俗。

春秋晚期至战国中期吊龛、头龛、壁龛、生土二层台的墓较多。650 余座墓中有 143 座带有吊龛、头龛、壁龛或生土二层台。从分期结果看，这类墓早到春秋晚期，晚至战国末期。但战国早、中期明显多于战国晚期。

益阳楚墓战国早期早段以前，不见有墓道的墓葬，带墓道的始见于战国中期。

三、棺椁结构 从保存有棺椁的 6 座墓来看，凡是填有纯白膏泥的墓都保存有棺椁，白膏泥越厚，保存程度越好。棺的形制只有长方形盒状平底棺，不见江陵地区流行的悬底弧形棺与悬底长方形棺。单棺墓约占益阳楚墓的 70％，其随葬器物的组合形式为仿日用陶器和陶礼器。

四、随葬器物 春秋晚期至战国早期主要以随葬仿日用陶器为主，普遍随葬陶礼器在战国中期以后。

盘口、高颈、圆鼓腹陶壶出现在战国中期，流行至战国末期，并有较为明显的演变过程，这类器形在周邻地区少见。

陶绳纹圜底罐出现在春秋晚期，流行于战国早、中期，延续到战国晚期，灭迹于战国末期。

陶豆是益阳楚墓中出土最多的一种器物，多达 720 件。战国早期多为浅盘，圆直柄，战国中期以后多见深盘，短粗柄、高圆柄。

陶鬲、簠、罐、盂、长颈壶是楚文化的典型器物，为江陵、当阳地区最普遍的随葬器物。653 座益阳楚墓只有 4 座墓出土陶簠，其他如长颈壶、盂、缶，小口鼎也极少发现，说明这种典型江陵风格的器物在益阳地区并未盛行。5 件陶鬲均出自二层台、吊龛、头龛内，3 件陶长颈壶的形制也与江陵、当阳一带所出有较大区别。造成这些差别的原因可能与区域性差异有关。

彩绘陶器出现在战国中期，流行至战国晚期。陶鼎、敦、壶、豆、勺、匕、盘、匜均施彩绘，主要有朱、黄、白、黑四彩。头龛、吊龛、壁龛、二层台墓内器物不见彩绘。

五、墓地差异

（1）已发现的益阳楚墓均为家族墓地。凡墓地位置较好、地势较高的部位都是该墓地规模最大的墓。有许多属夫妻异穴合葬墓，墓葬的长宽比例、大小、方向基本相同，一般相距 1.5～2 米。

（2）墓地与墓地之间反映出贫富等级差别。陆贾山墓地墓葬形制、所出青铜器、陶器均具有明显的江陵地区特点，墓葬规格也稍高。赫山庙一带墓地所出器类较丰富，陶器、青铜兵器、铜镜、玉器、料器较齐全。赫山庙以东的羊舞岭天子坟砖瓦厂、资江机器厂、长坡岭砖厂、宁家铺砖厂、笔架山砖厂墓地等主要是陶器，青铜器主要为兵器，玉器、料器少见，墓葬年代也相对较晚。陆贾山、赫山庙一带出现空墓的比例少，羊舞岭及市郊的墓地空墓比例相对较高。

六、期段差异　从分期的结果看，益阳楚墓第一、二期数量较少，第三期逐渐增多，第四期数量大增，似乎与各期所经历的时间长短比例不相称，但这种情况与长沙楚墓相同，这与楚人进入益阳的时间是吻合的。在战国中期以前，益阳为楚国稳固的后方，至战国晚期，由于楚都东迁，许多楚人被迫南下，是出现第四期楚墓增多的主要原因；其次，益阳地区已发掘的战国晚期至西汉初期的墓葬中，仅发现个别墓葬出土带有某些秦文化因素的器物，说明秦统一的短暂时期，益阳地区仍然是采用楚国的埋葬习俗。至于具有越文化风格的器物则从战国早期一直延续到战国晚期。

第六章　几点初步认识

第一节　益阳楚墓与长沙楚墓的比较

通过对益阳地区 650 多座楚墓的研究分析，对照长沙地区 2000 余座楚墓反映的内涵与特点，两地相比较既反映出它们共同的文化特征，也有诸多不同之处。现就两者之间做一初步的比较。

一、墓葬形制

首先从墓葬的封土方面观察，益阳保存有封土的墓呈圆形，有墓道的墓一般呈馒头形，封土土质采用地表土与墓坑土分层堆筑，每层厚 15～20 厘米。

填土。益阳楚墓填土均采用本坑土捣碎后回填，墓口以下是较纯净的网纹红土，或者粉黄土回填。约有 10% 的墓底填有厚薄不一的白色膏泥，有的与墓土混合回填，有的填有 5～10 厘米厚的纯白膏泥。白膏泥厚度在 20 厘米左右的一般保存有棺椁底板或部分棺椁。长沙楚墓填土同样采用本坑土回填，夯层厚 10～30 厘米，夯窝直径约 5 厘米[1]。有白膏泥的墓比益阳楚墓多，益阳楚墓填土的夯层为 10～20 厘米，夯窝呈圆形，较密，夯层紧实。

墓坑。长沙楚墓不设台阶的中小型墓，墓口与墓底相差无几，墓壁垂直，甚至有的墓底稍大于墓口[2]。益阳楚墓中小型墓葬占 90% 以上，除陆贾山墓地的墓葬口大于墓底之外，其余墓地的墓口与墓底大致相等，个别墓坑的墓底大于墓口。

台阶与壁龛。长沙楚墓的中型墓葬明显多于益阳楚墓，中型楚墓中多设有一级或二级以上台阶[3]，益阳数百座楚墓中有二级以上台阶的只有 3 座，有 106 座是设有生土二层台的小墓，其中与生土二层台面水平的吊龛墓 12 座，与墓底平的头龛墓 56 座，无生土二层台与墓底平的头龛墓 24 座，距墓底 0.9～1.2 米高的吊龛墓 47 座，边龛墓 3 座。在一部分吊龛墓中，吊龛内放置鼎、敦、壶等器物。长沙 2048 座中有壁龛的墓 539 座（包括头龛、吊龛、边龛），占 26.32%。益阳 653 座楚墓，有壁龛（头龛、吊龛、边龛）的墓 143 座，占 22%。比例大体相等。

葬具及其形制。益阳楚墓未发现保存有完整葬具的墓，仅见残存外椁、内棺、底板或枕木的墓 6 座，长沙 2048 座楚墓保存有棺椁的有 59 座[4]，两地都难保存棺椁的重要原因均应是墓坑在山岗、

---

〔1〕 湖南省博物馆等：《长沙楚墓》，第 10 页，文物出版社，2000 年。
〔2〕 同〔1〕，第 9 页。
〔3〕 同〔1〕，第二章第二节。
〔4〕 同〔1〕，第 10 页。

山顶、山脊或山坡，无地下水保存湿度，许多墓无白色膏泥密封，所以棺椁无法保存。益阳楚墓葬具形制仅见长方形盒状平底棺，长沙 59 座保存有棺椁的墓葬中，则有 8 座为弧形悬底棺[1]。益阳楚墓究竟有没有这种棺椁形制，因保存的棺椁太少，尚难做出结论。

益阳楚墓保存有棺椁的墓葬可见边箱、头箱，或边箱、头箱同时并存的三种情况。没有棺椁的墓从随葬器物的位置可推断是否有边箱或头箱，规模稍大的墓一般设置两个边箱。从保存有棺椁的墓葬情况看，同规格的墓与长沙楚墓所出棺椁头箱、边箱形式相同，基本上没有区别。

二、随葬器物

益阳楚墓经过整理归纳，其随葬器物的组合形式、种类、器形特征与长沙楚墓大同小异，但在器物的形制方面显现出不同的风格。

（一）陶器

1. 陶器组合

（1）在仿日用陶器组合中，益阳楚墓极少见陶鬲出土，653 座楚墓只有 5 座出土陶鬲，数量不到墓葬总数的 1%；长沙楚墓出土陶鬲的墓有 79 座，占总数的 3.92%[2]，且鬲、钵、罐组合齐全的墓较多。益阳楚墓出土陶鬲墓的组合也较齐全，但其他类组合齐全的仅占三分之一，而多数是双件或单件出土。长沙楚墓只出土陶绳纹圜底罐（报告称 C 型罐）39 件；而益阳楚墓出土有 54 件，出土比例高出长沙楚墓 4 倍，似乎可以看出这种陶绳纹圜底罐替代了陶鬲。其次是陶豆出土特别多，豆在各种组合中都有，几乎每墓必出，多的可达 6 件。长沙楚墓 2000 余座出土陶豆 445 件[3]，益阳楚墓出土陶豆 720 件，出土比例高出长沙楚墓 5 倍。陶长颈壶在长沙楚墓中仅见 2 件，益阳也只出土 3 件，但形制已经变化。

（2）陶礼器组合的墓中，长沙楚墓中仿铜陶礼器较多见的为鼎、敦、簠、缶；鼎、敦、壶、缶；鼎、敦、壶；鼎、敦、壶、钫；鼎、敦、盒、壶；鼎、盒、钫；鼎、盒、壶。最常见是鼎、敦、壶，到晚期主要是鼎、盒、壶[4]。益阳楚墓不见鼎、簠、壶组合，主要是鼎、敦、壶，355 座陶礼器组合的墓中，鼎、敦、壶组合的墓占 331 座。即是在战国晚期，这种组合仍然是多数，出鼎、盒、壶组合的墓只有 15 座；鼎、敦、壶、盒组合的墓 6 座；鼎、敦、盒、钫 7 座；鼎敦、钫、盒、小口鼎墓 1 座。鼎、敦、簠、壶；鼎敦、壶、簠、缶各 1 座；而这 2 座出土陶簠的墓，器物形制与江陵所出完全相同。

2. 陶器形制

长沙楚墓出土的镬鼎、升鼎[5]，益阳楚墓中不见，铄鼎中的Ⅳ式、Ⅴ式、Ⅵ式、Ⅶ式在益阳楚墓中常见。D 型高足鼎益阳楚墓中多见，是益阳楚墓陶鼎的主要型式。小口陶鼎益阳楚墓仅见 1 件，长沙楚墓出土 14 件[6]。

陶敦形制比长沙楚墓内容丰富，式样较多，E 型Ⅰ式、Ⅱ式横"S"形纽、足在长沙楚墓中不见。

〔1〕　湖南省博物馆等：《长沙楚墓》，第 11 页，文物出版社，2000 年。

〔2〕　同〔1〕，第 436 页。

〔3〕　同〔1〕，第 132 页。

〔4〕　同〔1〕，第 438～440 页。

〔5〕　同〔1〕，第 94～96 页。

〔6〕　同〔1〕，第 102 页。

陶壶除陆贾山所出与长沙楚墓 A 型陶壶相似之外，其他墓地陶壶虽然与长沙楚墓所出相似，但益阳楚墓中较多的盘口、细颈、折腹陶壶为长沙楚墓所不见。战国中、晚期的 C 型Ⅲ式盘口、长颈、鼓腹陶壶，C 型Ⅳa 式、Ⅶa 式长颈、长腹、高圈足、高 "S" 形盖纽壶也不见于长沙楚墓[1]。

陶豆虽然在仿日用陶器墓中是最主要的器类，但在仿铜陶礼器墓中也几乎是每座必出。长沙楚墓中的陶豆型式简单，而益阳楚墓中陶豆的型式丰富多彩，Ae 型Ⅰ式、Ⅱ式、Ⅲ式高柄、中部微凹凸的豆柄，Ah 型Ⅱ式、Ⅲ式外壁有棱的陶豆盘等，均不见于长沙楚墓[2]。

长沙楚墓中的陶盉、陶浴缶在益阳楚墓中不见[3]。

（二）铜器

1. 长沙楚墓出土铜鼎 132 件、敦 17 件、壶 44 件、盘 16 件、匜 7 件、勺 34 件，还有乐器钲和铎共 12 件[4]。益阳楚墓出土铜鼎 15 件、敦 2 件、壶 7 件，在出土比例上远不如长沙楚墓。

2. 长沙、益阳楚墓都以铜剑居于兵器首位，戈、矛次之。长沙楚墓出土铜剑 508 件、戈 240 件、矛 196 件[5]。益阳楚墓出土铜剑 99 件、铜戈 79 件、铜矛 78 件。长沙楚墓出土兵器占墓葬总数的 46%，益阳楚墓出土兵器占墓葬总数的 38%，接近长沙楚墓。

3. 铜镜　长沙楚墓出土的铜镜多达 485 件[6]，占墓葬总数 23.7%；益阳楚墓出土铜镜 44 件，只占墓葬总数的 6.8%。造成铜镜比例悬殊的原因可能是长沙当时为湖南楚人的政治中心，富有的人较多，益阳楚墓出土铜镜的地点主要分布在赫山庙、桃花仑一带，战国时期的古城就分布在桃花仑与赫山庙之间的三里桥铁铺岭。而市郊羊舞岭、长坡岭、宁家铺一带出土铜镜较少，这些地点当时可能不属益阳的中心城区，一般多为贫穷的平民，这些可能是益阳楚墓出土铜镜相对长沙较少的重要原因。

（三）铁器

益阳楚墓出土铁器最多的是剑和锸，其中铁剑 23 件，铁锸 16 件，其次是铁刮刀 9 件。出土铁剑的墓占墓葬总数的 3.5%，长沙楚墓出土最多的铁器是铁刮刀 43 件，铁剑 35 件[7]，铁剑占墓葬总数的 1.7%，两地的比例大致接近。长沙楚墓较常见的工具有铁锸、斧、斤、锄、刮刀、夯锤；兵器有剑、镞、戟[8]。益阳楚墓较常见的有铁剑、刮刀，显然长沙楚墓铁器的品种要多，内容要丰富。

（四）玻璃器和玉器

益阳楚墓出土玻璃璧 36 件，珠 7 件。出土玻璃器的地点主要在赫山庙羊舞岭一带的墓葬中，其他墓地很少见到。种类只有玻璃璧、珠，多数腐蚀严重，完整器少。玻璃珠上蜻蜓眼易脱落。玉器出土少，有玉璧 6 件、玉环 3 件、玉管 5 件，剑格、剑珌、玉璜各 1 件。长沙楚墓出土玻璃璧 97 件、环 18 件、玉剑首 8 件、玉剑珥 7 件[9]。从整体比例而言，益阳楚墓出土的玉器和玻璃器比长沙楚墓要

〔1〕　湖南省博物馆等：《长沙楚墓》，第四章第一节，文物出版社，2000 年。
〔2〕　同〔1〕，第四章第一节。
〔3〕　同〔1〕，第四章第一节。
〔4〕　同〔1〕，第四章第二节。
〔5〕　同〔1〕，第四章第二节。
〔6〕　同〔1〕，第四章第二节。
〔7〕　同〔1〕，第四章第三节。
〔8〕　同〔1〕，第四章第三节。
〔9〕　同〔1〕，第四章第四节。

少。

（五）印

长沙楚墓出土有官印 3 件、私印和吉语印等 27 件[1]。益阳楚墓仅出土玉印 1 件、铜印 10 件，不见官印，其中有少量吉语印和图案印，而长沙所出的印有铜、玉、角、玻璃等多种质地。

（六）漆木器

益阳楚墓由于保存葬具的极少，所以很少见到漆木器。长沙楚墓的规格一般比益阳楚墓规格高，保存有棺木的墓相对较多，使漆木器能够保存下来。长沙楚墓出土的虎座飞鸟、六博、鸳鸯豆、长方形酒具盒、蟠螭纹卮、双连环、扇、床、漆虎子、吹笛等均不见于益阳楚墓[2]。益阳楚墓能见到的只有少量木俑及残漆耳杯、樽、奁等。造成这些差距的原因，一方面是因为没有保存葬具，漆木器已腐烂，另一方面益阳楚墓中本来这类器物相对较少，可能是等级与地域的差别。

第二节　益阳楚墓与江陵楚墓的比较

江陵是楚郢都所在地，楚人自建都江陵后，一直到公元前 278 年秦将白起拔郢数百年间，形成了自己独特的文化体系——楚文化，几十年来发掘的数千座楚墓资料较为全面地反映了楚文化的面貌。下面将益阳与江陵等地楚墓的墓葬形制、随葬器物等方面做一初步的比较。

一、墓葬形制

封土与填土。益阳楚墓封土用墓室周围的表土与墓坑土分层堆积，形成封土，墓坑均用本坑土捣碎后回填、夯实，土质纯净，墓底填白膏泥的约在 10% 以下，白膏泥厚度为 5～10 厘米。约有 10% 左右的墓距墓底约 90 厘米高的地方开始用白膏泥与填土混合回填（基本与棺椁高度相等）。江陵楚墓用黄褐色填土、五花土或黏土性较强的青灰泥回填。

墓坑形制。江陵楚墓墓坑普遍是墓口大，墓底小；益阳楚墓除陆贾山墓地与江陵楚墓相同之外，其他墓地普遍上下垂直，墓口与墓底基本相等，有的甚至墓口小。墓底大可能与当地土质有关，益阳地区主要是第四纪网纹红土，土质坚硬，而江陵地区土质疏松，容易塌方，所以形成了上大下小的墓坑形制。江陵小型楚墓中，少见生土二层台、吊龛、头龛墓，而益阳楚墓生土二层台的小型墓较多，有吊龛、头龛，极少见边龛。

葬具。由于地理位置与土质土色的差异，葬具的保存状况差别较大，江陵地势低洼，填青灰膏泥的墓较多，保存葬具较多。益阳楚墓多埋在丘陵山岗，地势干燥，墓底填有白膏泥的墓较少，保存葬具的墓也少。从出土的葬具来看，江陵楚墓多是长方形悬底方棺、悬底弧形棺，长方盒状平底棺较少；益阳楚墓未见长方形悬底方棺、悬底弧形棺，仅见长方形盒形平底棺。

二、随葬器物

随葬器物的风格有别。在陶器组合方面，江陵楚墓日用陶器以鬲、钵、罐，鬲、长颈壶、罐为

---

〔1〕　湖南省博物馆：《长沙楚墓》，第四章第四节，文物出版社，2000 年。
〔2〕　同〔1〕，第四章第五节。

主，仿铜陶礼器以鼎、簠、壶，鼎、敦、壶为主要组合，还有鼎、簠、缶，鼎、簠、钫，鼎、盒、钫等。益阳楚墓仿日用陶器以高领绳纹圜底罐、钵、豆为主，还有罍形器、钵、豆组合，高领绳纹圜底罐、豆组合等，仿铜陶礼器以鼎、敦、壶为主要组合，很少有鼎、盒、壶，鼎、盒、钫组合。其中常见的是高领绳纹圜底罐、钵、豆、鼎、敦、壶、豆组合，还有一些不成组合的仿日用陶器墓和仿铜陶礼器墓，益阳楚墓中与簠同出的其他器物都与江陵所出完全相同，说明出陶簠的墓主人来自江陵。

通过对比，江陵楚墓多见簠、缶，益阳楚墓多见敦，益阳所有陶礼器组合的墓都出土陶敦，从战国早期开始一直到战国末期流行 200 余年，益阳楚墓中出簠的只有 4 座。

器物形制方面有较大的差异。益阳楚墓陶鼎多浅腹、平底、蹄足，足截面呈多棱形、圆形、椭圆形或扁平形，到战国晚期形态多不规整。江陵所出陶鼎，多深腹、圜底、蹄足外圆内空，比例协调，形态规整。

益阳楚墓中陶敦形态较多，有兽形纽、矮蹄足纽、"S"形、"X"形纽等，器身有球形、半球形、椭圆形、合碗形等；江陵楚墓年代比益阳楚墓早，敦的形制基本上是扁球形、球形或近椭圆形。敦纽仅见兽形纽、蹄足纽等。

益阳楚墓陶壶早期为粗颈、长椭圆形腹，到战国中晚期绝大多数是盘口、细颈、腹下垂，年代越晚颈越细，普遍有圈足；江陵楚墓陶壶为粗颈、长腹、平底，不见益阳楚墓的细颈壶。江陵楚墓多见长颈平底壶，益阳楚墓中不见。

益阳楚墓多见陶绳纹圜底罐，少见陶鬲；江陵楚墓多见陶鬲，少见陶绳纹圜底罐。

益阳楚墓出土的铁锸、镬比江陵楚墓多，青铜兵器剑、戈、矛在益阳楚墓中常见，而江陵楚墓相对较少。

第三节　益阳楚墓陶器组合与随葬器物的特点

益阳楚墓陶器的组合与随葬器物具有较强的地方特点。

一、仿日用陶器组合

仿日用陶器组合最多的是绳纹圜底罐、豆；绳纹圜底罐、钵、豆组合，各有 15 座；绳纹圜底罐、钵、组合 10 座；单出绳纹圜底罐 9 座；小壶、钵、豆组合 10 座；小壶、豆组合 8 座；小壶、钵组合 10 座；罐、钵、豆组合 11 座；罐、豆 12 座；单件陶豆墓 15 座；出陶鬲的墓 5 座。上述组合数据统计显示以绳纹圜底罐为组合的墓数量最多，这是益阳楚墓仿日用陶器墓的一个特点。

二、仿铜陶礼器组合

仿铜陶礼器主要是以鼎、敦、壶为主要组合的墓，有 325 座；鼎、盒、壶为主要组合的墓只有 15 座；鼎、敦、盒、钫墓 8 座。但从分期的结果看，在已分期的 483 座陶器墓中（包括大致分期的 6 座），战国晚期墓有 280 座，占 60%，说明陶鼎、敦、壶从战国早期开始一直延续到战国末期，而代表战国晚期组合的鼎、盒、壶、钫在益阳并不流行。

三、陶器种类及特点

（一）鼎　益阳楚墓所出陶鼎主要有四种形制：1. G 型陶鼎与江陵楚墓风格完全相同；2. 介于江

陵楚墓风格与本土文化之间，B型、C型陶鼎在江陵楚墓特点的基础上略有变体；3. 具有地方特色的陶鼎；4. 似与越式铜鼎有相近之处的E型陶鼎；第1、2种主要存在于战国早中期，第3、4种以战国晚期最多。

（二）敦　除陆贾山所出为江陵楚墓特色之外，其他墓地从战国中期开始到战国末期以"S"形纽贯穿始终。这种"S"形纽足只是高矮粗细的变化。年代越晚，纽、足渐小，直至退化，型式变化接近于长沙楚墓。

（三）壶　具有显著特色的是盘口、高颈、圆鼓腹壶。战国中期出现时，颈较粗，年代越晚颈越细。至战国末期这种壶的颈部细长，腹部呈折状。它在江陵、当阳、长沙及常德等周邻地区的楚墓中极少见到相近或相似的器形。

（四）豆　是益阳楚墓出土最多的器物，几乎每座必出，653座墓葬，出土陶豆720件。一般与日用陶器和仿铜陶礼器相配套，即与主要器类出土数量基本相等。有的墓葬陶豆数量多达6件。

（五）楚文化的典型器物陶鬲在益阳楚墓中只见5件，而益阳楚文化遗址中普遍出土陶鬲。另外，陶簠、陶缶出土极少，仅出土3件已经变体的陶长颈壶。益阳653座楚墓材料表明，益阳地区春秋战国时期不盛行随葬陶鬲，也极少随葬陶簠、陶盉、陶小口鼎和陶长颈壶。

第四节　益阳楚墓各类墓主人的身份推测

益阳楚墓根据墓坑形制大小、棺椁规模，随葬器物类别、多寡来区分为甲、乙、丙、丁四类，分别代表了墓主人身份等级的不同。我们可以借助于先秦文献中有关的棺椁制度和礼器制度，来推测四个类别墓主人的身份。

《左传》昭公七年说："天有十日，人有十等，下所以事上，上所以共神也。故王臣公，公臣大夫，大夫臣士，士臣皂，皂臣舆，舆臣隶，隶臣僚，僚臣仆，仆臣台。马有圉，牛有牧，以待百事。"从士以上均属贵族阶层，从皂至台均属平民阶层。这些显然是中原地区的爵制情况，但楚国的官职制度也应与之大致相似。《礼记·檀弓》载"天子之棺四重"，东汉郑玄注说："诸公三重，诸侯再重，大夫一重，士不重。"这里所说的是指棺椁层数，一重即二层，就是说士一层，大夫二层，诸侯三层，诸公四层，天子五层。关于随葬品的记载，《公羊传·桓公二年》注："天子九鼎，诸侯七，卿大夫五，元士三也。"这些棺椁制度和用鼎制度代表了西周时期的社会等级，到战国时期，社会急剧变化，等级重新分化，涌现出一批新兴的富裕阶层，在葬制上出现了僭越现象。

益阳楚墓中的甲类墓，主要为一椁一棺或重棺，随葬器物的组合形式一般是二～四套陶礼器，如以棺椁制度及用鼎数量来衡量，应是下大夫一级的墓，但此时正处于礼溃乐坏时期，在用鼎数量上和棺椁规格上出现了僭越现象，故此类墓中的墓主人可能多属于元士或下大夫阶层。

乙类墓比甲类墓低一级，多数是一棺一椁，为一～二套陶礼器，但由于社会的变革，到战国中晚期那些过去只能用日用陶器随葬的庶民阶层，也随葬一～二套陶礼器，所以乙类墓应为下士或较为富庶的平民阶层。

丙类墓是益阳楚墓的主体部分，主要为单棺墓，有相当一部分随葬仿日用陶器的墓以及随葬一套陶礼器的墓，这一部分墓的墓主人当是社会的平民阶层。这些本应只能随葬日用陶器的墓主人到了战国末期，由于社会的变革与分化，一些平民阶层逐渐拥有了一定的财富，出现了少数使用一棺一椁或二套陶礼器随葬的现象。

丁类墓在各个墓地都有分布，但市郊墓地的空墓比市区的空墓数量要多，这类墓均无棺无椁，未见随葬器物，说明这些没有随葬器物的墓主人是当时的赤贫者或皂民。

第五节　益阳楚墓反映的越文化因素

楚人入湘以前，资水下游益阳及其周边一带应属越人聚居之地。这一点已因相邻的桃江腰子仑春秋越人墓地的大面积发掘得到确认。因此益阳楚墓中必然存在较多的越文化因素，这种文化因素甚至一直延续到战国晚期。其主要表现概括为以下几个方面。

一、墓葬形制

益阳楚墓中不少墓坑近似狭长形，长宽比例在3∶1以上甚至接近4∶1。如陆贾山热电厂 M170、M183、M185 等长宽比例均在3∶1以上；赫山庙义子山墓地 M416、M417 等多座墓均为3∶1以上的狭长形浅坑墓。像这类墓葬形制特点在多处墓地存在。这种特征与桃江腰子仑春秋越人墓葬长宽比例多在3∶1或4∶1左右的特点几乎一致[1]，显然是保留了土著越人墓葬形制的特点。

二、随葬器物

益阳楚墓中不少墓葬既有典型越式器物，又有典型楚式器物，如 M65、M375、M387、M413、M422 等多座墓葬中均发现一种鼎盖饰绚纹和云纹，三足扁平，底部有三角合范的典型越式铜鼎，与楚式铜器或陶器同出。另有一种环耳或方耳，鼎足扁平外撇的浅腹陶鼎，应是越式铜鼎特征在陶器上的反映，明显是土著文化的遗风。有的狭长形墓葬中出土有玉管、玉片、玉环以及柳叶形铜刮刀、砺石等器物，这在邻近的桃江腰子仑春秋越人墓地普遍存在，无疑是越文化因素在楚墓中的反映[2]。M643、M536 等墓中出土的一种无格、无箍、脊扁平素面短剑，以及身长叶宽有多道凹槽、骹作椭圆形、身饰倒刺纹的铜矛，均系越文化典型器物。

上述楚越文化交混的现象在陆贾山热电厂几座春秋晚期到战国早期的较大的墓中反映最为明显。M183、M170 均为狭长形墓坑，均发现有较多的小件玉器以及铜刮刀、环首刀之类的越式器物，但两座墓中均出土有典型的楚式铜鼎、敦、簠等铜礼器和楚式兵器，墓主应是来自江陵的贵族无疑。这些征服者初来越地以后，为了加强对土著越人的统治和有效管理，可能与当地越人建立了某种特殊的亲善关系，因此，这两座墓中反映出较多的越人葬制、葬俗。同一墓地中，已晚到战国早期的 M139，虽然有立耳越式铜鼎和铜刮刀与楚式兵器、铜敦共出，但整个墓坑已变成长方形，墓底出现

----

〔1〕　益阳市文物管理处：《桃江腰子仑春秋墓》，《考古学报》2003年第4期。
〔2〕　同〔1〕。

枕木沟，表现出典型楚式墓葬的特点。

三、益阳楚墓反映的越文化陶器特征

值得指出的是益阳楚墓中未见一件类似长沙楚墓出土的越式硬陶或釉陶器，而且在益阳地区已发掘的多处东周遗址中也未见所谓的越式釉陶或印纹硬陶。这是益阳楚墓与长沙楚墓土著文化因素的差别。推测资水流域土著越文化与湘水流域越文化可能不属于一个类型。长沙东周土著文化可能较多地受东南印纹陶文化的影响，资水流域的益阳土著越文化可能在很多方面与西南百僕文化关系密切，属于另外一种类型。至于江陵、信阳、寿县等楚墓中很少见到越文化因素的现象，显然反映出不同地域文化因素的特征。

第六节　益阳楚墓中的巴文化因素

在益阳 653 座楚墓中，部分墓葬反映出一些巴文化因素，具有明显巴文化特征的有 2 座墓葬。

M168 出土铁鼎、陶瓿、陶钵；M191 出土铜印章、铁鍪等，两座墓皆狭长形，比例为 3.5∶1。M168 所出铁鼎为盘口、束颈、腹略下垂、大圜底、圆柱形足（图一七五），它与四川大邑五龙出土的陶鼎形式接近，但大邑五龙出土的陶鼎口沿较短，腹稍浅，年代在春秋战国之际[1]，益阳所出铁鼎，为盘口、束颈、深腹，应属于战国时期的实用器。同墓出土的陶瓿为卷沿、直腹、平底。是巴蜀墓中的常见器物，并从战国延续至汉代。M191 所出铁鍪，侈口、直颈、斜肩、单耳、腹下垂、大圜底。这种器形在巴人墓中从春秋战国开始一直到汉代都有出土，属于典型的巴式器物。M118 出土的陶尖底壶从形制上看，也应属于巴文化之物。四川新繁水观音墓曾出土 1 件长颈、斜肩、鼓腹、圜底稍尖陶壶，与之极其相似[2]，但繁水观音墓所出显然年代稍早，为圜底稍尖，略呈球腹。M118 所出腹部增长，下腹收至尖底（图一〇二∶12）。M520 所出绳纹圜底釜，为方唇、短颈、弧肩、鼓腹、圜底，腹至底部饰绳纹，它与四川荥经县同心村出土的Ⅲ式陶釜形制相近[3]，也属于巴文化的典型器物。

在青铜器中出土有巴式铜戈、巴式铜印、铜带钩等。巴式铜戈出自 M259，援上脊由三条凸线并列组合而成，援末饰浅浮雕虎头像，与脊线相连，脊线则示意为虎身，胡上及援末共四穿，胡上三穿呈长方形，援末一穿为圆形，援上一面饰浮雕虎像图案。它与四川荥经县同心村所出形式基本相同[4]；M307∶7 所出铜印为桥形纽，纽下段涩叠上收为二层平顶，印面长方形，体扁平，背外沿有凹槽两周使背面上凸，印面为一站立虎兽；M214 铜带钩，背面方形凸纽，纽平面外沿有凹槽一周使背面上凸，纽平面饰卷尾虎图案。

上述这些具有巴式特点的器物，反映战国时期益阳地区曾经受到巴文化的影响，彼此有过文化与物质上的交流，正是这种相互影响与交流，促进了民族的融合与发展。

---

〔1〕　赵殿增：《巴蜀原始文化的研究》，《巴蜀考古论文集》，文物出版社，1987 年。

〔2〕　同〔1〕。

〔3〕　四川省考古所等：《荥经县同心村巴蜀船棺葬发掘报告》，《四川考古报告集》，文物出版社，1998 年。

〔4〕　同〔3〕。

第七节　益阳楚墓出土铁器、玻璃器的有关问题

一、关于铁器

本报告整理的 653 座楚墓中有 87 座墓出土铁器,共 126 件。出土铁器的墓占总数的 16％,出土铁器数量比例之大远远超过除长沙以外的各地楚墓。江陵九店东周墓中近 600 座墓葬仅出土 7 件铁器,江陵雨台山 500 多座墓葬仅出土 2 件[1],当阳赵家湖 200 多座楚墓出土铁器 3 件[2],这一现象似可从一个侧面反映春秋战国时期湖南应是使用或生产铁器最多的地区。从《长沙楚墓》统计的数据来看,2048 座墓葬中,194 座出土 239 件铁器,有将近 10％的墓出土铁器。益阳楚墓出土铁器的种类基本与长沙楚墓一致。年代也与长沙楚墓出土的铁器接近。如 M65、M251 出土的铁剑,其年代分别可到战国早期前段和战国早期后段。益阳 653 座楚墓中出土铁剑 23 件,出铁剑的比例略超出长沙楚墓发表的资料。这批铁剑长 70～80 厘米的居多,有的铁剑如 M338∶11 长达 100.5 厘米,可以想象这类铁剑已成为当时十分重要的进攻性武器。有的铁剑用玉剑首、玉剑珌作为装饰,可见当时铁剑已受到人们的特别重视。益阳楚墓出土铁兵器还有铁戈、铁戟、铁矛和铁镞等,其种类特征与长沙楚墓基本一致,说明当时铁兵器已在南楚一带迅速发展,甚或大有取代铜兵器之势。值得注意的是其中铁镞出土数量较多,这种消耗性兵器大量随葬墓中,似可暗示当时铁器的使用在益阳及其周边地区已很普遍。

在益阳楚墓出土的大批铁工具中,锸是最多见的一种,有 16 件,大都作凹字形。鉴于益阳楚墓未发现一件铜锸,可见战国时期益阳地区也与长沙地区一样,铁锸已经取代了铜锸。此外,在益阳楚墓中还出土较多的刮刀,这种手工工具断面作半弧形或人字形,其造型风格与桃江腰子仑春秋越墓中出土的大量铜刮刀造型完全一致[3]。长沙楚墓的作者推断这类刮刀原是本地越人常用的一种工具,楚人入湘后吸收了越人的技术,从而造出了这种方便适用的工具,笔者认为这种看法是可信的。

二、关于玻璃器

益阳楚墓出土的玻璃器无论形制与纹饰,均与长沙楚墓基本一致,比例也与长沙楚墓接近。而与相邻省、市出土的战国楚墓玻璃器相比较,则有明显的差别,其主要特点是玻璃璧出土数量多。益阳楚墓 653 座墓中出土玻璃璧达 35 件,长沙 2000 多座楚墓出土玻璃璧 97 件,因此,益阳楚墓出土玻璃璧数量比例与长沙楚墓基本相当,但远远多于湖南以外地区楚墓的出土数量。值得一提的是这些玻璃璧多出于一些属于平民的小型楚墓之中,说明在益阳、长沙一带使用已很普遍。其常见的纹饰多为谷纹和云纹,颜色一般为米黄和淡蓝色,其中 M286 出土的 1 件璧为深绿色,十分精美别致,这在已发现的玻璃璧中实属罕见。通过对 M271∶1 进行成分测定和光谱分析,这种玻璃器属于铅钡玻璃,含铅和含钡的比例接近长沙楚墓(附录二)。至于这些玻璃器的产地,有待发现作坊和进一步研究。联系到湖南境内基本不产玉,而发现如此众多的玻璃器的现象分析,当时湖南境内很可能是玻璃器的主要产地。

---

〔1〕　湖北省荆州地区博物馆:《江陵雨台山楚墓》,第 67、90 页,文物出版社,1984 年。

〔2〕　湖北省宜昌地区博物馆等:《当阳赵家湖楚墓》,第 102 页,文物出版社,1992 年。

〔3〕　益阳市文物管理处:《桃江腰子仑春秋墓》,《考古学报》2003 年第 4 期。

表五 墓葬登记总表

墓号	原墓号	墓类	期	段	墓向	墓室 长×宽—深（米）	墓道坡度	棺椁 长×宽×高（米）	随葬器物 陶器	铜器	其他	备注
1	80益赫M1	乙	三	六	89°	口？ 底2.65×1.69—5.5			AV鼎2 CⅡ敦2 CⅢ壶2 AⅡ豆3 勺1	E镜1		有二层台
2	80益农M3	甲	四	八	160°	口？ 底3.65×2.45—4.7	23°	椁 2.9×1.5×1.1 2.14×0.86×0.68 棺 1.78×0.5×0.56	FⅢa鼎1 BⅠa豆4	匕1 杯1	Ⅲ漆耳杯3 漆皮袋残片1 木瑟1 木竽1 竹筒1 残丝织物1 残竹席1 残竹竿1 残麻织物2 木梳1 木鼓1 Ⅰ木俑2 Ⅱ木俑2 Ⅲ木俑1 Ⅳ木俑1 木镇墓兽1 木飞鸟3 猪骨2	
3	82益赫旅M1	乙			360°	口？ 底2.5×1.5—3.5			鼎1 敦1 壶1 豆1 勺1		AⅡ铜剑1	打破M4
4	82益赫旅M2	丙	一	一	360°	口2.7×1.6—？ 底2.5×1.4—5.05			Ⅰa绳纹圈底罐1 AcⅠ钵1			被M3打破
5	82益县贝M1	丙	四	七	275°	口？ 底2.5×1.5—2.35			DⅠ鼎1 AⅩb敦1 BⅥb壶1			
6	82益麻M1	丙	三	六	250°	口？ 底2.45×1.35—2			AⅢ陶鼎1 AⅢ敦1 BⅣb壶1 盘1 AdⅣ豆1	残片1	铁残片	
7	82益麻M5	丙			145°	口2.75×1—0.9 底2.75×1—2.9			鼎1 敦1 壶1 豆1			
8	82益麻M6	丙	四	七	150°	口？ 底2.4×1.35—？			AV鼎2 AⅣ敦2 BⅣa壶2 豆2			
9	82益麻M14	丙	二	三	16°	口？ 底1.95×0.6—0.5残			BⅠ小壶1 AdⅢ豆2			
10	82益麻M15	丙	三	五	90°	口2.3×0.76—1残 底1.98×0.55—0.5			D罍1 AdⅡ豆1			长方形头龛距墓底高0.6 0.5×0.2—0.4一层台阶
11	82益麻M17	丙			160°	口？ 底2.9×1.35—？			钵1	BⅠb剑1 BⅡ戈1 砝码5		
12	82益缝M1	丙			117°	口？ 底2.85×1.15—2.6残			AⅦ鼎1 敦1 壶1 豆2 勺1	剑格1 剑首1	铁戟1	

续表五

墓号	原墓号	墓类	期	段	墓向	墓室 长×宽—深（米）	墓道坡度	棺椁 长×宽×高（米）	随葬器物			备注
									陶器	铜器	其他	
13	82益缝 M2	丙			255°	口 底 2.65×1.2—2.3			鼎 1　敦 1　C Ⅷa 壶 1　豆 2　匜 1	G Ⅲ 镜 1　Ⅳ印 1	石璧 1	
14	82益缝 M3	乙			180°	口 ? 底 2.76×1.74—2.9			鼎 2　敦 2　壶 2　豆 2　盘 1　匜 1　勺 1			
15	82益缝 M4	乙			113°	口 ? 底 2.8×1.75—4			鼎 2　敦 2　壶 2　豆 3　勺 2	剑 1　戈 1　镈 1　砝码 1	玻璃璧	
16	82益缝 M5	丙			100°	口 ? 底 2.7×1.17—3.5			鼎 1　敦 1　壶 1　勺 1　匕 1			
17	82益缝 M6	丙			135°	口 ? 底 2.54×1.07—3.7 残			鼎 1　敦 1　壶 1　豆 1　勺 1　匕 1　盘 1			
18	82益缝 M7	丙			87°	口 ? 底 2.09×1.35—3.95 残			鼎 1　敦 1　壶 1　豆 1　盘 1　勺 1	残件 1		
19	82益缝 M8	乙			120°	口 ? 底 2.75×1.73—3.8 残			鼎 2　敦 2　壶 2　豆 2　匕 1	A 镜 1　C Ⅲb 镜 1　带钩 1　铃 1		
20	82益缝 M9	丙			110°	口 2.58×1.2—? 底 2.7×1.1—2.8 残			鼎 1　敦 1　壶 1　豆 2　勺 1　匕 1			
21	82益内 M4	丙				口 ? 底 2.43×1.15—0.3				B Ⅰ 剑 1		
22	83益麻 M2	丙	二	二	350°	口 ? 底 2.2×0.68—1			Ⅰb 圈底罐 1 Ag Ⅰ 豆 1			头龛 0.48×0.24—?
23	83益麻 M10	乙	三	六	90°	口 ? 底 2.86×1.28—?			A Ⅴ 鼎 2　C Ⅲ 敦 1　C Ⅲb 壶 2　豆 2　勺 1　匕 1　盘 1	环 1	B 铁剑 1　玉剑首 1	
24	83益麻 M11	丙	三	六	360°	口 2.5×0.98—0.9 底 2.10×0.6—0.56			Aa Ⅲ 钵 1　Af Ⅱ 豆 2　A Ⅲb 小壶 1		A Ⅲ 铁剑 1	长方形吊龛距墓底高 0.6 0.5×0.3—0.28 一层台阶
25	83益麻 M13	丙	四	七	355°	口 ? 底 2.88×1.31—2			F Ⅱ 鼎 1　C Ⅳa 敦 1　C Ⅷa 壶 1	B Ⅰb 剑 1		

续表五

墓号	原墓号	墓类	期	段	墓向	墓室 长×宽—深（米）	墓道坡度	棺椁 长×宽×高（米）	随葬器物 陶器	铜器	其他	备注
26	83益麻M14	丙			354°	口？ 底2×0.56—0.6残			钵1 豆2	饰件1	石穿孔珠1	头龛已破坏 0.54×0.34—？ 一层台阶
27	83益麻M16	丙	三	五	360°	口2.41×0.96—1 底2.17×0.66—0.63			BⅢa壶1 AfⅡ豆1	襟钩1		头龛 0.5×0.2—0.32 一层台阶
28	83益麻M18	丙	三	六	180°	口？ 底2.75×1.12—？			Ⅰd圜底罐1 AbⅡ钵1			
29	83益麻M19	丙	三	六	93°	口？ 底2.87×1.29—？			AV鼎1 CⅠ敦1 CⅢb壶1 勺1 盘1 匕1			
30	83益赫广M36	丙			170°	口？ 底2.15×0.7—0.4			壶1 豆2			头龛已被扰乱 0.2×0.4—？
31	83益赫广M41	丙	三	六	350°	口？ 底2.55×0.92—1.6			AV鼎1 BⅥa壶1 AdⅣ豆1 CⅠ敦1	BⅠb剑1 带钩1	铁刮刀1 砺石1	
32	83益赫广M47	丙	三	五	165°	口2.45×1.35—？ 底2.45×1.35—3			CⅠ鼎2 AⅢ敦3 CⅢb壶2 豆2 盘1 匜1			
33	83益赫广M48	丙	一	一	160°	口？ 底2.25×0.67—0.9			AⅡ罐1			头龛 0.4×0.2—0.4
34	83益赫广M49	丙	一	一	275°	口2.2×0.81—？ 底1.9×0.58—2.1残			AaⅠ钵1 AⅡ小壶1			头龛 0.48×0.2—0.3 一层台阶
35	83益赫防疫M26	丙	四	九	150°	口？ 底1.8×0.6—0.5残			DⅧ鼎1 AⅨc敦1 CⅧa壶1 豆1 盘1 勺1 匕1			头龛 0.6×0.22—0.6
36	83益赫防疫M35	乙	三	六	15°	口？ 底2.67×1.42—2残			DⅠ鼎2 CⅢ敦2 CⅢb壶2 豆2 勺1 盘1	Ⅲ印1 铜格铁剑1 戈1		
37	83益赫防疫M52	丙			360°	口？ 底2.65×1.2—2			壶1 豆2			
38	83益赫防疫M53	丙	四	八	150°	口？ 底2.9×1.55—2			AV鼎1 AVb敦2 CⅧa壶2 豆2 匕2 勺2 盘3	砝码5		

续表五

墓号	原墓号	墓类	期	段	墓向	墓室 长×宽—深（米）	墓道坡度	棺椁 长×宽×高（米）	陶器	铜器	其他	备注
39	83益赫防疫M54	丙	四	七	20°	口? 底2.6×1.3—2.5 残			FⅡ鼎1 CⅣa敦2 BⅣb壶2 豆2 盘1 勺1			
40	83益工会M1	丁				口? 底2.95×2.25—1.6残						M1打破M2
41	83益工会M2	丁				口? 底2.3×0.76—1.5残						
42	83益轴M1	甲	四	八	195°	口3.1×1.95—? 底3.33×2.12—4.6			EⅠ鼎1 EⅡ鼎1 AⅩa敦2 壶2 豆2 盘2 Ⅰ勺2 匜2 泥金饼数件 柄形器2	AⅢ壶2 AⅢ剑1 戈1 矛1 砝码2 镞4 镈1 AⅡ戈龠1 镦1 盘1	漆盒1 漆卮1	
43	83益赫缝M57	乙	四	八	60°	口? 底2.62×1.75—6 残			EⅢ鼎2 DⅣ敦2 壶2 AcⅣ豆5 BⅠ高柄壶形豆3 Ⅰ勺2 盘1 Ⅰ匕1 B杯2 璧1 俑头1			
44	83益赫小M50	乙	四	七	180°	口? 底2.53×1.42—2.5			AⅦ鼎2 AⅦc敦2 BⅣb壶2 AfⅡ豆1 勺2 Ⅰ匕1 匜1 盘1			
45	83益赫小M51	乙			180°	口? 底2.76×1.53—?			鼎2 敦2 壶2 豆2 勺2 匕2			
46	83益市大海塘M55	丙	四	七		口? 底2.78×1.12—3			AV鼎1 AⅩa敦1 CⅧa壶1 豆1 勺2 匕1			
47	83益市大海塘M56	乙				口? 底2.79×1.76—?			鼎2 敦2 壶2 豆2 盘1 匕1	AⅡ匕1 砝码3		
48	83益县赫旅M34	乙	四	七	350°	口? 底2.56×1.35—2.8			FⅠ鼎2 AⅦa敦2 BⅣb壶2 AhⅢ豆2 Ⅱa勺1 匕1			
49	83益地农机研究所M1	丙	三	六	168°	口? 底2.1×0.6—0.6			AⅦ鼎1 DⅡ敦1 CⅡ壶1 AcⅢ豆2			头龛低于墓底0.1 0.6×0.3—0.62

续表五

墓号	原墓号	墓类	期	段	墓向	墓室 长×宽—深（米）	墓道坡度	棺椁 长×宽×高（米）	随葬器物			备注
									陶 器	铜 器	其 他	
50	83 益地农机研究所M2	丙				口 ? 底 2.21 × 0.6—0.45			钵 2 熏炉 1			墓室已破坏
51	83 益地农机研究所M3	丙	四	七	163°	口 ? 底 2.76×1—3			CⅧa1 陶壶 1 AfⅡ豆 1		AⅢ 铁剑 1 石饰件 1	
52	83 益地农机研究所M4	丙			227°	口 2×0.86—0.25 底 2×0.62—0.57			罐 1 釜 1 盘 1			吊龛与墓同宽，距墓底高0.3 0.62×0.15—0.3 两边一层台阶
53	83 益赫供M3	乙			175°	口 ? 底 3.1×1.66—1			豆 2 钵 1	BⅢb 戈 1 镈 1 BⅠa 剑 1 带钩 1		
54	83 益赫供M4	丙			30°	口 ? 底 2.45 × 1.36—2.05			鼎 1 EⅠ 敦 1 壶 1 豆 1 盘 2 勺 1 匕 1	D镜 1 纽扣环 1 AⅣ带钩 1	Ⅰ铁镢 1	
55	83 益赫供M5	丙	三	五	210°	口 ? 底 2.62×1.42—2			GⅡ 鼎 1 BⅠa 敦 1 CⅢb 壶 2 AhⅡ豆 2	AⅡ 剑 1 BⅠ 戈 1 镈 1 AⅠ带钩 1		
56	83 益赫供M6	丙	二	二	225°	口 2.57×0.88—? 底 2.05 × 0.56—0.5			Ⅰb 圈底罐 1 AfⅠ豆 2			吊龛距墓底高0.5 0.46×0.28—0.28 一层台阶
57	83 益赫供M8	乙	四	九	180°	口 ? 底 2.5×1.37—2.1			FⅢc 鼎 2 CⅡ敦 2 CⅨ壶 2 盘 1 Ⅰ勺 3 BⅠa 豆 1	BⅢ带钩 1		
58	83 益赫供M29	乙	四	七	175°	口 ? 底 3.2×1.42—2			EⅤ 鼎 1 AⅧa敦 1 DⅢ壶 1 BⅡb 豆 3	矛 1 天平 2 砝码 1	D铁剑 1 铁刮刀 1	
59	83 益赫供M31	甲	三	五	85°	口 ? 底 3.22×2.5—3			CⅠ 鼎 4 AⅦa敦 1 BⅢa壶 2 AfⅡ豆 4 勺 1 长颈异形小壶 1 盘 1 匕 1 BⅠ高柄壶形豆 1	剑 1 BⅢa戈 2	Ⅰ铁镢 1	
60	84 益麻 M1	丙			15°	口 3.26×1.54 底 2.9×1.26—2.4 残				剑 1 矛 1 镦 1		
61	84 益财 M1	乙			105°	2.9×1.75—4			鼎 2 敦 2 壶 2			

续表五

墓号	原墓号	墓类	期	段	墓向	墓室 长×宽—深（米）	墓道坡度	棺椁 长×宽×高（米）	随葬器物 陶器	铜器	其他	备注
62	84益财M4	乙			240°	3.35×2.56—5			豆1 勺2	BⅠa剑1 弩矢1	漆皮盾（迹）	
63	84益赫房M1	丙	三	四	90°	2.46×1—? 2.14×0.78—0.2			Ⅰ长颈壶1 AhⅠ豆1	BⅡ鼎1	C铁剑1	
64	84益赫房M2	丙	三	六	90°	2.42×0.94—? 2.28×0.74—0.8			Ⅰd绳纹圜底罐1 AgⅢ豆1	鎏金饰件1	D铁剑1	吊甃已破坏距墓底地高0.6 0.4×0.22—?
65	84益赫房M5	丙	二	二	90°	2.7×1.1—? 2.52×0.94—0.7			Ⅱa绳纹圜底罐1 AgⅠ豆1	AⅡ鼎1	AⅢ铁剑1 漆片（迹）1	
66	84益赫房M7	甲	三	五	182°	3.67×3.2—? 3.05×2.08—3.45			GⅢ鼎2 DⅡ敦2 AⅢa壶2	AⅢ剑1 BⅠc戈1 BⅢb矛1 AⅡ带钩1		
67	84益赫房M8	丙	三	五	95°	2.58×0.94—? 2.24×0.62—1.45			BⅢ罍1 B钵1 豆2		铁剑1 AⅡ铁锸1	长条形吊甃距墓底0.8 0.6×0.2—0.25 吊甃偏一角
68	84益赫房M10	乙	二	三	95°	2.8×1.86—? 2.7×1.84—1.4			AⅠ鼎2 DⅠ敦2 CⅡ壶2 AdⅠ豆2			
69	84益赫房M12	丙	三	六	185°	2.3×0.66—? 2.28×0.66—1.8			BⅣb壶1 AaⅥ钵1 AfⅡ豆1 AfⅢ豆1			两边一层台阶
70	84益赫房M15	乙	二	二	270°	3.5×3.1—? 2.8×2.1—4.1			AⅠ罍1	AⅠ剑1 矛1 D带钩1 镞4		
71	84益赫房M18	乙	三	五	345°	3×1.62—? 2.9×1.6—2.3			Ⅲa绳纹圜底罐1 豆1	错金壶盖1 BⅠ鼎1 剑1 矛1 Ⅲ印1		长条形吊甃距墓底高0.88 0.82×0.31—0.31
72	84益赫房M20	丙	三	五	290°	2.48×1.28—0.48 2.08×0.7—0.6			Ⅱc绳纹圜底罐1 AdⅢ豆3	BⅠa剑1		吊甃与墓底同宽距墓底高0.11 0.7×0.28—0.3一层台阶
73	84益赫食M3	乙			180°	口？ 底 2.5×1.32—2.99			鼎2 敦2 壶2 盘2 豆3 匜1 勺1	带钩1		
74	84益赫滨M1	丙	四	九	250°	口？ 底 2.66×1.46—0.6			BⅤ鼎2 AⅦc敦2 CⅥe壶2 豆1 勺1 盘2			

续表五

墓号	原墓号	墓类	期	段	墓向	墓室 长×宽—深（米）	墓道坡度	棺椁 长×宽×高（米）	随葬器物 陶器	铜器	其他	备注
75	84益赫滨M3	丙	四	九	220°	口 ？ 底 2.2×0.68—0.7			FⅣa鼎1 AⅨb敦1 CⅥd壶1 AfⅢ豆1 Ⅳ勺1			
76	84益赫滨M4	丙			223°	口 ？ 底 2.42×1.05—0.83			壶1 豆1 勺1			墓室已被破坏
77	84益赫滨M5	丁			70°	口 ？ 底 2.1×0.6—0.3			无			
78	84益赫滨M6	丙			240°	口 ？ 底 2.7×1.25—1.4			壶1 钵1 勺1			墓室已被破坏
79	84益赫滨M8	乙	四	八	270°	口 ？ 底 2.72×1.62—3.4			AⅦ鼎2 AⅦc敦2 CⅣb壶2 AfⅢ豆2 Ⅰ勺1 Ⅰ匕1 C盘1			
80	84益赫滨M9	丁			285°	口 2.6×1.26—？ 底 2.9×1.4—2.1			无			
81	84益赫滨M10	丙	四	八	285°	口 2.64×1.02—？ 底 2.64×1.02—1.08			FⅢb鼎1 AⅤb敦1 CⅣc壶1 豆1 勺1	B镜1 带钩1		
82	84益赫滨M11	丙	四	九	255°	口 2.6×1.3—？ 底 2.6×1.3—4			FⅣb鼎1 AⅨb敦1 CⅥd壶1 AfⅢ豆1 BⅡ盘1 Ⅳ勺1	砝码1		
83	84益赫滨M12	丙	四	九	260°	口 ？ 底 3×2.3—4			FⅣa鼎1 AⅨb敦1 CⅥd壶1 AgⅢ豆1 盘1			
84	84益赫滨M14	丙	四	九	117°	口 2.2×0.72—？ 底 2.3×0.62—2.4			BⅥ鼎1 AⅨc敦1 CⅥc壶1 AfⅢ豆1 勺2 DⅡ盘1			
85	85益赫滨M1	丙	四	八		口 2.7×1.25—？ 底 2.6×1.2—1.8			FⅢb鼎1 AⅨb敦1 CⅥb壶1 AhⅢ豆1 Ⅰ勺1 AⅢc盘1			长方形吊甾距墓底高0.26 0.62×0.18—0.34
86	85益赫滨M2	丙	四	九	360°	口 ？ 底 2.7×1～1.3—1.9			FⅣa鼎1 敦1 CⅥd壶1 AfⅢ豆1 勺1 Ⅰ匕1	BⅠb剑1 带钩1		
87	85益赫滨M3	丙	四	九	210°	口 2.7×1.08—？ 底 2.8×1—1.7			FⅣc鼎1 AⅨb敦2 CⅥe壶1 AfⅢ豆1 DⅡ盘1 Ⅰ勺1 Ⅱc勺1 Ⅰ匕1			

续表五

墓号	原墓号	墓类	期	段	墓向	墓室 长×宽—深（米）	墓道坡度	棺椁 长×宽×高（米）	随葬器物 陶器	铜器	其他	备注
88	85益赫滨M6	乙	四	九	110°	口2.6～2.7×1.6—? 底2.76×1.55—3		椁痕2.2×1.24×? 棺痕1.84×0.86×?	鼎2 AⅨa敦2 CⅦe壶2 AfⅢ豆2 勺2 AⅢc盘1	剑格1		
89	85益赫滨M8	丙	四	八					AⅦ鼎1 AⅦc敦1 CⅣb壶1 AfⅢ豆1 C盘1 Ⅰ勺1			
90	85益赫滨M13	丙	四	九	115°	口2.55×1.06—? 底2.5×1.06—2.2			BV鼎1 AⅨa敦1 CⅥd壶1 AhⅣ豆2 勺1 AⅠ盘1			椭圆形壁龛内置陶壶1件距墓底高0.7横径0.24高0.4
91	85益赫滨M15	乙			107°	口2.5×1.2—? 底2.65×1.45—3.8			鼎2 敦2 壶2 豆1 勺1			
92	85益赫滨M18	乙	四	九	105°	口2.53×1.55—? 底2.24×1.5—1.2			FⅣb鼎2 AⅦa敦2 CⅦe壶2 豆2 Ⅱc勺4 AV盘2 漆盒(迹)1	剑首1 镜1	FⅠbAⅠ铁锸1 Ⅱb玻璃璧1	
93	85益赫滨M19	丙	四	九	85°	口2.62×1.2—? 底2.56×1.1—0.45			FⅣc鼎1 AⅨb敦1 CⅥa壶1 AfⅡ豆1 Ⅳ勺2 BⅡ盘1			
94	85益赫滨M20	丙	三	六	210°	口2.55×1.38—? 底2.65×1.4—0.9			AⅦ罐1 AfⅡ豆2 钵1	饰件1		
95	85益赫镇医M1	丙	二	三	130°	口? 底2.7×1.2—1.45			AⅢ罐1			
96	85益赫镇M1	乙			75°	口? 底2.9×1.8—5.6			鼎2 敦2 壶2 豆2 勺1 灯1	镜1 剑首1	玻璃璧1	
97	85益高M1	丙			230°	口? 底1.3残×1—1.4			罐1			小方形吊龛距墓底高1 0.2×0.15—0.2
98	85益羊瓦M1	乙	四	九	350°	口2.5×1.4—? 底2.6×1.45—2.3			鼎2 AVb敦2 CⅦd壶2 AeⅢ豆2 盘2	D镜1 镞1	AⅠa玻璃璧1 漆盒(迹)1	
99	85益羊瓦M2	丁			10°	口? 底2.6×2—0.2			无			

续表五

墓号	原墓号	墓类	期	段	墓向	墓室 长×宽—深（米）	墓道坡度	棺椁 长×宽×高（米）	随葬器物			备注
									陶器	铜器	其他	
100	85益羊瓦M3	丙	三	六	150°	口2.14×0.82—1 底1.92×0.61—0.6			AⅢb小壶1 AaⅤ钵1 AdⅣ豆1			头龛0.61×0.2—0.38一层台阶
101	85益羊瓦M4	丙	四	九	150°	口2.48×1.12—? 底2.4×1.1—3.2			AⅤ鼎1 AⅨb敦1 CⅨ壶1 AeⅢ豆1 勺1			方形吊龛距墓底高0.66 0.59×0.2—0.46
102	85益羊瓦M7	丙	四	九	140°	口2.45×1—? 底2.35×0.9—3.6			FⅣb鼎1 AⅨc敦1 CⅨ壶1 AgⅢ豆1			
103	85益羊瓦M8	乙	四	七	140°	口2.8×1.8—? 底2.7×1.7—4.8		棺痕2.2×1.36—?	AⅧ鼎2 AⅦa敦2 CⅧa壶2 豆2 勺2 匕1			
104	85益羊瓦M9	丙	四	七	170°	口1.8×0.64—? 底1.7×0.5—0.44			FⅡ鼎1 AⅦb敦1 AⅣ罐1 AdⅢ豆1 勺1 匕1	环1 襟钩1		头龛低于墓底0.07 0.5×0.12—0.4一层台阶
105	85益羊瓦M10	丙			340°	口2.45×1.35—? 底2.6×1.48—2.1				戈1 BⅡ镈1		
106	85益羊瓦M11	乙	四	七	150°	口2.45×1.7—? 底2.4×1.57—4.6			FⅡ鼎2 AⅦa敦2 CⅥb壶2 AdⅣ豆2 勺3	CⅤ镜1 铃1		
107	85益羊瓦M12	丙	四	八	115°	口2.75×1.2—? 底2.63×1.14—4.6			AⅦ鼎2 AⅨa敦2 CⅧb壶2 AfⅢ豆2 Ⅰ勺2 AⅡb盘1 AaⅣ钵1		石锛	
108	85益羊瓦M13	丙	四	九	110°	口2.55×1.13—1.95 底2.21×0.68—0.75			FⅢc鼎1 AⅨb敦1 CⅨ壶1 Ⅰ勺1 AeⅢ豆1 Ⅰ匕1	CⅡa镜1		一层台阶
109	85益羊瓦M14	丙	四	九	200°	口2.56×1.15—? 底2.7×1.15—2.4			CⅣb敦1 CⅥc壶1 盒1			
110	85益羊瓦M15	丁			360°	口2.2×1.2—? 底2.2×1.2—2.1						
111	85益赫房M16	丙	二	三	98°	0.65×2.08—0.73			AⅠ罐1 豆1			
112	85益赫房M18	丙	三	四	165°	2.3×0.98—1.8 1.88×0.66—0.58			BⅢa壶1 AaⅡ钵1 豆1			长方形吊龛距墓地高0.1 0.42×0.32—0.41一层台阶

续表五

墓号	原墓号	墓类	期	段	墓向	墓室 长×宽—深（米）	墓道坡度	棺椁 长×宽×高（米）	随葬器物 陶器	随葬器物 铜器	随葬器物 其他	备注
113	85益赫房M21	丙			84	3×1.8—? 2.86×1.7—1.9				剑首1	铁戈1 石器1	
114	85益赫房M22	乙			350°	3.05×2.65—? 2.8×1.9—2			鼎2 敦2 壶2			
115	85益赫房M25	丙	三	五	70°	2.5×0.65—1.5 2.3×0.65—0.3			Ⅰc绳纹圜底罐1	带钩1	Ⅱb玻璃珠1 Ⅰ玛瑙珠4 Ⅱ玛瑙珠3	头龛 0.5×0.21—0.2 一层台阶
116	85益赫房M26	丙	三	六	113°	2.60×1.15—? 2.25×1.07—3.8			D小壶1 BⅠc敦1 豆2	剑格1		
117	85益赫房M27	丙			90°	2.5×1.1—1.24 2.2×0.65—0.56			鼎1 盒1 壶1 豆1 勺1	AⅠ剑1 BⅡc矛1	Ⅰ铁镢1	吊龛距墓底高0.68 0.63×0.22—0.33 一层台阶
118	85益赫房M28	丙	二	二	125°	3.2×2.4—? 2.72×1.55—2.2			E高颈球腹尖底小壶1 AbⅠ豆2			
119	85益赫房M30	乙	三	五	177°	3.5×2—? 3.2×1.71—3.1			BⅢ叠1 璧1	BⅡ鼎1 BⅢ剑1 砝码2		
120	85益赫房M35	丙	三	六	290°	2.3×1.04—? 2.3×1.03—0.95			AⅢb小壶1 AaⅡ钵1 BⅠa豆1	襟钩1		
121	85益羊园M2	丙	三	六	110°	口2.3×0.83—1 底2.15×0.63—0.6			Ⅲc绳纹圜底罐1 AaⅥ钵1			一层台阶
122	85益羊园M3	丙	三	六	75°	口2.56×1.27—2.3 底2.08×0.62—0.6			FⅡ陶鼎1 BⅢb壶1 AaⅦ钵1 AgⅡ豆1			头龛 0.44×0.2—0.4 一层台阶
123	85益羊园M4	乙	四	八	155°	口2.54×1.3—? 底2.54×1.28—3.7			EⅧ鼎1 AⅨb敦1 CⅧc壶1 AaⅢ豆2 Ⅲ勺2 Ⅰ匕1 匜1 盘1	AⅡa矛1 剑首1		
124	85益羊园M5	丁			330°	口2.4×0.7—? 底2.2×0.6—2.1			无			
125	85益羊园M7	丙	四	九	330°	口2.6×1.36—? 底2.56×1.1—4.8			AⅧ鼎1 AⅨa敦1 CⅧa壶1 AaⅢ豆2 Ⅱb勺1			

续表五

墓号	原墓号	墓类	期	段	墓向	墓室 长×宽—深（米）	墓道坡度	棺椁 长×宽×高（米）	随葬器物 陶器	随葬器物 铜器	随葬器物 其他	备注
126	85益羊园M8	丙	四	九	195°	口 2.59×1.08—? 底 2.48×0.96—2.8			AV鼎1 AⅨa敦1 CVc壶1 AfⅢ豆1 AⅡb盘1 Ⅰ勺1 Ⅰ匕1			
127	85益羊园M9	丙	三	六	194°	口 ?×0.8—0.4 底 ?×0.74—1			AⅢb小壶1 AcⅢ钵1			长方形头龛0.6×0.22—0.3一层台阶
128	85益羊园M10	丙	二	三	270°	口 2.5×1—2.06 底 2.38×0.52—0.5			AⅣ罐1 D钵1 AdⅡ豆3			梯形头龛0.38×0.3—0.42一层台阶
129	85益羊园M11	丙	四	七	91°	口 2.28×1—2 底 2.2×0.92—0.6			AV鼎1 AⅦb敦1 CⅦc壶1 AeⅡ豆1 AⅢb盘1 勺1 匕1 匜1			头龛与墓底同宽0.64×0.3—0.4一层台阶
130	85益羊园M12	丙	三	六	340°	口 2.6×1.18—? 底 2.58×1.16—3.6			AⅢ鼎1 CⅡ敦1 BⅣb壶1 BⅠa豆1 AⅡ杯1	带钩1		
131	85益羊桑M1	丙			135°	口 1.95～2×1.7—? 底 2.1～2.3×1.17～1.34—1.9			鼎1 敦1 壶1			梯形吊龛距墓底高0.74,内有陶壶1件0.32×0.5—0.23
132	85益羊桑M2	丙			10°	口 2.52×1.04—? 底 2.6×1.06—1.8				Ⅱ铃7		
133	85益羊桑M3	丙	四	七	95°	口 2.7×1.06—? 底 2.76×1—1.65			FⅢb鼎2 AVa敦2 CⅥb壶2 AfⅢ豆2 盘2 Ⅰ勺1 Ⅱc勺1 Ⅱb勺1			长条形吊龛距墓底高0.69内置两鼎、两敦0.62×0.24—0.3
134	85益羊桑M4	丙	四	七	305°	口 2.15×1.4—0.15 底 2.24×1.5—5			FⅢa鼎2 AⅣ敦2 CⅥ壶2 AfⅢ豆2 E盘1			
135	85益羊桑M5	丙	四	九	85°	口 2.7×1.15—? 底 2.55×1.08—3.1			AⅦ鼎1 AⅦc敦1 CⅨ壶1 豆1 勺2			
136	85益赫供M6	丁			286°	口 2.14×0.93—0.81 底 2×0.62—0.59						头龛0.61×0.24—0.4一层台阶
137	85益赫供M8	丙	四	九	238°	口 2.41×1.05—? 底 2.41×1.05—3			FⅢb鼎1 AⅨb敦1 CⅪb壶1 AhⅢ豆1 Ⅰ勺1 Ⅰ匕			

续表五

墓号	原墓号	墓类	期	段	墓向	墓室 长×宽—深（米）	墓道坡度	棺椁 长×宽×高（米）	随葬器物 陶器	铜器	其他	备注
138	85益赫供M9	丙	三	六	12°	口？ 底2.36×0.61—0.4			FⅡ鼎2 BⅢa壶1 AaⅣ钵1 AfⅡ豆4	剑1		
139	85益热M2	甲	二	二	253°	口4.7~4.95×3.52~3.6—2.23 底4.4~4.6×3.3~3.35—？					C鼎1 Ⅱ敦1 剑1 BⅠc 戈1 削1	
140	85益热M3	乙	三	五	254°	口3.4~3.6×2.2—1.2 底2.95~2.99×2.02~2.07—1.56	17°		BⅣ鼎2 BⅠb敦2 AⅢa壶2	BⅠb戈2 AⅠ矛1 BⅡ矛1 BⅠa剑1 AⅢ镞2 带钩1	种子数颗	墓道5.6×2.24~2.39
141	85益热M4	丙	三	四	180°	口？ 底2.07×0.56—0.74			AⅦ罐1 钵2			头龛0.56×0.2—0.24
142	85益热M5	丙			240°	口？ 底2.85×2.05—0.75					残铁器1	
143	85益热M6	丙	四	八	72°	口2.62×1.26—？ 底2.63×1.16—1.28			EⅤ鼎1 CⅣb敦1 Ⅰf绳纹圜底罐1			长方形吊龛距墓底高0.72 0.6×0.31—0.28~0.3
144	85益热M7	丙			260°	口？ 底2.7×1.9—0.7			残软陶片1	剑珥1 CⅡa剑1		
145	85益热M8	乙			265°	口3.26×2.22—？ 底3.2×2.16—1			AⅡb矛1 鼎2 敦2 壶2	AⅠ剑1 AⅠ戈2 BⅠ矛1		
146	85益热M9	丙	三	四	45°	口2.5×1.1—0.5 底2.55×0.62—0.65			Ⅱd绳纹圜底罐1			一层台阶
147	85益热M10	丙	三	六	57°	口2.35×1—0.25 底2.35×0.56—0.5			B罐1	残片1	Ⅱ铁环首刀1	
148	85益热M11	丙	四	七	270°	口2.6×0.95—1.24 底2.3×0.7—0.6			FⅠ鼎1 AⅫa敦1 Ⅰe带盖绳纹圜底罐1 AfⅡ豆1 Ⅲb匜1 Ⅰ勺1 Ⅰ匕2	带钩1		两壁、足、三边台阶
149	85益热M12	乙	二	三	242°	口3.4×2.4—？ 底3.18×2.12—1.4			GⅡ鼎2 AⅠ敦2 AⅠ壶2	AⅠ剑1 AⅡ戈1 D矛1 镞1		
150	85益热M13	乙	三	六	159°	口3.2×2.2—？ 底2.9×1.76—1.6		椁痕2.6×1.2×？ 棺痕1.8×0.7×？	BⅢ敦1 AⅢb壶1	剑1		

续表五

墓号	原墓号	墓类	期	段	墓向	墓室 长×宽—深（米）	墓道坡度	棺椁 长×宽×高（米）	随葬器物 陶器	随葬器物 铜器	随葬器物 其他	备注
151	85 益热 M14	乙	一	一	180°	口 3.05×2.18—? 底 2.9×1.79—1.9			Ⅰa 绳纹圈底罐 1　AbⅠ豆 3 盖豆 2			
152	85 益热 M15	甲	三	六	260°	口 3.36×2.46—? 底 3.14×2.08— 1.9			CⅠ鼎 2　BⅠc 敦 2　AⅢb壶 2　豆 1	剑 1　BⅠc戈 1 BⅡ戈 1 AⅡa矛 1　镞 2	铁锸 1　残漆片 1	
153	85 益热 M16	甲	四	七	180°	口 3.75×3.14　? 底 3.37×2.4—2			小动物 2　GⅣ 陶鼎 1　GⅢ鼎 2　CⅠ敦 1　A Ⅴ壶 3　Ⅱ簋 2 AbⅢ豆 5 鸭 1　鸟 1	BⅠb剑 1　剑 格 1　BⅢc戈 1 CⅢa戈 1　C Ⅱa戈镈 2　A ABⅠ矛 2　A 镦 2　BⅠ镦 1 AⅠ戈龠　A Ⅰa镞 1　漆奁 足 3　漆奁环纽 1		
154	85 益热 M17	乙	二	三	252°	口 3.5×2.2—? 底 2.6～2.8× 1.55—残 2.2			AⅠ罐 1　AⅢ 罐 1　AaⅢ钵 1 AdⅠ豆 2		铁戈 1	
155	85 益热 M18	乙	三	六	165°	口 ? 底 3.1×2—0.7			GⅢ鼎 1　BⅠc 敦 2　AⅢb壶 2　AcⅢ豆 2	BⅠa剑 1　A Ⅱ戈 2　BⅡa 矛 2　环 1		
156	85 益热 M19	丙			352°	口 ? 底 3×1.84—0.2			鼎 1　敦 1　壶 1　豆 1			器物为泥坯未 经烧制
157	85 益热 M20	丁			340°	口 ? 底 2.3×0.95—残 0.85						
158	85 益热 M21	丁			275°	口 2.15×0.85— 0.8 底 1.75×0.5—0.6						半椭圆形吊龛 距墓底高 0.28 0.34×0.24— 0.4 一层台阶一 边宽一边窄
159	85 益热 M22	乙			273°	口 2.8?×3.1—? 底 2.5?×2.35— 1.7	12°			削 1　镞 1		墓道 2.5×1.7
160	85 益热 M23	乙	三	四	175°	口 3.56×3.56—? 底 3.16×2.1—2.8	12°		CⅠ鼎 2　DⅡ 敦 2　AⅣa壶 2　AbⅡ豆 2 盘 1	剑 1		墓道 3.3×1.56
161	85 益热 M24	丙			260°	口 2.6×1.4—? 底 2.15×1—1.4				AⅠ剑 1		
162	85 益热 M25	乙	三	五	260°	口 3.4×2.8—3.1 底 3.15×2.1— 2.17	14°		AⅡ鼎 2　BⅠa 敦 2　豆 1　A Ⅲa壶 1　勺 1 盘			墓道 4.35×1.8

续表五

墓号	原墓号	墓类	期	段	墓向	墓室 长×宽—深（米）	墓道坡度	棺椁 长×宽×高（米）	随葬器物 陶器	随葬器物 铜器	随葬器物 其他	备注
163	85益热M26	丁			320°	口 1.38×0.93—? 底 0.82×0.49—1.3	台阶形		残泥质灰陶片数块			三级阶梯0.8×0.6
164	85益热M27	乙	四	七	95°	口 3.3×2.85—? 底 3×1.85—1.4			CⅡ鼎1 F敦1 GⅡ壶1	BⅠb剑1 戈1 矛1		
165	85益热M28	乙			265°	口 4.2×3.48—? 底 3.5×2.2—2.3				戈1 AⅢa矛1 AⅢb矛1 AⅡa镞		
166	85益热M29	乙	三	四	162°	口 3.6×3—? 底 2.5×1.5—2.4			BⅠ鼎1 BⅡ小壶1 CⅢ罐	带钩1		
167	85益热M30	乙			70°	口 3.1×2.5—? 底 2.85×1.86—2.8			鼎2 敦2 壶2 AfⅡ豆2			
168	85益热M31	丙	四	八	331°	口 ? 底 2.65×0.75—0.37			瓿1 钵2		铁鼎1	
169	85益热M32	丙			295°	口 ? 底 2.4×1.2—1.5			豆1			打破M33
170	85益热M33	甲	一	一	250°	口 ? 底 3.6×0.94—1.5			AⅠ鼎1 Ⅰ敦1 削1 D矛1 环首刀1 BⅠa剑1	玉璜1 Ⅰ玉管4		长方形壁龛已遭施工破坏距墓底高0.64 0.6×0.4—0.4
171	85益热M34	丙	三	五	260°	口 ? 底 2.9×2.05—0.45			BⅡ鼎1 BⅠb敦1 AⅢa壶2			
172	85益热M35	丁			265°	口 2.6×1.4—? 底 2.6×1.3—1.2						
173	85益热M36	丙	一	一	249°	口 3.3×2.64—? 底 2.74×1.8—2.4			AbⅠ豆2			
174	85益热M37	乙	三	四	155°	口 3.7×2.7—? 底 3×1.9—1.75			BⅢ小壶1 AbⅢ豆1	AⅠ匕1 CⅠa戈1 D矛1	B铁锸1	未经烧制陶片一堆
175	85益热M38	丁			150°	口 2.4×1.2—? 底 2.2×0.7—1.5						
176	85益热M39	丙			175°	口 3.3×3.1—? 底 2.95×1.6—2.9			未经烧制的泥坯陶器，器形不明			
177	85益热M40	丙	三	四	255°	口 3.4×3.2—? 底 2.85×2.3—3.3			CⅠ鼎2 BⅠa敦2 AⅡ壶1 AaⅡ豆2			
178	85益热M41	乙	四	八	254°	口 3.7×3.1—? 底 2.76×1.9—3.3			BⅥ鼎1 钵1 罐1	剑柄1 镞2	种子	

续表五

墓号	原墓号	墓类	期	段	墓向	墓室 长×宽—深(米)	墓道坡度	棺椁 长×宽×高(米)	陶器	铜器	其他	备注
179	85 益热 M42	乙	三	五	240°	口 3.82×2.7—2.5 底 3.82×2.7—1.84	13°		BⅣ鼎2 BⅠb 敦2 AⅡ壶2			墓道3.3×2.1
180	85 益热 M43	丁			247°	口 3.2×2.2—? 底 2.75×1.8—1.7						
181	85 益热 M44	乙	二	三	255°	口 3.2×1.9—? 底 3×1.8—0.7			GⅠ鼎2 AⅠ 敦2 AⅠ壶1 AⅡ罐1 匜 1 盘1	剑1 戈1 A Ⅰ矛1 BⅣ矛 1 镞2		
182	85 益热 M45	乙	三	五		底残长 2.4×1.1—0.8			BⅣ鼎1 BⅠb 敦1 壶1			
183	85 益热 M46	甲	一	一	266°	口 3.3×1.2—? 底 3.3×1.1—0.9			罍1 AⅠ鼎1 簠1 盘1 剑1 BⅠa戈1 削1 绿灰色 铜渣1	Ⅱ玉管1 玉片 1 A玉环1 果壳6		长条形壁龛及 龛内器物已遭 破坏距墓底高 0.7 1.34×0.4—0.45
184	85 益热 M47	丙	四	八	265°	口 2.24×0.8—0.56 底 2.14×0.56—0.58			EⅦ鼎1 敦1 BⅣb壶1 豆1 勺1	蚁鼻钱1		横椭圆形吊龛 距台阶0.2,墓 底0.8一层台 阶0.74×0.3—0.4
185	85 益热 M48	丙	三	六	80°	口 2.4×0.8—1.1 底 2.3×0.72—0.7			Ⅲb绳纹圈底罐 1 AdⅣ豆1			头龛 0.5×0.2—0.35两端 有窄台阶
186	85 益热 M49	丙			265°	口 3.08×2.35—? 底 2.96×2.09—2.1				AⅡ剑1 戈2 BⅢb矛2		腰坑1
187	85 益热 M50	丙	二	二	90°	口? 底 2.2×0.56—0.15			Ⅰb绳纹圈底罐 1 豆1 AaⅠ 钵1			
188	85 益热 M52	乙	三	五	270°	口 3.05×2.55—? 底 2.65×1.8—1.6			BⅡ鼎1 BⅣ 鼎1 BⅠb敦 2 AⅢa壶2	剑1 矛1 带 钩1	铁斧1	
189	85 益热 M53	乙	三	六	160°	口 3.45×2.25—? 底 3×1.9—2.3			BⅤ鼎2 BⅠc 敦2 AⅢb壶 2 盘1			
190	85 益热 M54	丙	四	八	70°	口 3×1.92—? 底 2.8×1.52—0.75			BⅥ鼎1 敦1 AⅥ壶1 瑗钵 1			
191	85 益热 M55	丙	四	八	240°	口 2.5×1.2—0.6 底 2.5×0.7—0.6				印1 纽扣1	铁鍪1 漆盒 (迹)1 铁残件 1	两边没宽台阶

续表五

墓号	原墓号	墓类	期	段	墓向	墓室 长×宽—深（米）	墓道坡度	棺椁 长×宽×高（米）	随葬器物			备注
									陶器	铜器	其他	
192	85益热M56	丙			60°	口2.46×1.3—? 底2.37×1.13—1				剑1 斧1		
193	85地卫M1	丙			330°	口? 底2.5×1.2—2.5			鼎1 敦1 壶1 匕1 勺1	EⅡ矛1		
194	85益羊资M1	丙	三	四	140°	口2.6×1.2—? 底2.4×1.1~1.15—残2.8			AbⅡ钵1 Ⅰb绳纹圈底罐1 AⅠ盘1 AdⅢ豆2			椭圆形吊龛内设圈底罐距墓底高0.72 0.26×0.1—0.32
195	85益羊资M2	乙	四	七	360°	口3.12×1.75—? 底3.02×1.4—4			FⅡ鼎2 CⅣa敦2 CⅦb壶2 AcⅣ豆2 Ⅰ匕1 Ⅰ勺2 Ⅱ匕1 AⅢ杯3 AⅢc盘1			
196	85益羊资M3	丙	三	五	350°	口2.74×1.17—? 底2.72×1.14—3.15			BⅢb壶1 Ⅰd绳纹圈底罐1 AbⅡ钵1 AdⅣ豆2			
197	85益羊资M4	丙	三	五	340°	口2.25×0.85—2 底2.15×0.68—0.6			Ⅱc绳纹圈底罐1 AcⅢ钵1			头龛0.4×0.24—0.28 三边有台阶、足端内凹
198	85益羊资M5	丙	三	六	360°	口2.6×1.2—? 底2.8×1.3—4			FⅡ鼎1 BⅢb壶1 AfⅡ豆1 AbⅡ钵1			
199	85益羊资M6	乙	四	八	355°	口2.3×12.5—? 底2.3×1.35—4.3			FⅡ鼎2 AⅪb敦2 BⅣc壶2 BⅠd豆2 Ⅰ匕1 勺2 Ⅳ匜2 钵1 AⅢa盘1			
200	85益羊资M7	丙	三	六	355°	口2.6×1.2—? 底2.6×1.2—4.8			AV鼎1 DⅢ敦1 CⅢa壶1 AcⅢ豆1 Ⅰ勺1 AⅣ盘1 V匜1 Ⅰ匕1			
201	85益羊资M8	丙	四	八	350°	口2.6×1.2—? 底2.55×1.05—4.3			AV鼎1 AⅣ敦1 CⅧa壶1 AcⅡ豆1 Ⅱb勺2 DⅠ盘1			
202	85益羊资M9	乙	三	五	90°	口2.85×1.8—? 底2.36×1.5—3.4			AⅡ鼎2 CⅠ敦1 CⅢb壶1 BⅠ匕1	带钩1	Ⅰ铁刮刀1 铁镢2	

续表五

墓号	原墓号	墓类	期	段	墓向	墓室长×宽—深（米）	墓道坡度	棺椁长×宽×高（米）	随葬器物			备注
									陶器	铜器	其他	
203	85益羊资M10	丙	三	六	350°	口2.6×1.45—?底2.55×1.453.9			AⅥ鼎1 AⅣ敦1 CⅢb壶1 Ⅰd绳纹圈底罐1 AfⅡ豆3 Ⅱa勺1			
204	85益羊资M11	丙	四	七	360°	口3×1.3—?底2.85×1.2—3.1残			FⅠ鼎1 DⅡ敦1 BⅥa壶1 Ⅰ勺1 Ⅰ匕Ⅲ、Ⅳ、Ⅴ铃11 AcⅣ豆1 匜1			
205	85益羊资M12	丙	二	三	350°	口2.7×1.2—2.2底2.15×0.64—0.58			AaⅤ钵1 BⅠ壶1 AgⅡ豆2	CⅡa镜		梯形头龛0.25×0.18—0.2一层台阶
206	85益羊资M13	丙	三	五	110°	口2.3×0.85—0.8底2.25×0.65—0.6			AaⅥ钵2 Ⅰc绳纹圈底罐1			一层台阶随葬器物离墓底0.2~0.25
207	85益羊资M14	丙	三	五	190°	口2.45×1.1—1.6底2×0.61—0.56			AgⅡ豆2			头龛0.58×0.16—0.32一层台阶
208	85益羊资M15	丙	三	五	270°	口2.45×0.95—1.1底2.3×0.61—0.47			Ⅱc绳纹圈底罐1 AgⅡ豆1			三边台阶
209	85益羊资M16	丙	三	四	180°	口2.35×1—1.8底2.3×0.6—0.6			BⅢa壶1			头龛0.6×0.18—0.34一层台阶
210	85益羊资M17	丙	三	四	185°	口2.35×0.75—1.1底2.1×0.65—0.6			BⅡ罍1 AaⅣ钵1 AfⅡ豆1			一层台阶
211	85益羊资M18	丙	三	四	270°	口2.35×1—1.8底2.08×0.61—0.48			AⅥ罐1 罐形鼎1 AdⅢ豆1			头龛0.58×0.2—0.5三边有台阶
212	85益羊资M19	丙	三	五	353°	口2.4×0.8—?底2.3×0.6—1.4			AⅠ杯1			
213	85益羊资M20	丙	三	四	348°	口3.87~4×3.1—3.4—1.5底3.22×2.1—2.7	10°		AaⅡ钵1 BⅡ罍1			墓道4.6×1.38~1.9
214	85益羊资M21	丙	三	四	65°	口2.5×1—?底2.2×0.65—2.4			BⅢ小壶1 AaⅣ钵1	Ⅴ带钩肖形印1 Ⅰ铃10余件		长方形吊龛距墓底0.80.6×0.18—0.36
215	85益羊资M22	丙	二	二	5°	口2.7×1.15—?底2.38×1—2.78			Ⅰb绳纹圈底罐2 AaⅡ钵1			不规则形吊龛距墓底高0.5,0.6×0.2—0.42

续表五

墓号	原墓号	墓类	期	段	墓向	墓室 长×宽—深 （米）	墓道坡度	棺椁 长×宽×高 （米）	随葬器物			备 注
									陶 器	铜 器	其 他	
216	85 益羊资 M23	乙			85°	口 3×2.2—? 底 2.88 ×2—3.4				矛 1　砝码 1 天平盘 2　瑗 1		
217	85 益羊资 M24	乙	三	六	275°	口 3.1×2.3—? 底 2.85×1.9—4.5	9°		AⅢ罐 1			墓道 5.8×1.4
218	85 益羊资 M25	乙	四	八	275°	口 3.7×2.8—3.25 底 3.15×2.04— 2.85	23°		EⅥ鼎 2　DⅣ 敦 2　CⅣa壶 2 CⅡ罐 1　B Ⅰ盘 1　Ⅲc匜 1	矛 1		墓道 4.5×1.84
219	85 益羊资 M26	乙	三	六	185°	口 2.72×1.6—1.4 底 2.68×1.5—3.7			AⅡ鼎 1　AⅥb 敦 1　BⅣb壶 1　Ⅰc绳纹圈 底罐 1	AⅢ剑戟 1　剑 饰 1　天平盘 2 砝码 4　削 1 盘 1　筒形器 1		
220	85 益羊资 M27	乙	四	七	290°	口 3.3×2.9—? 底 2.7×1.68—3	20°		CⅢ鼎 2　BⅡ 敦 1　BⅢ敦 1 CⅦa壶 2 AaⅢ豆 2　AⅤ 盘 2　Ⅲa匜 2	BⅡ剑 1　戈 1 BⅡb矛 1	残铁器 1	墓道 4.2×1.6
221	85 益羊资 M28	丙	四	七	180°	口 2.5×1.24—? 底 2.46×1.2—4			CⅡ鼎 1　CⅦa 壶 1　钵 1　豆 1			
222	85 益羊资 M29	甲	四	八	145°	口 3.76×3.26— 3.15 底 3.3×2.46—1.9	18°		EⅥ鼎 2　DⅣ 敦 2　CⅣa壶 2 CⅣ罐 1　豆 1　BⅠ盘 1 Ⅲc匜 1　Ⅲ勺 1	AⅡ剑 1CⅠb 戈 1　矛 1　镦 1　BⅣ镈 1	铁镢 6	墓道 6.8×1.6
223	85 益羊资 M30	丙			195°	口 2.3×0.83—? 底 2.08×0.76—2				BⅠb剑 1　BⅢ c戈 1　BⅢ镈 1		长方形头龛无 随葬物 0.64× 0.26—0.3
224	85 益羊资 M31	乙	四	七	150°	口 3.25×2.34— 0.8 底 2.9×1.76—2.5			Ⅱ长颈壶 1　钵 1　A 高柄壶形 豆 1	带钩 1　饰件 4	玻璃珠 6	
225	85 益羊资 M32	丁			180°	口 2.3×0.9—? 底 2.14×0.8—1.7						
226	85 益羊资 M33	乙	四	八	10°	口 2.7×1.3—? 底 2.4×1.15—4			DⅢ鼎 2　AⅨa 敦 2　CⅧb壶 2　AaⅢ豆 2 勺 4	铃 2		
227	85 益羊资 M34	丁			85°	口 2.3×0.86—? 底 2.2×0.72—1.9						

续表五

墓号	原墓号	墓类	期	段	墓向	墓室 长×宽—深（米）	墓道坡度	棺椁 长×宽×高（米）	随葬器物 陶器	随葬器物 铜器	随葬器物 其他	备注
228	85 益羊资 M35	丙			195°	口 2.38×1.14—? 底 2.24×0.8—2.1			罐1 钵1 豆1	戈1 镞1		不规则形吊龛距墓底高0.7 0.4×0.24—0.3
229	85 益羊资 M36	丙	三	六	185°	口 2.4×0.8—? 底 2.5×0.84—1.75			AⅢ罐1 BⅡ壶1			长方形吊龛距墓底高0.6 0.6×0.24—0.3
230	85 益羊资 M37	甲	三	五	275°	口 4.54×3.15—2 底 3.28×2.04—2.1	20°		BⅢ鼎1 BⅠa敦2 AⅢa壶2 盘1	AⅡ剑1 戈2 BⅠ矛1 BⅢa矛1 BⅠa镞2		墓道3.6×2.15
231	85 益羊资 M38	丁			10°	口 2.4×1.2—? 底 2.1×0.86—1.7						不规则椭圆形吊龛距墓底高0.8 0.28×0.08—0.12
232	85 益羊资 M39	丁			110°	口 2.57×1.45—? 底 2.28×0.85—1.8						一边有两个脚窝墓底有0.4米厚泥沙土夹白膏泥
233	85 益羊资 M40	丙	三	六	180°	口 2.46×1.15—? 底 2.3×0.9—1.85			AⅠ矛1 AfⅡ豆1			梯形吊龛距墓底高1 0.24×0.1—0.1
234	85 益羊资 M41	丙	四	七	100°	口 2.6×1.38—? 底 2.2×0.94—2.5			AeⅡ豆1	BⅡ剑1 矛1		梯形吊龛距墓底高0.82 0.24×0.08—0.11
235	85 益羊资 M42	丙	四	九	180°	口 2.48×1.1—? 底 2.48×1—3.7			AⅨ鼎1 AⅨb敦1 CⅥe壶1 AfⅡ豆1		AⅠ铁锸1	
236	85 益羊资 M43	丙	二	三	95°	口 2.6×1.08—? 底 2.5×1.05—2.5			AⅤ罐1 AaⅢ钵2			
237	85 益羊资 M44	丙	三	五	140°	口 2.5×0.9—? 底 2.2×0.65—0.67			Ⅰc绳纹圜底罐1 AbⅢ钵2			一层台阶
238	85 益羊资 M45	乙	三	六	95°	口 2.85×1.3—底 2.8×1.15—4.65			FⅠ鼎2 AⅢ鼎1 CⅢ敦2 BⅣa壶2 BⅠa豆2 AⅢa盘2 Ⅰ勺2 匕2			
239	85 益羊资 M46	丙	三	六	360°	口 2.55×1.05—? 底 2.5×0.92—3.8			Ⅲc绳纹圜底罐1 AbⅢ钵2			
240	85 益羊资 M48	甲	四	八	270°	口 4.05×4.15—3.79 底 3.18×2.17—1.06	10°		CⅢ鼎2 AⅣ敦2 CVa壶2	BⅠb剑1 BⅢa戈1 CⅢa戈1 BⅡb矛1 BⅢa矛1		墓道7.3×2

续表五

墓号	原墓号	墓类	期	段	墓向	墓室 长×宽—深（米）	墓道坡度	棺椁 长×宽×高（米）	陶器	铜器	其他	备注
241	85益羊资M49	乙	四	八	90°	口3.2×2.3—? 底2.64×1.62—3.28			CⅠ罐1	CⅠb剑1 矛2	铁刮刀1	
242	85益羊资M50	丙			100°	口2.7×1.1—? 底2.44×0.84—2.1			豆3			梯形吊龛距墓底高0.56 0.5×0.3—0.54
243	85益羊资M51	丙	四	七	290°	口2.6×1.4—? 底2.2×0.78—2.6			AfⅢ豆1		铁片1	方形吊龛距墓底高0.7 0.25×0.2—0.18
244	85益羊资M52	丁			270°	口2.5×1.2—? 底2.3×0.7—1.7						方形吊龛距墓底高0.42 0.24×0.18—0.2
245	85益羊资M53	丙	四	七	160°	口2.42×1.08—? 底2.2×0.72—2.05			AfⅢ豆1			长方形吊龛距墓底高0.68 0.28×0.16—0.2
246	85益羊资M54	丙	四	九	360°	口2.56×1.1~1.17—? 底2.5×1.03~1.1—2.5			AⅨ鼎1 AⅨb敦1 CⅤb壶1 豆1			
247	85益羊资M56	乙	四	七	165°	口3.1×2.8—? 底2.52×1.46~1.52—2.7		椁痕 2.4×1.3×? 棺痕 2.4×0.8×?	Ⅰe绳纹圈底罐1 AaⅥ钵1 AcⅡ豆2			
248	85益羊资M57	丁			25°	口2.3×0.75—? 底2.2×0.64—2.2						
249	85益羊资M66	丙	三	五	270°	口3.1×1.95—? 底2.83×1.72—2.1			AaⅦ钵1			
250	85益羊资M67	丙			190°	口2.4×0.84—? 底2.14×0.68—2.4			钵1 AaⅢ豆1			半椭圆形吊龛距墓底高0.9 墓室已破坏 0.46×0.15—0.34
251	85益羊资M68	丙	二	三	155°	口2.7×1.12—? 底2.6×1.1—2.95			AaⅢ钵1 DⅠ双系壶1		D铁剑1	
252	85益羊资M69	乙	三	六	330°	口2.55×1.4—? 底2.5×1.36—5.45			DⅠ鼎2 AⅦa敦2 CⅢa壶2 AcⅡ豆2 AⅡa盘2 Ⅱ匜2 Ⅰ勺2 Ⅰ匕2	AⅢ带钩1		

续表五

墓号	原墓号	墓类	期	段	墓向	墓室长×宽—深（米）	墓道坡度	棺椁长×宽×高（米）	随葬器物			备 注
									陶 器	铜 器	其 他	
253	85 益羊资 M71	丙	三	六	130°	口 2.3×0.9—?底 2.2 × 0.75—2.05			AgⅡ豆 1		残铁片 1	半椭圆形吊龛距墓底高 0.60.46 × 0.15—0.34
254	85 益羊资 M72	乙	四	九	90°	口 2.5×1.72—?底 2.5×1.62—4.9			AⅦ鼎 2 AⅨb敦 2 CⅥe壶 2 豆 2	剑首 2 天平盘 2 砝码 5	铁锸 1 玻璃璧 1	
255	85 益羊资 M73	丙	四	七	317°	口 2.54 × 1.16—1.4 底 1.96×0.6—0.6			AⅦ鼎 1 AⅡ罍 1 钵 1 AhⅢ豆 1			头龛 0.62 × 0.22—0.38 一层台阶
256	85 益羊资 M74	丙	四	七	45°	口 2.74×1.04—?底 2.7×1—4.1			BⅤ壶 1 AdⅢ豆 2			
257	85 益羊资 M76	乙	三	六	250°	口 2.86×1.8—?底 2.64×1.5—1.5			BⅣa壶 1 AaⅦ钵 1	AⅠ剑 1 镞 1	石器碎片 1 石斧 1	
258	85 益羊资 M77	丙			290°	口 3×2.4—?底 2.4×1.4—2.6			壶 1	剑 1		
259	85 益羊资 M78	甲			90°	口 4.1 ～ 4.15 × 2.9—?底 3.6 ～ 3.75 × 2.45～2.5—1.85			鼎 2 敦 2 壶 2 豆 2 盘 1 匜 1	AⅠ剑 1 D戈 2 CⅡb镦 1 EⅠ矛 1 BⅡa矛 1 AⅡb镞 3		
260	85 益羊资 M79	丙			300°	口 2.4×1.14—?底 2.12 × 0.74—2.1				BⅡa矛 1		方形吊龛无随葬物,距墓底高 10.09 × 0.07—0.1
261	85 益羊资 M80	丙	四	八	300°	口 2.44×0.96—?底 2.4×0.72—1.2			CⅤ罐 1		Ⅰ铁刮刀 1	圆形吊龛距墓底高 0.760.13 × 0.1—0.12
262	85 益羊资 M81	丁			300°	口 2.5×1.6—?底 2.1×0.85—2.2						
263	85 益羊资 M82	丙	四	七	115°	口 3.1×1.85—?底 2.75 × 1.45—2.9			CⅥb壶 1			
264	85 益羊资 M83	丁			90°	口 2.55×1.05—?底 2.4×0.9—1.8						
265	86 益地区工行 M1	丙	四	九	5°	口底 2.6×1—1.15			DⅦ鼎 1 AⅨb敦 1 CⅨ壶 1			
266	86 益地区工行 M2	丙	四	九	180°	口 2.6×1.2—?底 2.5×1.1—1.8			AⅦ鼎 1 AⅦc敦 1 CⅨ壶 1 勺 1			

续表五

墓号	原墓号	墓类	期	段	墓向	墓室 长×宽—深（米）	墓道坡度	棺椁 长×宽×高（米）	随葬器物			备 注
									陶 器	铜 器	其 他	
267	86益羊瓦M16	丙			185°	口 2.6×1.16—? 底 2.6×1.1—4.24			鼎1 敦1 壶 1 豆2 勺2	残饰片1	残铁器1	
268	86益羊瓦M18	乙	四	八	85°	口 2.5×1.42—? 底 2.64×1.52—4.5			FⅢb鼎2 AⅨa敦2 CⅧb壶2 AhⅣ豆2 勺1 盘1		玻璃璧1	
269	86益羊瓦M20	乙			335°	口 2.4×1.18—? 底 2.36×1.14—0.26			鼎2 敦2 CⅧb壶2 豆2 勺2 盘2		玻璃璧1	
270	86益羊瓦M21	乙	四	八	90°	口 2.58×1.5—1.4 底 2.7×1.44—4.1			DⅠ鼎2 AⅨa敦2 CⅫa壶2 BⅠd豆2 勺2		Ⅳ玻璃璧1 Ⅳ玻璃珠1 铁锸1	
271	86益羊瓦M22	乙	四	八	230°	口 2.25×1.7—1.3 底 2.55×1.45—6.55			DⅡ鼎2 AⅨa敦2 CⅧb壶2 AfⅢ豆2 勺2 盘2		玻璃璧1	
272	86益羊瓦M23	丙	四	七	360°	口? 底 2.15×0.52—0.7			FⅡ鼎1 AⅧa敦2 CⅧa壶1 AfⅡ豆2 AⅤ盘2			一层台阶
273	86益羊瓦M24	丙	三	四	225°	口 2.1×0.8—2.08 底 2.1×0.52—0.52			AaⅣ钵1		漆盘1	头龛 0.52×0.18—0.35 一层台阶
274	86益羊瓦M25	乙	四	八	352°	口 2.34×1.32—? 底 2.4×1.32—3.3			DⅡ鼎2 AⅧc敦2 CⅧb壶2 豆2 勺2 匕2	铃1		
275	86益羊桑M11	丙	四	九	55°	口 2.3×1.25—? 底 2.3×1.2—2.55			AⅨ鼎1 AⅨb敦1 CⅧb壶1 AgⅢ豆1			
276	86益羊桑M12	丙	四	九	185°	口?×1.15—? 底?×1.13—1.5			CⅦe壶1	剑首1 带钩1		墓室已残
277	86益羊桑M13	乙	四	九	200°	口 2.47×1.34—? 底 2.45×1.3—1.25			AⅦ鼎2 AⅨb敦2 CⅦd壶1 CⅦe壶1 豆1 勺3		玻璃璧1	
278	86益羊桑M14	乙	四	九	180°	口 2.5×1.46—? 底 2.5×1.46—1.2			AⅤ鼎2 AⅨb敦2 CⅩ壶2 勺2	CⅤ镜1 天平1 砝码4	玻璃璧1 漆奁（迹）1	
279	86益羊桑M15	丙	四	九	200°	口 2.3×0.95—? 底 2.4×0.95—3.45			AⅦ鼎1 AⅨa敦1 CⅨ壶1 豆1 勺1	饰件1	Ⅱ铁刮刀1 漆奁（迹）1	

续表五

墓号	原墓号	墓类	期	段	墓向	墓室长×宽—深（米）	墓道坡度	棺椁长×宽×高（米）	随葬器物			备　注
									陶　器	铜　器	其　他	
280	86益羊桑M16	乙	四	八	244°	口 2.5×1.5—?底 2.65 × 1.58—2.6			AV鼎2　AVb敦2　CⅧb壶2　AfⅢ豆2　Ⅱb勺2	CⅠb剑1　砝码4　天平镜1　铜渣	Ⅱb玻璃璧1	
281	86益赫招M1	丙	三	六	180°	口 ?底 2.24 × 0.58—0.5残			Ⅲc圜底罐1 AaⅥ钵1　盘1 AfⅡ豆1			头龛 0.58 × 0.18—0.34
282	86益赫招M2	丙	四	七	355°	口 2.53×1.33—?底 2.47×1.3—1.2			DⅠ鼎1　AⅦb敦1　BⅣa壶1 AfⅡ豆1勺2　盘1			
283	86益赫招M4	丙	四	七	240°	口 2.58×1.46—?底 2.52×1.4—1.9			AV鼎1　CⅡ敦1　BⅣa壶1	带钩1		
284	86益赫招M5	乙	四	八	330°	口 2.6×1.5—?底 2.72×1.54—3			DⅡ鼎1　AⅣ敦1　CVb壶1 AaⅢ豆2　Ⅰ勺2 AⅠ盘2			
285	86益赫招M6	丙	二	三	145°	口 2.68×1.14—?底 2.6 × 1.04—2.14			DⅠ壶1　钵1 AhⅠ豆1			
286	86益赫招M7	甲	四	八	350°	口 2.7×1.5—?底 2.85 × 1.55—2.4			DⅡ鼎4　AVa敦2　CⅧa壶2　AeⅢ豆2　Ⅱb勺2　Ⅰ匕1　纺轮1	剑1　戟1　戟镦1	Ⅳb玻璃璧1漆盘(迹)1	
287	86益赫招M8	乙	四	八	345°	口 3.04×2.05—1底 2.8×1.8—2.1	23°		AV鼎2　AVb敦2　CⅧb壶2 AcⅣ豆4　勺2　Ⅱ匜2　璧1 BⅠ高柄壶形豆2　AⅡa盘5 AⅡ杯2			墓道残长 1.4×1.24
288	86益赫招M9	丙	四	八	330°	口 2.44×1.12—?底 2.56 × 1.16—2.1			DⅡ鼎1　AⅨa敦1　CⅧb壶1	带钩1		
289	86益赫招M10	丙	四	七	75°	口 2.6×1.2—?底 2.7×1.16—1.8			AV鼎1　AⅦb敦1　CⅧc壶1 AdⅢ豆1勺2　钵1	CⅡb镜1		
290	86益赫招M12	丙	四	九	110°	口 2.6×1.25—?底 2.4×1.08—0.9			AⅦ鼎1　AⅨb敦1　CⅧa壶1 AaⅢ豆1勺2　盘1	镜1	Ⅱb玻璃珠1	
291	86益赫招M14	丙	四	九	335°	口 2.57×1.1—?底 2.57 × 1.1—2.14			AⅦ鼎1　AⅦb敦1　CⅥ壶1　AgⅡ豆1盘1		铁带钩1	长条形吊龛距墓底高 0.690.92 × 0.24—0.3

续表五

墓号	原墓号	墓类	期	段	墓向	墓室 长×宽—深（米）	墓道坡度	棺椁 长×宽×高（米）	随葬器物			备注
									陶器	铜器	其 他	
292	86益赫招M16	丙	四	八	180°	口2.6×1.2—? 底2.58×1.1—1.65			FⅡ鼎1 AVb敦1 CⅧc壶1 AhⅢ豆1 Ⅰ勺1 盘2 Ⅰ匕1			长条形吊龛距墓底高0.8 1.06×0.34—0.4
293	86益赫招M17	丙			150°	口1.95×0.7—? 底1.95×0.7—0.2			钵1			墓室遭破坏头龛0.7×0.26—0.1
294	86益赫招M18	丙	四	八	225°	口2.45×1.18—? 底2.4×1.05—1.8			FⅡ鼎1 AⅨa敦1 CⅧb壶1 AeⅡ豆2 勺2		Ⅰ铁刮刀1	吊龛距墓底高0.8 0.75×0.24—0.3
295	86益赫招M19	丁			335°	口2.4～2.5×1—1.3—残2.39 底2.1×0.59—0.45～0.6						一层台阶
296	86益赫招M20	丙			160°	口2.6×1.35—? 底2.5×1.25—3.05			敦1 壶1			长条形吊龛距墓底高0.9 0.7×0.25—0.4 吊龛遭破坏
297	86益赫招M21	丙	四	七	180°	口2.2×0.75—? 底2.2×0.55—0.55			FⅡ鼎1 AVa敦1 BⅣb壶1	泡(残)1 剑首1 剑格1		一层台阶头龛0.15×0.3—0.45
298	86益赫招M22	乙			290°	口2.5×1.6—? 底2.7×1.7—1.6			鼎2 敦2 壶2 豆3 勺2 匜1	矛1 砝码5	铁剑1	
299	86益赫招M23	丙	二	三	285°	口2.2×0.98—1.9 底2.1×0.6—0.6			C钵1 AⅢa小壶1	带钩1		一层台阶
300	86益赫招M26	乙	四	八	130°	口2.64×1.52—? 底2.66×1.52—2.5		椁2.35×1.2×0.7 棺1.95×0.5×0.48	AV鼎1 AⅧb敦1 壶1 AcⅣ豆2 Ⅲb匜1 Ⅰ勺1 Ⅰ匕1 AⅡb盘1	鼎1 AⅡ壶1 盘1 匜1	AⅡ漆耳杯2 B漆耳杯2 木梳1 残麻布1 木牍1	
301	86益桃招M1	乙	四	八	60°	口2.5×1.6—? 底2.35×1.5—1.8残			DⅡ鼎2 AⅨa敦2 CⅧa壶2 盘1 AdⅢ豆2 勺2 匕1		漆奁1 漆盒1 玻璃璧1	
302	86益桃招M2	乙	四	九	327°	口2.6×1.35—? 底2.5×1.35—3残			FⅢc鼎2 AⅨb敦2 CⅩ壶2 豆1 勺1 盘1			
303	86益桃招M3	丁			50°	口2.24×1—? 底2×0.6—1残						一层台阶
304	86益桃招M4	丁			70°	口2.76×1.5—? 底2.7×1.46—2.3残						

续表五

墓号	原墓号	墓类	期	段	墓向	墓室 长×宽—深 （米）	墓道坡度	棺椁 长×宽×高 （米）	随葬器物 陶器	随葬器物 铜器	随葬器物 其他	备注
305	86益桃招M5	丁				口 2.7×1.6—? 底 2.7×1.6—0.6 残						
306	87益桃外M1	乙			70°	口 2.73×2.2—? 底 2.9×1.95—1.8			鼎1 壶1 匜1		残漆器1	墓室被破坏
307	87益赫科M2	乙			120°	口 2.85×1.86—? 底 2.8×1.82—3.6			鼎2 敦2 钫2 俑头3 豆5	AⅡ剑1 CVb戈1 CVb矛1 镦1 镭1 BⅠ带钩1 Ⅰ印1 砝码3	漆耳杯痕	
308	87益赫科M3	丙	三	四	90°	口? 底 2.25×0.74—0.5			AaⅢ豆1 AⅢ罐1			吊甕遭破坏,距墓底高0.4,呈正方形0.26×0.2—?
309	87益赫科M4	丙	三	六	90°	口 2.02×0.8—0.5残 底 2.02×0.5—0.52			AⅢb小壶1			头甕 0.5×0.18—0.26 一层台阶
310	87益赫科M5	丙	一	一	170°	口 2.24×0.94—残0.65 底 2.44×0.64—0.5			E双系壶2 AⅡ小壶1 AcⅠ豆2 Ⅰ鬲1	砝码3		头甕 0.62×0.2—0.4
311	87益赫科M6	丙	三	五	140°	口 2.24×0.66—0.34 底 2.14×0.6—0.48			AⅣ小壶1 钵1 AgⅠ豆1			头甕 0.46×0.24—0.34
312	87益赫科M7	丙			80°	口 2.04×1.02—1.3 底 2.08×0.64—0.54			罐1 钵1 豆2	带钩1		头甕 0.7×0.2—0.24 一层台阶
313	87益赫科M11	丙	一	一	85°	口 2.3×0.96—0.6 底 2.16×0.66—0.7			AbⅠ豆1 AⅠ小壶1			头甕 0.34×0.2—0.4 一层台阶
314	87益赫科M13	乙	四	九	120°	口 2.9×1.5—? 底 2.7×1.5—3			FⅣa鼎2 H壶2 Ⅲ盒2 AeⅠ豆1 勺2 斗2			
315	87益赫科M14	丙	四	九	80°	口? 底 2.96×1.1—2.2			AⅧ鼎1 AⅨb敦1 CⅦe壶1 AfⅢ豆1			
316	87益赫科M15	乙	三	五	150°	口 2.55×1.3—? 底 2.96×1.5—3			AⅡ鼎2 AⅢ敦2 CⅥ壶2 AaⅢ豆2 勺2 盘1	镜1	Ⅳ玻璃璧1	

续表五

墓号	原墓号	墓类	期	段	墓向	墓室 长×宽—深（米）	墓道坡度	棺椁 长×宽×高（米）	随葬器物 陶器	随葬器物 铜器	随葬器物 其他	备注
317	87益赫科 M16	丁			70°	口 ？ 底 2.76×1.4—1.7						
318	87益赫人 M1	乙	四	七	345°	口 2.68×1.4—？ 底 2.64×1.36—3.1			AⅧ鼎2 AⅤa 敦2 CⅧa壶2 AfⅡ豆2 盘1			
319	87益赫人 M3	丙			105°	口 ？ 底 ？×1.2—2.8			鼎1 敦1 壶 1 豆2 盘1			
320	87益赫人 M8	丙			45°	口 2.5×1.1—？ 底 2.6×1.2—1.6			鼎1 敦1 壶 1 豆1 勺1 匕1			
321	87益工行 M1	丙	四	八	105°	口 2.26×1.05—1.2 底 2.2×0.6—0.55			Ⅰf绳纹圈底罐 1			头龛 0.6× 0.2—0.3 一层台阶
322	87益地区工行 M3	乙	四	九	360°	口 2.8×1.43—？ 底 2.6×1.33—1.33			FⅡ鼎2 AⅨb 敦2 CⅨ壶2 AfⅡ豆2 盘1			
323	87益地区工行 M4	丙	四	九	355°	口 ？ 底 2.05×0.6—0.36			H壶1			
324	87益地区工行 M5	丙	三	五	355°	口 2.56×1.13—？ 底 2.6×1.23—1.7 残			BⅢb壶1 Ag Ⅱ豆2 AaⅤ 钵1			
325	87益地区工行 M7	丙	四	八	90°	口 2.45×1—？ 底 2.4×1.1—0.7 残			AfⅢ豆2 Ⅰf 绳纹圈底罐1			
326	87益地区工行 M8	丙			170°	口 2.7×1.4—1.6 底 2.5×1.30—1.3 残			鼎1 敦1 罐 1			
327	87益地区工行 M9	丙	四	九	70°	口 2.7×1—？ 底 2.55×1—1.4残			FⅣa鼎1 A Ⅸb敦1 CⅨ 壶1 盘1			
328	87益赫房 M2	丙	三	四	350°	1.7×0.6—1.3			BⅢa壶1			长方形吊龛距 墓底高0.5 0.25×0.12— 0.2
329	87益赫招 M27	丙			160°	口 2.54×1.05—？ 底 2.74×1.26—2.7			鼎1 敦1 壶 1 匕1 盘1	鎏金带钩1 剑 首1 CⅡb镜 1		
330	87益赫招 M28	乙			360°	口 2.55×1.5—？ 底 2.75×1.34—3.5			鼎2 CⅣb敦 2 壶2 AaⅡ 豆2 勺1 匜 1 盘1	BⅠ剑1 镜1 印1	铁锸1	

续表五

墓号	原墓号	墓类	期	段	墓向	墓室 长×宽—深（米）	墓道坡度	棺椁 长×宽×高（米）	随葬器物 陶器	随葬器物 铜器	随葬器物 其他	备注
331	87 益赫招 M29	丙	三	五	190°	口 2.34×1.1—1.1 底 2.14×0.72—0.74			AⅣ罐 1　B钵 1　AdⅢ豆 1	残器 1	AⅡ铁剑 1　铁锸 1　铁带钩 1	头龛 0.7×0.24—0.42 一层台阶
332	87 益赫镇医 M4	丙			210°	口 2.7×1.5—? 底 2.63×1.57—2			豆 1			
333	87 益赫镇 M7	丙			360°	口 ? 底 2.6×1.55—0.25			鼎 1　敦 1　壶 1	剑 1		
334	88 益赫科 M8	丙	四	八	350°	口 2.65×1.45—? 底 2.78×1.5—3.35			FⅢb鼎 1　AⅤb敦 2　CⅣb壶 1　豆 1　勺 2	CⅡb镜 1　矛 1　带钩 1	铁刮刀 1　石器 1	
335	88 益赫科 M10	乙			340°	口 2.5×1.46—? 底 2.8×1.6—4.05 残			鼎 2　敦 2　CⅢb壶 2　豆 2			
336	88 益赫科 M19	丙	三	六	90°	口 2.65×1.2—? 底 2.8×1.3—1.4			B罐 1　AdⅢ豆 1			
337	88 益赫科 M21	丙			330°	口 ?×0.8—? 底 2.16×0.67—1.6			篮形豆 1			头龛 0.66×0.1—0.5 一层台阶
338	88 益赫科 M24	乙	四	七	120°	口 2.65×2—? 底 2.75×1.75～1.8—残 3.95		椁痕 2.4×1.3×? 棺痕 1.72×0.76×?	俑 3　Ⅰ钫 2　FⅠ鼎 2　AⅤa敦 1　BⅠc豆 4	CⅢb戈 1　镈 1　带钩 1　镢	C铁剑 1　漆盒 1　石器 1	
339	88 益赫科 M25	乙	三	六	300°	口 2.7×1.45—? 底 2.6×1.3—1.3 残			Ⅰd绳纹圈底罐 1	CⅤa戈 1		
340	88 益赫科 M28	丙	四	七	360°	口 2.19×0.98—? 底 2.1×0.62—1.09 残			EⅣ鼎 1　CⅢ敦 1　BⅣb壶 1　AhⅢ豆 1			头龛 0.7×0.2—0.48
341	88 益赫科 M32	丙	四	七	190°	口 2.6×1.1—? 底 2.6×1.1—1.2 残			FⅢa鼎 1　CⅥb壶 1			
342	88 益赫府 M2	丙	四	八	120°	口 2.8×1.3—? 底 2.7×1.2—2.5			FⅢa鼎 1　AⅣ敦 1　CⅧb壶 1　豆 1			
343	88 益赫府 M3	丙			140°	口 2.8×1.3—? 底 2.7×1.2—2.9 残			鼎 1　AⅤb敦 1　壶 1　豆 1			
344	88 益赫府 M7	丙	四	九	260°	口 2.6×1.3—? 底 2.7×1.4—?			EⅥ鼎 1　AⅨb敦 1　CⅥe壶 1　AhⅣ豆 1　勺 1　匕 1			

续表五

墓号	原墓号	墓类	期	段	墓向	墓室 长×宽—深（米）	墓道坡度	棺椁 长×宽×高（米）	随葬器物			备注
									陶器	铜器	其他	
345	88益赫府M8	丙	四	九	5°	口 2.66×1.4—? 底 2.78×1.5—2.25			CⅣ鼎1 AⅨb敦2 CⅥb壶1 豆1 勺1 Ⅰ匕1	镜1 矛1 带钩1	铁刮刀1	
346	88益赫府M9	乙	四	九	175°	口 2.8×1.52—? 底 2.86×1.6—5.3			FⅡ鼎2 AⅨb敦2 CⅨ壶2 AgⅢ豆2 Ⅰ勺1 匕1		铁锄1	填土中发现铁锄
347	88益赫府M10	乙			340°	口 2.6×1.46—? 底 2.8×1.6—4.05			鼎2 CⅠf敦2 BⅡb壶2 豆2			
348	88益赫府M11	乙	四	八	120°	口 ? 底 2.9×1.55—3.6			DⅤ鼎2 AⅦb敦2 BⅥc壶2 豆2 Ⅰ勺2 匕2 Ⅲa匜2 盘4	AⅡ剑1 CⅠf镦1 BⅡb戈1		
349	88益赫府M12	甲	四	八	260°	口 3.65×2.95—? 底 3.2×2.2—4.3			DⅤ鼎1 AⅤb敦1 壶1	CⅡ戈2 BⅡc矛2 AⅢ剑1 砝码1 镦1 铃1	残铁带钩1 漆甲片 剑缪1	
350	88益赫府M13	丙			160°	口 ? 底 2.56×0.62—?			罐1 豆1			墓室已破坏
351	88益赫府M14	丙			85°	口 2.5×1.96—1.6 底 2.15×0.7—0.7			豆2	带钩1 砝码2		长方形吊龛距墓底高 0.9 0.44×0.24—0.3 一层台阶
352	88益市资厂M1	丙			115°	口 ? 底 2.5×1.4—0.5 残			鼎2 盒2 壶2 钵1 勺2 匕1			
353	88益卷烟M1	丁			170°	口 ? 底 2.55×1.75—4.4						
354	88益电梯M1	甲	四	八	210°	口 残长 4.8×3.6—? 底 残长 4.1×3.1—?			DⅣ鼎1 Ⅱ钫1	FⅠa镜1 BⅡ错金带钩1	残漆器	墓室已严重破坏，多数器物已散失，四边有一级台阶
355	88益电梯M2	甲	四	八		口 4.6×3.5—? 底 4.05×3.1—2.1			DⅣ鼎4 Ⅱ钫4 敦2 豆3			四边有一级台阶早年墓室被盗，器物已扰乱
356	88益电梯M3	丙	二	二	195°	口 ? 底 2.6×1.4—33.7			Ⅰb绳纹圜底罐1			两边一层台阶
357	88益电梯M4	乙			115°	口 ? 底 2.7×1.9—4.8			鼎1 盒3 CⅪb壶3 豆1			墓室已破坏

续表五

墓号	原墓号	墓类	期	段	墓向	墓室长×宽—深（米）	墓道坡度	棺椁长×宽×高（米）	陶器	铜器	其他	备注
358	88 益电梯 M14	丙			350°	口？底 1 残×0.8—1.4 残			鼎 1 Ⅱd 绳纹罐 1 钵 2			两边一层斜台阶
359	88 益电梯 M17	丙			75°	口？底 2.55×1.7—4.5			鼎 2 壶 2 盒 5			一层台阶
360	88 益电梯 M18	丙			100°	口？底 2.1×1—3.4			罐 1 盒 1 勺 2			一边一层台阶
361	88 益电梯 M21	丙			57°	口？底 1.37 残×0.8—2.1			罐 1 钵 1			
362	88 益赫房 M3	丙	三	五	78°	2.8×1.7—0.5			AbⅢ豆 1	AⅡ剑 1		
363	88 益赫财 M2	丙	二	二	5°	2.2×0.77—1.5			Ⅰb 绳纹圈底罐 1 AbⅠ钵 1 AgⅠ豆 2			长凹字形吊龛距墓底高 0.7 0.83×0.38—0.6
364	88 益赫财 M3	丙	三	四	202°	2.6×1.22—残 2 2.04～2.08×0.6～0.68—0.86			Ⅱ鬲 1 Ⅱb 绳纹圈底罐 1 AfⅢ豆 2			吊龛距墓底高 0.15 0.5×0.24—0.42
365	88 益地外 M5	乙			275°	口 3×2.2—？底 3×2.2—1 残			鼎 2 敦 2 壶 2 豆 2 勺 2 盒 1			
366	88 益地外 M9	丙	三	五	78°	口？底 2.5×0.72—2			AfⅡ豆 1 AbⅡ钵 1			
367	88 益县医 M5	丁			290°	口？底 2.55×0.85—1.1						
368	88 益县医 M13	丙	三	五	45°	口 2.1×0.8—？底 2×0.76—0.6			Ⅲc 绳纹圈底罐 1 AaⅣ钵 1 AgⅡ豆 1	镜 1		头龛 0.76×0.22—0.34
369	88 益县医 M14	丙	一	一	115°	口 2.95×1.95—？底 2.72×1.5—1.9			AⅡ小壶 1 AaⅠ钵 1 AaⅠ豆 1			
370	88 益县医 M15	乙	三	六	110°	口 3.1×2.05—？底 2.9×2—2.6			AcⅢ豆 3	AⅢ剑 1 BⅡb 矛 1 镞 1 砝码 3 镦 2		
371	88 益县医 M16	乙	三	四	205°	口？底 2.35×1.85—1.6			GⅡ鼎 1 AⅡ敦 1 F壶 1 AaⅡ豆 1	BⅡ剑 1 BⅤ戈 1 BⅢa 戈 1 BD 矛 2 CⅠe 镦 1		

续表五

墓号	原墓号	墓类	期	段	墓向	墓室 长×宽—深（米）	墓道坡度	棺椁 长×宽×高（米）	随葬器物			备注
									陶器	铜器	其他	
372	88 益县 医 M22	乙	三	四	280°	口 3.07×2.1—? 底 2.9×1.64—2.9			CⅠ鼎 2 AⅥa 敦 2 F壶 2 簋 1	剑 1 BⅠb 戈 1 BⅡ戈 1 BⅠ矛 2 镞 1		
373	88 益县 医 M23	丙	二	二	210°	口 2.8×1.9—? 底 2.7×1.8—4.5			Ⅱa 绳纹圜底罐 1 AgⅠ豆 4	剑 1 镞 4		
374	88 益县 医 M24	丙	三	五	270°	口 2.4×1.15—? 底 2.45×1.2—2			BⅢa 壶 1 Aa Ⅴ钵			方形吊龛距墓底高 0.6 0.24×0.3—?
375	88 益县 医 M26	乙	二	二	105°	口 2.82×1.66—3.1 底 2.3～2.35×0.85—0.8			Ⅱa 绳纹圜底罐 1 AfⅠ豆 3	鼎 1 盘 1		一层台阶
376	88 益县 医 M27	甲	四	八	250°	口 5.4×4.7—1.25 底 3.6×2.8—4.15	20°	椁痕迹 2.3×1.4×? 棺痕迹 2.3×0.6×?	CⅠ鼎 3 AⅥa 敦 3 CⅫa 壶 3 AdⅣ豆 1 BⅠ高柄壶形豆 2 高柄双葫芦形豆 2 B钵 1 AⅡa 盘 1 Ⅲ勺 1			墓道 3×1.92 一层台阶
377	88 益县 医 M30	乙			45°	口 3.05×2.35—? 底 2.9×2.1—3			FⅠ鼎 2 壶 2 匜 2 盘 2 熏炉 1	AⅡ剑 1 镞 1		
378	88 益县 医 M34	丙	二	二	195°	口 ? 底 1.5×0.3—0.7			Ⅰb 绳纹圜底罐 1			一层台阶
379	88 益县 医 M35	乙	四		310°	口 3.2×2.15—? 底 2.75×1.85—3.95			豆 1	BⅣ鼎 1 钫 1 BⅠb 剑 1 镞 1		
380	89 益赫 科 M1	丙			210°	口 ? 底 2.7×1.2—1.9 残			鼎 1 敦 1 壶 1 勺 1	剑首 1	AⅢ铁剑 1	
381	89 益轴 M1	乙	四	七	90°	口 2.65×1.76—? 底 2.65×1.76—2.02			鼎 2 环耳鼎 2 盂 2 AⅨa 敦 4 CⅤa 壶 4 Ⅱ钫 2 AcⅢ豆 2 勺 2	CⅢ戈 1 戈龠 1 AⅢ剑 1 矛 1 G镜 1		
382	89 益轴 M2	乙			90°	口 2.5×1.4—? 底 2.5×1.4—5			鼎 3 敦 3 壶 4 豆 3 勺 2 匕 2 盘 2	镜 1	Ⅱb 玻璃璧 1	
383	91 益赫 城医 M1	丙			100°	口 2.9×2.1—? 底 2.9×2.1—0.9				AⅠ剑 1 戈 1 矛 1 镞 3	B玉环 1	
384	91 益赫 城医 M3	丙			285°	口 ? 底 3.1×2.2—2.6			罐 1 豆 4	剑 1		

续表五

墓号	原墓号	墓类	期	段	墓向	墓室 长×宽—深（米）	墓道坡度	棺椁 长×宽×高（米）	随葬器物 陶器	随葬器物 铜器	随葬器物 其他	备注
385	91 益赫城 M4	乙			135°	口 ？ 底 2.4×0.8			鼎2 敦1 壶 1 钵1 罐1	BⅢ鼎1 AⅡ 剑1 BⅡa戈1 镞1		打破 M386
386	91 益赫城 M5	丁			135°	口 ？ 底 2.7×1.9—1.5		棺痕 2.36 ×1.4—？				
387	91 益赫城 M4	乙			135°	口 2.9×1.9—1.18 底 2.7×1.9—1.4		棺痕 2.38 ×1.4×1	鼎1 敦1 钵 1	BⅡ鼎1 AⅡ 壶1 剑1 戈 1 镞3		
388	91 益地水电 M1	丙			195°	口 1.8×0.65—？ 底 1.8 × 0.54— 0.96 残			壶1			
389	91 益地水电 M3	乙			290°	口 2.75×1.93—？ 底 2.72×1.8—2			鼎2 盒1 壶 3 勺2 匕2 钵2		残漆皮1	
390	91 益轴 M6	丙	四	九	193°	口 2.75×1.4—？ 底 2.65 × 1.3— 1.75			AV鼎1 AⅨc 敦1 CⅦc壶1	BⅡc戈1 镈1 剑1		
391	91 益轴 M7	丙	四	九	360°	口 2.45×1.35—？ 底 2.4×1.3—？			AV鼎1 AVb 敦1 CⅥb壶1 AcⅣ豆1 勺 1 盘2 匕1			
392	91 益轴 M8	丙			163°	口 ？ 底 2.2×0.77—0.5			豆2			头凫 0.35 × 0.16—0.21
393	91 益轴 M10	丙	四	八		口 2.7×1.15—？ 底 2.7×1—？			FⅡ鼎1 AⅦb 敦1 AⅥ壶1 AhⅢ豆1 Ⅰ匕1 盘1	铃1 Ⅰ勺1		
394	91 益轴 M11	丙	四	八		口 2.45×1.4—？ 底 2.45×1.49—？			AⅧ鼎2 AⅦc 敦2 CⅧa壶2 AdⅣ豆2 Ⅰ勺1 AⅢc 盘1			
395	91 益粮运 M1	丙	四	九	360°	口 2.65×1.2—？ 底 2.58 × 1.2— 0.75 残			DⅧ鼎1 AⅨb 敦1 CⅦa壶1 AhⅣ豆1 Ⅰ勺2 Ⅰ匕1 DⅠ盘1			
396	91 益粮运 M2	丙	四	九	180°	口 2.66×1.52—？ 底 2.68 × 1.43— 2.34			DⅢ鼎2 CⅧa 壶2 BⅠb豆 2 盘1		玻璃璧1 铁锄 1	
397	91 益粮运 M3	丙	四	九	180°	口 2.87×1.04—？ 底 2.87×1.2—2			DⅢ鼎1 AⅨb 敦1 CⅧa壶1 AaⅢ豆2	镜1		

续表五

墓号	原墓号	墓类	期	段	墓向	墓室 长×宽—深 （米）	墓道坡度	棺椁 长×宽×高 （米）	随葬器物			备 注
									陶器	铜器	其他	
398	91益电梯M1	丙	四	九		口 2.54×1.5—? 底 2.55×1.6—2.8			AIX鼎2 II盒2 壶1 AaIV钵1 I匕1 I勺1			
399	91益电梯M2	丙	四	九		口 2.45×1.54—? 底 2.4×1.4—?			AIX鼎2 AIXb敦2 CIX壶2 盘2 AeIII豆2 匕1			
400	91益县肉食M1	丙			85°	口 2.45×0.85—? 底 2.17×0.6—3.15残			罐1 钵2			头龛 0.6×0.3—0.4 一层台阶
401	91益义M1	丙			160°	口 2.3×1—? 底 2×0.6—2.1			壶1 豆1			头龛与墓底同宽 0.6×0.2—0.58 三边一层台阶
402	91益义M2	丙	三	五	260°	口 3.35×1.7—? 底 3.15×1.4—3.45			DII双系壶1 AcIII钵2 AaIII豆1 BIa豆1			
403	91益义M4	丙	一	一	160°	口 2.1×0.7—? 底 2.1×0.7—1.8			BI小壶1 AfI豆2 AaI豆1			
404	91益义M7	丙	二	二	335°	口 2.4×1.08—2.7 底 2.1×0.65			Ib圜底罐1			头龛 0.38×0.22—0.4
405	91益义M13	丙	三	四	170°	口 2.3×0.75—? 底 2.15×0.65—0.9			BIII小壶1 AfIII豆1	剑1		头龛偏一角 0.35×0.25—0.25
406	91益义M14	丙	三	四	180°	口 2.5×0.9—? 底 2.15×0.7—2.8			AVI罐1 豆3			长方形吊龛距墓底高 0.4 0.7×0.2—0.2
407	91益义M15	丙	一	一	170°	口 2.2×0.8—残1.7 底 2.2×0.6—0.8			AI小壶1 AbI钵2 AaI豆2	CIa剑1		头龛 0.6×0.2—0.32 两壁一层台阶
408	91益义M19	丙	三	六	340°	口 3.15×1.55—? 底 2.85×1.45—3.5			AIV鼎1 AVIb敦1 CIIIb壶1 BIa豆1			
409	91益义M23	丙	三	五	90°	口 2.5×0.8—? 底 2.5×0.8—2.1			Ic绳纹圜底罐1 AbII钵2 AgII豆2 壶1			长方形吊龛距墓底高 0.1 0.8×0.2—0.3
410	91益义M30	丙			171°	口 2.7×1—1 底 2.4×0.6—0.6			鼎1 钵1 豆2			长方形头龛一层台阶 0.6×0.2—0.36

续表五

墓号	原墓号	墓类	期	段	墓向	墓室 长×宽—深 （米）	墓道坡度	棺椁 长×宽×高 （米）	随葬器物 陶器	随葬器物 铜器	随葬器物 其他	备注
411	91益义 M31	丙	三	六	175°	口 2.5×0.8—1.8 底 2.15×0.6—0.6			AⅣ鼎1 AbⅢ 钵1 BⅢb壶 1			椭圆形头龛一层台阶 0.6× 0.3—0.3
412	91益义 M32	丙	三	五	190°	口 2.2×1—1.6 底 2.1×0.9—0.6			GⅠ壶1 AaⅡ 钵1	BⅡa剑1		一层台阶
413	91益义 M33	乙	四	八	160°	口 2.3×0.95— 2.26 底 2.2～2.25× 0.65—0.74			BⅠb豆1	BⅢ鼎1 B壶 1 盘1 BⅠb 剑1 CⅡ戈1 BⅠ镈1 C Ⅰc镈1 镞1		头龛一层台阶 0.64×0.32— 0.4
414	91益义 M35	丙	一	一	180°	口 2.15×0.95—? 底 2.05×0.95— 1.7			AⅠ小壶1 Aa Ⅰ钵1			不规则吊龛距墓底高0.3 0.6×0.38—2
415	91益义 M37	丙	二	三	270°	口 底 2.4×0.8—1.4			BⅠ罍1 AⅠ 盘1 AgⅠ豆1	带钩1		长方形吊龛距墓底0.16 0.53×0.4— 0.23
416	91益义 M38	丙	二	二	79°	口 2.25×0.7—? 底 2.2×0.63—0.8			AⅢa小壶1 AcⅡ钵1 Af Ⅰ豆2	CⅡ剑1		方形头龛 0.42 ×0.2—0.3 一层台阶
417	91益义 M41	丙			110°	口 2.4×0.68—2.3 底					Ⅱc玻璃璧1	
418	91益义 M42	丙	三	六	270°	口 2.3×1—2.1 底 2.3×0.7—0.7			CⅠ鼎1 钵1 AcⅢ豆2			长方形头龛0.6 ×0.3—0.48两边一层台阶
419	91益义 M45	丙	四	七	115°	口 2.45×1—2.4 底 2.5×0.65—0.6			BⅣa壶1 Aa Ⅱ钵1	BⅢc戈1 镈1 带钩1		两边一层台阶
420	91益义 M46	丙	三	五	155°	口 2.5×1.1—? 底 2.5×0.8—3.4			BⅢb壶1 Ac Ⅲ钵1	环首刀1	AⅠ铁剑1	长方形头龛0.8 ×0.12—0.4两边一层台阶
421	91益义 M47	丙	三	五	168°	口 2.5×0.9—1.5 底 2.37×0.7—0.6			AⅡ鼎1 圈足双耳钵1 BⅡ a豆1 AaⅢ豆 1			头龛 0.63× 0.3—0.3 三边一层台阶
422	91益义 M48	乙	三	六	58°	口 2.3×0.95—? 底 2.2×0.62—1.6			Ⅱd绳纹圜底罐1	BⅡ鼎1 AⅡ 剑1 匕1 镞 1		长方形吊龛距墓底高0.25 0.6×0.22— 0.28
423	91益义 M49	丁			135°	口 2.85×1.1—残 0.85 底 2.45×0.75— 0.8						长方形吊龛距墓底高0.06 0.38×0.15— 0.18

续表五

墓号	原墓号	墓类	期	段	墓向	墓室 长×宽—深（米）	墓道坡度	棺椁 长×宽×高（米）	随葬器物 陶器	随葬器物 铜器	随葬器物 其他	备注
424	91益义M50	丙	三	五	270°	口 2.3×0.92—1.6 底 2.2×0.68—0.6			GⅠ壶1			长方形吊龛距墓底高0.12 0.68×0.2—0.5 一层台阶
425	91益义M51	丙	三	六	25°	口 2.8×1.4—? 底 2.35×0.9—1.5			AⅢb小壶1 AhⅢ豆3	铃3	残铁器1	
426	91益义M52	乙	四	八	160°	口 2.9×1.7—? 底 2.8×1.6—3.8			EV鼎2 AⅦc敦2 CⅦa壶2 AhⅣ豆2 盘1 勺1 匕1	镜1	玻璃璧1	
427	91益义M53	丙	三	六	180°	口 底 2.6×1—1.4			AbⅡ钵1 D钵1			
428	91益义M54	丙	三	五	270°	口 底 2.7×1.5—2.5			BⅢa壶1 钵1			半椭圆形吊龛距墓底0.84 0.82×0.3—0.58
429	91益义M55	丙	二	三	175°	口 2.2×0.8—? 底 2.2×0.65—2.5			C小壶1 CⅠ壶1 AaⅢ钵2	剑1		头龛 0.58×0.12—0.3
430	91益县财M1	乙	四	八	220°	3×1.8—? 2.6×1.74—2.7			鼎2 AⅨa敦2 壶2 豆2	铜格木剑1 戈2 镈2 削1 镞5	石斧1	
431	91益县财M4	乙	四	九		3.65×2.65—? 3.45×2.45—2			AⅨ鼎1 AⅨb敦1 AⅥ壶1 Ⅱ钫2 豆3	AⅢ剑1 BⅢc戈1 BⅡc矛2 镞1 削1		
432	91益赫财M5	甲	三	六	227°	3.2×2.2—? 3.04×2.1—2.65	16°		H鼎2 小口鼎1 BⅢ敦1 AⅣb壶2 Ⅰ簠2 Ⅰ尊缶1 Ⅱ尊缶1 C罍2 AhⅢ豆4 匕Ⅰ 勺1 Ⅰ匜1 小罐1	BⅠb戈1 BⅡ矛1 镞1 镦1		
433	91益赫华M1	丙			95°	口? 底 1.2×0.8—0.8				矛1	AⅣ铁剑1	
434	91益市一中M1	丙			140°	口 2.4×1.2—? 底 2.4×1.18—?			壶1 敦1 AeⅢ豆1 Ⅱb勺1 Ⅰ匕1			
435	91益市一中M4	丙			168°	口? 底 2.6×1.3—1.6 残			AaⅦ鼎1 豆1 壶1 勺1 匕1			

续表五

墓号	原墓号	墓类	期	段	墓向	墓室长×宽—深（米）	墓道坡度	棺椁长×宽×高（米）	随葬器物 陶器	随葬器物 铜器	随葬器物 其他	备注
436	92赫购物中心M1	丙	三	六	180°	口2.2×0.8—0.2 底2.2×0.54—0.6			Ⅲc绳纹圜底罐1　AbⅡ钵1　AfⅡ豆1			头龛0.54×0.2—0.4 一层台阶
437	92益羊粮M1	丙	四	八	90°	口2.45×0.9—2.3 底2.4×0.76—0.6			AcⅢ钵1　AⅡa盘1　CⅧb壶1　AⅨa敦1　Ⅰ勺1　Ⅱ匕1			一层台阶
438	92益羊粮M2	乙	四	七	160°	口2.5×1.4—？ 底2.5×1.4—2.5			FⅢb鼎1　AⅩa敦1　CⅧa壶1　AgⅡ豆1　匕1		Ⅲ玻璃璧1	
439	92益羊粮M3	丙	四	七	360°	口2.7×1.3—？ 底2.7×1.3—0.9			CⅧa壶2　AhⅢ豆1　Ⅰ勺1			
440	92益羊粮M4	乙	四	八	170°	口2.8×1.55—？ 底2.75×1.5—3.2			AⅧ鼎2　AⅨa敦2　BⅣd壶1　CⅧb壶1　Ⅰ勺1AfⅢ豆1　AⅣ盘1			
441	92益羊粮M5	丙	四	七	180°	口？ 底2.9×1.5—0.6			AⅥ鼎1　AⅥa敦1　CⅧa壶1　AhⅡ豆1　盘1　勺1　匕1			
442	92益羊粮M6	丙	三	六	120°	口2.52×1～1.28—？ 底2.5×1—残2.3			Ⅲc圜底罐1　AbⅡ钵1　AdⅢ豆1			
443	92益羊粮M7	丙	四	七	260°	口2.6×1.6—？ 底2.6×1.6—1.4			AⅤ鼎2　AⅣ敦2　CⅧa壶2			
444	92益羊粮M8	丙	四	八	90°	口2.7×1.1—？ 底2.7×1.1—2.6			FⅢb鼎1　AⅨa敦1　CⅣb壶1　AfⅢ豆1　AⅢb盘1　匕1　Ⅲ勺1		Ⅲ玻璃璧1	
445	92益羊粮M9	丁			90°	口2.9×1.8—？ 底2.9×1.8—2.4						
446	92益羊粮M10	丙	四	八	270°	口2.5×1.6—？ 底2.5×1.6—2.3			AⅧ鼎　AⅨa敦1　BⅣ罍1　AfⅢ豆2　Ⅰ匕1　Ⅱb勺1			
447	92益羊粮M11	丙	四	八	270°	口2.8×1.4—？ 底2.8×1.4—3.4			AⅧ鼎1　AⅨa敦1　CⅧa壶1　AhⅢ豆1			

续表五

墓号	原墓号	墓类	期	段	墓向	墓室 长×宽—深（米）	墓道坡度	棺椁 长×宽×高（米）	陶器	铜器	其他	备注
448	92益羊粮M12	丙	四	八	170°	口2.8×1.2—? 底2.8×1.2—1.7			AVⅡ鼎1 AⅨb敦1 CⅣb壶1 钵1 E盘1 AfⅢ豆1 勺1	残片1 砝码1		
449	92益羊粮M15	丙			100°	口2.75×1.61—? 底2.7×1.6—1.35			鼎1 敦1 壶1 AⅣ豆2 盘1 勺2 Ⅱ匜1 Ⅰ匕1			
450	92益羊粮M16	丙	四	八	100°	口2.6×1.1—? 底2.6×1.1—1.3			DⅢ鼎1 AⅨa敦1 CⅦa壶1 AhⅣ豆1	GⅠ镜1		
451	92益羊粮M17	乙	四	八	90°	口2.55×1.56—? 底2.5×1.5—1.5			CⅠ鼎2 AⅩa敦2 CⅥb壶2 BⅢ豆2 Ⅰ匕2 Ⅰ勺2 AⅡa盘1			
452	92益羊粮M18	甲	三	六	90°	口残长4.28×3.1—1.6 底4.2×2.9—4.4	30°	椁3.08×1.68×? 棺2.38×1.04×? 2.1×0.84×?	小熏炉2	AⅡ鼎2 AⅠ壶2 洗1 鉴1 BⅠb剑1 CⅣ戈4 BⅢb矛3 AⅢ戈龠1 AⅠ镈1 AⅡ镈1 D镈1 E镈1 BⅠb镞1 镞2 错银镈1 BⅡ镞9 CⅣ镜1 带钩1 砝码2 天平盘2 漆奁铺首4 小环1 小饼3	AV铁剑1 铁条形器1 木俑头3 木琴1 木残片1捆 AⅠ漆耳杯4 AⅡ漆耳杯2 Ⅰ漆盒1 Ⅱ漆盒1 漆勺1 漆皮甲1 漆樽1 漆奁2 AⅠ玉璧1 玉剑格1	墓道3.7×1.5
453	92益轴M1	丙			145°	口2.6×1.2—? 底2.55×1.18—?			罐1 豆2		Ⅰ铁镬1	
454	92益轴M3	丙			120°	口? 底2.1×1.15—4.4			壶2 敦1 豆2 钵1 杯1			
455	92益地财校M3	丙	四	八	90°	口2.44×1.1—? 底2.44×1.33—1.2残			Ⅰf绳纹圜底罐1 AfⅢ豆1			方形头龛距墓底高0.6米 0.46×0.3—0.32
456	92益地财校M4	甲			192°	口3.7×3.14—1.65 底3.1×1.95—3.3	20°		鼎1 敦1 壶1	剑1 戈1 矛1		墓道2.66×2 一层台阶
457	92益地财校M5	甲			285°	口5.6×5.56—1.1 底3.12×1.68—2.05	28°		鼎1 敦1 壶1	剑1 矛2 戈3	玉璧1	墓道底残长5×1.7 一层台阶
458	92益市长粮M1	丙	三	六	285°	口2.8×1.1—? 底2.45×1.1—2.9残			AⅥ罐1 豆1		串饰1	头龛0.64×0.28—0.36

续表五

墓号	原墓号	墓类	期	段	墓向	墓室 长×宽—深（米）	墓道坡度	棺椁 长×宽×高（米）	随葬器物 陶器	铜器	其他	备注
459	92益市长粮M3	丙	三	四	190°	口 2.35×0.95—? 底 2.45×0.7—2.1 残			AV罐1 AdⅢ豆2			头龛 0.7×0.2—0.3
460	92益市长粮M4	丙	三	四	210°	口 2.66×1.15—? 底 2.6×1.02—2.1 残			AⅢa小壶1 AaⅣ钵2 AdⅢ豆2			打破 M6
461	92益市长粮M6	丙	三	六	360°	口 2.75×1.3—? 底 2.7×1.13—3.6 残			AⅢa小壶1 钵1 AfⅡ豆3			被M4打破
462	92益市长粮M5	丙	四	八					AⅧ鼎1 壶1 AⅡb盘1 AdⅢ豆3 BⅠ高柄壶形豆1 Ⅲ勺1			
463	92益羊砖M1	乙	四	七	260°	口 2.97×1.7—? 底 3×1.65—3.85			AⅥ鼎2 AⅦb敦2 CⅧa壶2 豆2 Ⅲa匜2 AⅢb盘1			
464	92益羊砖M2	丙	四	七	90°	口 2.33×2.42—1.5 底 2.42×1.3—0.85			FⅡ鼎1 AⅣ敦1 CⅧa壶1 豆1 AⅢc盘1			一层台阶
465	92益羊砖M4	丙	四	八	265°	口 2.08×0.62—? 底 2.08×0.64—0.7			AⅧ鼎1 CⅣb壶1 AaⅣ钵1 豆1 勺2	天平1 砝码2		头龛 0.64×0.24—0.45
466	92益羊砖M5	丙	四	八	345°	口 2.5×1.52—? 底 2.47×1.5—2.15			AⅧ鼎1 AⅦc敦1 CⅧc壶1 豆1 勺1	剑首1 带钩1 砝码1		
467	92益羊砖M6	丙	四	八	260°	口 2.45×0.9—? 底 2.45×0.9—0.3			AⅧ鼎1 AⅦc敦1 CⅧa壶1 Ⅱ匜1 勺1			
468	92益羊砖M7	丙	四	七	80°	口 ? 底 2.8×1.05—2.7			AⅧ鼎1 AⅣ敦1 CⅧb壶1 AaⅢ豆1 Ⅰ匕1 AⅢa盘1		B铁锸1	
469	92益羊砖M8	丙	四	八	330°	口 2.55×1.41—? 底 2.5×1.36—2.85			AⅧ鼎1 AⅡ敦1 壶1 AeⅡ豆1 勺1 匕1 Ⅲb匜1 AⅡa盘1		玉剑珌1	
470	92益羊砖M9	丙	四	七	330°	口 2.62×1.42—? 底 2.63×1.4—1.7			AⅧ鼎1 AⅩa敦1 壶1 AⅡa盘2 勺1 Ⅰ匕1 AeⅡ豆1		Ⅰ铁环首刀1	
471	92益羊砖M11	丙	四	九	95°	口 2.16×0.8—0.44 底 2.24×0.64—0.54			AⅧ鼎1 AVb敦1 CⅣc壶1 AgⅢ豆1 勺1 Ⅰ匕1			头龛 0.64×0.28—0.5 一层台阶

续表五

墓号	原墓号	墓类	期	段	墓向	墓室 长×宽—深 （米）	墓道坡度	棺椁 长×宽×高 （米）	随葬器物 陶器	随葬器物 铜器	随葬器物 其他	备注
472	92益羊砖M12	丙	四	八	85	口 2.45×1.36—? 底 2.45×1.42—2.2			EⅡ鼎1 敦1 勺1 CⅦb壶1 盒1 匕1 AeⅡ豆1 AⅣ盘1			
473	92益羊砖M13	丙	四	八	180°	口 3×1.4—? 底 2.75×1.12—1.8			鼎1 AⅦc敦1 CⅣa壶1 AeⅡ豆1 勺1 匕1	天平1 砝码1 带钩1 鎏金泡1	玻璃璧1	
474	92益羊砖M14	丙	四	八	268°	口 2.3×1.2—? 底 2.2×1.2—3.8			鼎1 AⅨa敦1 CⅨ壶1 豆1 AaⅢ钵1		Ⅰ铁环首刀1 A玉环1	
475	92益羊砖M16	乙	四	八	270°	口 2.62×1.45—? 底 2.69×1.55—3.8			AV鼎2 AⅦc敦2 CⅣb壶2 AhⅣ豆2 匜1	剑首1	Ⅰ铁镢1	
476	92益羊砖M17	丙	四	八	260°	口 2.6×1.7—? 底 2.63×1.58—4.65			AⅧ鼎2 AⅨa敦2 BⅣd壶2 AcⅣ豆2 Ⅲc匜1			
477	92益羊砖M18	乙	四	八	75°	口 2.66×1.88—? 底 2.72×1.88—3.8			EⅡ鼎2 敦2 BⅣc壶2 AaⅢ豆2 钵1			
478	92益羊砖M20	丙	四	八	270°	口 2.5×1.4—? 底 2.6×1.42—4.3			AⅦ鼎2 AaⅡ敦2 CⅧa壶2 AⅢa盘1 AfⅢ豆1 Ⅱb勺1 Ⅰ匕1			
479	92益地工行M1	丁			194°	口 2.76×1.15—? 底 2.8×1.3—3.2					漆皮（残）	
480	92益地工行M2	丙	四	九	100°	口 2.9×1.37—? 底 2.9×1.3—2.65 残			AⅨ鼎2 AⅨb敦2 CⅦe壶2 盘1			不规则形吊龛距墓底高0.3 0.6×0.6—0.56
481	92益地工行M3	丙	四	九	50°	口 2.35×1—? 底 2.35×1—?			AⅨ鼎1 AⅨb敦1 壶1 AhⅣ豆1 Ⅰ匕1		AⅠ铁锸	
482	92益地工行M4	丙			85°	口 2.38×0.95—? 底 2.58×0.56—3.9残			罐1 豆1			一层台阶长方形吊龛距墓底高0.7 0.55×0.3—0.43
483	92益地工行M5	丙	四	九	165°	口 2.6×1.1—? 底 2.75×1.3—?			鼎1 AⅨa敦1 CⅨ壶1 AⅢb小壶1 AgⅢ豆4 Ⅲb匜1 Ⅱb勺1 纺轮1			

续表五

墓号	原墓号	墓类	期	段	墓向	墓室 长×宽—深（米）	墓道坡度	棺椁 长×宽×高（米）	随葬器物 陶器	铜器	其他	备注
484	92 益地区工行 M6	丙	四	九	65°	口 2.6×1.95—? 底 2.8×1.95—2.7 残			AIX鼎6 CVIIe 壶4 III盒2 钵1 匕1			
485	92 益地工行 M15	丙			185°	口 2.4×0.9—? 底 2.65×1.16—3.1 残			鼎1 敦1 壶1 勺1 豆1 匜1 纺轮1			长方形吊龛距墓底高 0.8 0.7×0.3—0.44
486	92 益农业局 M1	丙			200°	口 2.6×1.9—? 底 2.7×1.8—1.3			鼎2 盒2 壶2 泥钱1		铁削1	
487	92 益农业局 M2	丙			280°	口 ? 底 2.38×0.62—0.6 残			鼎1 壶1 钵1 匕1 勺1			
488	92 益羊宁粮 M1	丙			70°	口 ? 底 2.4×1.5—?			鼎1 壶1 豆3	G镜1		
489	92 益羊宁粮 M2	甲	四	八	100°	口 3.55×2.5—? 底 3.5×2.5—1.4		椁 3.15×1.85×0.46 棺 2.36×0.94×0.6	AV鼎4 敦2 CVa壶4 I盒1 BIb豆3 BIV罍4 罐2 匕1 勺1	CV戈1 CIa镦1 杯1	弩机附件1 AII玉璧1 木弩机1 弓饰件1	
490	92 益羊宁粮 M3	乙	四	九	190°	口 3.48×2.15—? 底 3.5×2.1—2.45		椁 2.3×1.1×?	AIX鼎4 CVa壶4 AgIII豆4	剑首1 剑格1 带钩1	漆奁1	
491	92 益赫招 M2	丙			250°	口 2.35×1.25—? 底 2.4×1.25—2.5			鼎1 敦1 壶1 豆2 钵1 盘1 勺1 匕1			
492	92 益赫供 M1	丙	二	三	85°	口 2.2×0.88—1.5 底 2.2×0.96—0.95			Ib绳纹圈底罐1 AaII钵1 AdI豆1			一层台阶
493	92 益赫供 M3	丙			70°	口 2.65×1.35—? 底 2.65×1.35—3.3			IV鬲1 罐1 豆2			长方形吊龛距墓底高 0.5 0.56×0.28—0.52
494	92 益赫食 M1	丙			180°	口 2.2×0.8—0.2 底 2.2×0.54—0.6			罐1 钵2			头龛 0.54×0.2—0.4 一层台阶
495	92 益赫食 M7	丙			90°	口 2.2×0.95—1.2 底 2×0.97—0.6			圈底罐1 钵1		II铁剑1	头龛 0.57×0.1—0.28 一层台阶
496	93 益地农 M1	丙	三	四	180°	口 ? 底 2.05×0.55—?			AIV罐1 AaII钵1 AdIV豆1			头龛 0.46×0.6—0.2 一层台阶

续表五

墓号	原墓号	墓类	期	段	墓向	墓室 长×宽—深（米）	墓道坡度	棺椁 长×宽×高（米）	随葬器物 陶器	铜器	其他	备注
497	93益地农M2	丙	四	八	5°	口1.82×1—? 底1.8×1—0.5残			DI鼎1 AⅦc敦1 CⅢb壶1 BIc豆1 Ⅲa匜1 I勺1 匕1	BⅡb矛1	环首铁刀1	
498	93益地农M3	丙	三	六	175°	口2.86×1.32—? 底2.7×1.28—0.5残			AaⅢ小壶1 AaⅤ钵1		铁剑1	
499	93益地农M4	丙	四	八	260°	口2.48×1.43—? 底2.38×1.36—1.6残			FⅡ鼎1 BⅢ敦1 壶1 豆1 Ⅴ匜1 盘1 勺1			
500	93益地农M5	丙	三	五	175°	口2.6×1.4—? 底2.68×1.36—1.7残			AⅡ罐1 AcⅢ钵1 AgⅡ豆1			
501	93益地农M6	丙	四	八	75°	口2.36×1.06—? 底2.36×1.06—1.7残			AcⅣ豆2 CⅢb壶1			长方形吊龛距墓底高0.8 0.64×0.24—0.46
502	93益地农M7	丙	四	八	270°	口2.6×1.12—? 底2.66×1.12—0.8残			CⅧa壶1 AⅦb敦1			
503	93益地农M8	丙			265°	口2.48×1.06—? 底2.6×1.1—2.4			鼎1 敦1 壶1 豆1 勺1 匕1 AⅤ盘1			
504	93益地农M9	丙	四	九	40°	口2.5×1.3—? 底2.6×1.3—2.4			DⅡ鼎1 AⅦc敦1 CⅦe壶1 AhⅣ豆1 盘1 I匕1 I勺1	剑首1		
505	93益地农M10	丙	四	八	90°	口2.6×1.06—? 底2.7×1.06—2.2残			CI鼎1 AⅤa敦1 CⅣb壶1 AdI豆1 I匕2 I勺1 D盘1	剑首1	泡1	
506	93益地农M11	丙	三	四	180°	口2.1×0.72—? 底2.1×0.7—0.7			Ib圈底罐1 AaⅣ钵1 豆1			头龛 0.73×0.8—0.28
507	93益地农M12	丙	三	六	170°	口2.2×0.58—? 底2.2×0.58—0.5残			AdⅣ豆1	带钩1		
508	93益地农M13	乙	三	六	255°	口2.86×2.24—? 底3.02×1.9—3.4			AⅡ鼎2 CⅡ敦2 AⅢa壶2 BIa豆2 AⅢa盘2 I勺1 匕1	砝码2 带钩1	残铁器1	

续表五

墓号	原墓号	墓类	期	段	墓向	墓室 长×宽—深（米）	墓道坡度	棺椁 长×宽×高（米）	随葬器物 陶器	铜器	其他	备注
509	93 益地农 M14	乙	四	八	290°	口 2.8×2.38—? 底 2.54×1.94—2.85残			DⅦ鼎2 AVa敦2 AV壶2 Ⅰ匕2 勺2 AⅢc盘2 豆1	BⅠb剑1 BⅢc戈1 BⅡb矛1 镈1 BⅡ镦1 砝码1		
510	93 益地农 M15	乙	四	八	270°	口 2.32×1.5—? 底 2.38×1.46—2.6残			DV鼎2 AⅦa敦2 BⅣc壶2 AcⅣ豆2 Ⅰ匕3 Ⅰ勺1 AⅡa盘2 Ⅱ匜1			
511	93 益地农 M16	乙	四	八	270°	口 2.7×1.7—? 底 2.88×1.84—2.6残			FⅡ鼎2 AⅨa敦1 CⅧa壶2 AhⅣ豆2 Ⅰ勺1 匕1	C带钩1	Ⅱa玻璃璧1	
512	93 益地农 M17	乙	四	八	250°	口 2.8×1.3—? 底 2.7×1.3—2.2			EV鼎1 AⅨa敦1 CⅧb壶1 勺1 Ⅰ匕1 AⅢc盘1 AeⅢ豆1	FⅡ镜1		
513	93 益地农 M18	乙	四	九	335°	口 2.6×1.54—? 底 2.75×1.5—2.75残			DⅠ鼎1 AVa敦1 CⅧe壶1 Ⅰe绳纹圈底罐1 AeⅡ豆1 Ⅰ匕1 Ⅱ匜1 勺1 AⅢb盘1	BⅡa矛1	AⅢ铁剑1 B铁锸1 铁镞3 铁饰件1	
514	93 益地农 M19	丙	四	八	265°	口 2.34×0.92—0.8残 底 2.12×0.6—0.6			DⅢ鼎1 AⅨa敦1 CⅧa壶1 AhⅢ豆1 Ⅰ匕1 Ⅰ勺1			一层台阶
515	93 益地农 M20	丙	四	八	80°	口 2.4×1.3—? 底 2.44×1.34—2.4残			FⅠ鼎1 AⅦb敦1 AⅥ壶1 AgⅡ豆1 Ⅰ勺1 盘1 Ⅰ匕1			
516	93 益地农 M21	丙	四	八	260°	口 2.62×1.4—? 底 2.46×1.38—2.8残			FⅢa鼎1 AⅦc敦1 CⅣb壶1 BⅠc豆1 勺1 盘1 Ⅰ匕1			
517	93 益地农 M22	丙	四	八	265°	口 2.42×1.34—? 底 2.68×1.48—2.15			FⅡ鼎1 敦1 壶1 AcⅢ豆1 盘1 Ⅰ匕1			

续表五

墓号	原墓号	墓类	期	段	墓向	墓室 长×宽—深 （米）	墓道坡度	棺椁 长×宽×高 （米）	随葬器物			备注
									陶 器	铜 器	其 他	
518	93益地农M23	乙	四	八	180°	口2.6×1.28—? 底2.64×1.3—2.8残			DⅡ鼎2 BⅣc壶2 AⅨa敦2 AhⅣ豆2 Ⅰ勺1 Ⅰ匕1	矛1 带钩1 砝码9 B戈龠1 C镦1	Ⅱa玻璃璧1 漆奁1	
519	93益地农M24	丙	三	四	290°	口2.08×0.7—? 底2.04×0.66—0.7残			AⅥ罐1 AdⅢ豆1			头龛0.64×0.2—0.2
520	93益地农M25	丙			270°	口2.9×1.22—? 底2.9×1.14—1.64残			绳纹罐1			
521	93益地农M26	乙	四	七	175°	口2.54×1.44—? 底2.56×1.46—4.65残			鼎2 AⅦa敦2 CⅧb壶2 AeⅡ豆2 AⅢc盘2		残铁器1	
522	93益地农M27	丙	三	五	160°	口2.2×0.86—? 底2.04×0.6—1.1残			Ⅲa绳纹圈底罐1 AgⅡ豆1			头龛一层台阶0.4×0.3—0.4
523	93益地农M28	丙	四	八	225°	口2.6×1.05—? 底2.7×1.16—2.6残			FⅡ鼎1 AⅤa敦1 CⅣb壶1 AfⅢ豆1			
524	93益地农M29	丙	四	七	180°	口2.16×0.9—1.65残 底2×0.65—0.5			AdⅣ豆1 带纽鼎盖1 Ⅱ长颈壶1			吊龛与墓同宽距墓底高0.15 0.5×0.26—0.38 一层台阶
525	93益地农M30	丙	三	四	170°	口2.76×1.2—? 底2.7×1.14—2.65残			AⅠ罐1 AdⅢ豆1	残器1 带钩1	铁铲1 铁刀1	
526	93益地农M31	丙	三	六	180°	口2.9×1.24—2.3残 底2.96×1.26—0.5			BⅢa壶1 AdⅣ豆1 AdⅣ钵1			吊龛与墓底同宽，距墓底高0.5 0.48×0.2—0.25 一层台阶
527	93益地农M32	丙	四	八	185°	口2.24×1.25—2.72残 底2.24×1.22—0.48			FⅠ鼎1 AⅧb敦1 CⅣb壶1 豆1 AⅢ盘1 勺1			头龛与墓底同宽 0.52×0.17—0.5 一层台阶
528	93益地农M33	丙	四	八	170°	口2.6×1.1—? 底2.6×1.08—2.3残			FⅡ鼎1 AⅦc敦1 CⅧb壶1 AeⅡ豆1 AⅡa盘1 勺1 Ⅰ匕1	残器1 泡1	残铁器1	
529	93益地农M34	丙	三	六	180°	口2.2×0.8—2.5残 底2.1×0.56—0.6			BⅢa壶1 AcⅢ豆1 AhⅡ豆2	Ⅱ镜1		吊龛与墓底同宽距墓底高0.6 0.7×0.24—0.3 一层台阶

续表五

墓号	原墓号	墓类	期	段	墓向	墓室 长×宽—深（米）	墓道坡度	棺椁 长×宽×高（米）	随葬器物 陶器	随葬器物 铜器	随葬器物 其他	备注
530	93 益地农 M35	丙	四	七	180°	口 3.8×2.6—? 底 2.95×1.82—5.5残	25°		AV鼎2 AⅦa敦2 CⅧa壶2 AeⅡ豆2 Ⅱ匜1 AⅢ盘2 Ⅰ勺1	剑首1 镦1	玉璧1	墓道 3.5×1.4
531	93 益地农 M36	乙	四	八	165°	口 2.34×1.36—? 底 2.5×1.54—3.05残			EV鼎2 AVb敦2 BⅣb壶2 匜1 Ⅰ匕1 环1			
532	93 益地农 M37	乙	四	八	170°	口 3×2—? 底 3.15×2.5—4.6残			AV鼎2 AⅦb敦2 CⅧb壶2 AcⅢ豆2 Ⅰ勺2 Ⅰ匕2 AⅢc盘2		铁铲1 玻璃璧1	
533	93 益地农 M38	丙			180°	口 2.6×0.6—? 底 2.3×0.56—?			鼎1 敦1 壶1 豆1			已破坏
534	93 益地农 M39	丙	四	九	355°	口 2.6×1.4—? 底 2.5×1.3—1残			AⅨ鼎1 AⅩa敦1 BⅥb壶1 BⅠc豆1 勺1 匕1 盘1			
535	93 益地农 M40	乙	四	八	340°	口 2.55×1.43—? 底 2.6×1.43—1.7			FⅢa鼎2 AⅦa敦2 CⅣa壶2 BⅠd豆1 勺2 AⅢc盘2 Ⅰ匕2 环2			
536	94 益赫府 M1	乙			320°	口 3.3×2.5—? 底 2.98×1.8—3.1			鼎1 敦1 壶1	剑1 BⅠd戈2 C矛2 泡1	铁刀1	
537	94 益赫府 M2	乙			20°	口? 底 2.8×1.5—0.2			鼎1 敦2 壶2 豆2 盘2	AⅠ剑1		
538	94 益赫府 M3	乙	四	八	360°	口? 底 2.45×1.6—0.5			AⅦ鼎2 AVb敦2 CⅧa壶2 AdⅢ豆2 勺1 盘2	AⅠ剑1 砝码1		
539	94 益赫府 M5	丙			100°	口 3.25×1.6—? 底 3.15×1.4—3.5			鼎1 敦1 壶1 勺1 匕1 盘2			
540	94 益赫劳 M1	丙	三	六	160°	口 2.6×0.8—2 底 2.24×0.6—0.6			Ⅳ鬲1 AaⅡ钵1 BⅣb壶1			头龛与墓底同宽 0.7×0.38—0.4 一层台阶
541	94 益赫劳 M2	丙	三	六	150°	口 2.3×1—2 底 2.04×0.78—0.68			C钵1 AⅢb小壶1 AfⅡ豆1			头龛与墓底同宽 0.7×0.2—0.32 一层台阶

续表五

墓号	原墓号	墓类	期	段	墓向	墓室 长×宽—深（米）	墓道坡度	棺椁 长×宽×高（米）	随葬器物 陶器	铜器	其他	备注
542	94益赫劳M3	乙	三	六	330°	口3.25×1.5—? 底3.1×1.38—2.5			DⅠ鼎2 BⅠa敦2 CⅢb壶2 AcⅡ豆1 杯1 Ⅰ勺1 Ⅰ匕1	带钩1 Ⅱ印1		陶器形制略有不同
543	94益赫劳M4	丙	四	八	45°	口2.5×2.25—0.9 底2.25×0.65—0.6			FⅡ鼎1 AⅦb敦1 CⅡ壶1 AcⅣ豆Ⅱb勺1 Ⅰ匕1 盘1	BⅠb剑1		一层台阶
544	94益赫劳M5	丙	四	八	340°	口2.5×1.5—? 底2.7×1.7—2.5			DⅡ鼎2 AⅦc敦2 CⅧa壶2 AeⅢ豆Ⅲa匜1			一边有台阶
545	94益赫劳M10	丙			160°	口2.24×1.1—? 底2.64×1.14—1			鼎2 敦1 CⅤb壶2 豆1 勺1 匜1			
546	94益赫劳M11	乙	四	八	165°	口2.8×1.5—? 底2.8×1.5—1.7			DⅢ鼎2 AⅦc敦2 CⅧa壶2 AⅤ盘2 Ⅰ勺2 BⅠc豆2	CⅠb剑1 BⅢa戈1 AⅤ带钩1		
547	95益长白M2	丙	四	九	355°	口? 底2.8×1.3—2.25			AⅨ鼎1 AⅨb敦1 CⅦb壶1 AaⅢ豆1	带钩1	铁镦1	
548	95益长白M3	乙			90°	口2.68×1.6—? 底2.48×1.3—2.6				镦1 镜1 AⅢc剑1 天平1 砝码3 印1 BⅡb矛1 带钩1 镞5	镞铤5	
549	95益长白M4	丙	四	八	85°	口? 底2.85×1.5—5.85			DⅠ鼎2 AⅣ敦2 CⅦb壶2 AfⅢ豆2 Ⅲa匜2 AⅢc盘2 Ⅱb勺2 Ⅰ匕2			
550	95益长白M5	丙	四	八	285°	口? 底2.7×1.5—5			DⅡ鼎1 AⅤb敦1 壶1 AeⅢ豆1 Ⅰ匕Ⅱb勺1	铃3		
551	95益长白M6	丙	四	七	90°	口2.6×1.35—? 底2.4×1.35—4			EⅤ鼎1 AⅦb敦1 CⅥb壶1 豆1 勺1 Ⅰ匕1 盘3 篮1		残铁器1	
552	95益长白M13	乙			180°	口2.7×1.5—? 底2.62×1.45—4.8			鼎2 敦2 壶2 豆2 勺2	铃1	Ⅱa琉璃璧1	

续表五

墓号	原墓号	墓类	期	段	墓向	墓室 长×宽—深（米）	墓道坡度	棺椁 长×宽×高（米）	随葬器物 陶器	随葬器物 铜器	随葬器物 其他	备注
553	95 益赫招 M1	乙	四	八	280°	口 2.78×1.62—? 底 2.8×1.61—1.3			DⅡ鼎2 AⅨa敦2 CⅧa壶2 AhⅣ豆2 Ⅱa勺1	镜1 剑1 带钩1 匜1	AⅡ铁锸1 铁镢1	
554	95 益赫招 M2	乙	四	九	70°	口 2.43×1.5—? 底 2.5×1.55—2.1			AⅦ鼎2 AⅨa敦2 CⅧc壶2 AiⅣ豆2 勺1	CⅠ镜1		
555	95 益赫招 M3	乙	四	八	260°	口 3.8×1.5—? 底 3.5×1.5—1.3			DⅡ鼎2 AⅨa敦2 CⅧc壶2 AiⅣ豆2			
556	95 益赫招 M4	丙	三	六	310°	口 2.3×0.9—? 底 2.2×0.8—2			AⅢb小壶1 AbⅢ钵1 AⅠ盘1	碎片		
557	96 益赫滨 M1	丙	四	八	290°	口 ? 底 2.2×1.2—0.5			AⅤ鼎1 AⅨa敦1 CⅥb壶1 豆1 Ⅰ勺1			一层台阶
558	96 益赫滨 M3	乙			290°	口 2.6×1.6—? 底 2.6×1.4—?			鼎4 敦4 壶4 豆2 盘1 匜1 勺3	BⅠa剑1 矛1 镞1 砝码5		
559	96 益赫滨 M4	乙	四	九	10°	口 2.6×1.3—? 底 2.8×1.5—2.6			FⅣc鼎1 AⅨc敦1 CⅥe壶1 AhⅣ豆1 Ⅰ勺1		B铁锸1 玻璃璧1	
560	96 益赫滨 M5	乙	四	九	75°	口 2.7×1.65—? 底 3.1×2—4.5			AⅦ鼎2 AⅦc敦2 CⅥe壶2 AcⅣ豆1 Ⅰ勺2 AⅢa盘1 Ⅰ匕2		Ⅱ铁锼1 铁铲1	
561	96 益赫滨 M6	乙	四	九	260°	口 2.9×1.75—5.2 底 2.5×1.4—0.8			AⅤ鼎2 AⅤb敦2 CⅦd壶2 AfⅢ豆2 Ⅱb勺1 AⅢb盘1			
562	96 益赫滨 M7	乙	四	八	18°	口 2.7×2.4—? 底 2.75×2.4—5			AⅤ鼎2 AⅤb敦2 CⅣb壶2 豆2 杯1 盘1	镜1 剑首1 砝码5	AⅢ铁剑1 玻璃璧1	
563	96 益赫滨 M8	乙			170°	口 2.3×1.54—? 底 2.65×1.64—4			鼎2 敦2 壶2 豆1 匕1	镜1 带钩1		
564	96 益赫滨 M9	丙			15°	口 ? 底 2.65×1.15—0.8			FⅣb鼎1 敦1 壶1 豆1 盘3			
565	96 益赫滨 M10	乙			345°	口 2.8×1.6—? 底 3.03×1.8—3.35			鼎2 敦2 壶2 豆2 勺1 匕2	CⅢa戈1 镈1		

续表五

墓号	原墓号	墓类	期	段	墓向	墓室 长×宽—深(米)	墓道坡度	棺椁 长×宽×高(米)	随葬器物 陶器	铜器	其他	备注
566	96益赫滨M11	乙	四	九	260°	口2.54×1.47—? 底2.7×1.36—1.8			AⅧ鼎2 AⅨb敦2 CⅧb壶2 豆2 勺2 匕1 盘1			
567	96益羊砖M1	丙	三	五	10°	口2.15×0.54—? 底2.08×0.54—0.6			AⅢ罐1 AaⅡ钵2 AfⅡ豆1			头龛0.54×0.26—0.38 一层台阶
568	96益羊砖M2	丙	四	八	210°	口2.52×1.68—? 底2.48×1.62—1.2			AⅧ鼎2 AVb敦2 CⅧb壶2 AaⅢ豆2 Ⅱb勺2			
569	96益羊砖M3	丙	四	九	97°	口2.4×1.4—? 底2.32×1.32—0.5			AⅧ鼎2 AVb敦2 CⅦa壶2 AhⅣ豆2 Ⅰ勺1 Ⅱ匕1 盘1	剑首1 剑格1		
570	96益羊砖M5	丙	四	九	11°	口2.52×1.36—? 底2.52×1.36—1.1			AⅧ鼎1 AⅧb敦1 CⅧa壶 AgⅡ豆1 Ⅰ匕1			
571	96益羊砖M6	丙	四	九	30°	口2.35×1.3—? 底2.35×1.3—1.2			AⅨ鼎2 AⅨb敦2 CⅥe壶2 AeⅢ豆2			
572	96益羊砖M7	丙	四	九	355°	口2.5×1.42—? 底2.5×1.42—1.1			AⅨ鼎1 AⅥa敦1 CⅧb壶1 AfⅠ豆1	天平1	残铁器1	
573	96益羊砖M8	丙	四	九	340°	口2.42×1.35—? 底2.4×1.35—1.05			AⅧ鼎2 AVb敦2 CⅨ壶2 AhⅣ豆2 Ⅲ盒1		AⅡ铁锸1	
574	96益羊砖M9	丙	四	九	250°	口? 底2.52×1.65—0.9			AⅧ鼎4 AVb敦4 CⅧa壶4 AhⅣ豆4 BⅡ高柄壶形豆1	勺1	Ⅱa玻璃珠眼1	
575	96益羊砖M10	丙			350°	口2.2×0.9—? 底2×0.68—0.59					铁环首刀1	一层台阶
576	96益羊砖M11	丙	三	五	360°	口2.2×0.8—? 底2.24×0.8—1.2			Ⅰc绳纹圈底罐1 AgⅡ豆1	印1		一层台阶
577	96益羊砖M12	丙	四	九	350°	口2.5×1.36—? 底2.4×1.29—1.9			EⅢ鼎2 AⅦc敦2 CⅪb壶2 AfⅢ豆1 BⅡa豆1 Ⅰ匕1			

续表五

墓号	原墓号	墓类	期	段	墓向	墓室 长×宽—深（米）	墓道坡度	棺椁 长×宽×高（米）	随葬器物 陶器	随葬器物 铜器	随葬器物 其他	备注
578	96 益羊砖 M13	乙	四	九	360°	口 ？ 底 2.75×1.5—1.1			AⅧ鼎4 AⅨb敦3 CⅧa壶2 GⅡ壶1 AgⅡb勺4 匕3	BⅠb剑1 CⅣ戈1 镈1 带钩2		
579	96 益羊砖 M14	丙	三	五	180°	口 2.58×1.08—2.02 底 2×0.58—0.58			AⅢa 小壶1 AcⅠ钵1			头龛 0.5×0.18—0.3 一层台阶
580	96 益羊砖 M15	丙	四	八	360°	口 ？ 底 2.7×1.2—1.6			DⅡ鼎1 AⅨa敦1 CⅣb壶1 BⅠc豆1 AⅡa盘1			
581	96 益羊砖 M16	丙	四	八	360°	口 2.9×1.4—？ 底 2.88×1.35—2			AⅧ鼎2 AⅨa敦2 CⅧa壶2 AfⅢ豆2 AⅢb盘2			
582	96 益羊砖 M17	丙	四	九	95°	口 2.45×1.3—？ 底 2.5×1.5—2.7			DⅢ鼎2 AⅨa敦2 CⅨ壶2 AaⅢ豆2 Ⅲ勺2 C盘1	镜1 砝码5	残铁器1	
583	96 益羊砖 M18	丁			360°	口 ？ 底 2.1×0.9—0.48						
584	96 益羊砖 M4	丁			360°	口 ？ 底 2.7×1.2—0.4						
585	96 益长白 M1	丙	三	四	360°	口 2.4×0.85—？ 底 2.1×0.6—0.5			AⅣ罐1 AaⅣ钵1 AgⅠ豆1	剑首1 带钩1	铁环首刀1	头龛 0.6×0.18—0.2 一层台阶
586	96 益长白 M3	丙	三	五	342°	口 2.65×1—？ 底 2.76×1.13—2.3			Ⅰb绳纹圈底罐1 AbⅢ钵1			
587	96 益长白 M4	丙	三	五	357°	口 2.2×0.94—？ 底 2.42×0.6—2.4 残			AaⅤ钵1 AⅢa小壶1		铁矛1	方形头龛 0.38×0.2—0.3 一层台阶
588	96 益长白 M5	丙	四	八	360°	口 2.68×1.16—？ 底 2.7×1.20—3.2			FⅡ鼎1 AⅤb敦1 CⅣb壶1 AfⅢ豆1 C盘1 Ⅰ勺1			
589	96 益长白 M6	丙	四	八	30°	口 2.52×1.05—？ 底 2.59×1.06—4 残			AⅦ鼎1 AⅨa敦1 CⅣb壶1 AfⅢ豆1 Ⅰ勺2 钵1		Ⅲ玻璃璧1 纺轮1	
590	96 益长白 M7	丙	三	五	360°	口 2.36×0.9—？ 底 2.07×0.65—1.35 残			Ⅰc绳纹圈底罐1 AdⅠ豆1 AcⅡ钵1	带钩1		长方形头龛 0.43×0.21—0.4 一层台阶

续表五

墓号	原墓号	墓类	期	段	墓向	墓室 长×宽—深（米）	墓道坡度	棺椁 长×宽×高（米）	随葬器物 陶 器	随葬器物 铜器	随葬器物 其 他	备 注
591	96益长白 M8	丙	四	八	4°	口2.58×1.35—? 底2.45×1.35— 3.75			FⅠ鼎2 AⅣ 敦2 CⅧc壶2 AdⅣ豆2 Ⅱb勺3 Ⅰ匕 3 盘2			
592	96益长白 M9	乙	四	九	177°	口2.6×1.7—? 底2.6×1.7—3.9			FⅡ鼎2 AⅤb 敦2 CⅣc壶2 AaⅢ豆2 Ⅰ勺3 Ⅰ匕3 AⅤ盘2			
593	96益长白 M10	丙	四	八	195°	口2.5×1—? 底2.5×1—2.2			AⅦ鼎1 AⅨa 敦1 CⅧb壶 1 豆1		残铁器1	
594	96益长白 M11	乙	四	八	350°	口2.54×1.92—? 底2.55×1.58— 3.5			DⅡ鼎2 AⅦb 敦2 CⅧb壶 3 AhⅣ豆2 Ⅰ勺2 Ⅰ匕1 AⅢb盘1		铁戟1	
595	96益长白 M12	丙	三	五	270°	口2.4×0.9—? 底2×0.65—1			Ⅱb绳纹圜底罐 1 AfⅡ豆1			长方形头龛 0.52×0.24— 0.36 一层台阶
596	96益长白 M13	乙	四	八	180°	口2.7×1.52—? 底2.62×1.5—4.8			DⅢ鼎2 AⅨa 敦2 CⅧa壶2 AhⅣ豆2 勺2	玲3	玻璃璧1	
597	96益长白 M14	丙	四	八	270°	口2.5×1.1—? 底1.8×0.6—2.1			AⅧ鼎1 AcⅢ 钵1 AaⅣ钵1 AdⅢ豆1 勺1 Ⅰ匕		铁锸1	方形头龛0.3× 0.18—0.4 一层 台阶
598	96益长白 M15	乙	四	九	195°	口2.3×1.3—? 底2.56×1.46—3			FⅣa鼎2 A Ⅶc敦2 CⅧa 壶2 AhⅣ豆2	环1	玻璃璧1	
599	96益长白 M16	丙	四	八	195°	口2.55×1.25—? 底2.6×1.3—2.6			CⅢ鼎1 AⅦc 敦1 CⅧa壶1 AfⅢ豆1 Ⅰ勺1 AⅢb 盘1 Ⅰ匕1			
600	96益长白 M17	丙	四	九	270°	口? 底2.7×1.08— 3.15			FⅡ鼎1 敦1 CⅤb壶1 钵1	BⅡb矛1		
601	96益羊宁砖 M1	丙	四	九	170°	口2.5×1.3—? 底2.5×1.3—2.9			AⅦ鼎2 AⅥb 敦2 CⅨ壶2 勺1 AhⅣ 豆1 AⅢc盘 1 Ⅲa匜 Ⅰ匕2	镜1		

续表五

墓号	原墓号	墓类	期	段	墓向	墓室 长×宽—深 （米）	墓道坡度	棺椁 长×宽×高 （米）	随葬器物			备注
									陶　器	铜　器	其　他	
602	96益羊宁砖M2	丙	四	九	175°	口 2.3×1.33—? 底 2.56 × 1.42—3.3			FⅢb鼎1 AⅧb敦1 CⅦe壶1 AhⅣ豆1 I勺1 Ⅰ匕1			
603	96益羊宁砖M3	丙	四	九	5°	口 2.6×1.82—? 底 2.54 × 1.7—3.66			FⅣa鼎2 AⅧc敦2 CⅩ壶2 AhⅣ豆2 I勺2 Ⅰ匕2 AⅢa盘2			
604	96益宁砖M4	乙	四	九	100°	口 2.96×2.06—? 底 3.01×2—5.45			DⅥ鼎4 AⅩb敦4 CⅨ壶4 AgⅢ豆4 Ⅱb勺4			
605	96益宁砖M5	乙	四	九	347°	口 2.96×2.6—? 底 2.84 × 2.23—4.5			AⅨ鼎4 AⅨb敦3 CⅧa壶4 AhⅣ豆4	CⅡb剑1		
606	96益宁砖M6	乙	四	九	90°	口 3.1×2.7—? 底 2.5 × 1.7—4.6残			FⅠ鼎4 AⅨc敦3 CⅦe壶4 AhⅣ豆4 I勺2 Ⅰ匕2 AⅡa盘2	BⅠa剑1		
607	96益宁砖M7	丙	四	九	15°	口 2.53×1.54—? 底 2.45 × 1.3—2.9残			FⅠ鼎2 AⅦc敦2 CⅩ壶2 AeⅢ豆2	残器1		
608	96益宁砖M8	丙	四	九	20°	口 2.55×1.45—? 底 2.34 × 1.3—4.28			DⅥ鼎1 AⅦc敦1 CⅦd壶1 AhⅣ豆1 I勺2 Ⅰ匕1		Ⅲ玻璃珠1	
609	96益宁砖M9	丙	四	九	12°	口 2.6×1—2.32 底 2.2 × 0.56—0.58			FⅡ鼎1 AVb敦1 CⅦe壶1 BⅠa豆1 AⅢb盘1 I勺1 Ⅰ匕1		残铁器1	
610	96益宁砖M10	丙	四	八	60°	口 2.25 × 0.92—2残 底 2.1×0.68—0.6			FⅡ鼎1 AⅦc敦1 CⅧb壶1 AdⅣ豆1 Ⅱb勺2			头龛 0.68 × 0.2—0.42 一层台阶
611	96益宁砖M11	丙	四	九	335°	口 2.5×0.95—? 底 2.6×0.95—1.3			FⅣb鼎1 AVa敦1 CⅡ壶1 AaⅣ钵1			
612	96益宁砖M12	乙	四	八	80°	口 2.6×1.5—? 底 2.55 × 1.35—4.3			AⅧ鼎2 AⅧb敦2 CⅧa壶2 AfⅢ豆3 I勺3 Ⅰ匕1 AⅡa盘1 C盘1	带钩1 匜1		

续表五

墓号	原墓号	墓类	期	段	墓向	墓室 长×宽—深（米）	墓道坡度	棺椁 长×宽×高（米）	随葬器物 陶器	铜器	其他	备注
613	96益宁砖M13	乙	四	八	100°	口2.8×1.5—? 底2.65×1.35—5.3残			FⅡ鼎2 AⅧb敦2 CⅧb壶2 BⅠd豆3 BⅢ豆2 Ⅰ勺1	AⅠ剑1 戈1 镈1	Ⅰ玻璃璧1	
614	96益宁砖M14	丙	四	九	180°	口2.65×1.1—? 底2.6×1.06—1.9残			AⅦ鼎1 AⅤb敦1 CⅤb壶1 钵1 AaⅢ豆1 Ⅱb勺1 DⅡ盘2			
615	96益宁砖M15	乙	四	九	90°	口2.5×1.25—? 底2.55×1.24—2.5			FⅣa鼎2 AⅦa敦2 CⅦe壶2 AaⅡ豆2 AⅤ盘2 勺2 匕2	镜1	AⅡ铁锸1	填土中出土纺轮一件
616	96益笔M1	乙	三	六	290°	口2.8×1.51—? 底2.5×1.24—1.54残			AⅢ鼎2 CⅡ敦2 CⅢb壶2 豆2	铃多件		
617	97益笔M4	乙	四	八	20°	口3×2.55—? 底2.7×1.9—6.9	12°		FⅡ鼎2 AⅦc敦3 CⅧa壶2 Ⅰ勺2 AⅢc盘2 Ⅱ匜1			墓道长×0.9
618	97益笔M6	丙	四	七	10°	口3×1.3—6.8 底2.7×1.2—6.8			AⅢ鼎1 CⅡ敦1 BⅥ壶1 BⅠa豆1 鸽1 Ⅱb勺1 AⅣ盘1			
619	97益笔M7	乙	三	六	320°	口2.9×2.1—? 底2.4×1.4—6.5	12°		AⅢ鼎2 CⅢ敦2 BⅣb壶2 AⅠ盘2	BⅠb剑1		墓道长×1
620	96益羊划M1	乙			180°	口2.5×1.48—? 底2.7×1.36—7.5			鼎2 敦2 钫2 豆2 匕2			
621	97益羊划M1	甲	三	五	5°	口3.2×2.8—9 底3×2.3—2.3	20°			BⅠb剑1 镦1 BⅦ矛1	玻璃璧1 Ⅰ玻璃珠1 Ⅱ漆耳杯1 漆奁1	墓道长×0.96
622	98益市一中M1	乙	四	八	95°	口3.65×1.6—? 底2.45×1.4—3.42			DⅦ鼎2 AⅨa敦2 CⅥc壶2 AeⅢ豆1 AfⅢ豆1 盒1 Ⅰ勺2 匕2	AⅡ剑1 戈1 镈1	Ⅱb玻璃璧1	
623	98益市一中M2	丁			10°	口2.9×1.5—? 底2.7×1.3—3.6残						
624	98益市一中M3	乙	四	九	10°	口2.85×1.7—? 底2.83×1.65—4.2残			DⅦ鼎2 AⅨb敦2 CⅥc壶2 AgⅢ豆2 Ⅱb勺2			

续表五

墓号	原墓号	墓类	期	段	墓向	墓室 长×宽—深（米）	墓道坡度	棺椁 长×宽×高（米）	随葬器物			备注
									陶器	铜器	其他	
625	98益市一中M4	丙	四	九	350°	口 2.5×1.42—？ 底 2.36×1.37—5.2		棺痕 2.1×1.1—0.6	FⅣb鼎2 AⅨb敦2 CVc壶2 AhⅣ豆2 Ⅰ匕1 纺轮1		Ⅱb玻璃璧1	
626	98益赫科M1	丙	二	三	255°	口 2.5×0.8—0.5残 底 2.5×0.55—0.55			AgⅠ豆1 AaⅡ钵1 AⅢ罐1 异形小壶1	铜柄铁剑1		一层台阶
627	98益赫科M3	丙	三	六	200°	口 2.2×0.8—0.3残 底 2.1×0.58—0.66~0.7			Ⅲ鬲1 AⅣ敦1 AⅢa小壶1 AaⅢ豆2 AeⅠ豆			头龛 0.78×0.2—0.4 一层台阶
628	98益赫科M4	丙	四	九	190°	口 2.9×1.1—？ 底 2.7×1—2.4残			AⅧ鼎1 AⅨa敦1 CVb壶1 AdⅣ豆1 纺轮1			
629	98益赫科M6	丙	四	九	180°	口 2.75×1.05—？ 底 2.75×1.2—2.5			DⅡ鼎1 AⅨb敦1 CⅨ壶1 AhⅣ豆1 AⅠ盘1 Ⅱb勺1		玉璜1	
630	98益赫科M7	丙	四	七	200°	口 2.75×1.25—？ 底 2.65×1.15—1.85残			FⅠ鼎1 AⅣ敦1 CⅥb壶1 豆1			
631	98益粮运M1	丙	四	九	20°	口 2.4×1.15—？ 底 2.6×1.2—？			AⅧ鼎1 AⅨb敦1 CⅨ壶1 AfⅢ豆1 Ⅰ匕1 Ⅰ勺1 AⅢb盘1			
632	98益粮运M2	乙	四	九	105°	口 2.7×1.4—？ 底 2.5×1.4—3.5残			DⅡ鼎2 AⅨa敦2 CⅧc壶2 AfⅢ豆2	镜1		
633	98益粮运M3	丙	四	九	200°	口 2.8×1.1—？ 底 3.1×1.2—2.8残		棺 2.4×0.8×？	DⅡ鼎1 AⅨb敦1 CⅧc壶1 豆1			
634	98益粮运M4	丙	四	九	15°	口 2.7×1—？ 底 2.7×1.1—3.3			FⅣa鼎1 AⅢb小壶1			吊龛距墓底高0.26米，半椭圆形 0.5×0.12—0.45
635	99益政协M1	乙	四	九	180°	口 2.9×2—？ 底 2.6×1.93—4.4			DⅥ鼎2 EⅡ敦1 CⅪb壶2 AgⅢ豆5 BⅡ高柄壶形豆1 Ⅱ盒1 Ⅱ匜1 Ⅰ勺1	GⅡ镜1	BⅠ玉璧1	

续表五

墓号	原墓号	墓类	期	段	墓向	墓室 长×宽—深（米）	墓道坡度	棺椁 长×宽×高（米）	随葬器物 陶器	铜器	其他	备注
636	99益政协M2	丙	四	九	170°	口？ 底2.04×1.35—？			鍪1 AhⅢ豆1	镜1 钱3		
637	99益政协M4	丙	四	九	175°	口？ 底2.7×1.5—？			AⅨ鼎2 AⅨb敦2 CⅩ壶2 豆2 勺2	镜1		
638	99益政协M5	乙	四	九	190°	口？ 底2.55×1.5—4.4			AⅦ鼎2 AⅨb敦1 CⅩ壶2 AhⅣ豆2 Ⅱb勺1	BⅢa戈1 AⅠ剑1 镈1 带钩1	Ⅱc玻璃璧1	
639	99益政协M6	乙	四	九	355°	口？ 底2.7×1.6—？			AⅦ鼎2 AⅨb敦2 CⅨ壶2 BⅡa豆2 匜2			
640	99益政协M10	丙	四	九	175°	口1.9×1—2 底2.15×0.57—0.6			AⅦ鼎1 AⅨb敦1 CⅩ壶1 AgⅢ豆1			头龛0.58×0.24—0.6 一层台阶
641	99益政协M11	乙	四	九	10°	口2.7×1.8—？ 底2.8×1.95—5.5			AⅨ鼎2 AⅨb敦2 CⅨ壶2 AfⅢ豆3 Ⅱb勺2	D镜1	玻璃璧1	
642	99资李木M1	甲	三	六		口8.7×7.1—？ 底5.3×3.7—？		椁 4.4×2.85×1.6 棺 2.86×1.6×1.28 2.3×0.92×1	DⅣ鼎1 高柄豆1 Ⅰ壶1			四边有两级台阶墓坑大部分被破坏,残存部分葬具和部分陶器
643	99资李木M7	甲	三	四	95°	口3.6×2.8—？ 底3.4×2.1—2.1			鼎3 敦2 壶3 豆7 罐1	AⅡ剑2 BⅥ矛3 标1 斧1 镞1 残器1 BⅠb戈1		墓坑已被扰乱,陶器残缺不全
644	2001资李木M1	甲	四	七		底5.4×3.8—0.45				CⅢa戈1 车舌2 马衔2 车辖1 AⅢ剑1		墓室已扰乱,陶器仅见豆柄、鼎耳、鼎足残片
645	2001益卫M8	丙	三		95°	口2.5×1—3.3 底2.6×1.2—3.3			鼎1 敦1 壶1 豆1	CⅡa镜1		
646	93资李鸟M1	乙	三		82°	底2.6×1.65—2.5		棺2.2×0.9—0.45	鼎2 敦1 壶1 豆1		残漆器1 木篦1 残麻鞋1	墓内已因取土烧砖破坏,陶器仅见残片,棺木已散乱
647	96益笔M3	丙			250°	2.73×1.78—5.1	28°			BⅢa矛1 CⅠb剑1 CⅢa镜1	Ⅲ铁锸1	

续表五

墓号	原墓号	墓类	期	段	墓向	墓室长×宽—深（米）	墓道坡度	棺椁长×宽×高（米）	随葬器物			备注
									陶器	铜器	其他	
648	97益笔新M2	丙	三		85°	2.55×1.8—7.3			敦2 鼎2 壶2 豆2 勺1 纺轮1	CⅡa镜1 戈1 CⅠb剑1		
649	91益羊电M28	丙	三		70°	2.45×1.1—2.4			鼎1 敦1 壶1		玉印1	头龛0.55×0.25—0.65
650	92益羊龙M1	乙	三		75°	底2.6×1.7—？			鼎2 敦1 壶1 豆2	戈1 CⅡ镈1		墓室陶器已严重破坏仅见残陶片
651	81益砖M4	甲	三	五	95°	口4.8×3.7—4.5 底4.48×3.57—4.5			AⅥ鼎2 AⅥ敦2 BⅥ壶1	BⅠa剑1 BⅠb戈2 BⅡa矛2 镦2 镈1	铁刮刀1	
652	79益天M31	乙			240°	底残长2.1×1—0.9			鼎2 壶2 豆2 盘1		Ⅲ玻璃璧1	墓室遭到严重破坏
653	81益桃M1	乙	四	八	270°	3.05×2.1—8.6			鼎2 敦1 盒1 壶1 钫1 豆2 盘1 勺1		BⅡ玉璧1 Ⅱa玻璃珠1	墓室被毁坏,大部分器物已破碎

表六　　　　　　　　　　　　　甲类墓分期登记表

墓号	期	段	原墓号	墓向	墓室 长×宽—深(米)	墓道坡度	棺椁 长×宽×高(米)	随葬器物	备注
170	一	一	85益热M33	250°	口 ？ 底 3.5×0.95—1.5			铜鼎1 Ⅰ铜敦1 铜削1 铜矛1 铜环首刀1 铜剑1 玉璜1 玉管4	长方形壁龛已遭施工破坏,距墓底高0.64 0.6×0.4—0.4
183	一	一	85益热M46	266°	口 3.3×1.2—？ 底 3.2×1.1—0.9			铜罍1 AⅠ铜鼎1 铜簋1 铜盘1 铜剑1 BⅡa铜戈1 铜削1 绿灰色铜渣 玉管1 玉片1 A玉环1 果壳6	长条形壁龛及龛内器物已遭破坏,距墓底高0.7 1.34×0.4—0.45
139	二	二	85益热M2	253°	口 4.7~4.95×3.5~3.6—2.23 底 4.4~4.6×3.3~3.35—？			C铜鼎1 Ⅱ铜敦1 铜剑1 BⅠc铜戈1 铜削1	
59	三	五	83益赫供M31	85°	口 ？ 底 3.22×2.5—3			铜剑1 BⅢa铜戈2 Ⅰ铁镢CⅠ陶鼎4 AⅥ陶敦1 BⅢa陶壶2 AfⅠ陶豆4 陶勺1 长颈异形小陶壶1 陶盘1 陶匕1 BⅠ高柄壶形陶豆1	
66	三	五	84益赫房M7	182°	3.67×3.2—？ 3.05×2.08—3.45			AⅢ铜剑1 BⅠc铜戈1 BⅢb铜矛1 AⅢ铜带钩1 GⅢ陶鼎2 DⅡ陶敦2 AⅢa陶壶2	
230	三	五	85益羊资M37	275°	口 4.54×3.15—2 底 3.28×2.04—2.1	20°		AⅡ铜剑1 铜戈2 BⅠ铜矛2 BⅢa铜矛 BⅠa铜镞2 BⅢ陶鼎1 BⅠa陶敦2 AⅢa陶壶2 陶盘1	墓道3.6×2.15
621	三	五	97益羊划M1	5°	口 3.2×2.8—9 底 3×2.3—2.3	20°		玻璃璧1 玻璃珠1 铜剑1 铜镞1 BⅦ铜矛1 漆耳杯1 漆奁1	墓道长×0.96
152	三	六	85益热M15	260°	口 3.36×2.46—？ 底 3.14×2.08—1.9			铜剑1 BⅠc铜戈1 BⅡa铜戈1 AⅡa铜矛1 铜镞2 铁锸1 残漆片 CⅠ陶鼎2 BⅠc陶敦1 AⅢb陶壶2 陶豆1	
432	三	六	91益赫财M5	227°	3.2×2.2—？ 3.04×2.1—2.65	16°		铜戈1 铜矛1 铜镞1 铜镞1 H陶鼎2 小口陶鼎1 BⅢ陶敦1 AⅣb陶壶2 Ⅰ陶簋2 Ⅰ陶尊缶1 Ⅱ陶尊缶1 C陶罍2 AhⅢ陶豆4 陶匕1 Ⅰ陶匜1 Ⅰ陶勺1 小陶罐1	
452	三	六	92益羊粮M18	90°	口 残长4.28×2.9—1.6 底 4.2×2.9—4.4	30°	椁 3.08×1.68×？ 棺 2.38×1.04×？ 2.1×0.84×？	AⅡ铜鼎2 AⅡ铜壶2 铜洗1 铜鉴1 BⅠb铜剑1 BⅢc铜戈2 CⅢ铜戈2 BⅢb铜矛3 AⅢ铜戈龠1 AⅠ铜镞1 AⅡ铜镈1 D铜镈1 E铜镈1 铜镞2 错银铜镈柄1 BⅠb铜镞1 BⅡ铜镞1 CⅥ铜镜1 铜带钩1 铜砝码2 铜天平盘2 漆奁附环铜铺首3 小铜环1 小铜饼3 AV铁剑2 铁条形器1 木俑头3 木琴1 木残片1捆 AⅠ漆耳杯4 AⅡ漆耳杯2 Ⅰ漆盒2 漆勺1 漆皮甲1 漆奁2 AⅠ玉璧1 玉剑格1 陶小熏炉2	墓道3.7×1.5

续表六

墓号	期	段	原墓号	墓向	墓室 长×宽─深 （米）	墓道坡度	棺椁 长×宽×高 （米）	随葬器物	备　注
153	四	七	85 益热 M16	180°	口 3.75×3.14─? 底 3.37×2.4─2			BⅠb铜剑 1　铜剑格 1　BⅢc铜戈 1　CⅢa铜戈 1　铜镞 2 铜矛 2　AⅠ铜镦 1　BⅠ铜镦 1 AⅠa铜镰 4　AⅠ铜戈翮 1　漆奁铜足 3　漆奁铜环纽 1　GⅣ陶鼎 1　GⅢ陶鼎 2　CⅠ陶敦 1 AⅤ陶壶 3　Ⅱ陶簠 2　AbⅢ陶豆 5　陶小动物 2	
222	四	八	85 益羊资 M29	145°	口 3.76×3.26─3.15 底 3.3×2.46─1.9	18°		AⅡ铜剑 1　CⅠb铜戈 1　BⅣ铜镇 铜矛 1　铜镦 1　铁镞 6　EⅥ陶鼎 2　DⅣ陶敦 2　CⅣa陶壶 2　CⅣ陶罐 1　陶豆 1　BⅠ陶盘 1　Ⅲc陶匜 1　Ⅱa陶勺 1	墓道 6.8×1.6
2	四	八	80 益农 M3	160°	口 ? 底 3.65×2.45─4.7	23°	椁 2.9×1.5×1.1 棺 2.14×0.86×0.68 1.78×0.5×0.56	铜匕 1　铜杯 1　Ⅲ漆耳杯 3 漆皮袋残片 1　木瑟　木竽 1 竹筒 1　残丝织物 1　残竹席 1 残竹竿 1　麻织物 1　木梳 1 木鼓 1　Ⅰ木俑 2　Ⅱ木俑 1 Ⅲ木俑 1　Ⅳ木俑 1　木镇墓 兽 1　木飞鸟 3　猪骨 2　FⅢa陶鼎 1　BⅠa陶豆 4	
42	四	八	83 益轴 M1	195°	口 3.1×1.95─? 底 3.33×2.12─4.6			AⅢ铜壶 2　AⅢ铜剑 1　铜戈 1 铜矛 1　铜砝码 2　铜镞 4 铜镇 1　AⅡ铜戈翮 1　铜镦 1 铜盘 1　漆盒 1　漆卮 1　EⅠ陶鼎 1　EⅡ陶鼎 1　AⅩa陶敦 2 陶壶 2　陶豆 1　陶盘 2　Ⅰ 陶勺 2　陶匜 2　泥金饼数枚 陶柄形器 2	
240	四	八	85 益羊资 M48	270°	口 4.05×4.15─3.79 底 3.18×2.17─1.06	10°		铜剑 1　BⅢc铜戈 1　CⅢa铜戈 1　BⅡb铜矛 1　BⅢa铜矛 1 CⅢ陶鼎 2　AⅣ陶敦 2　CⅤa陶壶 2	墓道 7.3×2
286	四	八	86 益赫招 M7	350°	口 2.7×1.5─? 底 2.85×1.55─2.4			铜剑 1　铜戟 1　铜镇 1　Ⅳ玻璃璧 1　DⅡ陶鼎 4　AⅤa陶敦 2　CⅧa陶壶 2　AeⅢ陶豆 2 Ⅱb陶勺 2　Ⅰ陶匕 1　陶纺轮 1 漆盘残迹	彩绘
349	四	八	88 益赫府 M12	260°	口 3.65×2.95─? 底 3.2×2.2─4.3			铜戈 2　BⅡc铜矛 2　铜剑 1 铜砝码 1　铜镞 1　铜铃 1　残铁带钩 1　漆甲片 1　剑缨 1　DⅤ陶鼎 1　AⅤb陶敦 1　陶壶 1	
354	四	八	88 益电梯 M1	210°	口 残长 4.8×3.6─? 底 残长 4.1×3.1─?			FⅠa铜镜 1　BⅡ错金铜带钩 1 残漆器 1　BⅣ陶鼎 1　Ⅱ陶钫	墓室已严重破坏，器物已散失，四边有一级台阶
355	四	八	88 益电梯 M2		口 残长 4.6×3.5─? 底 残长 4.05×3.1─2.1			DⅣ陶鼎 4　Ⅱ陶钫 4　陶敦 2 陶豆 3	四边有一级台阶，早年墓室被盗，器物已扰乱

续表六

墓号	期	段	原墓号	墓向	墓室 长×宽—深（米）	墓道坡度	棺椁 长×宽×高（米）	随葬器物	备 注
376	四	八	88 益县医 M27	250°	口 5.4×4.7—1.25 底 3.6×2.8—4.15	20°	椁痕迹 2.3×1.4×？ 棺痕迹 2.3×0.6×？	CⅠ陶鼎 3　AⅥa陶敦 3　CⅫa陶壶 3　AdⅣ陶豆 1　高柄双葫芦形陶豆 2　BⅠ高柄壶形陶豆 2　B陶钵 1　AⅡa陶盘 1　Ⅲ陶勺 1	墓道 3×1.92 一层台阶
489	四	八	92 益羊宁粮 M2	100°	口 3.55×2.5—？ 底 3.5×2.5—1.4		椁 3.15×1.85×0.46 棺 2.36×0.9×0.3	CV铜戈 1　CⅠa铜镦 1　铜杯 1　铜弩机 1　残铜附件 1　AⅡ玉璧 1　漆木弩机 1　弓饰件 1　AV陶鼎 4　陶敦 2　CVa陶壶 4　Ⅰ陶盒 1　BⅠb陶豆 3　BⅣ陶罍 4　陶罐 2　陶匕 1　Ⅰ陶勺 1	
642	三	六	99 资李木 M1	80°	口 8.7×7.1—？ 底 5.3×3.7—？		椁 4.4×2.85×1.6 棺 2.86×1.6×1.28 2.3×0.92×1	DⅣ陶鼎 1　高柄陶豆 1　Ⅰ陶壶 1	四边有两级台阶,墓坑大部分被破坏,残存部分葬具
643	三	四	99 资李木 M7		口 3.6×2.8—？ 底 3.4×2.1—2.1			铜剑 2　BⅥ铜矛 3　铜标 1　铜斧 1　铜镞 1　残铜器 1　铜戈 1　陶鼎 3　陶敦 2　陶壶 3　陶豆 7　陶罐 1	墓坑已被扰乱,陶器残缺不全
644	四	七	2001 资李木 M1	290°	底 5.4×3.8—0.45			铜戈 1　铜车舌 2　铜马衔 2　铜车辖 1　铜剑 1	墓室已扰乱,陶器仅见豆柄、鼎耳、鼎足残片
651	三	五	81 益砖 M4	95°	口 4.8×3.7—4.5 底 4.48×3.57—4.5			AV铜鼎 2　AⅥ敦 2　BⅥ壶 1　BⅠa铜剑 1　BⅠb铜戈 2　BⅡa铜矛 2　铜镞 2　铜镦 2　铁刮刀 1	

表七 乙类墓分期登记表

墓号	期	段	原墓号	墓向	墓室 长×宽一深 (米)	墓道坡度	棺椁 长×宽×高 (米)	随葬器物	备注
151	一	一	85 益热 M14	180°	口 3.05×2.18—? 底 2.9×1.79—1.9			Ⅰa 陶绳纹圈底罐 1 AbⅠ陶豆 3 陶盖豆 2	
70	二	二	84 益赫房 M15	270°	3.5×3.1—? 2.8×2.1—4.1			AⅠ铜剑 1 铜矛 1 D铜带钩 1 铜镞 4 AⅠ陶壘 1	
375	二	二	88 益县医 M26	105°	口 2.82×1.66—3.1 底 2.3～2.35×0.85—0.8			铜鼎 1 铜盘 1 Ⅱa陶绳纹底罐 1 AfⅠ陶豆 3	一层台阶
68	二	三	84 益赫房 M10	95°	2.8×1.86—? 2.7×1.84—1.4			AⅠ陶鼎 2 DⅠ陶敦 2 CⅡ陶壶 2 AhⅠ陶豆 2	
149	二	三	85 益热 M12	242°	口 3.4×2.4—? 底 3.18×2.12—1.4			铜剑 1 铜戈 1 D铜矛 1 铜镞 1 GⅡ陶鼎 2 AⅠ陶敦 2 AⅠ陶壶 2	
154	二	三	85 益热 M17	252°	口 3.5×2.2—? 底 2.6～2.8×1.55—2.2 残			铁戈 1 AⅠ陶罐 1 AⅢ陶罐 1 AaⅢ陶钵 1 AdⅠ陶豆 2	
181	二	三	85 益热 M44	255°	口 3.2×1.9—? 底 3×1.8—0.7			铜剑 1 GⅠ铜戈 1 AⅠ铜矛 1 BⅣ铜矛 1 铜镞 2 GⅠ陶鼎 2 AⅠ陶敦 2 AⅠ陶壶 1 AⅡ陶罐 1 陶匜 1 陶盘 1	
217	二	三	85 益羊资 M24	275°	口 3.1×2.3—? 底 2.85×1.9—4.5	9°		AⅢ陶罐 1	墓道 5.8×1.4
160	三	四	85 益热 M23	175°	口 3.56×3.56—? 底 3.16×2.1—2.8	9°		铜剑 1 CⅠ陶鼎 2 DⅡ陶敦 2 AⅣa陶壶 2 AbⅡ陶豆 2 陶盘 1	墓道 3.3×1.56
166	三	四	85 益热 M29	162°	口 3.6×3—? 底 2.5×1.5—2.4			铜带钩 1 BⅠ陶鼎 1 BⅡ陶小壶 1 CⅢ陶罐 1	
174	三	四	85 益热 M37	155°	口 3.7×2.7—? 底 3×1.9—1.75			AⅠ铜匕 1 CⅠa铜戈 1 铜矛 1 B铁锸 1 BⅢ小陶壶 1 AbⅢ陶豆 1	未经焙烧陶片一堆
371	三	四	88 益县医 M16	205°	口 ? 底 2.35×1.85—1.6			铜剑 1 BⅢa铜戈 1 BV铜戈 1 BD铜矛 2 CⅠe铜镈 1 GⅡ陶鼎 1 AⅡ陶敦 1 F陶壶 1 AaⅡ陶豆 1	
372	三	四	88 益县医 M22	280°	口 3.07×2.1—? 底 2.9×1.64—2.9			铜剑 1 BⅠb铜戈 2 BⅡa铜戈 1 铜矛 2 铜镞 1 CⅠ陶鼎 2 AⅥa陶敦 2 F陶壶 2 陶簋 1	
71	三	五	84 益赫房 M18	345°	3×1.62—? 2.9×1.6—2.3			错金铜壶盖 1 BⅠ铜鼎 1 铜矛 1 Ⅲ铜印 1 铜剑 1 a陶绳纹圈底罐 1 陶豆 1	长条形吊甍距墓底高 0.88 0.82×0.31—0.31
119	三	五	85 益赫房 M30	177°	3.5×2—? 3.2×1.71—3.1			铜鼎 1 铜剑 1 铜砝码 2 BⅢ陶壘 1 陶璧 1	
140	三	五	85 益热 M3	254°	口 3.4～3.6×2.2—1.2 底 2.95～2.99×2.02～2.07—1.56	17°		CⅢa铜戈 1 BⅠb铜戈 1 AⅠ铜矛 1 BⅡa铜矛 1 BⅠa铜剑 1 AⅢ铜镞 2 铜带钩 1 BⅣ陶鼎 2 BⅠb陶敦 2 AⅢa陶壶 2 种子数颗	墓道 5.6×2.24～2.39

续表七

墓号	期	段	原墓号	墓向	墓室 长×宽—深（米）	墓道坡度	棺椁 长×宽×高（米）	随葬器物	备　注
162	三	五	85 益热 M25	260°	口 3.4×2.8—3.1 底 3.15×2.1—2.17	11°		AⅡ陶鼎 2　BⅠa陶敦 2　陶豆 2 AⅢa陶壶 1　陶勺 1　陶盘 1	墓道 4.35×1.8
179	三	五	85 益热 M42	240°	口 3.82×2.7—2.5 底 3.82×2.7—1.84	110°		BⅣ陶鼎 2　BⅠb陶敦 2　AⅡ 陶壶 2	墓道 3.3×2.1
182	三	五	85 益热 M45					BⅣ陶鼎 1　BⅡb陶敦 1　陶壶 1	
188	三	五	85 益热 M52	270°	口 3.05×2.55—? 底 2.65×1.8—1.6			铜剑 1 铜矛 1 铜带钩 1 铁斧 1 BⅡ陶鼎 1 BⅣ陶鼎 1 BⅠb陶敦 2 AⅢa陶壶 2	
202	三	五	85 益羊资 M9	90°	口 2.85×1.8—? 底 2.36×1.5—3.4			B 铜匕 1 铜带钩 1 Ⅰ铁刮刀 1 铜镞 2 AⅡ陶鼎 2 C 陶敦 1 CⅢa陶壶 1	
316	三	五	87 益赫科 M15	150°	口 2.55×1.3—? 底 2.96×1.5—3			铜镜 1 Ⅳ玻璃璧 1 AⅡ陶鼎 2 AⅢ陶敦 2 CⅥa陶壶 2 Aa Ⅲ陶豆 2 陶勺 2 陶盘 1	
1	三	六	83 益麻 M1	89°	口 ? 底 2.65×1.69—5.5			E 铜镜 AⅤ陶鼎 2 CⅡ陶敦 2 CⅢ陶壶 2 AⅡ陶豆 3 陶勺 1	有二层台
23	三	六	83 益麻 M10	90°	口 ? 底 2.86×1.28—?			铜环 1 AⅤ陶鼎 2 CⅢ陶敦 1 CⅢb陶壶 2 陶豆 2 B 铁剑 1 陶勺 1 陶匕 1 陶盘 1 玉剑首 1	
36	三	六	83 益赫防疫 M35	15°	口 ? 底 2.67×1.42—2 残			Ⅲ铜印 1 铜格铁剑 1 铜戈 1 DⅠ陶鼎 2 CⅢ陶敦 2 CⅢb 陶壶 2 陶豆 2 陶勺 1 陶盘 1	
150	三	六	85 益热 M13	159°	口 3.2×2.2—? 底 2.9×1.76—1.6		椁痕 2.6×1.2×? 棺痕 1.8×0.7×?	铜剑 1 BⅢ陶敦 1 AⅢb陶壶 1	
155	三	六	85 益热 M18	165°	口 ? 底 3.1×2—0.7			BⅠa铜剑 1 AⅡ铜戈 2 BⅡa 铜矛 2 铜环 1 GⅢ陶鼎 1 B Ⅰc陶敦 2 AⅢb陶壶 2 AcⅢ 陶豆 2	
189	三	六	85 益热 M53	160°	口 3.45×2.25—? 底 3×1.9—2.3			BⅥ陶鼎 1 BⅤ陶鼎 2 BⅠc陶 敦 2 AⅢb陶壶 2 陶盘 1	
219	三	六	85 益羊资 M26	185°	口 2.72×1.6—1.4 底 2.68×1.5—3.7			铜剑 1 铜戟 1 铜削 1 铜盘 1 铜筒形器 1 铜剑饰 1 铜天 平盘 1 铜砝码 4 AⅡ陶鼎 1 AⅥb陶敦 1 BⅣb陶壶 1 Ⅰc 绳纹圈底陶罐 1	
238	三	六	85 益羊资 M45	95°	口 2.85×1.3— 底 2.8×1.15—4.65			FⅠ陶壶 2 AⅢ陶鼎 1 CⅢ陶敦 2 BⅣa陶壶 2 BⅠa陶豆 2 AⅢa 陶盘 2 Ⅰ陶勺 2 陶匕 2	
252	三	六	85 益羊资 M69	330°	口 2.55×1.4—? 底 2.5×1.36—5.45			AⅢ铜带钩 1 DⅠ陶鼎 2 AⅦ a陶敦 2 CⅢa陶壶 2 AcⅡ陶 豆 2 AⅡa陶盘 2 Ⅱ陶匜 2 Ⅰ陶勺 2 Ⅰ陶匕 2	
257	三	六	85 益羊资 M76	250°	口 2.86×1.8—? 底 2.64×1.5—1.5			AⅠ铜剑 1 铜镞 1 BⅣa陶壶 1 AaⅦ陶钵 1 石器碎片 石斧 1	

续表七

墓号	期	段	原墓号	墓向	墓室 长×宽—深（米）	墓道坡度	棺椁 长×宽×高（米）	随葬器物	备注
339	三	六	88 益赫科 M25	300°	口 2.7×1.45—? 底 2.6×1.3—1.3残			CVa 铜戈 1　Ⅰd 陶绳纹圜底罐 1	
370	三	六	88 益县医 M15	110°	口 3.1×2.05—? 底 2.9×2—2.6			铜剑 1　BⅡb 铜矛 1　铜镦 1 铜砝码 3　铜镞 2　AcⅢ陶豆 3	
422	三	六	91 益义 M48	58°	口 2.3×0.95—? 底 2.2×0.62—1.6			BⅡ铜鼎 1　AⅡ铜剑 1　铜匕 1 铜镞 1　Ⅰd 陶绳纹圜底罐 1	长方形吊龛距墓底高 0.25 0.6×0.22—0.28
508	三	六	93 益地农 M13	255°	口 2.86×2.24—? 底 3.02×1.9—3.4			铜砝码 2　铜带钩 1　残铁器 1 AⅡ陶鼎 2　CⅡ陶敦 2　AⅢ a 陶壶 2　BⅠa 陶豆 2　AⅢa 陶盘 2　Ⅰ陶勺 1　Ⅰ陶匕 1	
542	三	六	94 益赫劳 M3	330°	口 3.25×1.5—? 底 3.1×1.38—2.5			铜带钩 1　Ⅱ铜印 1　DⅠ陶鼎 2 BⅠ陶敦 2　CⅢb 陶壶 2　Ac Ⅱ陶豆 2　陶盘 1　陶杯 1　Ⅰ 陶勺 1　Ⅰ陶匕 1	
616	三	六	96 益笔 M1	290°	口 2.8×1.51—? 底 2.5×1.24—1.54残			铜铃多件　AⅢ陶鼎 2　CⅡ陶敦 2　CⅢb 陶壶 2　陶豆 2	
619	三	六	97 益笔 M7	320°	口 2.9×2.1—? 底 2.4×1.4—6.5	12°		BⅠb 铜剑 1　AⅢ陶鼎 2　CⅢ陶壶 2　BⅣb 陶壶 2　AⅠ陶盘 2	墓道长 1
44	四	七	83 益赫小 M50	180°	口 ? 底 2.53×1.42—2.5			AⅦ陶鼎 2　AⅦc 陶敦 2　BⅣb 陶壶 2　AfⅡ陶豆 2　Ⅰ陶勺 2 Ⅰ陶匕 1　陶匜 1　陶盘 1	
48	四	七	83 益县赫旅 M34	350°	口 ? 底 2.56×1.35—2.8			FⅢa 陶鼎 2　AⅥa 陶敦 2　BⅣ b 陶壶 2　AhⅢ陶豆 2　Ⅱa 陶勺 1　Ⅰ陶匕 1	
58	四	七	83 益赫供 M29	175°	口 ? 底 3.2×1.42—2			铜矛 1　铜天平 1　铜砝码 1　D 铁剑 1　铁刮刀 1　EV 陶鼎 1 AⅧa 陶敦 1　DⅢ陶壶 1　BⅡb 陶豆 3	
103	四	七	85 益羊瓦 M8	140°	口 2.8×1.8—? 底 2.7×1.7—4.8		棺痕 2.2×1.36—?	AⅧ陶鼎 2　AⅦa 陶敦 2　CⅧa 陶壶 2　陶豆 2　陶勺 2　陶匕 1	
106	四	七	85 羊瓦 M11	150°	口 2.45×1.7—? 底 2.4×1.57—4.6			CV 铜镜 1　铜铃 11　FbⅠ陶鼎 2　AⅦ陶敦 2　CⅥb 陶壶 2 AdⅣ陶豆 2　陶勺 3	
164	四	七	85 益热 M27	95°	口 3.3×2.85—? 底 3×1.85—1.4			BⅠb 铜剑 1　铜戈 1　铜矛 1　CⅡ陶鼎 1　F 陶敦 1　GⅢ陶壶 1	
195	四	七	85 益羊资 M2	360°	口 3.12×1.75—? 底 3.02×1.4—4			FⅡ陶鼎 2　CⅣa 陶敦 2　CⅦb 陶壶 2　AcⅣ陶豆 2　Ⅰ陶匕 1 Ⅰ陶勺 2　Ⅱ陶匕 1　AⅢ陶杯 3　AⅢc 陶盘 1	
220	四	七	85 益羊资 M27	290°	口 3.3×2.9—? 底 2.7×1.68—3	20°		BⅡ铜剑 1　铜戈 1　BⅡb 铜矛 1　残铁器 1　CⅢ陶鼎 2　BⅡ 陶敦 1　BⅢ陶敦 1　CⅦa 陶壶 2　AaⅢ陶豆 2　AV 陶盘 2　Ⅲ a 陶匜 2	墓道 4.2×1.6
224	四	七	85 益羊资 M31	150°	口 3.25×2.34—0.8 底 2.9×1.76—2.5			铜带钩 1　铜饰件 4　玻璃珠 6 Ⅱ长颈陶壶 1　陶钵 1　A 高柄壶形陶豆 1	

续表七

墓号	期	段	原墓号	墓向	墓室 长×宽—深（米）	墓道坡度	棺椁 长×宽×高（米）	随葬器物	备注
247	四	七	85 益羊资 M56	165°	口 3.1×2.8—? 底 2.52×1.46~1.52—2.7		椁痕 2.15×1.2×? 棺痕 2.15×0.6×?	Ⅰe 绳纹圈底陶罐 1　AaⅥ陶钵 1　AcⅡ陶豆 2	
318	四	七	87 益赫人 M1	345°	口 2.68×1.4—? 底 2.64×1.36—3.1			AⅧ陶鼎 2　AVa 陶敦 2　CⅧa 陶壶 2　AfⅡ陶豆 2　陶盘 1	
338	四	七	88 益赫科 M24	120°	口 2.65×2—? 底 2.75×1.8—3.95 残		椁痕 2.4×1.3×? 棺痕 1.72×0.76×?	铜戈 1　铜樽 1　铜带钩 1　铜镞 1　C 铁剑 1　FⅢb 陶鼎 2　AVa 陶敦 1　Ⅰ陶钫 2　BⅠc 陶豆 4　陶俑 3　漆盒 1　石器 1	
381	四	七	89 益轴 M1	90°	口 2.65×1.76—? 底 2.65×1.76—2.02			铜戈 1　铜龠 1　铜剑 1　铜矛 1　G 铜镜 1　陶鼎 2　陶环耳鼎 2　陶盉 2　AⅨa 陶敦 4　CVa 陶壶 4　Ⅱ陶钫 2　AcⅢ陶豆 2　陶勺 2	
438	四	七	92 益羊粮 M2	160°	口 2.5×1.4—? 底 2.5×1.4—2.5			Ⅲ玻璃璧 1　FⅡ陶鼎 1　AXa 陶敦 1　CⅧa 陶壶 1　AgⅡ豆 1　陶匕 1	
463	四	七	92 益羊砖 M1	260°	口 2.97×1.7—? 底 3×1.65—3.85			AVⅠ陶鼎 2　AⅧb 陶敦 2　CⅧa 陶壶 2　陶豆 2　Ⅲa 陶匜 2　AⅢb 陶盘 1	
521	四	七	93 益地农 M26	175°	口 2.54×1.44—? 底 2.56×1.46—4.65 残			残铁器 1　陶鼎 2　AⅧa 陶敦 2　CⅧb 陶壶 2　AeⅡ陶豆 2　AⅢc 陶盘 2	
43	四	八	83 益缝 M57	60°	口 ? 底 2.62×1.75—6 残			EⅢ陶鼎 2　DⅣ陶敦 2　陶壶 2　AeⅣ陶豆 5　BⅠ高柄壶形陶豆 3　Ⅰ陶勺 2　Ⅰ陶匕 1　B 陶杯 2　陶璧 1　陶俑头 1	
79	四	八	84 益赫滨 M8	270°	口 ? 底 2.72×1.62—3.4			AVⅠ陶鼎 2　AⅧc 陶敦 2　CⅣb 陶壶 2　AfⅢ陶豆 2　Ⅱb 陶勺 1　Ⅰ陶匕 1　C 陶盘 1	
562	四	八	96 益赫滨 M7	18°	口 2.7×2.4—? 底 2.75×2.4—5			铜镜 1　铜剑首 1　铜砝码 5　AⅢ铁剑 1　玻璃璧 1　AV 陶鼎 2　AVb 陶敦 2　AⅣb 陶壶 2　陶豆 2　陶杯 1　陶盘 1	
123	四	八	85 益羊园 M4	155°	口 2.54×1.3—? 底 2.54×1.28—3.7			AⅡa 铜矛 1　铜剑首 1　EⅧ陶鼎 1　AXⅠb 陶敦 1　CⅧc 陶壶 1　AaⅢ陶豆 2　Ⅲ陶勺 2　Ⅰ陶匕 1　陶匜 1　陶盘 1	
280	四	八	86 益羊桑 M16	244°	口 2.5×1.5—? 底 2.65×1.58—2.6			铜剑 1　铜砝码 4　铜天平 1　铜镜 1　铜渣　Ⅱb 玻璃璧 1　AV 陶鼎 2　AV 陶敦 2　CⅧb 陶壶 2　AfⅢ陶豆 2　Ⅱb 陶勺 2	
178	四	八	85 益热 M41	254°	口 3.7×3.1—? 底 2.76×1.9—3.3			铜剑柄 1　铜镞 2　BⅥ陶鼎 1　陶钵 1　陶罐 1　种子	
199	四	八	85 益羊资 M6	355°	口 2.3×12.5—? 底 2.3×1.35—4.3			FⅡ陶鼎 2　AXⅠb 陶敦 2　BⅣc 陶壶 2　BⅠd 陶豆 2　Ⅰ陶匕 1　陶勺 2　Ⅳ陶匜 2　陶钵 1　AⅢa 陶盘 1	

续表七

墓号	期	段	原墓号	墓向	墓室 长×宽—深（米）	墓道坡度	棺椁 长×宽×高（米）	随葬器物	备注
218	四	八	85 益羊资 M25	275°	口 3.7×2.8—3.25 底 3.15×2.04—2.85	23°		铜矛 1 EⅥ陶鼎 2 DⅣ陶敦 2 CⅣa陶壶 2 CⅡ陶罐 1 BⅠ陶盘 1 Ⅲc陶匜 1	墓道4.5×1.84
226	四	八	85 益羊资 M33	10°	口 2.7×1.3—? 底 2.4×1.15—4			铜铃 12 DⅢ陶鼎 2 AⅨa陶敦 2 CⅧb陶壶 2 AaⅢ陶豆 2 陶勺 4	
241	四	八	85 益羊资 M49	90°	口 3.2×2.3—? 底 2.64×1.62—3.28			CⅠb铜剑 1 铜矛 2 铁刮刀 1 CⅠ陶罐 1	
268	四	八	86 益羊瓦 M18	85°	口 2.5×1.42—? 底 2.64×1.52—4.5			玻璃璧 1 FⅢb陶鼎 2 AⅨa陶敦 2 CⅧb陶壶 2 AhⅣ陶豆 2 陶勺 1 陶盘 1	
270	四	八	86 益羊瓦 M21	90°	口 2.58×1.5—1.4 底 2.7×1.44—4.1			Ⅳ玻璃璧 1 Ⅳ玻璃珠 1 铁锸 1 DⅠ陶鼎 2 AⅨa陶敦 2 CⅪa陶壶 2 Bⅰd陶豆 2 陶勺 2	
271	四	八	86 益羊瓦 M22	230°	口 2.25×1.7—1.3 底 2.55×1.45—6.55			玻璃璧 1 DⅡ陶鼎 2 AⅨa陶敦 2 CⅧb陶壶 2 AfⅢ陶豆 2 陶勺 2 陶盘 2	
274	四	八	86 益羊瓦 M25	352°	口 2.34×1.32—? 底 2.4×1.32—3.3			铜铃 1 DⅡ陶鼎 2 AⅦc陶敦 2 CⅧb陶壶 2 陶豆 2 陶勺 2 陶匕 2	
284	四	八	86 益赫招 M5	330°	口 2.6×1.5—? 底 2.72×1.54—3			DⅡ陶鼎 1 AⅣ陶敦 1 CVb陶壶 1 AaⅢ陶豆 2 Ⅰ陶勺 2 AⅠ陶盘 2	
287	四	八	86 益赫招 M8	345°	口 3.04×2.05—1 底 2.8×1.8—2.1	23°		AV陶鼎 2 AVb陶敦 2 CⅧb陶壶 2 AcⅣ陶豆 4 陶勺 2 Ⅱ陶匜 2 BⅠ高柄壶形陶豆 2 AⅡa陶盘 5 AⅡ陶杯 2 陶璧 1	墓道残长 1.4×1.24
300	四	八	86 益赫招 M26	130°	口 2.64×1.52—? 底 2.66×1.52—2.5		椁 2.35×1.2×0.7 棺 1.95×0.5×0.48	铜鼎 1 AⅡ铜壶 1 铜盘 1 铜匜 1 AV陶鼎 1 AⅧb陶敦 1 陶壶 1 AdⅢ陶豆 2 Ⅲb陶匜 1 陶勺 1 Ⅰ陶匕 1 陶盘 1 AⅡ漆耳杯 2 B漆耳杯 2 木梳 1 残麻织物 木牍 1	
553	四	八	95 益赫招 M1	280°	口 2.78×1.62—? 底 2.8×1.61—1.3			铜镜 1 铜剑 1 铜带钩 1 铜匜 1 AⅡ铁锸 1 铁镢 1 DⅡ陶鼎 2 AⅨa陶敦 2 CⅧa陶壶 2 AiⅣ陶豆 2 Ⅱa陶勺 1	
555	四	八	95 益赫招 M3	260°	口 3.8×1.5—? 底 3.5×1.5—1.3			DⅡ陶鼎 2 AⅨa陶敦 2 CⅧc陶壶 2 AhⅣ陶豆 2	
301	四	八	86 桃招 M1	60°	口 2.5×1.6—? 底 2.35×1.5—1.8			漆奁 1 漆盒 1 玻璃璧 1 DⅡ陶鼎 2 AⅨa陶敦 2 CⅧb陶壶 2 陶盘 1 陶豆 2 陶勺 2 陶匕 1	
348	四	八	88 益赫府 M11	120°	口 ? 底 2.9×1.55—3.6			铜剑 1 CⅠf铜镦 1 BⅡb铜戈 1 DV陶鼎 2 AⅦb陶敦 2 BⅥc陶壶 2 陶豆 2 Ⅰ陶勺 2 陶匕 2 Ⅲa陶匜 2 陶盘 4	

续表七

墓号	期	段	原墓号	墓向	墓室 长×宽—深（米）	墓道坡度	棺椁 长×宽×高（米）	随葬器物	备 注
538	四	八	94 益赫府 M3	360°	口 ？ 底 2.45×1.6—0.5			A I 铜剑 1　铜砝码 1　A Ⅶ 陶鼎 2　A Ⅴ b 陶敦 2　C Ⅷ a 陶壶 2　Ad Ⅲ 陶豆 2　陶勺 1　陶盘 2	
413	四	八	91 益义 M33	160°	口 2.3×0.95—2.26 底 2.25×0.65—0.74			B Ⅲ 铜鼎 1　B 铜壶 1　铜盘 1　B I b 铜剑 1　C Ⅱ 铜戈 1　B I 铜镈 1　铜镞 1　B I b 陶豆 1	
426	四	八	91 益义 M52	160°	口 2.9×1.7—？ 底 2.8×1.6—3.8			铜镜 1　玻璃璧 1　EV 陶鼎 2　A Ⅶ c 陶敦 2　C Ⅶ a 陶壶 2　Ah Ⅳ 陶豆 2　陶盘 1　陶勺 1　陶匕 1	
430	四	八	91 县财 M1	220°	口 3×1.8—？ 底 2.6×1.74—2.7			铜格木剑 1　铜戈 2　铜镈 2　铜削 1　铜镞 5　陶鼎 2　A Ⅸ a 陶敦 2　陶壶 2　陶豆 2　石斧 1	
440	四	八	92 益羊粮 M4	170°	口 2.8×1.55—？ 底 2.75×1.5—3.2			A Ⅷ 陶鼎 2　A Ⅸ a 陶敦 2　B Ⅵ d 陶壶 1　C Ⅷ b 陶壶 1　I 陶勺 1　Af Ⅲ 陶豆 1　A Ⅳ 陶盘 1	
451	四	八	92 益羊粮 M17	90°	口 2.55×1.56—？ 底 2.5×1.5—1.5			C I 陶鼎 2　A Ⅹ a 陶敦 2　C Ⅵ b 陶壶 2　B Ⅲ 陶豆 2　I 陶匕 2　I 陶勺 2　A Ⅱ a 陶盘 1	
475	四	八	92 益羊砖 M16	270°	口 2.62×1.45—？ 底 2.69×1.55—3.8			铜剑首 1　I 铁镬 1　A Ⅴ 陶鼎 2　A Ⅶ c 陶敦 2　C Ⅳ b 陶壶 2　Ah Ⅳ 陶豆 2　陶匜 1	
477	四	八	92 益羊砖 M18	75°	口 2.66×1.88—？ 底 2.72×1.88—3.8			E Ⅱ 陶鼎 2　陶敦 2　B Ⅳ c 陶壶 2　Aa Ⅲ 陶豆 2　陶钵 1	
509	四	八	93 益地农 M14	290°	口 2.8×2.38—？ 底 2.54×1.94—2.85 残			铜剑 1　铜戈 1　铜矛 1　铜镈 1　B Ⅱ 铜镞 1　铜砝码 1　D Ⅶ 陶鼎 2　A Ⅴ a 陶敦 2　A Ⅴ 陶壶 2　I 陶匕 2　陶勺 2　A Ⅲ c 陶盘 2　陶豆 1	
510	四	八	93 益地农 M15	270°	口 2.32×1.5—？ 底 2.38×1.46—2.6 残			D Ⅴ 陶鼎 2　A Ⅶ a 陶敦 2　B Ⅳ c 陶壶 2　Ac Ⅳ 陶豆 2　I 陶匕 3　I 陶勺 2　A Ⅱ a 陶盘 2　Ⅱ 陶匜 1	
511	四	八	93 益地农 M16	270°	口 2.7×1.7—？ 底 2.88×1.84—2.6 残			C 铜带钩 1　Ⅱ a 玻璃璧 1　Fa I 陶鼎 2　A Ⅸ 陶敦 1　C Ⅷ a 陶壶 2　Ah Ⅳ 陶豆 2　I 陶勺 1　陶匕 1	
512	四	八	93 益地农 M17	250°	口 2.8×1.3—？ 底 2.7×1.3—2.2			F Ⅱ 铜镜 1　EV 陶鼎 1　A Ⅸ a 陶敦 1　C Ⅷ b 陶壶 1　陶勺 1　I 陶匕 1　A Ⅲ c 陶盘 1　Ae Ⅲ 陶豆 1	
518	四	八	93 益地农 M23	180°	口 2.6×1.28—？ 底 2.64×1.3—2.8 残			铜矛 1　B 铜戈龠　铜带钩 1　C 铜镞　铜砝码 5　Ⅱ a 玻璃璧 1　漆奁 1　D Ⅱ 陶鼎 2　B Ⅳ c 陶壶 2　A Ⅸ 陶敦 2　Ah Ⅳ 陶豆 2　I 陶勺 1　I 陶匕 1	
531	四	八	93 益地农 M36	165°	口 2.34×1.36—？ 底 2.5×1.54—3.05 残			F Ⅲ c 陶鼎 2　A Ⅴ b 陶敦 2　B Ⅳ b 陶壶 2　陶匜 1　I 陶匕 1　陶环 1	

续表七

墓号	期	段	原墓号	墓向	墓室 长×宽—深（米）	墓道坡度	棺椁 长×宽×高（米）	随葬器物	备 注
532	四	八	93 益地农 M37	170°	口 3×2—? 底 3.15×2.5—4.6残			铁铲1 AV陶鼎2 AⅧb陶敦2 CⅧb陶壶2 AcⅢ陶豆2 Ⅰ陶勺2 Ⅰ陶匕2 AⅢc陶盘2 玻璃璧1	
535	四	八	93 益地农 M40	340°	口 2.55×1.43—? 底 2.6×1.43—1.7			FⅢa陶鼎2 AⅦa陶敦2 CⅣa陶壶2 BⅠd陶豆2 Ⅰ陶勺2 AⅢc陶盘2 Ⅰ陶匕2 陶环2	
546	四	八	94 益赫劳 M11	165°	口 2.8×1.5—? 底 2.8×1.5—1.7			CⅠb铜剑1 BⅢa铜戈1 AV铜带钩1 DⅢ陶鼎2 AⅧc陶敦2 CⅧa陶壶2 AV陶盘2 Ⅰ陶勺2 BⅠc陶豆2	
594	四	八	96 益长白 M11	350°	口 2.54×1.92—? 底 2.55×1.58—3.5			铁戟1 DⅡ陶鼎2 AⅧb陶敦2 CⅧb陶壶3 AhⅣ陶豆2 Ⅰ陶勺2 Ⅰ陶匕1 AⅢb陶盘1	
596	四	八	96 益长白 M13	180°	口 2.7×1.52—? 底 2.62×1.5—4.8			铜铃3 玻璃璧1 DⅢ陶鼎2 AⅨa陶敦2 CⅧa陶壶2 AhⅣ陶豆2 陶勺2	
612	四	八	96 益宁砖 M12	80°	口 2.6×1.5—? 底 2.55×1.35—4.3			铜带钩1 铜匜1 AⅧ陶鼎2 AⅧb陶敦2 CⅧa陶壶2 AfⅢ陶豆3 Ⅰ陶勺3 Ⅰ陶匕1 AⅡa陶盘2	
613	四	八	96 益宁砖 M13	100°	口 2.8×1.5—? 底 2.65×1.35—5.3残			铜剑1 铜戈1 铜镈1 Ⅰ玻璃璧1 FⅡ陶鼎2 AⅧb陶敦2 CⅧb陶壶2 BⅠd陶豆3 BⅢ陶豆2 Ⅰ陶勺1	
617	四	八	97 益笔 M4	20°	口 3×2.55—? 底 2.7×1.9—6.9	12°		FⅡ陶鼎2 AⅧc陶敦3 CⅧa陶壶2 Ⅰ陶勺2 AⅢc陶盘2 Ⅱ陶匜1	墓道长0.9
622	四	八	98 益市一中 M1	95°	口 3.65×1.6—? 底 2.45×1.4—3.42			AⅡ铜剑1 铜戈1 铜镈1 Ⅱb玻璃璧1 DⅦ陶鼎2 AⅨa陶敦2 CⅥc陶壶2 AeⅢ陶豆2 陶盒1 Ⅰ陶勺2 陶匕2	
653	四	八	81 益桃 M1	270°	3.05×2.10—8.6			陶鼎2 陶敦2 陶盒2 陶壶1 陶钫1 陶豆2 陶盘1 陶勺1 BⅡ玉璧1 Ⅱa玻璃珠1	
57	四	九	83 益赫供 M8	180°	口 ? 底 2.5×1.37—2.1			BⅢ铜带钩1 FⅢc陶鼎2 CⅡ陶敦2 CⅨ陶壶2 陶盘1 Ⅰ陶勺3 BⅠa陶豆1	
88	四	九	85 益赫滨 M6	110°	口 2.6~2.7×1.6—? 底 2.76×1.55—3		椁痕 1.8×1.24×? 棺痕 1.84×0.86×?	铜剑格1 铜鼎2 AⅨa陶敦2 CⅧe陶壶2 AfⅢ陶豆2 陶勺2 AⅢc陶盘1	
92	四	九	85 益赫滨 M18	105°	口 2.53×1.55—? 底 2.24×1.5—1.2			铜剑首1 FⅠb铜镜1 AⅠ铁锸1 Ⅱb玻璃璧1 FⅣa陶鼎2 AⅦa陶敦2 CⅥe陶壶2 陶豆2 Ⅱc陶勺4 AV陶盘2 漆盒(迹)	

续表七

墓号	期	段	原墓号	墓向	墓室 长×宽—深（米）	墓道坡度	棺椁 长×宽×高（米）	随葬器物	备注
559	四	九	96 益赫滨 M4	10°	口 2.6×1.3—？ 底 2.8×1.5—2.6			B 铁锸1　玻璃璧1　FⅣc 陶鼎1　AⅨc 陶敦1　CⅥe 陶壶1　AhⅣ 陶豆1　Ⅰ陶勺1	
560	四	九	96 益赫滨 M5	75°	口 2.7×1.65—？ 底 3.1×2—4.5			Ⅱ铁镶1　铁铲1　AⅦ陶鼎2　AⅧc 陶敦2　CⅥe 陶壶2　AcⅣ陶豆1　Ⅰ陶勺2　AⅢa 陶盘1　Ⅰ陶匕2	
561	四	九	96 益赫滨 M6	260°	口 2.9×1.75—5.2 底 2.5×1.4—0.8			AⅤ陶鼎2　AⅤb 陶敦2　CⅥd 陶壶2　AfⅢ陶豆1　Ⅱb 陶勺1　AⅢb 陶盘1	
566	四	九	96 益赫滨 M11	260°	口 2.54×1.47—？ 底 2.7×1.36—1.8			AⅧ陶鼎2　AⅨ陶敦2　CⅧb 陶壶2　陶豆2　陶勺2　陶匕1　陶盘1	
98	四	九	85 益羊瓦 M1	350°	口 2.5×1.4—？ 底 2.6×1.45—2.3			D 铜镜1　AⅠb 铜镞1　玻璃璧1　漆盒（迹）　陶鼎2　AⅤb 陶敦2　CⅦd 陶壶2　AeⅢ陶豆2　陶盘2	
254	四	九	85 益羊资 M7	290°	口 2.5×1.72—？ 底 2.5×1.62—4.9			铜剑首2　铜天平盘2　铜砝码5　铁锸1　玻璃璧1　AⅦ陶鼎2　AⅨb 陶敦2　CⅥe 陶壶2　陶豆2	
277	四	九	86 益羊桑 M13	200°	口 2.47×1.34—？ 底 2.45×1.3—1.25			玻璃璧1　AⅦ陶鼎2　AⅨb 陶敦2　CⅦd 陶壶1　CⅦe 陶壶1　陶豆1　陶勺3	
278	四	九	86 益羊桑 M14	180°	口 2.5×1.46—？ 底 2.5×1.46—1.2			CⅤ铜镜1　铜天平1　铜砝码4　玻璃璧1　AⅤ陶鼎2　AⅨb 陶敦2　CⅩ陶壶2　陶勺2　漆奁（迹）	
302	四	九	86 益桃招 M2	327°	口 2.6×1.35—？ 底 2.5×1.35—3 残			FⅢc 陶鼎2　AⅨb 陶敦2　CⅩ陶壶2　陶豆2　陶勺1　陶盘1	
314	四	九	87 益赫科 M13	180°	口 2.9×1.5—？ 底 2.7×1.5—3			FⅣb 陶鼎2　H 陶壶2　Ⅲ陶盒2　AeⅠ陶豆1　陶勺2　陶斗2	
629	四	九	98 益赫科 M6	180°	口 2.75×1.05—？ 底 2.75×1.2—2.5			玉璜1　DⅡ陶鼎1　AⅨb 陶敦1　CⅨ陶壶1　AhⅣ陶豆1　AⅠ陶盘1　Ⅱb 陶勺1	
322	四	九	87 益地区工行 M3	360°	口 2.8×1.43—？ 底 2.6×1.33—1.33			FⅡ陶鼎2　AⅨb 陶敦2　CⅨ陶壶2　AfⅡ陶豆2　陶盘1	
346	四	九	88 益赫府 M9	175°	口 2.8×1.52—？ 底 2.86×1.6—5.3			FⅡ陶鼎2　AⅨb 陶敦2　CⅨ陶壶2　AgⅡ陶豆2　Ⅰ陶勺1　陶匕1　铁锄1	填土中出土铁锄
431	四	九	91 县财 M4		口 3.65×2.65—？ 底 3.45×2.45—2			AⅢ铜剑1　铜戈1　铜矛2　铜镞1　铜削1　AⅨ陶鼎1　AⅨb 陶敦2　AⅥ陶壶2　Ⅱ陶钫2　陶豆3	
490	四	九	92 益羊宁粮 M3	190°	口 3.48×2.15—？ 底 3.5×2.1—2.45		椁 2.6×1.1×？	铜剑首1　铜剑格1　铜带钩1　AⅩ陶鼎4　CⅤa 陶壶4　AgⅢ陶豆4　漆奁1	

续表七

墓号	期	段	原墓号	墓向	墓室 长×宽—深（米）	墓道坡度	棺椁 长×宽×高（米）	随葬器物	备注
604	四	九	96 益宁砖 M4	100°	口 2.96×2.06—? 底 3.01×2—5.45			DⅥ陶鼎 4 AⅩb陶敦 4 CⅨ陶壶 4 AgⅢ陶豆 4 Ⅱb陶勺 1	
605	四	九	96 益宁砖 M5	347°	口 2.96×2.6—? 底 2.84×2.23—4.5			CⅡb铜剑 1 AⅨ陶鼎 4 AⅨb陶敦 3 CⅧa陶壶 4 AhⅢ陶豆 4	
606	四	九	96 益宁砖 M6	90°	口 3.1×2.7—? 底 2.5×1.7—4.6残			BⅠa铜剑 1 FⅡ陶鼎 4 AⅫ陶敦 3 CⅥe陶壶 4 AhⅣ陶豆 4 Ⅰ陶勺 2 Ⅱ陶匕 2 AⅡa陶盘 2	
615	四	九	96 益宁砖 M15	90°	口 2.5×1.25—? 底 2.55×1.24—2.5			铜镜 1 AⅡ铁锸 1 FⅣa陶鼎 2 AⅦa陶敦 2 CⅥe陶壶 2 AaⅡ陶豆 2 AⅤ陶盘 2 陶勺 2 陶匕 2	填土中出土纺轮 1 件
513	四	九	93 益地农 M18	335°	口 2.6×1.54—? 底 2.75×1.5—2.75残			BⅡa铜矛 1 AⅢ铁剑 1 B铁锸 1 铁镢 3 铁饰件 1 DⅠ陶鼎 1 AⅤa陶敦 1 CⅥc陶壶 1 Ⅰe绳纹圈底陶罐 1 AeⅡ陶豆 1 Ⅰ陶匕 1 Ⅱ陶匜 1 陶勺 1 AⅢb陶盘 1	
554	四	九	95 益赫招 M2	70°	口 2.43×1.5—? 底 2.5×1.55—2.1			CⅠ铜镜 1 AⅦ陶鼎 2 AⅨa陶敦 2 CⅧc陶壶 2 AhⅣ陶豆 2 陶勺 1	
598	四	九	96 益长白 M15	195°	口 2.3×1.3—? 底 2.56×1.46—3			玻璃璧 1 铜环 1 FⅣb陶鼎 2 AⅦc陶敦 2 CⅧa陶壶 2 AhⅣ陶豆 2	
624	四	九	98 益市一中 M3	10°	口 2.85×1.7—? 底 2.83×1.65—4.2残			DⅦ陶鼎 2 AⅨb陶敦 2 CⅥc陶壶 2 AgⅢ陶豆 2 Ⅱb陶勺 2 陶匕 2	
632	四	九	98 益粮运 M2	105°	口 2.7×1.4—? 底 2.5×1.4—3.5残			铜镜 1 DⅡ陶鼎 2 AⅨa陶敦 2 CⅧa陶壶 2 AfⅢ陶豆 2	
635	四	九	99 益政协 M1	180°	口 2.9×2—? 底 2.6×1.93—4.4			GⅡ铜镜 1 BⅠ玉璧 1 DⅥ陶鼎 2 EⅡ陶敦 1 CⅪb陶壶 2 AgⅢ陶豆 5 BⅡ高柄壶形陶豆 1 Ⅰ陶盒 1 Ⅱ陶匜 1 Ⅰ陶勺 1	
638	四	九	99 益政协 M5	190°	口 ? 底 2.55×1.5—4.4			BⅡa铜戈 1 AⅠ铜剑 1 铜镈 1 铜带钩 1 Ⅱc玻璃璧 1 AⅦ陶鼎 2 AⅨb陶敦 2 CⅨ陶壶 2 AhⅣ陶豆 2 Ⅱb陶勺 1	
639	四	九	99 益政协 M6	355°	口 ? 底 2.7×1.6—?			AⅦ陶鼎 2 AⅨb陶敦 2 CⅨ陶壶 2 BⅡa陶豆 2 陶匜 2	
641	四	九	99 益政协 M11	10°	口 2.7×1.8—? 底 2.8×1.95—5.5			D铜镜 1 玻璃璧 1 AⅨ陶鼎 2 AⅨb陶敦 2 CⅨ陶壶 2 AfⅢ陶豆 3 Ⅱb陶勺 2	

表八　　　　　　　　　　　丙类墓分期登记表

墓号	期	段	原墓号	墓向	墓室 长×宽—深（米）	墓道坡度	棺椁 长×宽×高（米）	随葬器物	备 注
4	一	一	82 益赫旅 M2	360°	口 ？ 底 2.5×1.4—5.05			Ⅰa陶绳纹圜底罐 1　AcⅠ陶钵 1	被 M1 打破
33	一	一	83 益赫广 M48	160°	口 ？ 底 2.25×0.67—0.9			AⅡ陶罐 1	头龛 0.4×0.2—0.4
34	一	一	83 益赫广 M49	275°	口 2.2×0.81—？ 底 1.9×0.58—2.1 残			AaⅠ陶钵 1　AⅡ小陶壶 1	头龛 0.48×0.2—0.3 一层台阶
173	一	一	85 热 M36	249°	口 3.3×2.64—？ 底 2.74×1.8—2.4			AbⅠ陶豆 2	
310	一	一	87 益赫科 M5	170°	口 2.24×0.94—0.65 残 底 2.44×0.64—0.5			E陶双系壶 2　AⅡ小陶壶 1 AcⅠ陶豆 2　Ⅰ陶鬲 1　铜砝码 3	头龛 0.62×0.2—0.4
313	一	一	87 益赫科 M11	85°	口 2.3×0.96—0.6 底 2.16×0.66—0.7			AⅠ小陶壶 1　AbⅠ陶豆 1	头龛 0.34×0.2—0.4 一层台阶
369	一	一	88 益县医 M14	115°	口 2.95×1.95—？ 底 2.72×1.5—1.9			AⅡ小陶壶 1　AaⅠ陶钵 1　Aa Ⅰ陶豆 1	
403	一	一	91 益义 M4	160°	口 2.1×0.7—？ 底 2.1×0.7—1.8			BⅠ小陶壶 1　AfⅠ陶豆 2　Aa Ⅰ陶豆 1	
407	一	一	91 益义 M15	170°	口 2.2×0.8—1.7 残 底 2.2×0.6—0.8			CaⅠ铜剑 1　AⅠ小陶壶 1　AbⅠ 陶钵 2　AaⅠ陶豆 2	头龛 0.6×0.2—0.32 两壁一层台阶
414	一	一	91 益义 M35	180°	口 2.15×0.95—？ 底 2.05×0.95—1.7			AⅠ小陶壶 1　AaⅠ陶钵 1	不规则吊龛距墓底高 0.3 0.6×0.38—2
22	二	二	83 益麻 M2	350°	口 ？ 底 2.2×0.68—1			Ⅰb陶绳纹圜底罐 1　AgⅠ陶 豆 1	头龛 0.48×0.24—？
56	二	二	83 益赫供 M6	225°	口 2.57×0.88—？ 底 2.05×0.56—0.5			Ⅰb陶圜底罐 1　AfⅠ陶豆 2	吊龛距墓底高 0.5 0.46×0.28—0.28 一层台阶
65	二	二	84 益赫房 M5	90°	2.7×1.1—？ 2.52×0.94—0.7			铜鼎 1　AⅢ铁剑 1　漆片（迹） Ⅱa陶绳纹圜底罐 1　AgⅠ陶 豆 1	
118	二	二	85 益赫房 M28	125°	3.2×2.4—？ 2.72×1.55—2.2			E陶高颈球腹尖底小壶 1　AbⅠ 陶豆 1	
187	二	二	85 益热 M50	90°	口 ？ 底 2.2×0.56—0.15			Ⅰb陶绳纹圜底罐 1　豆 1　Aa Ⅰ陶钵 1	
215	二	二	85 益羊资 M22	5°	口 2.7×1.15—？ 底 2.38×1—2.78			Ⅰb陶绳纹圜底罐 2　AaⅡ陶 钵 1	不规则形吊龛距墓底高 0.5 0.6×0.2—0.42
356	二	二	88 益电梯 M3	195°	口 ？ 底 2.6×1.4—3.7			Ⅰb陶绳纹圜底罐 1	两边一层台阶
363	二	二	88 益赫财 M2	5°	2.2×0.77—1.5			Ⅰb陶绳纹圜底罐 1　AbⅠ陶钵 1　AhⅠ陶豆 2	长凹字形吊龛距墓底高 0.7 0.83×0.38—0.6

续表八

墓号	期	段	原墓号	墓向	墓室 长×宽—深 （米）	墓道坡度	棺椁 长×宽×高 （米）	随葬器物	备 注
373	二	二	88 益县医 M23	210°	口 2.8×1.9—? 底 2.7×1.8—4.5			铜剑1 铜镞4 Ⅱa陶绳纹圈底罐1 AgⅠ陶豆4	
375	二	二	88 益县医 M26	105°	口 2.82×1.66—3.1 底 2.34×0.85—0.8			铜鼎1 Ⅱa陶绳纹圈底罐1 陶钵1 AfⅠ陶豆3	一层台阶
378	二	二	88 益县医 M34	195°	口? 底 1.5×0.3—0.7			Ⅰb陶绳纹圈底罐1	一层台阶
404	二	二	91 益义 M7	335°	口 2.4×1.08—2.7 底 2.1×0.65			Ⅰb陶圜底罐1	头龛 0.38×0.22—0.4
416	二	二	91 益义 M38	79°	口 2.25×0.7—? 底 2.2×0.63—0.8			CⅡa铜剑1 AⅢa小陶壶1 AcⅡ陶钵1 AfⅠ陶豆2	方形头龛 0.42×0.2—0.3 一层台阶
9	二	三	82 益麻 M14	16°	口? 底 1.95×0.6—0.5 残			BⅠ小陶壶1 AdⅢ陶豆2	
95	二	三	85 益赫镇医 M1	130°	口? 底 2.7×1.2—1.45			AⅢ陶罐1	
111	二	三	85 益赫房 M16	98°	0.65×2.08—0.73			AⅠ陶罐1 陶豆1	
128	二	三	85 益羊园 M10	270°	口 2.5×1—2.06 底 2.38×0.52—0.5			AⅣ陶罐1 D陶钵1 AdⅡ陶豆3	梯形头龛 0.38×0.3—0.42 一层台阶
205	二	三	85 益羊资 M12	350°	口 2.7×1.2—2.2 底 2.15×0.64—0.58			CⅡa铜镜1 BⅠ陶壶1 AaⅤ陶钵1 AgⅡ陶豆2	梯形头龛 0.25×0.18—0.2 一层台阶
236	二	三	85 益羊资 M43	95°	口 2.6×1.08—? 底 2.5×1.05—2.5			AⅤ陶罐1 AaⅢ陶钵2	
251	二	三	85 益羊资 M68	155°	口 2.7×1.12—? 底 2.6×1.1—2.95			D铁剑1 AaⅢ陶钵1 DⅠ双系壶1	
285	二	三	86 益赫招 M6	145°	口 2.68×1.14—? 底 2.6×1.04—2.14			DⅠ陶壶1 陶钵1 AiⅠ陶豆1	
299	二	三	86 益赫招 M23	285°	口 2.2×0.98—1.9 底 2.1×0.6—0.6			铜带钩1 C陶钵1 AⅢa小陶壶1	一层台阶
415	二	三	91 益义 M37	270°	口? 底 2.4×0.8—1.4			铜带钩1 BⅠ陶罍1 AⅠ陶盘1 AgⅠ陶豆1	长方形龛距墓底高 0.16 0.53×0.4—0.23
429	二	三	91 益义 M55	175°	口 2.2×0.8—? 底 2.2×0.65—2.5			铜剑1 C小陶壶1 AaⅢ陶钵2 CⅠ陶壶1	头龛 0.58×0.12—0.3
492	二	三	92 益供 M1	85°	口 2.2×0.88—1.5 底 2.2×0.96—0.95			Ⅰb陶绳纹圈底罐1 AⅡ陶钵1 AdⅠ陶豆1	一层台阶
626	二	三	98 益赫科 M1	255°	口 2.5×0.8—0.5 残 底 2.5×0.55—0.55			铜剑柄1 铁剑1 AgⅠ陶豆1 AaⅡ陶钵1 AⅢ陶罐1 异形小陶壶1	一层台阶
63	三	四	84 益赫房 M1	90°	2.46×1—? 2.14×0.78—0.2			铜鼎1 C铁剑1 Ⅰ陶长颈壶1 AhⅠ陶豆1	
112	三	四	85 益赫房 M18	165°	2.3×0.98—1.8 1.88×0.66—0.58			BⅢa陶壶1 AaⅡ陶钵1 陶豆1	长方形吊龛距墓地高 0.1 0.42×0.32—0.41 一层台阶

续表八

墓号	期	段	原墓号	墓向	墓室 长×宽—深 （米）	墓道坡度	棺椁 长×宽×高 （米）	随葬器物	备 注
328	三	四	87 益赫房 M2	350°	1.7×0.6—1.3			BⅢa 陶壶 1	长方形吊龛距墓底高 0.5 0.25×0.12—0.2
141	三	四	85 益热 M4	180°	口？ 底 2.07×0.56—0.74			AⅦ陶罐 1　陶钵 1	
146	三	四	85 益热 M9	45°	口 2.5×1.1—0.5 底 2.55×0.62—0.65			Ⅱd 陶绳纹圜底罐 1	一层台阶
168	三	四	85 益热 M31	331°	口？ 2.65×0.75—0.37			铁鼎 1　陶甑 1　陶钵 2	
177	三	四	85 益热 M40	255°	口 3.4×3.2—？ 底 2.85×2.3—3.3			CⅠ陶鼎 2　BⅠa 陶敦 2　AⅡ 陶壶 2　AaⅡ陶豆 2	
194	三	四	85 益羊资 M1	140°	口 2.6×1.2—？ 底 2.4×1.15—2.8			AbⅡ陶钵 1　Ⅰb 陶绳纹圜底罐 1　AⅠ陶盘 1　AdⅢ陶豆 2	椭圆形吊龛内设圜底罐 距墓底高 0.7 0.26×0.1—0.32
209	三	四	85 益羊资 M16	180°	口 2.35×1—1.8 底 2.3×0.6—0.6			BⅢa 陶壶 1	头龛 0.6×0.18—0.34 一层台阶
210	三	四	85 益羊资 M17	185°	口 2.35×0.75—1.1 底 2.1×0.65—0.6			BⅡ陶罍 1　AaⅣ陶钵 1　AfⅡ 陶豆 1	一层台阶
211	三	四	85 益羊资 M18	270°	口 2.35×1—1.8 底 2.08×0.61—0.48			AⅥ陶罐 1　陶罐形鼎 1　AdⅢ 陶豆 1	头龛 0.58×0.2—0.5 三边有台阶
213	三	四	85 益羊资 M20	348°	口 3.87×4×3.12～ 3.4—1.5 底 3.22×2.1—2.71	10°		AaⅡ陶钵 1　BⅡ陶罍 1	墓道 4.6×1.38～1.9
214	三	四	85 益羊资 M21	65°	口 2.5×1—？ 底 2.2×0.65—2.4			Ⅴ铜带钩 1　Ⅰ铜铃 10 余件　B Ⅲ小陶壶 1　AaⅣ陶钵 1	长方形吊龛距墓底高 0.8 0.6×0.18—0.36
273	三	四	86 益羊瓦 M24	225°	口 2.1×0.8—2.08 底 2.1×0.52—0.52			AaⅣ陶钵 1　漆盘 1	头龛 0.52×0.18—0.35 一层台阶
308	三	四	87 益赫科 M3	90°	口？ 底 2.25×0.74—0.5			AaⅢ陶豆 1　AⅢ陶罐 1	吊龛遭破坏，距墓底高 0.4，呈正方形 0.26×0.2—？
364	三	四	88 益赫财 M3	202°	2.6×1.22—残 2 2.04～2.08×0.6～ 0.68—0.86			Ⅱ陶鬲 1　Ⅱb 陶绳纹圜底罐 1 AfⅢ陶豆 2	吊龛距墓底高 0.15 0.5×0.24—0.42
405	三	四	91 益义 M13	170°	口 2.3×0.75—？ 底 2.15×0.65—0.9			铜剑 1　BⅢ陶小壶 1　AfⅡ陶 豆 1	头龛偏一角 0.35×0.25—0.25
406	三	四	91 益义 M14	180°	口 2.5×0.9—？ 底 2.15×0.7—2.8			AⅥ陶罐 1　陶豆 3	长方形吊龛距墓底高 0.4 0.7×0.2—0.2
459	三	四	92 益市长粮 M3	190°	口 2.35×0.95—？ 底 2.45×0.7—2.1 残			AⅤ陶罐 1　AdⅢ陶豆 2	头龛 0.7×0.2—0.3
460	三	四	92 益市长粮 M4	210°	口 2.66×1.15—？ 底 2.6×1.02—2.1 残			AⅢa 陶小壶 1　AaⅣ陶钵 2 AdⅢ陶豆 2	打破 M6

续表八

墓号	期	段	原墓号	墓向	墓室 长×宽—深（米）	墓道坡度	棺椁 长×宽×高（米）	随葬器物	备 注
496	三	四	93 益地农 M1	180°	口 ？ 底 2.05×0.55—？			AⅣ陶罐 1　AaⅡ陶钵 1　AdⅣ陶豆 1	头龛 0.46×0.6—0.2 一层台阶
506	三	四	93 益地农 M11	180°	口 2.1×0.72—？ 底 2.1×0.7—0.7			Ⅰb陶圜底罐 1　AaⅣ陶钵 1　陶豆 1	头龛 0.73×0.8—0.28
519	三	四	93 益地农 M24	290°	口 2.08×0.7—？ 底 2.04×0.66—0.7 残			AⅥ陶罐 1　AdⅢ陶豆 1	头龛 0.64×0.2—0.2
525	三	四	93 益地农 M30	170°	口 2.76×1.2—？ 底 2.7×1.14—2.65 残			残铜器 1　铜带钩 1　铁铲 1　铁刀 1　AⅠ陶罐 1　AdⅢ陶豆 1	
585	三	四	96 益长白 M1	360°	口 2.4×0.85—？ 底 2.1×0.6—0.5			铜剑首 1　带钩 1　铁环首刀 1　AⅣ陶罐 1　AaⅣ陶钵 1　AgⅠ陶豆 1	头龛 0.6×0.18—0.2 一层台阶
10	三	五	82 益麻 M15	90°	口 2.3×0.76—1 残 底 1.98×0.55—0.5			D陶罍 1　AdⅡ陶豆 1	长方形头龛 距墓底高 0.6 0.5×0.2—0.4 一层台阶
27	三	五	83 益麻 M16	360°	口 2.41×0.96—1 底 2.17×0.66—0.63			铜襟钩 1　BⅢa陶壶 1　AgⅡ陶豆 1	头龛 0.5×0.2—0.32 一层台阶
32	三	五	83 益赫广 M47	165°	口 2.45×1.35—？ 底 2.45×1.35—3			CⅠ陶鼎 2　AⅢ陶敦 3　CⅢa陶壶 2　陶豆 2　陶盘 1　陶匜 1	
55	三	五	83 益赫供 M5	210°	口 ？ 底 2.62×1.42—2			铜剑 1　陶戈 1　铜镈 1　AⅠ带钩 1　GⅡ陶鼎 1　BⅠa陶敦 1　CⅢa陶壶 2　AhⅡ陶豆 1	
67	三	五	84 益赫房 M8	95°	2.58×0.94—？ 2.24×0.62—1.45			铁剑 1　AⅡ铁锸 1　BⅢ陶罍 1　B陶钵 1　陶豆 2	长条形吊龛 距墓底高 0.8 0.6×0.2—0.25 吊龛偏一角
72	三	五	84 益赫房 M20	290°	2.48×1.28—0.48 2.08×0.7—0.6			BⅠa铜剑 1　Ⅱc陶绳纹圈底罐 1　AdⅣ陶豆 3	吊龛与墓底同宽 距墓底高 0.11 0.7×0.28—0.3 一层台阶
115	三	五	85 益赫房 M25	70°	2.5×0.65—1.5 2.3×0.65—0.3			铜带钩 1　Ⅱb玻璃珠 1　Ⅰ玛瑙珠 4　Ⅱ玛瑙珠 3　Ⅰc陶绳纹圈底罐 1	头龛 05×0.21—0.2 一层台阶
362	三	五	88 益赫房 M3	78°	2.8×1.7—0.5			AⅡ铜剑 1　AbⅢ陶豆 1	
171	三	五	85 益热 M34	260°	口 ？ 底 2.9×2.05—0.45			BⅡ陶鼎 1　BⅠb陶敦 1　AⅢa陶壶 2	
196	三	五	85 益羊资 M3	350°	口 2.74×1.17—？ 底 2.72×1.14—3.15			BⅢb陶壶 1　Ⅰd陶绳纹圈底罐 1　AbⅡ陶钵 1　AdⅣ陶豆 2	
197	三	五	85 羊资 M4	350°	口 2.25×0.85—2 底 2.15×0.68—0.6			Ⅱc陶绳纹圈底罐 1　AcⅢ陶钵 1	头龛 0.4×0.24—0.28 三边有台阶足端内凹
205	三	五	85 益羊资 M12	350°	口 2.7×1.2—2.2 底 2.15×0.64—0.58			铜镜 1　AaⅤ陶钵 1　BⅠ陶壶 1　AgⅡ陶豆 2	梯形头龛 0.25×0.18—0.2 一层台阶

续表八

墓号	期	段	原墓号	墓向	墓室 长×宽—深（米）	墓道坡度	棺椁 长×宽×高（米）	随葬器物	备 注
206	三	五	85 益羊资 M13	110°	口 2.3×0.85—0.8 底 2.25×0.65—0.6			AcⅢ陶钵 2　Ⅰc 陶绳纹圈底罐 1	一层台阶 随葬器物离墓底 0.2～ 0.25 厘米
207	三	五	85 益羊资 M14	190°	口 2.45×1.1—? 底 2×0.61—0.56			AgⅡ陶豆 2	头龛 0.58×0.16—0.32 一层台阶
208	三	五	85 益羊资 M15	270°	口 2.45×0.95—1.1 底 2.3×0.61—0.47			Ⅱc 陶绳纹圈底罐 1　AgⅡ陶豆 1	三边台阶
212	三	五	85 益羊资 M19	353°	口 2.4×0.8—? 底 2.3×0.6—1.4			AⅠ陶杯 1	
237	三	五	85 益羊资 M44	140°	口 2.5×0.9—? 底 2.2×0.65—0.67			Ⅰc 陶绳纹圈底罐 1　AbⅢ陶钵 2	一层台阶
249	三	五	85 益羊资 M66	270°	口 3.1×1.95—? 底 2.83×1.72—2.1			AaⅦ陶钵 1	
311	三	五	87 科 M6	140°	口 2.24×0.66—0.34 底 2.14×0.6—0.48			AⅣ小陶壶 1　陶钵 1　AfⅡ陶豆 1	头龛 0.46×0.24—0.34
324	三	五	87 地工行 M5	355°	口 2.56×1.13—? 底 2.6×1.23—1.7 残			BⅢb 陶壶 1　AgⅡ陶豆 2　AaⅤ陶钵 1	
331	三	五	87 赫招 M29	190°	口 2.34×1.1—1.1 底 2.14×0.72—0.74 残			残铜器 1　AⅡ铁剑 1　铁锸 1 铁带钩 1　AⅣ陶罐 1　B 陶钵 1 AdⅢ陶豆 1	
366	三	五	88 益地外 M9	78°	口 ? 底 2.5×0.72—2			AbⅡ陶钵 1　AgⅡ陶豆 1	
368	三	五	88 益县医 M13	45°	口 2.1×0.8—? 底 2×0.76—0.6			铜镜 1　Ⅲc 陶绳纹圈底罐 1 AaⅣ陶钵 1　AgⅡ陶豆 1	头龛 0.76×0.22—0.34
374	三	五	88 益县医 M24	270°	口 2.4×1.15—? 底 2.45×1.2—2			BⅢa 陶壶 1　AaⅤ陶钵 1	方形吊龛距墓底高 0.6 0.5 0.24×0.3—
402	三	五	91 益义 M2	260°	口 3.35×1.7—? 底 3.15×1.4—3.45			DⅡ陶双系壶 1　AcⅢ陶钵 2 AbⅢ陶豆 1　BⅠa 陶豆 1	
409	三	五	91 益义 M23	90°	口 2.5×0.8—? 底 2.5×0.8—2.1			Ⅰc 陶绳纹圈底罐 1　AbⅡ陶钵 2　AgⅡ陶豆 2	长方形吊距墓底高 0.1 0.8×0.2—0.3
412	三	五	91 益义 M32	190°	口 2.2×1—1.6 底 2.1×0.9—0.6			铜剑 1　GⅠ陶壶 1　AaⅡ陶钵 1	一层台阶
420	三	五	91 益义 M46	155°	口 2.5×1.1—? 底 2.5×0.8—3.4			AⅠ铁剑 1　铜环首刀 1　BⅢb 陶壶 1　AcⅢ陶钵 1	长方形头龛 0.8×0.12—0.4 两边一层台阶
421	三	五	91 益义 M47	168°	口 2.5×0.9—1.5 底 2.2×0.68—0.6			AⅡ陶鼎 1　陶圈足双耳钵 1　BⅡa 陶豆 1　AaⅢ陶豆 1	头龛 0.63×0.3—0.3 三边一层台阶
424	三	五	91 益义 M50	270°	口 2.3×0.92—1.6 底 2.2×0.68—0.6			GⅠ陶壶 1	长方形吊龛距墓底高 0.12 0.68×0.2—0.5 一层台阶
428	三	五	91 益义 M54	270°	口 底 2.7×1.5—2.5			BⅢa 陶壶 1　陶钵 1	半椭圆形吊龛距墓底高 0.84 0.82×0.3—0.58

续表八

墓号	期	段	原墓号	墓向	墓室 长×宽—深（米）	墓道坡度	棺椁 长×宽×高（米）	随葬器物	备注
500	三	五	93 益地农 M5	175°	口 2.6×1.4—? 底 2.68×1.36—1.7 残			AⅡ陶罐1　AcⅢ陶钵1　AgⅡ陶豆1	
522	三	五	93 益地农 M27	160°	口 2.2×0.86—? 底 2.04×0.6—1.1 残			Ⅲa陶绳纹圜底罐1　AgⅡ陶豆1	头龛 0.4×0.3—0.4 一层台阶
567	三	五	96 益羊砖 M1	10°	口 2.15×0.54—? 底 2.08×0.54—0.6			AⅢ陶罐1　AaⅡ陶钵2　AfⅡ陶豆1	头龛 0.54×0.26—0.38 一层台阶
576	三	五	96 益羊砖 M11	360°	口 2.2×0.8—? 底 2.24×0.8—1.2			铜印1　Ⅰc陶绳纹圜底罐1 AgⅡ陶豆1	一层台阶
579	三	五	96 益羊砖 M14	180°	口 2.58×1.08—2.02 底 2×0.58—0.58			AⅢa小陶壶1　AcⅠ陶钵1	头龛 0.5×0.18—0.3 一层台阶
586	三	五	96 益长白 M3	342°	口 2.65×1—? 底 2.76×1.13—2.3			Ⅰb陶绳纹圜底罐1　AbⅢ陶钵1	
587	三	五	96 益长白 M4	357°	口 2.2×0.94—? 底 2.42×0.6—2.4 残			铁矛1　AⅢa小陶壶1　AaⅤ陶钵1	方形头龛 0.38×0.2—0.3 一层台阶
590	三	五	96 益长白 M7	360°	口 2.36×0.9—? 底 2.07×0.65—1.35 残			铜带钩1　Ⅰc陶绳纹圜底罐1 AdⅠ陶豆1　AcⅡ陶钵1	长方形头龛 0.43×0.21—0.4 一层台阶
595	三	五	96 益长白 M12	270°	口 2.4×0.9—? 底 2×0.65—1			Ⅱb陶绳纹圜底罐1　AgⅡ陶豆1	长方形头龛 0.52×0.24—0.36 一层台阶
6	三	六	82 益麻 M1	250°	口 ? 底 2.45×1.35—2			铜、铁残片　AⅢ陶鼎1　AⅢ陶敦1　BⅣb陶壶1　陶盘1　AdⅣ陶豆1	
24	三	六	83 益麻 M11	360°	口 2.5×0.98—0.9 底 2.1×0.6—0.56			AⅢ铁剑1　AaⅢ陶钵1　AfⅡ陶豆2　AⅢb小陶壶1	长方形吊龛距墓底高0.6 0.5×0.3—0.28 一层台阶
28	三	六	83 益麻 M18	180°	口 ? 底 2.75×1.12—?			Ⅰd　陶圜底罐1　AbⅡ陶钵1	
29	三	六	83 益麻 M19	93°	口 ? 底 2.87×1.29—?			AⅤ陶鼎1　CⅠ陶敦1　CⅢb陶壶1　陶勺1　陶盘1　陶匕1	
31	三	六	83 益赫广 M41	350°	口 ? 底 2.55×0.92—1.6			铜剑1　铜带钩1　铁刮刀1　AⅤ陶鼎1　BⅥa陶壶1　AdⅣ陶豆1　CⅠ陶敦1　砺石1	
49	三	六	83 益地农机研究所 M1	168°	口 ? 底 2.1×0.6—0.6			AⅦ陶鼎1　DⅡ陶敦1　CⅡ陶壶1　AcⅢ陶豆2	头龛低于墓底0.1 0.6×0.3—0.62
64	三	六	84 益赫房 M2	90°	2.42×0.94—? 2.28×0.74—0.8			鎏金铜饰件1　D铁剑1　Ⅰd陶绳纹圜底罐1　AgⅢ陶豆1	吊龛已破坏距墓底地高0.6 0.4×0.22—?
69	三	六	84 益赫房 M12	185°	2.3×0.66—? 2.28×0.66—1.8			BⅣb陶壶1　AaⅥ陶钵1　AfⅡ陶豆1　AfⅢ陶豆1	两边一层台阶
116	三	六	85 益赫房 M26	113°	2.6×1.15—? 2.25×1.07—3.8			铜剑格1　D小陶壶1　BⅠc陶敦1　陶豆2	
120	三	六	85 益赫房 M35	290°	2.3×1.04—? 2.3×1.03—0.95			铜襟钩1　AⅢb小陶壶1　AaⅡ陶钵1　BⅠa陶豆1	

续表八

墓号	期	段	原墓号	墓向	墓室 长×宽—深（米）	墓道坡度	棺椁 长×宽×高（米）	随葬器物	备　注
94	三	六	85 益滨 M20	210°	口 2.55×1.38—？ 底 2.65×1.4—0.9			铜饰件1　AⅦ陶罐1　AgⅡ陶豆2　陶钵1	
100	三	六	85 益羊瓦 M3	150°	口 2.14×0.82—1 底 1.92×0.61—0.6			AⅢb小陶壶1　AaⅤ陶钵1　AdⅣ陶豆1	头龛 0.61×0.2—0.38 一层台阶
121	三	六	85 益羊园 M2	110°	口 2.3×0.83—1 底 2.15×0.63—0.6			Ⅲc陶绳纹圜底罐1　AaⅥ陶钵1	一层台阶
122	三	六	85 益羊园 M3	75°	口 2.56×1.27—2.3 底 2.08×0.62—0.6			FⅡ陶鼎1　BⅢ小陶壶1　AaⅦ陶钵1　AgⅡ陶豆1	头龛 0.44×0.2—0.4 一层台阶
127	三	六	85 益羊园 M9	194°	口 ？×0.8—0.4 底 ？×0.74—1			AⅢb小陶壶1　AcⅢ陶钵1	长方形头龛 0.6×0.22—0.3 一层台阶
130	三	六	85 益羊园 M12	340°	口 2.6×1.18—？ 底 2.58×1.16—3.6			铜带钩1　AⅢ陶鼎1　CⅡ陶敦1　BⅣb陶壶1　BⅠa陶豆1　AⅡ陶杯1	
138	三	六	85 益赫供 M9	12°	口 ？ 底 2.36×0.61—0.4			铜剑1　FⅡ陶鼎2　BⅢa陶壶1　AaⅣ陶钵1　AfⅡ陶豆4	
147	三	六	85 热 M10	57°	口 2.3×1—0.25 底 2.35×0.56—0.5			Ⅱ铁环首刀1　铜器残片　B陶罐1	
185	三	六	85 益热 M48	80°	口 2.4×0.8—1.1 底 2.3×0.72—0.7			Ⅲb陶绳纹圜底罐1　AdⅣ陶豆1	头龛 0.5×0.2—0.35 两端有窄台阶
198	三	六	85 益羊资 M5	360°	口 2.6×1.2—？ 底 2.8×1.3—4			FⅡ陶鼎1　BⅢb陶壶1　AfⅡ陶豆1　AbⅡ陶钵1	
200	三	六	85 益羊资 M7	355°	口 2.6×1.2—？ 底 2.6×1.2—4.8			AⅤ陶鼎1　DⅢ陶敦1　CⅢa陶壶1　AcⅢ陶豆1　Ⅰ陶勺1　AⅣ陶盘1　Ⅴ陶匜1　Ⅰ陶匕1	
203	三	六	85 益羊资 M10	350°	口 2.6×1.45—？ 底 2.55×1.45—3.9			AⅥ陶鼎1　AⅣb陶敦1　CⅢb陶壶1　Ⅰd陶绳纹圜底罐1　AgⅡ陶豆3　Ⅱa陶勺1	
229	三	六	85 益羊资 M36	185°	口 2.4×0.8—？ 底 2.5×0.84—1.75			AⅢ陶罐1　BⅡ陶壶1	长方形吊龛距墓底高0.6 0.6×0.24—0.3
233	三	六	85 益羊资 M40	180°	口 2.46×1.15—？ 底 2.3×0.9—1.85			AⅠ铜矛1　AfⅡ陶豆1	梯形吊龛距墓底高1 0.24×0.1—0.1
239	三	六	85 益羊资 M46	360°	口 2.55×1.05—？ 底 2.5×0.92—3.8			Ⅲc陶绳纹圜底罐1　AbⅢ陶钵2	头龛 0.58×0.18—0.34
253	三	六	85 益羊资 M71	130°	口 2.3×0.9—？ 底 2.2×0.75—2.05			残铁片1　AfⅡ陶豆1	半椭圆形吊龛距墓底高0.6 0.46×0.15—0.34
281	三	六	86 益赫招 M1	180°	口 ？ 底 2.24×0.58—0.5			Ⅲc陶圜底罐1　AaⅥ陶钵1　陶盘1　AfⅡ陶豆1	

续表八

墓号	期	段	原墓号	墓向	墓室 长×宽—深 （米）	墓道坡度	棺椁 长×宽×高 （米）	随葬器物	备　注
556	三	六	95 益赫招 M4	310°	口 2.3×0.9—? 底 2.2×0.8—2			铜碎片　AⅢb 小陶壶 1　AbⅢ 陶钵 1　AⅠ陶盘 1	
309	三	六	87 益赫科 M4	90°	口 2.02×0.8—0.5 残 底 2.02×0.5—0.52			AⅢb 小陶壶 1	头龛 0.5×0.18—0.26 一层台阶
336	三	六	88 益赫科 M19	90°	口 2.65×1.2—? 底 2.8×1.3—1.4			B 陶罐 1　AdⅢ陶豆 1	
627	三	六	98 益赫科 M3	200°	口 2.2×0.8—0.3 残 底 2.1×0.58—0.66~ 0.7			Ⅲ陶鬲 1　AⅣ陶鼎 1　AⅢa 陶壶 1　AaⅢ陶豆 1　AeⅠ陶豆 1	头龛 0.78×0.2—0.4 一层台阶
408	三	六	91 益义 M19	340°	口 3.15×1.55—? 底 2.85×1.45—3.5			AⅣ陶鼎 1　AⅥb 陶敦 1　CⅢb 陶壶 1　BⅠa 陶豆 1	
411	三	六	91 益义 M31	175°	口 2.5×0.8—1.8 底 2.15×0.6—0.6			AⅣ陶鼎 1　AbⅢ陶钵 1　BⅢb 陶壶 1	椭圆形头龛一层台阶 0.6×0.3—0.3
418	三	六	91 益义 M42	270°	口 2.3×1—2.1 底 2.3×0.7—0.7			CⅠ陶鼎 1　陶钵 1　AcⅢ陶豆 2	长方形头龛 0.6×0.3—0.48 两边一层台阶
425	三	六	91 益义 M51	25°	口 2.8×1.4—? 底 2.35×0.9—1.5			铜铃 3　残铁器 1　AⅢb 小陶壶 1　AhⅢ陶豆 3	
427	三	六	91 益义 M53	180°	口 ? 底 2.6×1—1.4			AbⅡ陶钵 1　D 陶钵 1	
436	三	六	92 赫购物中心 M1	180°	口 2.2×0.8—0.2 底 2.2×0.54—0.6			Ⅲc 陶绳纹圈底罐 1　AbⅡ陶钵 1　AfⅡ陶豆 1	头龛 0.54×0.2—0.4 一层台阶
442	三	六	92 益羊粮 M6	120°	口 2.52×1~1.28—? 底 2.5×1—2.3 残			Ⅲc 陶圈底罐 1　AbⅡ陶钵 1　AdⅢ陶豆 1	
458	三	六	92 益市长粮 M1	285°	口 2.8×1.1—? 底 2.45×1.1—2.9 残			AⅥ陶罐 1　陶豆 1　铜串饰 1	头龛 0.64×0.28—0.36
461	三	六	92 益市长粮 M6	360°	口 2.75×1.3—? 底 2.7×1.13—3.6 残			AⅢa 小陶壶 1　陶钵 1　AfⅡ陶豆 3	被 M4 打破
498	三	六	93 益地农 M3	175°	口 2.86×1.32—? 底 2.7×1.28—0.5 残			铁剑 1　AⅢa 小陶壶 1　AaⅤ陶钵 1	
507	三	六	93 益地农 M12	170°	口 2.2×0.58—? 底 2.2×0.58—0.5 残			铜带钩 1　AdⅣ陶豆 1	
526	三	六	93 益地农 M31	180°	口 2.9×1.24—2.3 残 底 2.96×1.26—0.5			BⅢa 陶壶 1　AaⅣ陶钵 1　AdⅣ陶豆 1	吊龛与墓底同宽,距墓底高 0.5 0.48×0.2—0.25 一层台阶
529	三	六	93 益地农 M34	180°	口 2.2×0.8—2.5 残 底 2.1×0.56—0.6			铜镜 1　BⅢa 陶壶 1　AcⅢ陶豆 1　AhⅢ陶豆 2	吊龛与墓底同宽距墓底高 0.6 0.7×0.24—0.3 一层台阶
540	三	六	94 益赫劳 M1	160°	口 2.6×0.8—2 底 2.24×0.6—0.6			Ⅳ陶鬲 1　AaⅡ陶钵 1　BⅣb 陶壶 1	头龛与墓底同宽 0.7×0.38—0.4 一层台阶

续表八

墓号	期	段	原墓号	墓向	墓室 长×宽—深（米）	墓道坡度	棺椁 长×宽×高（米）	随葬器物	备 注
541	三	六	94 益 赫 劳 M2	150°	口 2.3×1—2 底 2.04×0.78—0.68			C 陶钵 1　AⅢb 小陶壶 1　AfⅠ 陶豆 1	头龛与墓底同宽 0.7× 0.2—0.32 一层台阶
5	四	七	82 益县贝 M1	275°	口 ？ 底 2.5×1.5—2.35			DⅠ 陶鼎 1　AⅩa 敦 1　BⅥb 陶壶 1	
8	四	七	82 益麻 M6	150°	口 ？ 底 2.4×1.35—？			AⅤ 陶鼎 2　AⅣ 陶敦 2　BⅣa 陶壶 2　陶豆 2	
25	四	七	83 益麻 M13	355°	口 ？ 底 2.88×1.31—2			BⅠb 铜剑 1　FⅡ 陶鼎 1　CⅣa 陶敦 1　CⅧa 陶壶 1	
39	四	七	83 益赫防疫 M54	20°	口 ？ 底 2.6×1.3—2.5 残			FⅡ 陶鼎 1　CⅣa 陶敦 2　BⅣb 陶壶 2　陶豆 2　陶盘 1　陶勺 1	
46	四	七	83 益市大海塘 M55		口 ？ 底 2.78×1.12—3			AⅤ 陶鼎 1　AⅩa 陶敦 1　CⅧa 陶壶 1　陶豆 1　陶勺 2　陶匕 1	
51	四	七	83 益地农机研究所 M3	163°	口 ？ 底 2.76×1—3			CⅧa 陶壶 1　AfⅡ 陶豆 1　A Ⅲ 铁剑 1　石饰件 1	
104	四	七	85 羊瓦 M9	170°	口 1.8×0.64—？ 底 1.7×0.5—0.44			铜环 1　铜襻钩 1　FⅡ 陶鼎 1　AⅧb 陶敦 1　AⅣ 陶罐 1　Ad Ⅲ 陶豆 1　陶勺 1　陶匕 1	头龛低于墓底 0.7 0.5×0.12—0.4 一层台阶
272	四	七	86 益羊瓦 M23	360°	口 ？ 底 2.15×0.52—0.7			FⅡ 陶鼎 1　AⅧa 陶敦 1　CⅧa 陶壶 1　AfⅡ 陶豆 2　AⅤ 陶盘 2	一层台阶
129	四	七	85 益羊园 M11	91°	口 2.28×1—2 底 2.2×0.92—0.6			AⅤ 陶鼎 1　AⅧb 陶敦 1　CⅧc 陶壶 1　AeⅡ 陶豆 1　AⅢb 盘 1　陶勺 1　陶匕 1　陶匜 1	头龛与墓底同宽 0.64×0.3—0.4 一层台阶
133	四	七	85 益羊桑 M3	95°	口 2.7×1.06—？ 底 2.76×1—1.65			FⅢb 陶鼎 2　AⅤa 陶敦 2　CⅥb 陶壶 2　AfⅢ 陶豆 2　陶盘 2 陶勺 2　Ⅱb 陶勺 1　Ⅱc 陶勺 1	长条形吊龛距墓底高 0.69，内置两鼎、两敦 0.62×0.24—0.3
134	四	七	85 益羊桑 M4	305°	口 2.15×1.4—0.15 底 2.24×1.5—5			FⅢb 陶鼎 2　AⅣ 陶敦 2　CⅥb 陶壶 2　AfⅢ 陶豆 2　E 陶盘 1	
148	四	七	85 益热 M11	270°	口 2.6×0.95—1.24 底 2.3×0.7—0.6			铜带钩 1　FⅠ 陶鼎 1　AⅪa 陶敦 1　Ⅰe 铜带盖绳纹圈底罐 1 AfⅡ 陶豆 1　Ⅲb 陶匜 1　Ⅰ 陶勺 1　Ⅰ 陶匕 2	两壁、足、三边台阶
204	四	七	85 益羊资 M11	360°	口 3×1.3—？ 底 2.85×1.2—3.1 残			Ⅲ、Ⅳ、Ⅵ 铜铃　FⅠ 陶鼎 1　DⅡ 陶敦 1　BⅥa 陶壶 1　Ⅰ 陶勺 1　Ⅰ陶匕 1　AcⅣ 陶豆 1　陶匜 1	
221	四	七	85 益羊资 M28	180°	口 2.5×1.24—？ 底 2.46×1.2—4			CⅡ 陶鼎 1　CⅧa 陶壶 1　陶钵 1　陶豆 1	
234	四	七	85 益羊资 M41	100°	口 2.6×1.38—？ 底 2.2×0.94—2.5			BⅡ 铜剑 1　铜矛 1　AeⅡ 陶豆 1	梯形吊龛距墓底高 0.82 0.24×0.08—0.11
243	四	七	85 益羊 M51	290°	口 2.6×1.4—？ 底 2.2×0.78—2.6			AfⅢ 陶豆 1　铁片	方形吊龛距墓底高 0.7 0.25×0.2—0.18
245	四	七	85 益羊 M53	160°	口 2.42×1.08—？ 底 2.2×0.72—2.05			AfⅢ 陶豆 1	长方形吊龛距墓底高 0.68 0.28×0.16—0.2

续表八

墓号	期	段	原墓号	墓向	墓室 长×宽—深 （米）	墓道坡度	棺椁 长×宽×高 （米）	随葬器物	备 注
255	四	七	85 益羊资 M73	317°	口 2.54×1.16—1.4 底 1.96×0.6—0.6			AⅦ陶鼎1 AⅡ陶罍1 陶钵1 AiⅢ陶豆1	头龛 0.62×0.22—0.38 一层台阶
256	四	七	85 益羊资 M74	45°	口 2.74×1.04—? 底 2.7×1—4.1			BV陶壶1 AdⅢ陶豆2	
263	四	七	85 益羊资 M82	115°	口 3.1×1.85—? 底 2.75×1.45—2.9			CⅥb陶壶1	
282	四	七	86 益赫招 M2	355°	口 2.53×1.33—? 底 2.47×1.3—1.2			DⅠ陶鼎1 AⅦb陶敦1 BⅣa 陶壶1 AfⅢ陶豆1 陶勺2 陶盘1	
283	四	七	86 益赫招 M4	240°	口 2.58×1.46—? 底 2.52×1.4—1.9			铜带钩1 AV陶鼎1 CⅡ陶敦 1 BⅣa陶壶1	
289	四	七	86 益赫招 M10	75°	口 2.6×1.2—? 底 2.7×1.16—1.8			铜镜1 AV陶鼎1 AⅦb陶敦 1 CⅦc陶壶1 AdⅢ陶豆1 陶勺2 陶钵1 陶盘1	
297	四	七	86 益赫招 M21	180°	口 2.2×0.75—? 底 2.2×0.55—0.55			残铜泡1 铜剑首1 铜剑格1 FⅡ陶鼎1 AVa陶敦1 B Ⅳb陶壶1	一层台阶 头龛 0.15×0.3—0.45
340	四	七	88 益赫科 M28	360°	口 2.19×0.98—? 底 2.1×0.62—1.09残			EⅣ陶鼎1 CⅢ陶敦1 BⅣb 陶壶1 AhⅢ陶豆1	头龛 0.7×0.2—0.48
341	四	七	88 益赫科 M32	190°	口 2.6×1.1—? 底 2.6×1.1—1.2残			FⅢa陶鼎1 CⅥb陶壶1	
630	四	七	98 益赫科 M7	200°	口 2.75×1.25—? 底 2.65×1.15—1.85残			FⅠ陶鼎1 AⅣ陶敦1 CⅥb 陶壶1 陶豆1	
419	四	七	91 益义 M45	115°	口 2.45×1—2.4 底 2.5×0.65—0.6			铜戈1 铜镈1 铜带钩1 BⅣ a陶壶1 AaⅡ陶钵1	两边一层台阶
439	四	七	92 益羊粮 M3	360°	口 2.7×1.3—? 底 2.7×1.3—0.9			CⅦa陶壶2 AhⅢ陶豆1 Ⅰ 陶勺1	
441	四	七	92 益羊粮 M5	180°	口 ? 底 2.9×1.5—0.6			AⅥ陶鼎1 AⅥa陶敦1 CⅦa 陶壶1 AhⅡ陶豆1 陶盘1 陶勺1 陶匕1	
443	四	七	92 益羊粮 M7	260°	口 2.6×1.6—? 底 2.6×1.6—1.4			AV陶鼎2 AⅣ陶敦2 CⅦa 陶壶2	
464	四	七	92 益羊砖 M2	90°	口 2.33×2.42—1.5 底 2.42×1.3—0.85			FⅡ陶鼎1 AⅣ陶敦1 CⅦa 陶壶1 陶豆1 AⅢc陶盘1	一层台阶
468	四	七	92 益羊砖 M7	80°	口 ? 底 2.8×1.05—2.7			B铁锸 AⅦ陶鼎1 AⅣ陶敦1 CⅦb陶壶1 AaⅡ陶豆1 Ⅰ陶匕1 AⅢa陶盘1	
470	四	七	92 益羊砖 M9	330°	口 2.62×1.42—? 底 2.63×1.4—1.7			Ⅰ铁环首刀1 AⅦ陶鼎1 AⅩa 陶敦1 陶壶1 AⅢa陶盘2 陶 勺1 Ⅰ陶匕1 AeⅡ陶豆1	
524	四	七	93 益地农 M29	180°	口 2.16×0.9—1.65残 底 2×0.65—0.5			AdⅣ陶豆1 陶带组鼎盖1 Ⅱ 陶长颈壶1	吊龛与墓同宽,距墓底 高 0.15 0.50×0.26—0.38 一层台阶

续表八

墓号	期	段	原墓号	墓向	墓室 长×宽—深（米）	墓道坡度	棺椁 长×宽×高（米）	随葬器物	备注
530	四	七	93 益地农 M35	180°	口 3.8×2.6—? 底 2.95×1.82—5.5残	25°		铜剑首 1 铜镦 1 玉璧 1 AV陶鼎 2 AⅧa陶敦 2 CⅧa陶壶 2 AeⅡ陶豆 2 Ⅱ陶匜 1 AⅢa陶盘 2 Ⅰ陶勺 1	墓道 3.5×1.4
551	四	七	95 益长白 M6	90°	口 2.6×1.35—? 底 2.4×1.35—4			EV陶鼎 1 AⅦb陶敦 1 CⅥb陶壶 1 陶豆 1 陶勺 1 Ⅰ陶匕 1 陶盘 3 陶簋 1 残铁器	
618	四	七	97 益笔 M6	10°	口 3×1.3—6.8 底 2.7×1.2—6.8			AⅢ陶鼎 1 CⅡ陶敦 1 BⅠa陶壶 1 BⅠa陶豆 1 陶鸽 1 Ⅱb陶勺 1 AⅣ陶盘 1	
38	四	八	83 益赫防疫 M53	150°	口 ? 底 2.9×1.55—2			铜砝码 5 AV陶鼎 1 AVb陶敦 2 CⅧa陶壶 2 陶豆 2 陶匕 2 陶勺 2 陶盘 3	
81	四	八	84 益赫滨 M10	285°	口 2.64×1.02—? 底 2.64×1.02—1.08			B铜镜 1 铜带钩 1 FⅢb陶鼎 1 AVb陶敦 1 CⅣc陶壶 1 陶豆 1 陶勺 1	
85	四	八	85 益赫滨 M1		口 2.7×1.25—? 底 2.6×1.2—1.8			FⅢb陶鼎 1 AⅨb陶敦 1 CⅥb陶壶 1 AhⅢ陶豆 1 Ⅰ陶勺 1 AⅢc陶盘 1	长方形吊龛距墓底高 0.26 0.62×0.18—0.34
89	四	八	85 益赫滨 M8					AⅦ陶鼎 1 AⅦc陶敦 1 CⅣb陶壶 1 AfⅢ陶豆 1 C陶盘 1 Ⅰ陶勺 1	
557	四	八	96 益赫滨 M12	90°	口 ? 底 2.2×1.2—0.5			AV陶鼎 1 AⅨa陶敦 1 CⅥb陶壶 1 陶豆 1 Ⅰ陶勺 1	一层台阶
107	四	八	85 益羊瓦 M12	115°	口 2.75×1.2—? 底 2.63×1.14—4.6			AⅦ陶鼎 2 AⅨa陶敦 2 CⅧb陶壶 2 AfⅢ陶豆 2 Ⅰ陶勺 2 AⅡb陶盘 1 AaⅣ陶钵 1 石锛 1	
143	四	八	85 益热 M6	72°	口 2.62×1.26—0.7 底 2.63×1.16—1.28			EV陶鼎 1 CⅣb陶敦 1 Ⅰf陶绳纹圜底罐 1	长方形吊龛距墓底高 0.72 0.6×0.31—0.28~0.3
168	四	八	85 益热 M31	331°	口 ? 底 2.65×1.2—0.37			铁鼎 1 陶甗 1 陶钵 2	
184	四	八	85 益热 M47	265°	口 2.24×0.8—0.56 底 2.14×0.56—0.58			铜蚁鼻钱 1 FⅣb陶鼎 1 陶敦 1 BⅣ陶壶 1 陶豆 1 陶勺 1	横椭圆形吊龛，距台阶 0.2，墓底 0.8 一层台阶 0.74×0.3—0.4
190	四	八	85 益热 M54	70°	口 3×1.92—? 底 2.8×1.52—0.75			铜钵 1 BⅥ陶鼎 1 陶敦 1 AⅥ陶壶 1 陶瑗 1	
191	四	八	85 益热 M55	240°	口 2.5×1.2—0.6 底 2.5×0.7—0.6			铜印 1 铜纽扣 1 铁錾 1 漆盒(迹) 1 铁残件 1	两边没宽台阶
201	四	八	85 益羊资 M8	350°	口 2.6×1.2—? 底 2.55×1.05—4.3			AV陶鼎 1 AⅣ陶敦 1 CⅧa陶壶 1 AcⅡ陶豆 1 Ⅱb陶勺 2 DⅠ陶盘 1	
261	四	八	85 益羊资 M80	300°	口 2.4×0.96—? 底 2.4×0.72—1.2			Ⅰ铁刮刀 1 CV陶罐 2	
288	四	八	86 益赫招 M9	330°	口 2.44×1.12—? 底 2.56×1.16—2.1			铜带钩 1 DⅡ陶鼎 1 AⅨa陶敦 1 CⅧb陶壶 1	

续表八

墓号	期	段	原墓号	墓向	墓室长×宽一深（米）	墓道坡度	棺椁长×宽×高（米）	随葬器物	备注
292	四	八	86 益林招 M16	180°	口 2.6×1.2—? 底 2.58×1.1—1.65			FⅡ陶鼎 1　AⅤb 陶敦 1　CⅧc 陶壶 1　AhⅢ陶豆 1　陶盘 2　Ⅰ陶勺 1　Ⅰ陶匕 1	长条形吊甐距墓底高 0.8 1.06×0.34—0.4
294	四	八	86 益赫招 M18	225°	口 2.45×1.18—? 底 2.4×1.05—1.8			铁刮刀 1　FⅡ陶鼎 1　AⅨa 陶敦 1　CⅧb 陶壶 1　AeⅡ陶豆 2　陶勺 2	吊甐距墓底高 0.8 0.75×0.24—0.3
321	四	八	87 益工行 M1	105°	口 2.26×1.05—1.2 底 2.2×0.6—0.55			Ⅰf 陶绳纹圈底罐 1	头甐 0.6×0.2—0.3 一层台阶
325	四	八	87 益地区工行 M7	90°	口 2.45×1—? 底 2.4×1.1—0.7 残			Ⅰf 陶绳纹圈底罐 1　AfⅢ陶豆 2	
334	四	八	88 益林科 M8	350°	口 2.65×1.45—? 底 2.78×1.5—3.35			CⅡb 铜镜 1　铜矛 1　铜带钩 1　铁刮刀 1　FⅢb 陶鼎 1　AⅤb 陶敦 2　CⅣb 陶壶 1　陶豆 1　陶勺 2　石器 1	
342	四	八	88 益赫府 M2	120°	口 2.8×1.3—? 底 2.7×1.2—2.5			FⅢb 陶鼎 1　AⅣ陶敦 1　CⅧb 陶壶 1　陶豆 1	
355	四	八	88 益电梯 M2		口 4.6×3.5—? 底 4.05×3.1—2.1			DⅣ陶鼎 4　Ⅱ陶钫 4　陶敦 2　陶豆 3	四边有一级台阶,早年墓室被盗,器物已扰乱
393	四	八	91 益轴 M10		口 2.7×1.15—? 底 2.7×1—?			铜铃 1　FⅡ陶鼎 1　AⅥb 陶敦 1　AⅥ陶壶 1　AhⅢ陶豆 1　Ⅰ陶匕 1　陶盘 1　Ⅰ陶勺 1	
394	四	八	91 益轴 M11		口 2.45×1.4—? 底 2.45×1.49—?			AⅧ陶鼎 2　AⅦc 陶敦 2　CⅧa 陶壶 2　AdⅣ陶豆 2　Ⅰ陶勺 1　AⅢc 陶盘 1	
437	四	八	92 益羊粮 M1	90°	口 2.45×0.9—2.3 底 2.4×0.76—0.6			AⅨa 陶敦 1　CⅧb 陶壶 1　AcⅢ陶钵 1　AⅡ陶盘 1　Ⅰ陶勺 1　Ⅰ陶匕 1	一层台阶
444	四	八	92 益羊粮 M8	90°	口 2.7×1.1—? 底 2.7×1.1—2.6			Ⅲ玻璃璧 1　FⅢb 陶鼎 1　AⅨa 陶敦 1　CⅣb 陶壶 1　AfⅢ陶豆 1　AⅢb 陶盘 1　陶匕 1　Ⅲ陶勺 1	
446	四	八	92 益羊粮 M10	270°	口 2.5×1.6—? 底 2.5×1.6—2.3			AⅦ陶鼎 1　Ⅸa 陶敦 1　BⅣ陶罍 1　AfⅢ陶豆 2　Ⅰ陶匕 1　Ⅱb 陶勺 1	
447	四	八	92 益羊粮 M11	270°	口 2.8×1.4—? 底 28×1.4—3.4			AⅦ陶鼎 1　AⅨa 陶敦 1　CⅧ陶壶 1　AhⅢ陶豆 1	
448	四	八	92 益羊粮 M12	170°	口 2.8×1.2—? 底 2.8×1.2—1.7			铜残片　铜砝码 1　AⅦ陶鼎 1　AⅨb 陶敦 1　CⅣb 陶壶 1　陶钵 1　E 陶盘 1　AfⅢ陶豆 1　陶勺 1	
450	四	八	92 益羊粮 M16	100°	口 2.6×1.1—? 底 2.6×1.1—1.3			GⅠ铜镜 1　DⅢ陶鼎 1　AⅨa 陶敦 1　CⅧa 陶壶 1　AdⅣ陶豆 1	
465	四	八	92 益羊砖 M4	265°	口 2.08×0.62—? 底 2.08×0.64—0.7			铜天平 1　铜砝码 2　AⅧ陶鼎 1　CⅣb 陶壶 1　AaⅣ陶钵 1　陶豆 1　陶勺 2	头甐 0.64×0.24—0.45
466	四	八	92 益羊砖 M5	345°	口 2.5×1.52—? 底 2.47×1.5—2.15			铜剑首 1　铜带钩 1　铜砝码 1　AⅦ陶鼎 1　AⅦc 陶敦 1　CⅧc 陶壶 1　陶豆 1　陶勺 1	

续表八

墓号	期	段	原墓号	墓向	墓室 长×宽—深 （米）	墓道坡度	棺椁 长×宽×高 （米）	随 葬 器 物	备 注
467	四	八	92 益羊砖 M6	260°	口 2.45×0.9—? 底 2.45×0.9—0.3			AⅦ陶鼎1 AⅦc陶敦1 CⅧa 陶壶1 Ⅱ陶匜1 陶勺1	
469	四	八	92 益羊砖 M8	330°	口 2.55×1.41—? 底 2.5×1.36—2.85			玉剑珌1 AⅦ陶鼎1 AⅡ陶敦1 陶壶1 AeⅡ陶豆1 陶勺1 陶匕1 Ⅲb陶匜1 AⅡa陶盘1	
472	四	八	92 益羊砖 M12	85°	口 2.45×1.36—? 底 2.45×1.42—2.2			EⅡ陶鼎1 陶敦1 CⅦb陶壶 1 陶盒1 AeⅡ陶豆1 AⅣ陶 盘1 陶勺1 陶匕1	
473	四	八	92 益羊砖 M13	180°	口 3×1.4—? 底 2.75×1.12—1.8			铜天平1 铜砝码1 铜带钩1 鎏金铜泡1 陶鼎1 AⅦc陶 敦1 CⅣa陶壶1 AeⅡ陶豆 Ⅰ陶勺1 陶匕1 玻璃璧1	
474	四	八	92 益羊砖 M14	268°	口 2.3×1.2—? 底 2.2×1.2—3.8			Ⅰ铁环首刀1 A玉环1 陶鼎 1 AⅨa陶敦1 CⅨ陶壶1 陶豆1 AaⅢ陶钵1	
476	四	八	92 益羊砖 M17	260°	口 2.6×1.7—? 底 2.63×1.58—4.65			AⅧ陶鼎2 AⅨa陶敦2 BⅣd 陶壶2 AcⅣ陶豆2 Ⅲc陶匜1	
477	四	八	92 益羊砖 M18	75°	口 2.66×1.88—? 底 2.72×1.88—3.8			EⅡ陶鼎2 陶敦2 BⅣc陶壶 2 AaⅢ陶豆2 陶钵1	
478	四	八	92 益羊砖 M20	270°	口 2.5×1.4—? 底 2.6×1.42—4.3			AⅦ陶鼎2 AⅩa陶敦2 CⅧa 陶壶2 AⅢa陶盘 AfⅢ陶豆 1 Ⅱb陶勺1 Ⅰ陶匕1	
455	四	八	92 益地财校 M3	90°	口 2.44×1.1—? 底 2.44×1.33—1.2 残			Ⅰf 陶绳纹圈底罐1 AfⅢ陶 豆1	方形头龛距墓底高0.6 0.46×0.3—0.32
462	四	八	92 益市长粮 M5					AⅧ陶鼎1 陶壶1 AⅡb陶盘 1 AdⅢ陶豆3 BⅠ陶高柄壶 形豆1 Ⅲ陶勺1	
497	四	八	93 益地农 M2	5°	口 1.82×1—? 底 1.8×1—0.5 残			铜矛1 铜环首铁刀1 DⅠ陶 鼎1 AⅦc陶敦1 CⅢb陶壶 1 BⅠc陶豆1 Ⅲa陶匜1 Ⅰ 陶勺1 陶匕1	
499	四	八	93 益地农 M4	260°	口 2.48×1.43—? 底 2.38×1.36—1.6 残			FⅡ陶鼎1 BⅢ陶敦1 陶壶1 陶豆1 Ⅴ陶匜1 陶盘1 陶勺1	
501	四	八	93 益地农 M6	75°	口 2.36×1.06—? 底 2.36×1.06—1.7 残			CⅢb陶壶1 AcⅣ陶豆2	长方形吊龛距墓底高 0.8 0.64×0.24—0.46
502	四	八	93 益地农 M7	270°	口 2.6×1.12—? 底 2.66×1.12—0.8 残			AⅦb陶敦1 CⅧa陶壶1	
505	四	八	93 益地农 M10	90°	口 2.6×1.06—? 底 2.7×1.06—2.2 残			铜剑首1 铜泡1 CⅠ陶鼎1 AⅤa陶敦1 CⅣb陶壶1 Ad Ⅰ陶豆1 Ⅰ陶匕2 Ⅰ陶勺1 D 陶盘1	
514	四	八	93 益地农 M19	265°	口 2.34×0.92—0.8 残 底 2.12×0.6—0.6			DⅢ陶鼎1 AⅨa陶敦1 CⅧa 陶壶1 AhⅢ陶豆1 Ⅰ陶匕1 Ⅰ陶勺1	一层台阶

续表八

墓号	期	段	原墓号	墓向	墓室 长×宽—深（米）	墓道坡度	棺椁 长×宽×高（米）	随葬器物	备注
515	四	八	93 益地农 M20	80°	口 2.4×1.3—? 底 2.44×1.34—2.4 残			FⅠ陶鼎1　AⅧb陶敦1　AⅥ陶壶1　AgⅡ陶豆1　Ⅰ陶勺1　Ⅰ陶匕1　陶盘1	
516	四	八	93 益地农 M21	260°	口 2.62×1.4—? 底 2.46×1.38—2.8 残			FⅢa陶鼎1　AⅦc陶敦1　CⅣb陶壶1　BⅠc陶豆1　陶勺1　陶盘1　Ⅰ陶匕1	
517	四	八	93 益地农 M22	265°	口 2.42×1.34—? 底 2.68×1.48—2.15			FⅡ陶鼎1　AⅦb陶敦1　陶壶1　AcⅢ陶豆1　陶盘1　Ⅰ陶匕1	
523	四	八	93 益地农 M28	225°	口 2.6×1.05—? 底 2.7×1.16—2.6 残			FⅡ陶鼎1　AⅤa陶敦1　CⅣb陶壶1　AfⅢ陶豆1	
527	四	八	93 益地农 M32	185°	口 2.24×1.25—2.72 残 底 2.24×1.22—0.48			FⅠ陶鼎1　AⅧb陶敦1　CⅣb陶壶1　陶豆1　AⅢb陶盘1　陶勺1	头龛与墓底同宽 0.52×0.17—0.5 一层台阶
528	四	八	93 益地农 M33	170°	口 2.6×1.1—? 底 2.6×1.08—2.3 残			残铜器1　残铁器1　铜泡1　FⅡ陶鼎1　AⅦc陶敦1　CⅧb陶壶1　AeⅡ陶豆1　AⅡa陶盘1　陶勺1　Ⅰa陶匕1	
543	四	八	94 益赫劳 M4	45°	口 2.5×2.25—0.9 底 2.25×0.65—0.6			铜剑1　FⅡ陶鼎1　AⅦb陶敦1　CⅡ陶壶1　AcⅣ陶豆1　Ⅱb陶勺1　Ⅰ陶匕1　陶盘1	一层台阶
544	四	八	94 益赫劳 M5	340°	口 2.5×1.5—? 底 2.7×1.7—2.5			DⅡ陶鼎2　AⅦc陶敦2　CⅧa陶壶2　AeⅢ陶豆2　Ⅲa陶匜1	一边有台阶
568	四	八	96 益羊砖 M2	210°	口 2.52×1.68—? 底 2.48×1.62—1.2			AⅧ陶鼎2　AⅤb陶敦2　CⅧb陶壶2　Aa陶豆2　Ⅱb陶勺2	
580	四	八	96 益羊砖 M15	360°	口 ? 底 2.7×1.2—1.6			DⅡ陶鼎1　AⅨa陶敦1　CⅣb陶壶1　BⅠc陶豆1　AⅡa陶盘1	
581	四	八	96 益羊砖 M16	360°	口 2.9×1.4—? 底 2.88×1.35—2			AⅧ陶鼎2　AⅨa陶敦1　CⅦa陶壶2　AfⅢ陶豆2　AⅢb陶盘2	
549	四	八	95 益长白 M4	85°	口 ? 底 2.85×1.5—5.85			DⅡ陶鼎2　AⅣ陶敦2　CⅧb陶壶2　AfⅢ陶豆2　Ⅲa陶匜2　AⅢc陶盘2　Ⅱb陶勺2　Ⅰ陶匕2	
550	四	八	95 益长白 M5	285°	口 ? 底 2.7×1.5—5			铜铃3　DⅡ陶鼎1　AⅤb陶敦1　陶壶1　AeⅢ陶豆1　Ⅰ陶匕1　Ⅱb陶勺1	
588	四	八	96 益长白 M5	360°	口 2.68×1.16—? 底 2.7×1.2—3.2			FⅡ陶鼎1　AⅤb陶敦1　CⅣb陶壶1　AfⅢ陶豆1　C陶盘1　Ⅰ陶勺1	
589	四	八	96 益长白 M6	30°	口 2.52×1.05—? 底 2.59×1.06—4 残			Ⅲ玻璃璧1　AⅦ陶鼎1　AⅨa陶敦1　CⅣb陶壶1　AfⅢ陶豆1　Ⅰ陶勺2　陶钵1　纺轮1	
591	四	八	96 益长白 M8	4°	口 2.58×1.35—? 底 2.45×1.35—3.75			FⅢb陶鼎2　AⅣ陶敦2　CⅧc陶壶2　AdⅣ陶豆2　Ⅱb陶勺3　Ⅰ陶匕3　陶盘2	
593	四	八	96 益长白 M10	195°	口 2.5×1—? 底 2.5×1—2.2			AⅦ陶鼎1　AⅨa陶敦1　CⅧb陶壶1　陶豆1　残铁器1	

续表八

墓号	期	段	原墓号	墓向	墓室 长×宽—深（米）	墓道坡度	棺椁 长×宽×高（米）	随葬器物	备 注
597	四	八	96益长白M14	270°	口2.5×1.1—? 底1.8×0.6—2.1			铁锸1　AⅧ陶鼎1　AcⅢ陶钵1　AaⅣ陶钵1　AdⅢ陶豆1　陶勺1　Ⅰ陶匕1	方形头龛 0.3×0.18—0.4 一层台阶
599	四	八	96益长白M16	195°	口2.55×1.25—? 底2.6×1.3—2.6			CⅢ陶鼎1　AⅦc陶敦1　CⅧb陶壶1　AfⅢ陶豆1　Ⅰ陶勺1　AⅢb陶盘1　Ⅰ陶匕1	
610	四	八	96益宁砖M10	60°	口2.25×0.92—2残 底2.1×0.68—0.6			FⅡ陶鼎1　AⅦc陶敦1　CⅧb陶壶1　AdⅣ陶豆1　Ⅱb陶勺2	头龛0.68×0.2—0.42 一层台阶
35	四	九	83益赫防疫M26	150°	口? 底1.8×0.6—0.5残			DⅧ陶鼎1　AⅨc陶敦1　CⅧa陶壶1　陶豆1　陶盘1　陶勺1　陶匕1	头龛0.6×0.22—0.6
74	四	九	84益赫滨M1	250°	口? 底2.66×1.46—0.6			BV陶鼎2　AⅦc陶敦2　CⅥe陶壶2　陶豆1　陶勺1　陶盘2	
75	四	九	84益赫滨M3	220°	口? 底2.2×0.68—0.7			FⅣa陶鼎1　AⅨb陶敦1　CⅥd陶壶1　AfⅢ陶豆1　Ⅳ陶勺2	
82	四	九	84益赫滨M11	255°	口? 底2.6×1.3—4			铜砝码1　FⅣb陶鼎1　AⅨb陶敦1　CⅥd陶壶1　AfⅢ陶豆1　BⅡ陶盘1　Ⅳ陶勺1	
83	四	九	84益赫滨M12	260°	口? 底3×2.3—4			FⅣb陶鼎1　AⅨb陶敦1　CⅥd陶壶1　AgⅢ陶豆1　陶盘1	
84	四	九	84益赫滨M14	117°	口2.2×0.72—? 底2.3×0.62—2.4			BⅥ陶鼎1　AⅨc陶敦1　CⅥc陶壶1　AfⅢ陶豆1　陶勺2　DⅡ陶盘1	
86	四	九	85益赫滨M2	360°	口 底2.7×1~1.3—1.9			BⅠb铜剑1　铜带钩1　FⅣa陶鼎1　陶敦1　CⅥd陶壶1　AfⅢ陶豆1　陶勺1　Ⅰ陶匕1	
87	四	九	85益赫滨M3	210°	口2.7×1.08—? 底2.8×1—1.7			FⅣc陶鼎1　AⅨb陶敦2　CⅥe陶壶1　AfⅢ陶豆1　DⅡ陶盘1　c陶勺1　Ⅱc陶勺1　Ⅰ陶匕1	
90	四	九	85益赫滨M13	115°	口2.55×1.06—? 底2.5×1.06—2.2			BV陶鼎1　AⅨa陶敦1　CⅥd陶壶1　AhⅣ陶豆2　陶勺1　AⅠ陶盘1	椭圆形壁龛内置陶壶1件 距墓底高0.7 横径0.24高0.4
93	四	九	85益赫滨M19	85°	口2.62×1.2—? 底2.56×1.1—0.45			FⅣc陶鼎1　AⅨb陶敦1　CⅥa陶壶1　AfⅡ陶豆1　Ⅳ陶勺2　BⅡ陶盘1	
101	四	九	85益羊瓦M4	150°	口2.48×1.12—? 底2.4×1.1—3.2			AV陶鼎1　AⅨb陶敦1　CⅨ陶壶1　AeⅢ陶豆1　陶勺1	方形吊龛距墓底高0.66 0.59×0.2—0.46
102	四	九	85益羊瓦M7	140°	口2.45×1—? 底2.35×0.9—3.6			FⅣb陶鼎1　AⅨc陶敦1　CⅨ陶壶1　AgⅢ陶豆1	
108	四	九	85益羊瓦M13	110°	口2.55×1.13—1.95 底2.21×0.68—0.75			CⅡa铜镜1　FⅢc陶鼎1　AⅨb陶敦1　CⅨ陶壶1　Ⅰ陶勺1　AeⅢ陶豆1　Ⅰ陶匕1	一层台阶
109	四	九	85益羊瓦M14	200°	口2.55×1.15—? 底2.7×1.15—2.4			CⅣb陶敦1　CⅥc陶壶1　陶盒1	
125	四	九	85益羊园M7	330°	口2.6×1.36—? 底2.56×1.1—4.8			AⅧ陶鼎1　AⅠZa陶敦1　CⅧa陶壶1　AaⅢ陶豆1　Ⅱb陶勺1	
126	四	九	85益羊园M8	195°	口2.59×1.08—? 底2.48×0.96—2.8			AV陶鼎1　AⅨa陶敦1　CVc陶壶1　AfⅢ陶豆1　AⅡb陶盘1　Ⅰ陶勺1　Ⅰ陶匕1	

续表八

墓号	期	段	原墓号	墓向	墓室 长×宽—深（米）	墓道坡度	棺椁 长×宽×高（米）	随葬器物	备注
135	四	九	85 益羊桑 M5	85°	口 2.7×1.15—? 底 2.55×1.08—3.1			AⅦ陶鼎 1 AⅦc陶敦 1 CⅨ陶壶 1 陶豆 1 陶勺 2	
137	四	九	85 供 M8	238°	口 2.44×1.05—? 底 2.41×1.05—3			FⅢb陶鼎 1 AⅨb陶敦 1 CⅪb陶壶 1 AhⅢ陶豆 1 Ⅰ陶勺 1 Ⅰ陶匕 1	
275	四	九	86 益羊桑 M11	55°	口 2.3×1.25—? 底 2.3×1.2—2.55			AⅨ陶鼎 1 AⅨb陶敦 1 CⅧb陶壶 1 AgⅢ陶豆 1	
276	四	九	86 益羊桑 M12	185°	口 ?×1.15—? 底 ?×1.13—1.5			铜剑首 1 铜带钩 1 CⅦe陶壶 1	墓室已残
279	四	九	86 益羊桑 M15	200°	口 2.3×0.95—? 底 2.4×0.95—3.45			铜饰件 1 Ⅱ铁刮刀 1 漆奁（迹）1 AⅦ陶鼎 1 AⅨa陶敦 1 CⅨ陶壶 1 陶豆 1 陶勺 1	
235	四	九	85 益羊资 M42	180°	口 2.48×1.1—? 底 2.48×1—3.7			AⅠ铁锸 1 AⅩ陶鼎 1 AⅨb陶敦 1 CⅦe陶壶 1 AfⅢ陶豆 1	
246	四	九	85 羊资 M54	360°	口 2.56×1.1～1.17—? 底 2.5×1.03～1.1—2.5			AⅨ陶鼎 1 AⅨb陶敦 1 CⅤb陶壶 1 陶豆 1	
265	四	九	86 益地区工行 M1	5°	口 ? 底 2.6×1—1.15			DⅥ陶鼎 1 AⅨb陶敦 1 CⅨ陶壶 1	
266	四	九	86 益地区工行 M2	180°	口 2.6×1.2—? 底 2.5×1.1—1.8			AⅦ陶鼎 1 AⅦc陶敦 1 CⅨ陶壶 1 陶勺 1	
323	四	九	87 益地区工行 M4	355°	口 ? 底 2.05×0.6—0.36			H 陶壶 1	
327	四	九	87 益地区工行 M9	70°	口 2.7×1—? 底 2.55×1—1.4 残			FⅣb陶鼎 1 AⅨb陶敦 1 CⅨ陶壶 1 陶盘 1	
480	四	九	92 益地工行 M2	100°	口 2.9×1.37—? 底 2.9×1.3—2.65 残			AⅨ陶鼎 2 AⅨb陶敦 1 CⅦe陶壶 2 陶盘 1	
481	四	九	92 益地工行 M3	50°	口 2.35×1—? 底 2.35×1—?			AⅠ铁锸 1 AⅨ陶鼎 1 AⅨb陶敦 1 陶壶 1 AhⅣ陶豆 1 Ⅰ匕 1	
483	四	九	92 益地工行 M5	165°	口 2.6×1.1—? 底 2.75×1.3—?			陶鼎 1 AⅨa陶敦 1 CⅨ陶壶 1 AⅢb小陶壶 1 AgⅢ陶豆 4 Ⅲb陶匜 1 Ⅱb陶勺 1 陶纺轮 1	
484	四	九	92 益地工行 M6	65°	口 2.6×1.95—? 底 2.8×1.95—2.7 残			AⅨ陶鼎 6 CⅦe陶壶 4 Ⅲ陶盒 2 陶钵 1 陶匕 1	
290	四	九	86 赫招 M12	110°	口 2.6×1.25—? 底 2.4×1.08—0.9			CⅡb铜镜 AⅦ陶鼎 1 AⅨ陶敦 1 CⅧa陶壶 1 AaⅢ陶豆 1 陶勺 2 陶盘 1 Ⅱb玻璃珠 1	
291	四	九	86 益赫招 M14	335°	口 2.57×1.1—? 底 2.57×1.1—2.14			铁带钩 1 AⅦ陶鼎 1 AⅦb陶敦 1 CⅥb陶壶 1 AgⅡ陶豆 1 盘 1	长条形吊甒距墓底高 0.69 0.92×0.24—0.3
315	四	九	87 益赫科 M14	80°	口 ? 底 2.96×1.1—2.2			AⅦ陶鼎 1 AⅨa陶敦 1 CⅦe陶壶 1 AfⅢ陶豆 1	
344	四	九	88 益赫府 M7	260°	口 2.6×1.3—? 底 2.7×1.4—?			EⅥ陶鼎 1 AⅨb陶敦 1 CⅦe陶壶 1 AhⅣ陶豆 1 陶勺 1 陶匕 1	

续表八

墓号	期	段	原墓号	墓向	墓室 长×宽—深（米）	墓道坡度	棺椁 长×宽×高（米）	随葬器物	备注
345	四	九	88 益赫府 M8	5°	口 2.66×1.4—? 底 2.78×1.5—2.25			铜镜1 铜矛1 铜带钩1 铁刮刀1 CⅣ陶鼎1 AⅨb陶敦2 CⅦb陶壶1 陶豆1 陶勺1 Ⅰ陶匕1	
390	四	九	91 益轴 M6	193°	口 2.75×1.4—? 底 2.65×1.3—1.75			BⅡc铜戈1 铜镈1 铜剑1 AⅤ陶鼎1 AⅨc陶敦1 CⅥc陶壶1	
391	四	九	91 益轴 M7	360°	口 2.45×1.35—? 底 2.4×1.3—?			AⅤ陶鼎1 AⅤb陶敦1 CⅥb陶壶1 AcⅣ陶豆1 陶勺1 陶盘2 陶匕1	
395	四	九	91 益粮运 M1	360°	口 2.65×1.2—? 底 2.58×1.2—0.75残			DⅧ陶鼎1 AⅨb陶敦1 CⅧa陶壶1 AhⅣ陶豆1 Ⅰ陶勺2 Ⅰ陶匕1 DⅠ陶盘1	
396	四	九	91 益粮运 M2	180°	口 2.66×1.52—? 底 2.68×1.43—2.34			铁锄1 DⅢ陶鼎2 CⅧa陶壶2 BⅠb陶豆2 陶盘1 玻璃璧1	
397	四	九	91 益粮运 M3	180°	口 2.87×1.04—? 底 2.87×1.2—2			铜镜1 DⅢ陶鼎1 AⅨb陶敦1 CⅧa陶壶1 AaⅢ陶豆2	
398	四	九	91 益电梯 M1		口 2.54×1.5—? 底 2.55×1.6—2.8			AⅨ陶鼎2 Ⅱ陶盒2 陶壶1 AaⅣ陶钵1 Ⅰ陶匕1 Ⅰ陶勺1	
399	四	九	91 益电梯 M2		口 2.45×1.54—? 底 2.4×1.4—?			AⅩ陶鼎2 AⅨb陶敦2 CⅨ陶壶2 陶盘2 AeⅢ陶豆2 陶匕1	
471	四	九	92 益羊砖 M11	95°	口 2.16×0.8—0.44 底 2.24×0.64—0.54			AⅦ陶鼎1 AⅤb陶敦1 CⅣc陶壶1 AgⅢ陶豆1 陶勺1 陶匕1	头龛 0.64×0.28—0.5 一层台阶
569	四	九	96 益羊砖 M3	97°	口 2.4×1.4—? 底 2.32×1.32—0.5			铜剑首1 铜剑格1 AⅧ陶鼎2 AⅤb陶敦2 CⅧa陶壶2 AhⅣ陶豆2 Ⅰ陶勺1 Ⅱ陶匕1 陶盘1	
570	四	九	96 益羊砖 M5	11°	口 2.52×1.36—? 底 2.52×1.36—1.1			AⅧ陶鼎1 AⅧb陶敦1 CⅥb陶壶1 AgⅡ陶豆1 Ⅰ陶匕1	
571	四	九	96 益羊砖 M6	30°	口 2.35×1.3—? 底 2.35×1.3—1.2			AⅩ陶鼎2 AⅨb陶敦2 CⅥe陶壶2 AeⅢ陶豆2	
572	四	九	96 益羊砖 M7	355°	口 2.5×1.42—? 底 2.5×1.42—1.1			铜天平1 残铁器1 AⅨ陶鼎1 AⅥa陶敦1 CⅧb陶壶1 AfⅠ陶豆1	
573	四	九	96 益羊砖 M8	340°	口 2.42×1.35—? 底 2.4×1.35—1.05			AⅡ铁锸1 AⅧ陶鼎2 AⅤb陶敦2 CⅨ陶壶2 AhⅣ陶豆2 Ⅲ陶盒2	
574	四	九	96 益羊砖 M9	250°	口 ? 底 2.52×1.65—0.9			铜勺1 Ⅱa玻璃珠1 AⅧ陶鼎4 AⅤb陶敦4 CⅧa壶4 AhⅣ陶豆4 BⅡ陶高柄壶形豆1	
577	四	九	96 益羊砖 M12	350°	口 2.5×1.36—? 底 2.4×1.29—1.9			EⅢ陶鼎2 AⅦc陶敦2 CⅪb陶壶2 AdⅢ陶豆1 BⅡa陶豆1 Ⅰ陶匕1	
578	四	九	96 益羊砖 M13	360°	口 ? 底 2.75×1.5—1.1			BⅠb铜剑1 CⅢ铜戈1 铜镈1 铜带钩2 AⅧ陶鼎4 AⅨb陶敦3 CⅧa陶壶2 GⅠ陶壶1 AgⅢ陶豆4 Ⅱb陶勺4 陶匕3	

续表八

墓号	期	段	原墓号	墓向	墓室 长×宽—深（米）	墓道坡度	棺椁 长×宽×高（米）	随葬器物	备 注
582	四	九	96 益羊砖 M17	95°	口 2.45×1.3—? 底 2.5×1.5—2.7			铜镜 1 铜砝码 5 残铁器 1 DⅢ陶鼎 2 AⅨa陶敦 2 CⅨ陶壶 2 AaⅢ陶豆 2 Ⅲ陶勺 2 C陶盘 1	
504	四	九	93 益地农 M9	40°	口 2.5×1.3—? 底 2.6×1.3—2.4			铜剑首 1 DⅡ陶鼎 1 AⅦc陶敦 1 CⅦe陶壶 1 AhⅣ陶豆 1 陶盘 1 Ⅰ陶匕 1 Ⅰ陶勺 1	
534	四	九	93 益地农 M39	355°	口 2.6×1.4—? 底 2.5×1.3—1 残			AⅩ陶鼎 1 AⅩa陶敦 1 BⅥb陶壶 1 BⅠc陶豆 1 陶勺 1 陶匕 1 陶盘 1	
547	四	九	95 益长白 M2	355°	口 ? 底 2.8×1.3—2.25			铜带钩 1 铁锸 1 AⅨ陶鼎 1 AⅨb陶敦 1 CⅦc陶壶 1 AaⅢ陶豆 1	
592	四	九	96 益长白 M9	177°	口 2.6×1.7—? 底 2.6×1.7—3.9			FⅡ陶鼎 2 AⅤb陶敦 2 CⅦe陶壶 2 AaⅢ陶豆 2 Ⅰ陶勺 3 Ⅰ陶匕 3 AⅤ陶盘 2	
600	四	九	96 益长白 m17	270°	口 ? 底 2.7×1.08—3.15			铜矛 1 FⅡ陶鼎 1 陶敦 1 CⅤb陶壶 1 陶钵 1	
601	四	九	96 益羊宁砖 M1	170°	口 2.5×1.3—? 底 2.5×1.3—2.9			铜镜 1 AⅦ陶鼎 2 AⅤb陶敦 2 CⅨ陶壶 2 陶勺 1 AhⅣ陶豆 1 AⅢc陶盘 1 Ⅲa陶匜 1 Ⅰ陶匕 2	
602	四	九	96 益羊宁砖 M2	175°	口 2.3×1.33—? 底 2.56×1.42—3.3			FⅢc陶鼎 1 AⅧb陶敦 1 CⅦe陶壶 1 AhⅣ陶豆 1 Ⅰ陶勺 1 Ⅰ陶匕 1	
603	四	九	96 益羊宁砖 M3	5°	口 2.6×1.82—? 底 2.54×1.7—3.66			FⅣa陶鼎 1 AⅦc陶敦 2 CⅩ陶壶 2 AhⅣ陶豆 2 Ⅰ陶勺 2 Ⅰ陶匕 2 AⅢa陶盘 2	
607	四	九	96 益宁砖 M7	15°	口 2.53×1.54—? 底 2.45×1.3—2.9 残			残铜器 1 FⅢb陶鼎 2 AⅦc陶敦 2 CⅩ陶壶 2 AcⅢ陶豆 2	
608	四	九	96 益宁砖 M8	20°	口 2.55×1.45—? 底 2.34×1.3—4.28			DⅥ陶鼎 1 AⅦc陶敦 1 CⅦd陶壶 1 AhⅣ陶豆 1 Ⅰ陶勺 2 Ⅱ陶匕 1 Ⅲ玻璃珠 1	
609	四	九	96 益宁砖 M9	12°	口 2.6×1—2.32 底 2.2×0.56—0.58			残铁器 1 FⅡ陶鼎 1 AⅤb陶敦 1 CⅦe陶壶 1 BⅠa陶豆 1 AⅢb陶盘 1 陶勺 1 陶匕 1	
611	四	九	96 益宁砖 M11	355°	口 2.5×0.95—? 底 2.6×0.95—1.3			FⅣb陶鼎 1 AⅤa陶敦 1 CⅡ陶壶 1 AaⅣ陶钵 1	
614	四	九	96 益宁砖 M14	180°	口 2.65×1.1—? 底 2.6×1.06—1.9 残			AⅦ陶鼎 1 AⅤb陶敦 1 CⅤb陶壶 1 陶钵 1 AaⅢ陶豆 1 Ⅱb陶勺 1 DⅡ陶盘 1	
625	四	九	98 益市一中 M4	350°	口 2.5×1.42—? 底 2.36×1.37—5.2		棺痕 2.1×1.1—0.6	FⅣa陶鼎 2 AⅨb陶敦 2 CⅤc陶壶 2 AhⅣ陶豆 2 Ⅱ陶匕 1 陶纺轮 1 Ⅱb玻璃璧 1	
628	四	九	98 益赫科 M4	190°	口 2.9×1.1—? 底 2.7×1—2.4 残			AⅦ陶鼎 1 AⅨa陶敦 1 CⅤb陶壶 1 AdⅣ陶豆 1 陶纺轮 1	
631	四	九	98 益粮运 M1	20°	口 2.4×1.15—? 底 2.6×1.2—?			AⅦ陶鼎 1 AⅨb陶敦 1 CⅨ陶壶 1 AfⅢ陶豆 1 Ⅰ陶匕 1 Ⅰ陶勺 1 AⅢb陶盘 1	

续表八

墓号	期	段	原墓号	墓向	墓室 长×宽—深(米)	墓道坡度	棺椁 长×宽×高(米)	随葬器物	备注
633	四	九	98 益粮运 M3	200°	口 2.8×1.1—? 底 3.1×1.2—2.8残		棺 2.4×0.8×?	DⅡ陶鼎1 AⅨb陶敦1 CⅧc陶壶1	
634	四	九	98 益粮运 M4	15°	口 2.7×1—? 底 2.7×1.1—3.3			FⅢb陶鼎1 AⅢb小陶壶1	吊龛距墓底高0.26米,半椭圆形 0.5×0.12—0.45
636	四	九	99 益政协 M2	170°	口? 底 2.04×1.35—?			铜镜1 铜钱3 陶鍪1 陶豆1	
637	四	九	99 益政协 M4	175°	口? 底 2.7×1.5—?			铜镜1 AⅨ陶鼎2 AⅨb陶敦2 CⅩ陶壶2 陶豆2 陶勺2	
640	四	九	99 益政协 M10	175°	口 1.9×1—2 底 2.15×0.57—0.6			AⅦ陶鼎1 AⅨb陶敦1 CⅩ陶壶1 AhⅢ陶豆1	头龛 0.58×0.24—0.6 一层台阶

表九　　　　　　　　　　　　　　出土陶鬲的墓

墓号	期	段	原墓号	墓向	墓室 长×宽—深(米)	棺椁 长×宽×高(米)	随葬器物	备注
310	一	一	87 益赫科 M5	170°	口 2.24×0.94—0.65残 底 2.44×0.64—0.5		铜砝码3 Ⅰ陶鬲1 E陶双系壶2 AⅡ小陶壶1 AcⅠ陶豆2	头龛 0.62×0.2—0.4
364	三	四	88 益赫财 M3	202°	2.6×1.22—0.2残 2.04×0.6—0.86		Ⅱ陶鬲1 Ⅱb陶绳纹圈底罐1 AgⅢ陶豆2	吊龛距墓底高0.2 0.5×0.24—0.42
493			92 益赫供 M3	70°	口 2.65×1.35—? 底 2.65×1.35—3.3		Ⅳ陶鬲1 陶罐1 陶豆2	正方形吊龛距墓底高0.5 0.56×0.28—0.52
540	三	六	94 益赫劳 M1	160°	口 2.6×0.8—2 底 2.24×0.6—0.6		Ⅳ陶鬲1 AaⅡ陶钵1 BⅣb陶壶1	头龛与墓底同宽 0.7×0.38—0.4 一层台阶
627	三	五	98 益赫科 M3	200°	口 2.2×0.8—0.3残 底 2.1×0.58—0.66		Ⅲ陶鬲1 AⅣ陶敦1 AⅢa小陶壶1 AaⅢ陶豆1 AeⅠ陶豆1	头龛 0.78×0.2—0.4 一层台阶

表一○　　　　　　　　　　　　　　出土陶罐的墓

墓号	期	段	原墓号	墓向	墓室 长×宽—深(米)	棺椁 长×宽×高(米)	随葬器物	备注
33	一	一	83 益赫广 M48	160°	口? 底 2.25×0.67—0.9		AⅡ陶罐1	头龛 0.4×0.2—0.4
95	二	三	85 益赫镇医 M1	130°	口? 底 2.7×1.2—1.45		AⅢ陶罐1	
97	二		85 益高 M1	230°	口? 底 1.3残×1—1.4		陶罐1	小方形吊龛,距墓底高1 0.2×0.15—0.2
147	三	六	85 益热 M10	57°	口 2.35×1—0.25 底 2.35×0.56—0.5		Ⅱ铁环首刀1 铜器残片1 B陶罐1	
217	二	三	85 益羊资 M24	275°	口 3.1×2.3—? 底 2.85×1.9—4.5		AⅢ陶罐1	墓道5.8×1.4
241	四	八	85 益羊资 M49	90°	口 3.2×2.3—? 底 2.64×1.62—3.28		CⅠb铜剑1 铜矛2 铁刮刀1 CⅠ陶罐1	
261	四	八	85 益羊资 M80	300°	口 2.44×0.96—? 底 2.4×0.72—1.2		Ⅰ铁刮刀1 CⅤ陶罐1	圆形吊龛距墓底高0.76 0.13×0.1—0.12

表一一　　　　　　　　　　　　　　　　**出土陶罐、钵的墓**

墓号	期	段	原墓号	墓向	墓室 长×宽—深 （米）	棺椁 长×宽×高 （米）	随葬器物	备　注
141	三	四	85 益热 M4	180°	口 ？ 底 2.07×0.56—0.74		AⅦ陶罐 1　陶钵 2	头龛　0.56×0.2—0.24
236	二	三	85 益羊资 M43	95°	口 2.6×1.08—？ 底 2.5×1.05—2.5		AⅤ陶罐 1　AbⅢ陶钵 2	
361			88 益电梯 M21	57°	口 ？ 底 1.37 残×0.8—2.1		陶罐 1　陶钵 1	
400			91 益县肉食 M1	85°	口 2.45×0.85—？ 底 2.17×0.6—3.15		陶罐 1　陶钵 2	头龛　0.6×0.3—0.4 一层台阶
494			92 益赫食 M1	180°	口 2.2×0.8—0.2 底 2.2×0.54—0.6		陶罐 1　陶钵 2	头龛　0.54×0.2—0.4 一层台阶

表一二　　　　　　　　　　　　　　　　**出土陶罐、豆的墓**

墓号	期	段	原墓号	墓向	墓室 长×宽—深 （米）	棺椁 长×宽×高 （米）	随葬器物	备　注
111	二	三	85 益赫房 M16	98°	0.65×2.08—0.73		AⅠ陶罐 1　陶豆 1	
308	三	四	87 益赫科 M3	90°	口 ？ 底 2.25×0.74—0.5		AⅢ陶罐 1　AaⅢ陶豆 1	吊龛遭破坏，距墓底高 0.4， 呈正方形 0.26×0.2—？
336	三	六	88 益赫科 M19	90°	口 2.65×1.2—？ 底 2.8×1.3—1.4		B 陶罐 1　AdⅢ陶豆 1	
350			88 益赫府 M13	160°	口 ？ 底 2.56×0.62—？		陶罐 1　陶豆 1	墓室已破坏
384			91 益赫城医 M3	285°	口 ？ 底 3.1×2.2—2.6		铜剑 1　陶罐 1　陶豆 4	
406	三	四	91 益义 M14	180°	口 2.5×0.9—？ 底 2.15×0.7—2.8		AⅥ陶罐 1　陶豆 3	长方形吊龛距墓底高 0.4 0.7×0.2—0.2
453			92 益轴 M1	145°	口 2.6×1.2—？ 底 2.55×1.18—？		陶罐 1　陶豆 2　Ⅰ铁镢 1	
458	三	六	92 益市长粮 M1	285°	口 2.8×1.1—？ 底 2.45×1.1—2.9 残		铜串饰 1　AⅥ陶罐 1　陶豆 1	头龛 0.64×0.28—0.36
459	三	四	92 益市长粮 M3	190°	口 2.35×0.95—？ 底 2.45×0.7—2.1 残		AⅤ陶罐 1　AdⅢ陶豆 2	头龛 0.7×0.2—0.3
482			92 益地工行 M4	85°	口 2.38×0.95—？ 底 2.58×0.56—3.9		陶罐 1　陶豆 1	一层台阶 长方形吊龛距墓底高 0.7 0.55×0.3—0.43
519	三	四	93 益地农 M24	290°	口 2.08×0.7—？ 底 2.04×1.14—0.7 残		AⅥ陶罐 1　AdⅢ陶豆 1	头龛 0.64×0.2—0.2
525	三	四	85 益地农 M30	170°	口 2.7×1.2—？ 底 2.7×1.14—2.65 残		残铜器 1　铜带钩 1　铁铲 1 铁刀 1　AⅠ陶罐 1　AdⅢ陶豆 1	

表一三　　　　　　　　　　　　　　　**出土陶罐、钵、豆的墓**

墓号	期	段	原墓号	墓向	墓室 长×宽—深（米）	棺椁 长×宽×高（米）	随葬器物	备　注
94	三	六	85 益赫滨 M20	210°	口 2.55×1.38—? 底 2.65×1.4—0.9		铜饰件1　A Ⅶ 陶罐1　Af Ⅱ 陶豆2　陶钵1	
128	二	三	85 益羊园 M10	270°	口 2.5×1—2.06 底 2.38×0.52—0.5		A Ⅳ 陶罐1　D 陶钵1　Ad Ⅱ 陶豆3	梯形头龛　0.36×0.3—0.4 一层台阶
154	二	三	85 益热 M17	252°	口 3.5×2.2—? 底 2.8×1.55—2.2		铁戈1　A Ⅰ 陶罐1　A Ⅲ 陶罐1 Aa Ⅲ 陶钵1　Ad Ⅰ 陶豆2	
228			85 益羊资 M35	195°	口 2.38×1.14—? 底 2.24×0.8—2.1		铜戈1　铜镞　陶罐1　陶钵1 陶豆1	不规则形吊龛 距墓底高 0.7 0.4×0.24—0.3
312			87 益赫科 M7	80°	口 2.04×1.02—1.3 底 2.08×0.64—0.54		铜带钩1　陶罐1　陶钵1　陶豆2	头龛 0.7×0.2—0.24 一层台阶
331	三	五	87 赫招 M29	190°	口 2.34×1.1—1.1 底 2.14×0.72—0.74		残铜器1　A Ⅱ 铁剑1　铁锸1 铁带钩1　A Ⅳ 陶罐1　B 陶钵1 Ad Ⅲ 陶豆1	
496	三	四	93 益地农 M1	180°	口 ? 底 2.05×0.55—?		A Ⅳ 陶罐1　Aa Ⅱ 陶钵1　Ad Ⅳ 陶豆1	头龛 0.46×0.6—0.2 一层台阶
500	三	五	93 益地农 M5	175°	口 2.6×1.4—? 底 2.68×1.36—1.7 残		A Ⅱ 陶罐1　Ac Ⅲ 陶钵1　Ag Ⅱ 陶豆1	
567	三	五	96 益羊砖 M1	10°	口 2.15×0.54—? 底 2.08×0.54—0.6		A Ⅲ 陶罐1　Aa Ⅱ 陶钵2　Af Ⅱ 陶豆1	头龛 0.54×0.26—0.38 一层台阶
585	三	四	96 益长白 M1	360°	口 2.4×0.85—? 底 2.1×0.6—0.5		铜剑首1　铜带钩1　铁环首刀1　A Ⅳ 陶罐1　Aa Ⅳ 陶钵1 Ag Ⅰ 陶豆1	头龛 0.6×0.18—0.2 一层台阶
626	二	三	98 益赫科 M1	290°	口 2.5×0.8—0.5 残 底 2.5×0.55—0.55		铜剑柄铁剑1　A Ⅲ 陶罐1　Aa Ⅱ 陶钵1　Ag Ⅰ 陶豆1　陶异形小壶1	一层台阶

表一四　　　　　　　　　　　　　　　**出土陶绳纹圆底罐的墓**

墓号	期	段	原墓号	墓向	墓室 长×宽—深（米）	棺椁 长×宽×高（米）	随葬器物	备　注
115	三	五	85 益赫房 M25	70°	2.5×0.65—1.5 2.3×0.65—0.3		铜带钩1　Ⅱb 玻璃珠1　Ⅰ 玛瑙珠4　Ⅱ 玛瑙珠3　Ⅰc 陶绳纹圆底罐1	头龛 05×0.21—0.2 一层台阶
146	三	四	85 益热 M9	45°	口 2.5×1.1—0.5 底 2.55×0.62—0.65		Ⅱd 陶绳纹圆底罐1	一层台阶
321	四	八	87 益工行 M1	105°	口 2.26×1.05—1.2 底 2.2×0.6—0.55		Ⅰf 陶绳纹圆底罐1	头龛 0.6×0.2—0.3 一层台阶
339	三	六	88 益赫科 M25	300°	口 2.7×1.45—? 底 2.6×1.3—1.3 残		CVa 铜戈1　Ⅰd 陶绳纹圆底罐1	
356	二	二	88 益电梯 M3	195°	口 ? 底 2.6×1.4—3.7		Ⅰb 陶绳纹圆底罐1	两边一层台阶
378	二	一	88 益县医 M34	195°	口 ? 底 1.5×0.3—0.7		Ⅰb 陶绳纹圆底罐1	一层台阶
404	二	二	91 益义 M7	335°	口 2.4×1.08—2.7 底 2.1×0.65—0.65		Ⅰb 陶圆底罐1	头龛 0.4×0.23—0.4
422	三	六	91 益义 M48	58°	口 2.3×0.95—? 底 2.2×0.62—1.6		B Ⅱ 铜鼎1　A Ⅱ 铜剑1　铜匕1 铜镞1　Ⅱd 陶绳纹圆底罐1	长方形吊龛距墓底高 0.25 0.6×0.22—0.28
520			93 益地农 M25	270°	口 2.9×1.22—? 底 2.9×1.14—1.64 残		陶绳纹罐1	巴式

表一五　　　　　　　　　　　　　　　　　出土陶绳纹圜底罐、钵的墓

墓号	期	段	原墓号	墓向	墓室 长×宽—深（米）	棺椁 长×宽×高（米）	随葬器物	备　注
4	一	一	82 益赫旅 M2	360°	口 2.7×1.6—? 底 2.5×1.4—5.05		Ⅰa 陶绳纹圜底罐 1　AcⅠ陶钵 1	被 M1 打破
28	三	六	83 益麻 M18	180°	口 ? 底 2.75×1.12—?		Ⅰd 陶圜底罐 1　AbⅡ陶钵 1	
121	三	六	85 益羊园 M2		口 2.3×0.83—1 底 2.15×0.63—0.6		Ⅲc 陶绳纹圜底罐 1　AaⅥ陶钵 1	一层台阶
197	三	六	85 益羊资 M4	340°	口 2.25×0.85—2 底 2.15×0.68—0.6		Ⅱc 陶绳纹圜底罐 1　AcⅢ陶钵 1	头龛 0.4×0.24—0.28 三边有台阶、足端内凹
206	三	五	85 益羊资 M13	110°	口 2.3×0.85—1.6 底 2.25×0.65—0.6		AaⅥ陶钵 2　Ⅰc 绳纹圜底罐 1	一层台阶随葬器物离墓底 20 厘米
215	二	二	85 益羊资 M22	5°	口 2.7×1.15—? 底 2.4×1—2.78		Ⅰb 陶绳纹圜底罐 2　AaⅡ陶钵 1	不规则形吊龛距墓底高 0.5 0.6×0.2—0.42
237	三	五	85 益羊资 M44	140°	口 2.5×0.9—? 底 2.2×0.65—0.67		Ⅰc 陶绳纹圜底罐 1　AbⅢ陶钵 2	一层台阶
239	三	六	85 益羊资 M46	360°	口 2.55×1.05—? 底 2.5×0.92—3.8		Ⅲc 陶绳纹圜底罐 1　AbⅢ陶钵 2	
586	三	五	96 益长白 M3	342°	口 2.65×1—? 底 2.76×1.13—2.3		Ⅰb 陶绳纹圜底罐 1　AbⅢ陶钵 1	

表一六　　　　　　　　　　　　　　　　　出土陶绳纹圜底罐、豆的墓

墓号	期	段	原墓号	墓向	墓室 长×宽—深（米）	棺椁 长×宽×高（米）	随葬器物	备　注
22	二	二	83 益麻 M2	350°	口 ? 底 2.2×0.68—1		Ⅰb 陶圜底罐 1　AgⅠ陶豆 1	头龛 0.48×0.24—?
56	二	二	83 益赫供 M6	225°	口 2.57×0.88—? 底 2.05×0.56—0.5		Ⅰb 陶圜底罐 1　AfⅠ陶豆 2	吊龛距墓底高 0.5 0.46×0.28—0.28 一层台阶
64	三	六	84 益赫房 M2	90°	2.42×0.94—? 2.28×0.74—0.8		鎏金铜饰件 1　D 铁剑 1　Ⅰd 陶绳纹圜底罐 1　AgⅢ陶豆 1	吊龛已破坏距墓底地高 0.6 0.4×0.22—?
65	二	二	84 益房 M5	90°	2.7×1.1—? 2.52×0.94—0.7		AⅡ铜鼎 1　AⅢ铁剑 1　漆片（迹）　Ⅱa 陶绳纹圜底罐 1　AgⅠ陶豆 1	
71	三	五	84 益赫房 M18	345°	3×1.62—? 2.9×1.6—2.3		错金铜壶盖 1　BⅠ铜鼎 1　铜矛 1　Ⅲ铜印 1　铜剑 1　Ⅲa 陶绳纹圜底罐 1　陶豆 1	长条形吊龛距墓底高 0.88 0.82×0.31—0.31
72	三	五	84 益赫房 M20	290°	2.48×1.28—0.48 2.08×0.7—0.6		BⅠa 铜剑 1　Ⅱc 陶绳纹圜底罐 1　AdⅢ陶豆 3	吊龛与墓底同宽距墓底高 0.11 0.7×0.28—0.3 一层台阶
151	一	一	85 益热 M14	180°	口 3.05×2.18—? 底 2.9×1.79—1.9		Ⅰa 陶绳纹圜底罐 1　AbⅠ陶豆 3　陶盖豆 2	
185	三	六	85 益热 M48	80°	口 2.4×0.8—1.1 底 2.3×0.72—0.7		Ⅲb 陶绳纹圜底罐 1　AdⅣ陶豆 1	头龛 0.5×0.2—0.35 两端有窄台阶
208	三	五	85 益羊资 M15	270°	口 2.45×0.95—1.1 底 2.3×0.61—0.47		Ⅱc 陶绳纹圜底罐 1　AgⅡ陶豆 1	三边台阶

续表一六

墓号	期	段	原墓号	墓向	墓室 长×宽—深（米）	棺椁 长×宽×高（米）	随葬器物	备注
325	四	八	87 益地区工行 M7	90°	口 2.45×1—? 底 2.4×1.1—0.7残		Ⅰf绳纹圜底罐1 AfⅢ陶豆2	
373	二	二	88 益县医 M23	210°	口 2.8×1.9—? 底 2.7×1.8—4.5		铜剑1 铜镞4 Ⅱa陶绳纹圜底罐1 AgⅠ陶豆4	
375	二	二	88 益县医 M26	105°	口 2.82×1.66—3.1 底 2.34×0.85—0.8		铜鼎1 铜盘1 Ⅱa陶绳纹圜底罐1 AfⅠ陶豆3	一层台阶
455	四	八	92 益地财校 M3	90°	口 2.44×1.1—? 底 2.44×1.33—1.2残		Ⅰf陶绳纹圜底罐1 AfⅢ陶豆1	方形头龛距墓底高0.6米 0.46×0.3—0.32
522	三	五	93 益地农 M27	160°	口 2.2×0.86—? 底 2.04×0.6—1.1残		Ⅲa绳纹圜底罐1 AgⅡ陶豆1	头龛 一层台阶 0.4×0.3—0.4
576	三	五	96 益羊砖 M11	360°	口 2.2×0.8—? 底 2.24×0.8—1.2		铜印1 Ⅰc陶绳纹圜底罐1 AgⅡ陶豆1	一层台阶
595	三	五	96 益长白 M12	270°	口 2.4×0.9—? 底 2×0.65—1		Ⅱb绳纹圜底罐1 AgⅡ陶豆1	长方形头龛 0.52×0.24—0.36 一层台阶

表一七　　　　　　　　　　　　　　　出土陶绳纹圜底罐、钵、豆的墓

墓号	期	段	原墓号	墓向	墓室 长×宽—深（米）	棺椁 长×宽×高（米）	随葬器物	备注
187	二	二	85 益热 M50	90°	口? 底 2.2×0.56—0.15		Ⅰb陶绳纹圜底罐1 陶豆1 AaⅠ陶钵1	
194	三	四	85 益羊资 M1	140°	口 2.6×1.2—? 底 2.4×1.15—2.8		Ab陶钵1 Ⅰb陶绳纹圜底罐1 AⅠ陶盘1 AdⅢ陶豆2	椭圆形吊龛内设圜底罐距墓底高0.7 0.26×0.1—0.32
196	三	五	85 益羊资 M3	350°	口 2.74×1.17—? 底 2.72×1.14—3.15		BⅢb陶壶 Ⅰa陶绳纹圜底罐1 AbⅡ陶钵1 AdⅣ陶豆2	
239	三	六	85 益羊资 M46	360°	口 2.55×1.05—? 底 2.5×0.92—3.8		Ⅲc绳纹圜底罐1 AbⅢ陶钵2	
247	四	七	85 益羊资 M56	165°	口 3.1×2.8—? 底 2.52×1.52—2.7	椁痕 2.15×1.2×? 棺痕 2.15×0.6×?	Ⅰe绳纹圜底罐1 AaⅥ陶钵1 AcⅡ陶豆1	
281	三	六	86 益赫招 M1	180°	口? 底 2.24×0.58—0.5		Ⅲc陶圜底罐1 AaⅥ陶钵1 陶盘1 AfⅡ陶豆1	
363	二	二	88 益赫财 M2	5°	2.2×0.77—1.5		Ⅰb陶绳纹圜底罐1 AbⅠ陶钵1 AgⅠ陶豆2	长凹字形吊龛距墓底高0.7 0.83×0.38—0.6
368	三	五	88 益县医 M13	45°	口 2.1×0.8—? 底 2×0.76—0.6		铜镜1 Ⅲc绳纹圜底罐1 AaⅣ陶钵1 AgⅡ陶豆1	头龛0.76×0.22—0.34
409	三	五	91 益义 M23	90°	口 2.5×0.8—? 底 2.5×0.8—2.1		Ⅰc陶绳纹圜底罐1 AbⅡ陶钵2 AgⅡ陶豆2	长方形吊龛距墓底高0.1 0.8×0.2—0.2
436	三	六	92 赫购物中心 M1	180°	2.20×0.8—0.2 底 2.2×0.54—0.6		Ⅲc绳纹圜底罐1 AbⅡ陶钵1 AfⅡ陶豆1	头龛 0.54×0.2—0.4 一层台阶
442	三	六	92 益羊粮 M6	120°	口 2.52×1.28—? 底 2.5×1—2.3		Ⅲc陶圜底罐1 AbⅡ陶钵1 AfⅡ陶豆1	
492	二	三	92 益供 M1	85°	口 2.2×0.88—1.5 底 2.2×0.96—0.95		Ⅰb陶绳纹圜底罐2 AaⅡ陶钵1 AdⅠ陶豆2	一层台阶
506	三	四	93 益地农 M11	180°	口 2.1×0.72—? 底 2.1×0.7—0.7		Ⅰb陶绳纹圜底罐1 AaⅣ陶钵1 陶豆1	头龛0.73×0.8—0.28
590	三	五	96 益长白 M7	360°	口 2.36×0.9—? 底 2.07×0.65—1.35残		铜带钩1 Ⅰc陶绳纹圜底罐1 AdⅠ陶豆1 AcⅡ陶钵1	长方形头龛 0.43×0.21—0.4 一层台阶

表一八　　　　　　　　　　　　　　　出土小陶壶、钵的墓

墓号	期	段	原墓号	墓向	墓室 长×宽—深 （米）	棺椁 长×宽×高 （米）	随葬器物	备　注
34	一	一	83 益赫广 M49	275°	口 2.2×0.81—? 底 1.9×0.58—2.1 残		AaⅠ陶钵 1　AⅡ小陶壶 1	头龛 0.48×0.2—0.3 一层台阶
127	三	六	85 益羊园 M9	194°	口 ?×0.8—0.4 底 ? ×0.74—1		AⅢb 小陶壶 1　AcⅢ陶钵 1	长方形头龛 0.6×0.22—0.3 一层台阶
214	三	四	85 益羊资 M21	65°	口 2.5×1—? 底 2.2×0.65—2.4		Ⅴ铜带钩 1　Ⅰ铜铃 10 余件　B Ⅲ小陶壶 1　AaⅣ陶钵 1	长方形吊龛距墓底高 0.8 0.6×0.2—0.4
299	二	三	86 益赫招 M23	285°	口 2.2×0.98—1.9 底 2.2×0.98—0.6		铜带钩 1　AⅢa 小陶壶 1　C 陶钵 1	一层台阶
414	一	一	91 益义 M35	180°	口 2.15×0.95—? 底 2.05×0.95—1.7		AⅠ小陶壶 1　AaⅠ陶钵 1	不规则吊龛距墓底高 0.3 0.6×0.38—2
429	二	三	91 益义 M55	175°	口 2.2×0.8—? 底 2.2×0.65—2.5		铜剑 1　CⅠ陶壶 1　C 小陶壶 1　AaⅢ陶钵 2	头龛 0.58×0.12—0.3
498	三	六	93 益地农 M3	175°	口 2.86×1.32—? 底 2.7×1.28—0.5 残		铁剑 1　AⅢa 小陶壶 1　AaⅤ陶钵 1	
556	三	六	95 益赫招 M4	310°	口 2.3×0.9—? 底 2.2×0.8—2		铜碎片　AⅢb 小陶壶 1　AbⅢ陶钵 1　AⅠ陶盘 1	
579	三	五	96 益羊砖 M14	180°	口 2.58×1.08—2.02 底 2×0.58—0.58		AⅢa 小陶壶 1　AcⅠ陶钵 1	头龛 0.5×0.18—0.3 一层台阶
587	三	五	96 益长白 M4	357°	口 2.2×0.94—? 底 2.42×0.6—2.4 残		铁矛 1　AⅢa 小陶壶 1　AaⅤ陶钵 1	方形头龛 0.38×0.2—0.3 一层台阶

表一九　　　　　　　　　　　　　　　出土小陶壶、豆的墓

墓号	期	段	原墓号	墓向	墓室 长×宽—深 （米）	棺椁 长×宽×高 （米）	随葬器物	备　注
9	二	三	82 益麻 M14	16°	口 ? 底 1.95×0.6—0.5 残		BⅠ小陶壶 1　AdⅢ陶豆 2	
118	二	二	85 益房 M28	125°	口 3.2×2.4—? 底 2.72×1.55—2.2		E 陶高颈球腹尖底小壶 1　AbⅠ陶豆 2	
174	三	四	85 益热 M37	155°	口 3.7×1.2—? 底 3×1.19—1.75 残		CⅠa 铜戈 1　D 铜矛 1　AⅠ铜匕　B 铁锸　BⅢ小陶壶 1　AbⅢ陶豆 1	
309	三	六	87 益科 M4	90°	口 2.02×0.8—0.5 残 底 2.02×0.5—0.52		AⅢb 小陶壶 1	头龛 0.5×0.18—0.26 一层台阶
313	一	一	87 科 M11	85°	口 2.3×0.9—0.6 底 2.16×0.66—0.7		AⅠ小陶壶 1　AbⅠ陶豆 1	头龛 0.34×0.2—0.4 一层台阶
403	一	一	91 益义 M4	160°	口 2.1×0.7—? 底 2.1×0.7—1.8		BⅠ小陶壶 1　AfⅠ陶豆 1　AaⅠ陶豆 1	
405	三	四	91 益义 M13	170°	口 2.3×0.75—? 底 2.15×0.65—0.9		铜剑 1　BⅢ小陶壶 1　AfⅢ陶豆 1	头龛偏一角 0.35×0.25—0.25
425	三	六	91 益义 M51	25°	口 2.8×1.4—? 底 2.35×0.9—1.5		铜铃 3　残铁器 1　AⅢb 小陶壶 1　AhⅢ陶豆 3	

表二〇　　　　　　　　　　　　　　　　　　　出土小陶壶、钵、豆的墓

墓号	期	段	原墓号	墓向	墓室 长×宽—深（米）	棺椁 长×宽×高（米）	随葬器物	备 注
24	三	六	83益麻M11	360°	口2.5×0.98—0.9 底2.1×0.6—0.56		AⅢ铁剑1　AaⅢ陶钵1　AfⅡ陶豆2　AⅢb小陶壶1	长方形吊龛距墓底高0.6 0.5×0.3—0.28 一层台阶
100	三	六	85益羊瓦M3	150°	口2.14×0.82—1 底1.92×0.61—0.6		AⅢb小陶壶1　AaⅤ陶钵1 AdⅣ陶豆1	头龛 0.61×0.2—0.38 一层台阶
120	三	六	85益房M35	290°	口2.3×1.04—? 底2.3×1.03—0.95		铜衣襟钩1　AⅢb小陶壶1 AaⅡ陶钵1　BⅠa陶豆1	
311	三	五	87赫科M6	140°	口2.24×0.66—0.4 底2.14×0.6—0.48		AⅣ小陶壶1　陶钵1　AgⅠ陶豆1	头龛 0.46×0.24—0.34
369	一	一	88益县医M14	115°	口2.95×1.95—? 底2.72×1.5—1.9		AⅡ小陶壶1　AaⅠ陶钵1　AaⅠ陶豆1	
402	三	五	91益义M2	260°	口3.35×1.7—? 底3.15×1.4—3.45		DⅡ陶双系壶1　AcⅢ陶钵2 AbⅢ陶豆2　BⅠa陶豆1	
407	一	一	91益义M15	170°	口2.2×0.8—1.7残 底2.2×0.6—0.8		CⅠa铜剑1　AⅠ小陶壶1　AbⅠ陶钵2　AaⅠ陶豆2	头龛 0.6×0.2—0.32 两壁一层台阶
416	二	二	91益义M38	79°	口2.25×0.7—? 底2.2×0.63—0.8		CⅡ铜剑1　AⅢa小陶壶1　AcⅡ陶钵1　AfⅠ陶豆2	方形头龛 0.42×0.2—0.3 一层台阶
460	三	四	92长粮M4	210°	口2.66×1.15—? 底2.6×1.02—2.1残		AⅢa小陶壶1　AaⅣ陶钵2 AdⅢ陶豆2	打破M6
541	三	六	94益赫劳M2	150°	口2.3×1—2 底2.04×0.78—0.68		D陶钵1　AⅢb小陶壶1　AfⅡ陶豆1	头龛与墓底同宽 0.7×0.2—0.32 一层台阶

表二一　　　　　　　　　　　　　　　　　　　出土陶壶的墓

墓号	期	段	原墓号	墓向	墓室 长×宽—深（米）	棺椁 长×宽×高（米）	随葬器物	备 注
209	三	四	85益羊资M16	180°	口2.35×1—1.8 底2.3×0.6—0.6		BⅢa陶壶1	头龛 0.6×0.18—0.34 一层台阶
263	四	七	85羊资M82	115°	口3.1×1.85—? 底2.75×1.45—2.9		CⅥb陶壶1	
276	四	九	86益羊桑M12	185°	口?×1.15—? 底?×1.13—1.5		铜剑首1　铜带钩1　CⅥc陶壶1	墓室已残
323	四	九	87益地区工行M4	355°	口? 底2.05×0.6—0.36		H陶壶1	
328	三	四	87益赫房M2	350°	1.7×0.6—1.3		BⅢa陶壶1	长方形吊龛距墓底高0.5 0.25×0.12—0.2
424	三	五	91益义M50	270°	口2.3×0.92—1.6 底2.2×0.68—0.6		GⅠ陶壶1	长方形吊龛距墓底高0.12 0.68×0.2—0.5 一层台阶

表二二　　　　　　　　　　　　　　　　　　出土陶绳纹圜底罐、豆的墓

墓号	期	段	原墓号	墓向	墓室 长×宽—深 （米）	棺椁 长×宽×高 （米）	随葬器物	备注
251	二	三	85 益羊资 M68	155°	口 2.7×1.12—？ 底 2.6×1.1—2.95		D 铁剑 1　Aa Ⅲ 陶钵 1　D Ⅰ 双系壶陶 1	
374	三	五	88 益县医 M24	270°	口 2.4×1.15—？ 底 2.45×1.2—2		B Ⅲ a 陶壶 1　Aa Ⅴ 陶钵 1	方形吊龛距墓底高 0.6 0.5 0.24×0.3
412	三	五	91 益义 M32	190°	口 2.2×1—1.6 底 2.1×0.9—0.6		B Ⅱ a 铜剑 1　G Ⅰ 陶壶 1　Aa Ⅱ 陶钵 1	一层台阶
419	四	七	91 益义 M45	115°	口 2.45×1—2.4 底 2.5×0.65—0.6		B Ⅲ c 铜戈 1　铜镈 1　铜带钩 1 B Ⅳ a 陶壶 1　Aa Ⅱ 陶钵 1	两边一层台阶
420	三	五	91 益义 M46	155°	口 2.5×1.1—？ 底 2.5×0.8—3.4 A Ⅰ		铁剑 1　铜环首刀 1　B Ⅲ b 陶壶 1　Ac Ⅲ 陶钵 1	长方形头龛 0.8×0.12—0.4 两边一层台阶
428	三	五	91 益义 M54	270°	口 底 2.7×1.5—2.5		B Ⅲ a 陶壶 1　陶钵 1	半椭圆形吊龛距墓底高 0.84 0.82×0.3—0.58

表二三　　　　　　　　　　　　　　　　　　　出土陶壶、豆的墓

墓号	期	段	原墓号	墓向	墓室 长×宽—深 （米）	棺椁 长×宽×高 （米）	随葬器物	备注
27	三	五	83 益麻 M16	360°	口 2.41×0.96—1 底 2.17×1.12—？		铜襟钩 1　B Ⅲ a 陶壶 1　Af Ⅱ 豆 1	头龛 0.5×0.2—0.32 一层台阶
51	四	七	83 益地农机研究所 M3	163°	口 ？ 底 2.76×1—3		C Ⅷ a 陶壶 1　Af Ⅱ 陶豆 1　A Ⅲ 铁剑 1　石饰件 1	
63	三	四	84 益赫房 M1	90°	口 2.46×1—？ 底 2.14×078—0.2		B Ⅱ 铜鼎 1　C 铁剑 1　Ⅰ 陶长颈陶壶 1　Ah Ⅰ 陶豆 1	
224	四	七	85 益羊资 M31	150°	口 3.25×2.34—0.8 底 2.9×1.76—2.5		铜带钩 1　铜饰件 4　玻璃珠 6 Ⅱ 陶长颈壶 1　陶钵 1　A 陶高柄壶形豆 1	
256	四	七	85 益羊资 M74	45°	口 2.74×1.04—？ 底 2.7×1—4.1		B Ⅴ 陶壶 1　Ad Ⅲ 陶豆 2	
439	四	七	92 益羊粮 M3	360°	口 2.7×1.3—？ 底 2.7×1.3—0.9		C Ⅷ a 陶壶 2　Ah Ⅲ 陶豆 1　Ⅰ 陶勺 1	
501	四	八	93 益地农 M6	75°	口 2.36×1.06—？ 底 2.36×1.06—1.7 残		Ac Ⅳ 陶豆 2　C Ⅲ b 陶壶 1	长方形吊龛距墓底高 0.8 0.64×0.24—0.46
524	四	七	93 益地农 M29	180°	口 2.16×0.9—1.65 残 底 2×0.65—0.5		陶带纽鼎盖 1　Ⅱ 陶长颈壶 1 Ad Ⅳ 陶豆 1	吊龛与墓底同宽距墓底高 0.15 0.5×0.26—0.38 一层台阶
529	三	六	93 益地农 M34	180°	口 2.2×0.8—2.5 残 底 2.1×0.56—0.6		Ⅱ 铜镜 1　B Ⅲ a 陶壶 1　Ac Ⅲ 豆 1　Ah Ⅱ 陶豆 2	吊龛与墓底同宽距墓底高 0.6 0.7×0.24—0.3 一层台阶

表二四 出土陶壶、钵、豆的墓

墓号	期	段	原墓号	墓向	墓室 长×宽—深（米）	棺椁 长×宽×高（米）	随葬器物	备 注
69	三	六	84 益赫房 M12	185°	2.3×0.66—? 2.28×0.66—1.8		BⅣb 陶壶 1 AaⅥ陶钵 1 AfⅡ陶豆 1 AfⅢ陶豆 1	两边一层台阶
112	三	四	85 益房 M18	165°	口 2.3×0.98—1.8 底 1.88×0.66—0.58		BⅢa 陶壶 1 AaⅡ陶钵 1 陶豆 1	
205	二	三	85 益羊资 M12	350°	口 2.7×1.2—2.2 底 2.15×0.64—0.58		CⅡa 铜镜 1 AaⅤ陶钵 1 BⅠ陶壶 1 AgⅡ陶豆 2	梯形头龛 0.25×0.18—0.2 一层台阶
285	二	三	86 益赫招 M6	145°	口 2.68×1.14—? 底 2.6×1.04—2.14		DⅠ陶壶 1 陶钵 1 AhⅠ陶豆 1	
324	三	五	87 工行 M5	355°	口 2.56×1.13—? 底 2.6×1.23—1.7 残		BⅢb 陶壶 1 AaⅤ陶钵 1 AgⅡ陶豆 2	
526	三	六	93 益地农 M31	180°	口 2.9×1.24—2.3 残 底 2.96×1.26—0.5		BⅢa 陶壶 1 AdⅣ陶钵 1 AdⅣ陶豆 1	吊龛与墓底同宽,距墓底高 0.5 0.48×0.2—0.25 一层台阶

表二五 出土陶罍的墓

墓号	期	段	原墓号	墓向	墓室 长×宽—深（米）	棺椁 长×宽×高（米）	随葬器物	备 注
10	三	五	82 益麻 M15	90°	口 2.3×0.76—1 残 底 1.98×0.55—0.5		D 陶罍 1 AdⅡ陶豆 1	长方形头龛距墓底高 0.6 0.5×0.2—0.4 一层台阶
67	三	五	84 益赫房 M8	95°	2.58×0.94—? 2.24×0.62—1.45		铁剑 1 AⅡ铁锸 1 BⅢ陶罍 1 B 陶钵 1 陶豆 2	长条形吊龛距墓底高 0.8 0.6×0.2—0.25 吊龛偏一角
70	二	二	84 益赫房 M15	270°	3.5×3.1—? 2.8×2.1—4.1		AⅠ铜剑 1 铜矛 1 D 铜带钩 1 铜镞 4 AⅠ陶罍 1	
119	三	五	85 房 M30	270°	口 3.5×2—? 底 3.2×1.71—3.1		BⅡ铜鼎 1 BⅢ铜剑 1 铜砝码 1 BⅢ陶罍 1 陶璧 1	
210	三	四	85 益羊资 M17	185°	口 2.35×0.75—1.1 底 2.1×0.65—0.6		BⅡ陶罍 1 AaⅣ陶钵 1 AfⅡ陶豆 1	一层台阶
213	三	四	85 益羊资 M20	348°	口 4×3.4—1.5 底 3.22×2.1—2.7		AaⅡ陶钵 1 BⅡ陶罍 1	墓道 4.6×1.6
415	二	三	91 益义 M37	270°	口 底 2.4×0.8—1.4		铜带钩 1 BⅠ陶罍 1 AⅠ陶盘 1 AgⅠ陶豆 1	长方形吊龛距墓底高 0.16 0.53×0.4—0.23

表二六　　　　　　　　　　　　　　　　　出土陶豆的墓

墓号	期	段	原墓号	墓向	墓室 长×宽—深 （米）	棺椁 长×宽×高 （米）	随葬器物	备　注
169			85 益热 M31	295°	底 2.4×1.2—1.5		陶豆	打破 M33
173	一	一	85 益热 M36	249°	口 3.3×2.64—? 底 2.74×1.8—2.4		AbⅠ陶豆 2	
207	三	五	85 益羊资 M14	190°	口 2.45×1.1—1.6 底 2×0.61—0.56		AgⅡ陶豆 2	头龛 0.58×0.16—0.32 一层台阶
233	三	六	85 益羊资 M40	180°	口 2.46×1.15—? 底 2.3×0.9—1.85		AⅠ铜矛 1　AfⅡ陶豆 1	梯形吊龛距墓底高 1 0.24×0.1—0.1
234	四	七	85 益羊资 M41	100°	口 2.6×1.38—? 底 2.2×0.94—2.5		BⅡ铜剑 1　铜矛 1　AeⅡ陶豆 1	梯形吊龛距墓底高 0.82 0.24×0.08—0.11
242				100°	口 2.7×1.1—? 底 2.44×0.84—2.1		陶豆 3	梯形吊龛距墓底高 0.56 0.5×0.3—0.54
243	四	七	85 资 M51	290°	口 2.6×1.4—? 底 2.2×0.78—2.6		AfⅢ陶豆 2　铁片	铁片方形吊龛距墓底高 0.7 0.25×0.2—0.18
245	四	七	85 资 M53	160°	口 2.4×1.08—? 底 2.2×0.72—2.05		AfⅢ陶豆 2	长方形吊龛距墓底高 0.68 0.28×0.16—0.2
253	三	六	85 羊资 M71	130°	口 2.3×0.9—? 底 2.2×0.75—2.05		残铁片 1　AfⅡ陶豆 1	半椭圆形吊龛距墓底高 0.6 0.46×0.15—0.34
332			87 益赫镇医 M4	210°	口 2.7×2.15—? 底 2.63×1.57—2		陶豆 1	
351			88 益赫府 M14	85°	口 2.5×1.96—1.6 底 2.15×0.7—0.7		陶豆 2　铜带钩 1　铜砝码 2	长方形吊龛距墓底高 0.9 0.44×0.24—0.3 一层台阶
362	三	五	88 房 M3	78°	2.8×1.7—0.5		AⅡ铜剑 1　AbⅢ陶豆 1	
370	三	六	88 益县医 M15	110°	口 3.1×2.05—? 底 2.9×2—2.6		AⅢ铜剑 1　BⅢb铜矛 1　铜镦 1　铜砝码 3　铜镞 2　AcⅢ陶豆 3	
379			88 益县医 M35		口 3.2×2.15—? 底 2.75×1.75—3.95		陶豆 1　BⅠb铜剑 1　铜镞 1　BⅣ铜鼎 1　铜钫 1	
507	三	六	93 益地农 M12	170°	口 2.2×0.58—? 底 2.2×0.58—0.5 残		铜带钩 1　AdⅣ陶豆 1	

表二七　　　　　　　　　　　　　**铜剑登记表**　　　　　　　　　　　　　单位:厘米

墓号	原墓号及器物号	型式	颜色	通长	身长	身宽	茎长	镡宽	镡厚	备注
161	85 益热电 M24∶1	A I	墨绿	48.4	38.8	4	9.6	5.5	0.3	
259	85 益阳羊资 M78∶2	A I	黑绿	52.5	43.5	4.5	9	4.8	0.4	
383	91 益赫城医 M1∶1	A I	青绿	43.5	39.5	4.3	残长 4.5	5	0.3	
537	94 益赫府 M2∶7	A I	青绿	47.5	38	4.3	9.5	4.3	0.3	
538	94 益赫府 M3∶1	A I	青绿	50	40.5	4	9.5	4.3	0.3	
422	91 益赫义 M48∶3	A II	青绿	52.8	43.8	4.8	9	4	0.3	残断
362	88 益赫房 M3∶7	A II	黑绿	65	55.5	5	10	5	0.3	
70	84 益赫房 M15∶2	A I	蓝绿	残长 46.8	41.2	4.8	残长 5.8	5	0.3	残断
257	85 益羊资 M76∶3	A I	青绿	42	33	3.5	9	4	0.3	茎残折
145	85 益热电 M8∶4	A I	黑色	51.8	42.3	4.7	9.5	5	0.4	残断
613	96 益宁 M13∶2	A I	墨绿	残长 52.3	45.6	4.5		4.7	0.2	
638	99 益政协 M5∶2	A I	灰绿	46	37	4	8.5	4	0.5	
112	85 益赫房 M27∶1	A I	灰绿	38	28.5	3.6	9.5	4	0.2	
307	85 益赫科 M2∶1	A II	灰绿	47.8	40	4.6	7.8	4.8	0.4	
222	85 益羊资 M29∶1	A II	墨绿	50.1	43.4	4	6.7	4.5	0.3	
186	85 益热电 M49∶1	A II	黑绿	49.5	40.5	4	9	4.2	0.3	
228	85 益羊资 M37∶4	A II	青绿	50	41	4.4	9	4.6	0.3	
622	98 益市一中 M1∶1	A II	灰绿	39	31.5	3.5	残长 4.5	4.5	0.3	残断
42	83 益轴 M1∶5	A III	青绿	46	38	3.4	8	4	1.6	
431	91 益县财 M4∶6	A III	蓝绿	29.8	20.5	4.2	9.3	4.4	0.3	
140	85 益热电 M3∶5	B I a	青绿	37.6	29.6	3.6	8	4	1.4	
53	83 益赫供 M3∶1	B I a	墨绿	67.6	56	4.6	11.6	4.6	1.2	
558	96 益赫滨 M3∶1	B I a	墨绿	66.8	56.8	4.8	10	5	1.6	
42	83 益轴 M1∶4	B I a	灰绿	46.8	39	4.2	7.8	5	1.7	
558	96 益赫滨 M3∶2	B I a	青绿	66	56	5	10	5.2	1.6	
606	96 益宁砖 M6∶1	B I a	青绿	残长 33.5	27	4.5	残长 6.5	4.7	1.6	
62	84 益财 M4∶1	B I a	青绿	43	34	3.1	9	4	1	
155	85 益热电 M18∶1	B I a	黑绿	51.5	43	4.4	8.5	4.7	1.1	
72	84 益赫房 M20∶2	B I a	灰绿	46.5	37	4	9.5	4.2	1.6	
153	85 益热电 M16∶1	B I b	青绿	49.6	40.8	4.3	8.8	4.9	1.7	

续表二七

墓号	原墓号及器物号	型式	颜色	通长	身长	身宽	茎长	镡宽	镡厚	备注
164	85 益热电 M27∶1	BⅠb	黑色	44.5	33.5	4.5	8.5	5	0.7	
223	85 益羊资 M30∶2	BⅠb	青绿	49.8	40.5	4.2	9.3	4.8	1.8	
86	85 益赫滨 M2∶1	BⅠb	青绿	57.2	48.8	4	8.4	4.6	1.2	
452	92 益羊粮 M18∶20	BⅠb	墨绿	58	49.6	4.4	8.4	4.5	0.8	带剑鞘
25	83 益麻 M13∶1	BⅠb	青绿	57.5	49	4.2	8.5	4.8	1.5	
379	88 益县医 M35∶1	BⅠb	青绿	残长 43	36	4.2	残长 7.6	4.3	1.8	
413	91 益义 M33∶2	BⅠb	青绿	60	50.2	4.8	9.8	5	1	
619	97 益笔 M7∶1	BⅠb	墨绿	63.5	53	4.5	9	5	1.1	
578	96 益羊砖 M13∶30	BⅠb	灰绿	残长 42.5	35.3	4	残长 7.2	4.1	1	
220	85 益羊资 M27∶1	BⅡ	青绿	46.8	38	3.7	8.8	4.2	1.2	
234	85 益羊资 M41∶1	BⅡ	墨绿	残长 31.5		4.2		5.1	1.5	残
407	91 益义 M15∶6	CⅠa	青绿	75.5	65	4	10.5			
546	94 益赫劳 M11∶1	CⅠb	黑绿	60	52.8	4	7.2			
241	85 益羊资 M49∶1	CⅠb	青绿	残长 19	16.5	2.8	残长 2.5			
647	96 益笔 M3∶2	CⅠb	墨绿	26.5	22.6	3.5	3.9			
648	97 益笔新 M2∶3	CⅠb	灰绿	残长 35	27	3.8	6.8			
144	85 益热电 M7∶2	CⅡa	青绿	21.5	17	3	4.5			
416	91 益义 M38∶1	CⅡa	黑绿	32.8	27	3.7	6.5	4.5	1	
605	96 益宁砖 M5∶1	CⅡb	青绿	残长 28	23.4	3.8	残长 4.6			

注:部分残甚铜剑未登记。

表二八　　　　　　　　　　　　　　　　铜矛登记表　　　　　　　　　　　　　　单位:厘米

墓号	原墓号及器物号	型式	颜色	通长	叶长	叶宽	脊厚	骹长	銎口径	备注
181	85 益热电 M44∶3	A Ⅰ	青绿	13.5	9.5	3	1.9	4	2.2	
233	85 益羊资 M40∶1	A Ⅰ	青绿	10.5	6.2	2.2	0.9	3.8	1.9	
186	85 益热电 M49∶4	A Ⅰ	青绿	残长 11.8	9.3	2.5	1.5	残长 2.5	1.7	
140	85 益热电 M3∶5	A Ⅰ	青绿	29	21.2	3	1.7	8	2.7	
123	85 益羊园 M4∶1	A Ⅱa	青绿	14.2	9	2.6	1	5.2	1.4	
152	85 益热电 M15∶3	A Ⅱa	青绿	19	11.5	3.7	1.6	7.5	2.5	
145	85 益热电 M8∶1	A Ⅱb	青绿	12.8	6	2.2	0.9	6.8	1.1	
165	85 益热电 M28∶4	A Ⅲa	青绿	11.8	7.4	2.3	1.2	3.6	1.8	
165	85 益热电 M28∶3	A Ⅲb	青绿	12.2	7.2	2	1.1	5	1.2	
230	85 益羊资 M37∶4	B Ⅰ	青绿	14.5	8	3	1.7	6.3	2.4	
372	88 益县医 M22∶3	B Ⅰ	墨绿	13	8.2	3.3	1.4	4.8	2.2	
145	85 益热电 M8∶4	B Ⅰ	青绿	16	10.6	2.8	1.8	5.4	2.5	
260	85 益羊资 M79∶1	B Ⅱa	青绿	15.6	8.6	3.1	1.6	7	2.4	
155	85 益热电 M18∶4	B Ⅱa	青绿	14	7	2.6	1.4	5	2	
140	85 益热电 3∶4	B Ⅱa	青绿	12.8	7.6	2.3	1.2	5.2	1.4	
259	85 益羊资 M78∶6	B Ⅱa	青绿	25.4	14.4	4.2	1.6	11	2.6	
513	93 益地农 M18∶2	B Ⅱa	青绿	16.8	9.5	2	2.2	7.3	2.6	
240	85 益羊资 M48∶1	B Ⅱb	灰绿	15.9	9.4	3.2	1.4	6.5	2.2	
220	85 益羊资 M27∶1	B Ⅱb	灰绿	24.3	17.1	4.2	1.8	7.2	2.7	
370	88 益县医 M15∶1	B Ⅱb	黑色	残长 16.2	残长 7	3.5		9.2	2.3	
117	85 益赫房 M27∶2	B Ⅱc	青绿	22.2	10.6	2.3	1.2	11.6	2.1	
349	88 益赫府 M12∶18	B Ⅱc	青绿	23.2	15	3.5	1.8	8.5	2.7	
230	85 益羊资 M37∶5	B Ⅲa	青绿	20.4	12	3.4	1.4	8.4	2.7	
371	88 益县医 M16∶10	B Ⅲa	青绿	16	8.5	3.3	1.8	8	2.1	
234	85 益羊资 M48∶1	B Ⅲa	青绿	20.6	13	3.5	1.2	7.4	2.8	
647	96 益笔 M3∶4	B Ⅲa	青绿	22.1	12.2	3.4	1.7	9.4	2.9	
186	85 益热电 M49∶4	B Ⅲb	青绿	23.1	11.6	4.2	1.1	11.5	2.4	
66	84 益赫房 M7∶5	B Ⅲb	青绿	19	10.8	3.2	1.8	8.2	2.5	
452	92 益羊粮 M18∶42	B Ⅲb	黑色	17.5	9.7	3	1.4	7.8	2.2	
181	85 益热电 M44∶2	B Ⅳ	墨绿	21.6	11.6	3.2	1.6	10	2.2	
371	88 益县医 M16∶11	B Ⅴ	青绿	26.5	14.3	3.5	2.3	12.2	2.4	
643	99 资李木 M7∶21	B Ⅵ	青绿	18.8	9	3.4	1.2	8.2	2.8	
621	97 益羊划 M1∶16	B Ⅶ	青绿	15.4	8.6	2.8	1.3	6.8	2.2	
536	94 益赫府 M1∶8	C	墨绿	26.8	18	4.7	1.2	8.8	2.6	
643	99 益李木 M7∶2	C	墨绿	13.5	8.2	3.1	0.9	5.3	2	
149	85 益热电 M12∶3	D	青绿	21	9.5	2.6	1.4	10.5	2.7	
259	85 益羊资 M78∶5	E Ⅰ	青绿	26	18.6	4	1	7.4	2	
193	85 益卫 M1∶1	E Ⅱ	青绿	27.2	14.8	3.2	1.1	12.4	2	

注:部分残甚铜矛未登记。

表二九 　　　　　　　　　　　　　　铜戈登记表　　　　　　　　　　　　单位:厘米

墓号	原墓号及器物号	型式	颜色	通长	援长	援宽	胡长	内长	内宽	备注
145	85 益热电 M8:3	A I	青绿	16.5	10.2	2.4	10	6.3	2.4	
155	85 益热电 M18:2	A II	青绿	23	12.5	2.1	11	10.5	3	
183	85 益热电 M46:3	B I a	青绿	21	13.2	2.5	11.7	7.8	3	
140	85 益热电 M3:2	B I b	青绿	21	13.5	3	12.6	7.5	3.2	
372	88 益县医 M22:1	B I b	青绿	残长 15.5	12.2	4	13	残长 3.3	3.3	
152	85 益热电 M15:2	B I c	青绿	22	13.6	2.7	12	8.4	2.7	
66	84 益赫房 M7:7	B I c	灰绿色	20.4	12.4	3.3	8.5	7.5	3.1	
139	85 益热电 M2:2	B I c	青绿	20	13.2	2.8	6.5	6.8	3	
536	94 益赫府 M1:9	B I d	青绿	28.6	17.4	3.8	11.4	11.2	3.4	
152	85 益热电 M15:3	B II a	青绿	20	12.5	2.5	10.5	7.5	2.7	
372	88 益县医 M22:4	B II a	青绿	16.5	10.5	3.5	6	5.5	2.4	
348	88 益赫府 M11:5	B II b	青绿	25.4	15	3.2	10.8	10.4	2.9	
390	91 益赫轴 M6:1	B II c	墨绿	26.8	17.8	2.6	18.2	9	3.8	
59	83 益供 M31:3	B III a	青绿	23.6	14.4	3	12	9.2	2.8	
546	94 益赫劳 M11:2	B III a	青绿	23.8	14.5	3.6	6.8	10.7	3.5	
638	99 益政协 M5:1	B III a	灰绿	残长 23.7	残长 14	2.5	10	9.7	2.5	
240	85 益羊资 M48:1	B III a	灰绿	24.6	15.3	2.6	11.3	9.3	3.5	
53	83 益供 M3:2	B III b	青绿	24	15.6	2.4	12.8	8.4	3	
153	85 益热电 M16:3	B III c	青绿	29.7	16.5	3	16.8	13.2	2.5	
223	85 益羊资 M30:1	B III c	青绿	残长 14	10.5	2	6.5	残长 3.5	2.8	
452	92 益羊粮 M18:39	B III c	青绿	26	15.7	2.3	7.3	9.4	3	
174	85 益热电 M37:2	C I a	墨绿	20.4	13.5	3.2	12.6	6.9	3	
222	85 益羊资 M29:2	C I b	青绿	18.2	11.2	2.8	10.8	7	3	
413	91 益义 M33:4	C II	青绿	21.5	12	2.4	11.6	残长 9.5	3	
153	85 益热电 M16:4	C III a	青绿	22	14	2.6	11.6	8	2.8	
240	85 益羊资 M48:2	C III a	青绿	22.4	13.4	2.6	10.2	9	3.2	
140	85 益热电 M3:3	C III a	青绿	21.5	13	3.2	7.5	8.5	3.2	
509	93 益地农 M4:15	C III b	青绿	24.4	15.6	2	12.2	8.8	2.2	
452	92 益羊粮 M18:35	C IV	青绿	28.2	18	3	12	10.2	2.6	
452	92 益羊粮 M18:36	C IV	青绿	24.6	15.4	2.8	10.5	9.2	2.5	
578	96 益羊砖 M13:29	C IV	墨绿	20.4	15.3	2.8	9.2	9.1	2.1	
339	88 益赫科 M25:1	C V a	墨绿	28.6	17.4	3	14.4	10.8	3.8	
307	87 益赫科 M2:3	C V b	灰绿色	28	17	3.2	14	11	3.6	
489	92 益羊宁粮 M2:21	C V c	灰绿色	18.4	11.2	2.4	9.2	7.2	2.8	
259	85 益羊资 M78:3	D	青绿	22	15.8	4.7	15	6.2	4.4	

注:部分残甚铜戈未登记。

表三〇　　　　　　　　　　　　　　铜镜登记表　　　　　　　　　　　　　单位:厘米

墓号	原墓号及器物号	名　称	型式	颜色	直径	边厚	纽形	纽座	镜　缘	纹　饰	备注
19	82益缝 M8∶12	单线连弧纹镜	A	乌黑	17	0.3	三弦	圆	平直	向内单连弧纹	残缺
81	84益赫滨 M10∶4	羽状地四叶纹镜	B	黑	10.8	0.35	三弦	圆	凹面形缘低卷边	桃形尖叶,有叶梗,叶中饰花卉形图案	稍残
554	95益赫招 M2∶9	羽状地四叶四山纹镜	CⅠ	黑	9.6	0.45	三弦	方	凹面形缘宽卷边	四叶四山,山字右旋	
205	85益羊资 M12∶1	羽状地八叶四山纹镜	CⅡa	灰黑	11.2	0.3	三弦	方	凹面形缘窄卷边	八叶四山,山字右旋	
108	85益羊瓦 M13∶5	羽状地八叶四山纹镜	CⅡa	灰黑	10.6	0.35	单弦	方	凹面形缘窄卷边	八叶四山,山字右旋	
648	97益笔新 M2∶8	羽状地八叶四山纹镜	CⅡa	灰黑	12.8	0.4	三弦	方	凹面形缘窄卷边	八叶四山,山字右旋	
645	2001益卫 M8∶5	羽状地八叶四山纹镜	CⅡa	灰黑	13.4	0.45	三弦	方	凹面形缘窄卷边	八叶四山,山字右旋	
329	87益赫招 M27∶3	羽状地八叶四山纹镜	CⅡb	乌黑	13.3	0.5	三弦	方	凹面形缘宽卷边	八叶四山,山字左旋	
290	86益赫招 M12∶6	羽状地八叶四山纹镜	CⅡb	灰黑	13.4	0.6	三弦	方	凹面形缘宽卷边	八叶四山,山字左旋	
334	88益赫科 M8∶2	羽状地八叶四山纹镜	CⅡb	黑	9.3	0.42	三弦	方	凹面形缘宽卷边	八叶四山,山字左旋	
647	96益笔 M3∶5	羽状地十二叶四山纹镜	CⅢa	黑	13.5	0.35	三弦	方	凹面形缘窄卷边	十二叶四山,山字左旋	
19	82益缝 M8∶3	羽状地十二叶四山纹镜	CⅢb	灰褐	13.2	0.4	三弦	方	凹面形缘窄卷边	十二叶四山,山字右旋	
452	92益羊粮 M18∶1	羽状地十二叶四竹叶四山纹镜	CⅣ	灰黑	15.8	0.7	三弦	方	凹面形缘高卷边	十二叶,四竹叶,四山字左旋	
278	85益羊桑 M14∶3	羽状地八叶四花四山纹镜	CⅤ	乌黑	14	0.45	三弦	方	凹面形缘窄卷边	八叶四花四山山字左旋	
106	85益羊瓦 M11∶1	羽状地八叶四花四山纹镜	CⅤ	灰黑	14.1	0.55	三弦	方	凹面形缘宽卷边	八叶四山,山字右旋	
98	85益羊瓦 M1∶1	羽状地菱形纹镜	D	灰褐	11.5	0.38	三弦	圆	凹面形缘窄卷边	九个菱形内饰五花四叶	
641	99益政协 M11∶1	羽状地菱形纹镜	D	灰褐	11.4	0.46	三弦	圆	凹面形缘窄卷边	九个菱形内饰五花四叶	
54	83益赫供 M4∶5	羽状地菱形纹镜	D	灰褐	11.8	0.4	三弦	圆	凹面形缘窄卷边	九个菱形内饰五花四叶	
1	80益赫 M1∶1	羽状地方连纹镜	E	黑绿	13.2	0.35	三弦	圆	凹面形缘宽卷边	四组由磬形和半边磬形相连组成的方连纹	
354	88益电梯 M1∶1	八凹面连弧纹镜	FⅠa	乌黑	22.8	0.6	三弦	圆	凹面形缘窄卷边	主纹八连弧,八龙四叶	
92	85益大滨 M18∶3	八凹面连板纹镜	FⅠb	灰黑	14.3	0.4	三弦	圆	凹面形缘宽卷边	主纹为八连弧八龙(四大四小)	
512	93益地农 M17∶5	十二连弧纹镜	FⅡ	灰黑	13.5	0.5	桥形	圆	凹面形缘高卷边	四龙,十二连弧	
381	89益轴 M1∶2	龙纹镜	G	黑	16.5	0.45	三弦	圆	凹面形缘宽卷边		残缺
488	92益羊宁 M1∶1	龙纹镜	G	黑	16.6	0.6	三弦	圆	凹面形缘高卷边		残缺
450	92益羊粮 M16∶3	龙纹镜	GⅠ	黑	14.8	0.5	三弦	圆	凹面形缘窄卷边	四龙纹,二叶,龙纹,为S形	
635	99益政协 M1∶3	龙纹镜	GⅡ	黑	13.7	0.45	三弦	圆	凹面形缘窄卷边	四龙四叶	
13	82益缝 M2∶3	龙纹镜	GⅢ	墨绿	9.5	0.7	三弦	圆	凹面形缘高卷边	四龙	

注:部分残甚铜镜未登记。

表三一　　　　　　　青铜器、铁器、玻璃器、玉器、漆器、木器、竹器、皮革、麻织品统计表

	合　计	件数	件
铜 器	鼎	墓数	14
		件数	15
	敦	墓数	2
		件数	2
	缶	墓数	1
		件数	1
	洗	墓数	1
		件数	1
	匜	墓数	1
		件数	1
	簠	墓数	1
		件数	1
	盘	墓数	1
		件数	1
	杯	墓数	1
		件数	1
	壶	墓数	5
		件数	7
	剑	墓数	97
		件数	99
	戈	墓数	59
		戈件数	79
		镈件数	30
		戈龠件数	5
	矛	墓数	58
		矛件数	78
		镦件数	14
	镞	墓数	33
		件数	72
	车马器	墓数	1
		件数	4
	镜	墓数	42
		件数	44
	权衡器(天平、砝码)	墓数	33
		件数	116
	其他	件数	10
铁　器		墓数	89
		件数	126
琉璃器		墓数	43
		件数	49
玉　器		墓数	16
		件数	19
漆　器		墓数	9
		件数	32
木　器		墓数	5
		件数	12
竹　器		墓数	1
		件数	3
皮革器		墓数	4
		件数	5
麻织品		墓数	3
		件数	7

注：部分漆器、木器、竹器、皮革、麻织品等因出土时腐蚀严重，其残迹未登记。

附录

一　铜渣光谱分析结果报告表

M183（85益热M46）出土铜渣
光 谱 分 析 结 果 报 告 表

1986 年 4 月 26 日发出　　　　　　　　　　　　中南矿冶学院分析室

编 号 原 号	元 素	分 析 结 果	出土文物(85益热 M46 铜渣)%	备 注
锡	Sn		＞1	
铜	Cu		0.0×	
锑	Sb		0.0×	
硅	Si		0.×－×	
铝	Al		0.×－×	
锌	Zn		＜0.01	
铅	Pb		0.×－×	
锰	Mn		0.0×	
铋	Bi		0.0×－0.1	
镍	Ni		0.00×	
钴	Co		0.0×	
镉	Cd		0.00×	
钙	Ca		0.×	
镁	Mg		0.×	
铁	Fe		0.0×－0.×	
银	Ag		0.000×	
金	Au		＜0.001	

送样单位：益阳地区博物馆　　　　　组长：梁　　　　校核：余　　　　分析者：沈

二 铜器、铁器金相检测及玻璃器成分

益阳楚墓出土器物检测报告

中国科学技术大学科技史与科技考古系

一、成分分析

送检样品有青铜器样品、铁器样品和玻璃样品各 2 件，成分分析采用中国科学技术大学理化科学实验中心的 XRF—1800 型 X 射线荧光仪（日本岛津公司），结果如表 1～3：

表 1　　　　　　　　　益阳楚墓出土铁器样品的 X 射线荧光分析结果（%）

样品号	名称	Fe	Si	Al	Cl	Ca	S	P
M338：11	铁剑	94.3099	4.7451	0.5513	0.1499	0.1091	0.0708	0.0638
M331：5	铁锸	98.1740	0.8001	0.1770	0.2542	0.1030		0.4916
M65：4	铁剑	94.4099	4.6451	0.5523	0.1499	0.1081	0.0608	0.0738

表 2　　　　　　　　　益阳楚墓出土青铜器样品的 X 射线荧光分析结果（%）

样品号	名称	Cu	Sn	Pb	Fe	Si	P	S
M397：1	铜镜	50.4080	26.4489	21.1202	1.2034	0.7103	0.1092	
M153：1	铜剑	61.4815	32.1331	5.6494		0.6168	0.0682	0.0510

表 3　　　　　　　　　益阳楚墓出土玻璃璧样品的 X 射线荧光分析结果（%）

样品号	名称	SiO_2	PbO	BaO	Na_2O	Cl	CuO	CaO	K_2O	Fe_2O_3	Al_2O_3	MgO	SrO
M271：1	玻璃璧	54.1892	22.7766	15.5367	2.2158	1.9203	1.2854	0.6157	0.3591	0.3572	0.3196	0.2858	0.1387
M518：1	玻璃璧	43.4313	33.9266	12.4467	4.9395	2.8498		0.8536	0.2700	0.2604	0.8981		0.1241

属铅钡玻璃，加含 Na20、CaO 等的矿物做助熔剂，铜为浅绿色玻璃的着色剂。

二、铁器和铜器的金相分析

金相分析在中国科学技术大学力学与机械工程系材料力学行为与设计实验室进行。

1. M338：11 铁剑：共晶白口铸铁，莱氏体组织。基体为渗碳体，黑色小点为珠光体。

2. M331：5 铁锸：腐蚀较严重，共晶白口铸铁，莱氏体组织。基体为渗碳体，黑色小点为珠光体。红褐色为锈蚀产物。

3. M65：4 铁剑：亚共晶白口铸铁，金相组织为莱氏体和珠光体。

4. M397：1 铜镜和新号 M153：1 铜剑：两件铜器均锈蚀严重，基体上已全部锈蚀矿化，只残留少量金属。

后 记

　　《益阳楚墓》在上级领导的关心支持和同志们的艰辛努力下脱稿了，我们感到终于了却一桩心愿。望着略显灰黄的原始记录，遥想20多年田野发掘走过的足迹，回首艰苦条件下整理编写的寒暑春秋，不胜欷歔感慨！

　　在历时几年的资料整理过程中，盛定国曾反复校核各墓地原始记录，并查核历年发掘的各类器物标本。潘茂辉在丁国荣、盛东波等协助下带病对多年积累的楚墓陶片标本逐墓逐件清理、上架，在很大程度上为后期编写夯实了基础。舒华昌以耄老之身负责绘制了大部分底图和墨线图，邓建强、龚绍祖参与了部分绘图工作，盛定国先后对大部分底图和部分线图进行修改。舒文明、侯景华对历年出土的陶器标本及时进行修复，丁国荣除完成部分陶器修复外，多年来担负铜器、铁器的修复工作。1990～2001年的田野发掘和器物由吴宁平拍摄，1990年以前的现场摄影和器物照片主要由盛定国拍摄，李世奇协助拍摄了部分器物的彩色照片。纹饰拓片先后由柴一平、吴宁平完成，符伏田、舒文明等先后承担墓葬记录表的登记整理并协助标本统计工作。本报告在整理过程中，益阳市博物馆、益阳市文物管理处负责保管工作和内务管理的有关人员先后协助对部分金属文物进行数据统计，并及时为摄影、绘图、资料查询工作提供器物标本，有效地配合了整理工作。

　　本报告各章节编写执笔人员如下：

　　盛定国为本研究课题主编，负责拟定编写方案及纲目，撰写第一章，第二章，第四章第五节、第六节，第六章第五节、第七节，并撰写后记和英文提要中文稿，同时对全书各章节修改定稿。

　　潘茂辉撰写第三章，第四章第一节，第五章，第六章第一节、第二节、第三节、第四节、第六节。周创华负责撰写第四章第二节，丁国荣承担第四章第三节、第四节的撰写任务。

　　本报告在编写过程中，高至喜、陈振裕先生曾先后对部分章节的编写提出指导意见，熊传新先生亦曾对前期整理工作提出过很好的意见和建议。

　　湖南省文物局及益阳市文化局的领导对《益阳楚墓》的整理、出版十分关心和重视。益阳市文物管理处、益阳市博物馆的负责人多年来对整理工作给予支持、配合。中国科学技术大学科技史与科技考古系以及中南工业大学科技处曾先后帮助测定部分楚墓金属器物的金相成分和玻璃器的质料，原湖南农学院沈美娟先生帮助鉴定楚墓出土的部分种子标本。报告中铜器铭文和印章主要由湖南大学岳麓书院陈松长先生释读，文物出版社李缙云先生等对本报告的编辑出版付出了艰辛的劳动。在此谨向上述各单位及有关专家表示衷心的谢意！

　　由于编者水平有限，书中难免存在疏漏和不妥之处，敬请有关专家及读者不吝指正。

《益阳楚墓》课题组

2007 年 5 月 30 日

Abstract

Located at the deposit plain in Hunan Province, north to the south Dongting Lake, Yiyang is 80km east to the city center of Changsha, adjacent to Ningxiang County and linked with Taojiang County at Northwest. The Chu tombs in Yiyang distribute mainly within 20km areas around city center. About 60 cemeteries have been found and more than 40 have been excavated so far.

In the early 60s last century, some Chu-style bronze weapons were found in the suburbs of Yiyang City. Shortly after a group of Chu bronze ritual vessels was discovered at Lujiashan. In late 1974 tombs of Warring States Period were uncovered for the first time at Lannihu water conservancy site, 20km far from city center, and affirmed as Chu tombs after excavations. Between 1982 and 2001, the departments of cultural relics in Yiyang made excavations and final disposal of 700 tombs in the suburbs and city center, among which 653 are selected in this book. According to the research on the tombs in cemeteries, there are three types:

1, Lujiashan cemetery type: It combines with tombs with bronze ritual vessels and tombs with pottery belonged to ordinary people, dating back to late Spring & Autumn Period and Warring States Period. The utensils show more characters of Chu culture in Jiangling, Hubei Province. The cemetery is closer to the city ruins of Warring States Period, so some tombs may bury the conquerors from Jiangling.

2, Zijiang machinery factory cemetery type: containing mainly pottery and some bronze weapons. The tombs are bigger than those at Lujiashan but without bronze ritual vessels. Some has Yue or Ba culture elements. It shows that the cemetery spans a longer period with various cultural backgrounds.

3, Yizishan, Heshanmiao cemetery type: It consists of tens of tombs with separated long vertical earthen coffin pits. It is quite similar to the Yue tombs in form and structure of Spring & Autumn Period at Yaozilun, Taojiang county. Most of the findings are pottery for daily use. The clay ritual vessels were modeled from bronze wares. A few bronze *ding*-cauldrons have typical Yue style. This cemetery was built from late Spring & Autumn Period to late Warring States Period.

The 600 or more tombs in this book can be divided into three forms: long and narrow, rectangular, and wide, among which 65% are rectangular. The depth is between 3 – 7m.

Those of earlier time are more likely in long and narrow or rectangular forms. Others are wide. Many tombs at Lujiashan Power Station building site cemetery are in the form of upper wider than bottom. Most tombs lie from north to south, a few from east to west. Some has two layers and niches.

There are not many tombs remaining coffins, except six tombs with damaged flat-bottomed, box-shaped, rectangular coffins.

The major combinations of burial articles in Chu tombs of late Spring & Autumn Period are pottery imitated from bronzes. A large amount of pottery ritual vessels were immerged after mid-Warring States Period. The E-type pottery *ding*-cauldrons from Yiyang Chu tombs have clear character of Yue culture and exist until late Warring States Period. The pottery *ding* of B & C-types have local trait of Jiangling, which last to the end of Warring States Period. The G-type *ding* with typical Jiangling style is seldom seen. Pottery *dui*-vessels have various knobs, which make them more interesting. *Hu*-jars with narrow necks and bent shoulders made after mid-Warring States Period come out in large number from tombs of late Warring States Period. Another kind of object dug up in great quantity is *dou*-bowls, 700 or more in total.

More than 570 bronze wares were excavated from Chu tombs in Yiyang in variations, most of which are weapons, including swords, *ge*-dagger axes and spears. Some are containers, for instance *ding*, *dui*, *hu* and *fu*-food containers. The biggest one is about 24cm in diameter with linked curved line pattern. In addition, there are also many weights and some chariots and harnesses.

The 126 ironwares contain weapons and farm tools, including swords, *ge*, *ji*-halberds, arrow-heads, *jue*-pickaxes and spades. It makes the significant difference in quantity and variety from other Chu tombs in Jiangling, Yichang, Echeng and Huaiyang. The amount of swords is even more than excavations from Chu tombs in Changsha.

Other findings are glasswares, including *bi*-rings, beads and pipes, some wooden articles and lacquer wares, such as cups with handles, trays, jars, *zhi*-wine vessels and toilet cases.

According to white paste clay of coffins in the pits and combinations of burial objects, the Chu tombs in Yiyang could be divided into four categories:

A: one outer coffin and one inner coffin (very rare with two inner coffins) with 2 – 4 sets of pottery ritual vessels, weapons, chariots and harnesses. They have bigger pits, some with two layer terraces. Some tombs have one or two sets of bronze ritual vessels. The tomb occupants should be noblemen.

B: one outer coffin and one inner coffin or only inner coffin with 1 – 2 sets pottery ritual vessels, bronze weapons and separated bronze containers. The pits are in medium size. The occupants may be rich people.

C: one inner coffin with one set of pottery for daily use. Some have pottery ritual vessels or weapons and farm tools. The pits are smaller. The occupants are common people.

D: no sign of coffin, some with one pottery, most without any burial objects. The pits are small and narrow. The occupants must be the poorest people.

Through the comprehensive analysis on 480 tombs in this book, they were built in nine phases of four periods. The First period is late Spring & Autumn Period (1st phase); the Second period is early Warring States Period (2nd & 3rd phases); the Third period is mid-Warring States Period (4th, 5th & 6th phases); the Fourth period is late Warring States Period (7th, 8th & 9th phases).

1. 陆贾山热电厂工地楚墓发掘区一角

2. M355发掘情况

墓葬发掘现场

1. 部分器物出土情况

2. 填土中发现的铜渣

M183器物出土情况

1．M452内棺彩绘及器物出土情况

2．M140棺椁痕迹

3．M426器物出土情况

4．M379器物清理情况

墓葬发掘清理及器物出土情况

墓室结构

1. M404墓室结构

2. M407墓室结构

3. M457墓室结构及二层台

墓室结构

1．M254红色网纹填土上的夯窝

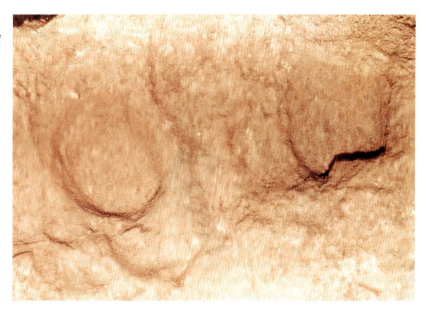

2．M379出土器物情况

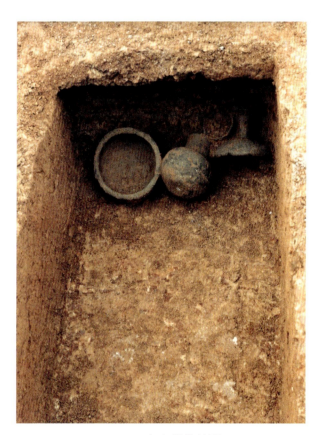

3．M281出土器物情况

墓葬填土夯窝及器物出土情况

墓室结构及器物出土情况

1. M442器物出土情况

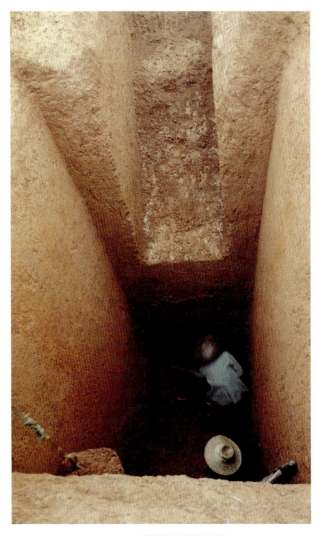

2. M432墓道及墓室结构

3. M440器物出土情况

墓室结构及器物出土情况

1. 墓坑及棺椁结构

2. 器物出土情况

M452墓坑、棺椁结构及器物出土情况

1. M489椁棺露出情况

2. M489棺椁结构及器物出土情况

3. M349彩绘残漆片及器物出土情况

墓葬棺椁及器物出土情况

1. 外椁

2. 揭去外椁横盖板后的墓室结构

3. 边箱器物出土情况

4. 清理器物后的棺椁

M300棺椁及器物出土情况

1. C型Ⅰ式鼎（M152:9）

2. A型Ⅸa式敦（M279:4）

3. C型Ⅵc式壶（M622:8）

陶鼎、敦、壶

1. D型Ⅳ式鼎（M355:8）

2. D型Ⅳ式敦（M218:3）

3. C型Ⅺb式壶（M635:7）

4. A型Ⅲ式鼎（M130:1）

陶鼎、敦、壶

1. C型VIc式壶（M622:7）

2. A型IXa式敦（M301:2）

3. A型IIIb式壶（M152:13）

4. C型盘（M89:4）

陶壶、敦、盘

1. II式鬲（M364:2）

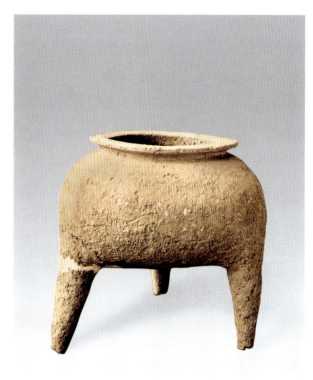

2. III式鬲（M627:1）

3. A型IXa式敦（M301:3）

4. D型II式鼎（M301:2）

陶鼎、鬲、敦

1. Af型III式豆（M89:3）

2. Af型III式豆（M612:10）

3. II式盒（M635:12）

4. C型盘（M612:14）

陶豆、盒、盘

1. M183尊缶出土情形

2. 甲类一期一段尊缶（M183∶1）

3. 甲类一期一段Ⅰ式敦（M170∶12）

铜尊缶、敦等

1. 甲类一期一段A型Ⅰ式鼎（M183：18）

2. 甲类一期一段簋（M183：19）

铜鼎、簋

2. 甲类一期一段盘（M183:20）

1. 甲类二期二段C型鼎（M139:1）

3. 乙类三期五段壶盖（M71:1）

4. 甲类二期二段敦（M139:2）

铜鼎、敦、盘、壶盖

乙类四期八段B型壶（M413:6）

铜　壶

铜壶、鼎盖等

1. 乙类四期C型壶（M379:4）

2. 乙类四期八段B型壶（M413:6）

3. 乙类二期二段鼎盖（M375:6）

4. M379铜鼎、壶出土情况

铜壶、鼎盖等

铜鼎、壶等

1. 甲类三期六段A型Ⅱ式鼎（M452:3）

2. 甲类三期六段A型Ⅰ式壶（M452:19）

3. M452铜鼎出土情形

铜鼎、壶等

1. 甲类战国A型Ⅰ
式（M259:2）

2. 乙类战国A型Ⅱ
式（M307:1）

3. 甲类四期七段
B型Ⅰb式
（M153:1）

4. 甲类三期六段B
型Ⅰb式
（M452:20）

5. 丙类一期一段C
型Ⅰa式
（M407:6）

铜　剑

1. 乙类四期八段B型Ⅱb式（M348:5）

2. 乙类四期八段B型Ⅱb式错金铭文（M348:5）

3. 乙类战国C型Ⅴb式铭文（M307:3）

铜 戈

1．乙类三期六段C型Ⅴa式（M339:1）　　2．甲类四期八段C型Ⅴc式（M489:21）　　3．甲类战国D型（M259:3）

4．甲类三期六段C型Ⅳ式
　（M452:36）

铜　戈

1. 甲类三期六段C型Ⅳ式（M452：40）

2. 甲类一期一段A型Ⅱ式戈鐏（M42：32）

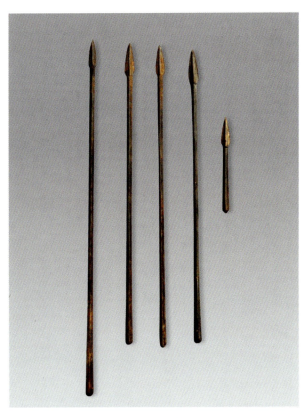

3. 甲类三期五段B型Ⅰa式镞（M230：12）

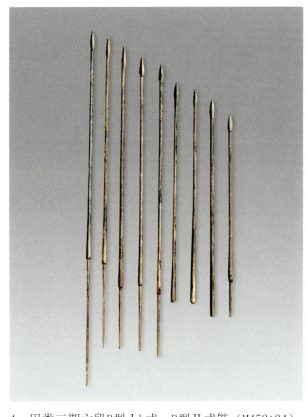

4. 甲类三期六段B型Ⅰb式、B型Ⅱ式镞（M452：34）

铜戈、戈鐏、镞

1. 战国C型Ⅰb式（白石塘乡采集品）

2. 乙类四期八段C型Ⅰf式（M348:19）

3. 甲类三期六段C型Ⅰd式（M651:3）

4. 乙类三期C型Ⅰb式（M650:2）

5. 甲类三期六段D型（M452:42）

6. 甲类四期八段C型Ⅰa式（M489:12）

铜 镈

铜矛、镦

1. 甲类三期五段B型Ⅰ式矛
（M230:4）

2. 乙类四期七段B型Ⅱb式矛
（M220:1）

3. 甲类战国B型Ⅳ式矛
（M643:21）

4. 乙类战国C型矛（M536:8）

5. 乙类三期四段B型Ⅴ式矛
（M371:11）

6. 乙类四期八段C型镦（M518:3）

铜矛、镦

1. 丙类战国C型Ⅱb式（M329:3）

2. 甲类四期八段F型Ⅰa式（M354:1）

3. 甲类三期六段C型Ⅳ式（M452:1）

4. 丙类三期E型（M1:1）

5. 乙类四期九段D型（M98:1）

铜　镜

1. 乙类四期八段砝码（M518:15）

2. 甲类四期八段砝码（M349:11）

3. 丙类三期四段Ⅴ式印（M241:1）

5. 丙类战国Ⅳ式印（M13:3）

4. 甲类四期七段车軎（M644:2）

铜砝码、印、车軎

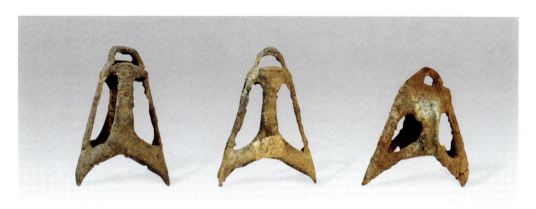

1. 丙类三期四段铃（M214:2）

2. M216天平盘等器物出土情况

3. 乙类二期二段D型带钩（M70:5）

4. 甲类三期四段斧（M643:7）

铜铃、天平盘、带钩、斧

1. 戟（M12:8）

3. 乙类四期九段锄（M346:11）

2. Ⅰ式镢（M117:8）

4. 丙类四期九段锄（M396:9）

铁戟、镢、锄

1. 丙类三期五段A型Ⅰ式剑
（M420:4）

2. 丙类三期五段A型Ⅱ式剑
（M331:1）

3. 乙类四期七段C型剑
（M338:11）

4. 乙类四期九段A型Ⅰ式锸
（M92:17）

5. 乙类三期九段B型锸（M559:7）

6. 丙类四期八段Ⅰ式刮刀
（M261:1）

7. 乙类三期五段斧（M188:3）

铁剑、锸、刮刀、斧

玻璃璧、珠

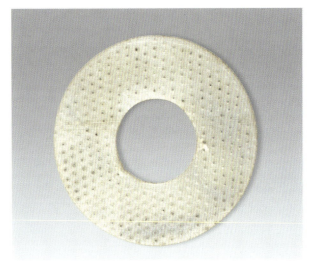

1. 乙类战国Ⅲ式璧（M652:1）

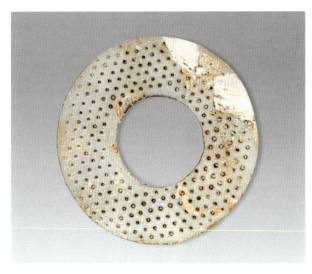

2. 乙类四期八段Ⅱa式璧（M518:1）

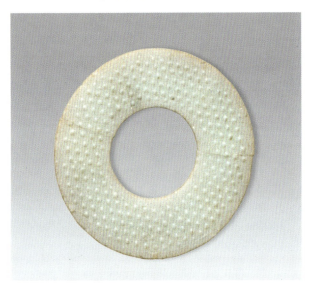

3. 乙类四期八段Ⅱb式璧（M280:3）

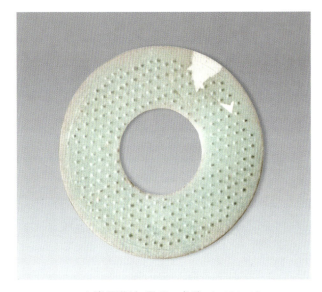

4. 乙类四期九段Ⅱc式璧（M638:3）

5. 甲类四期八段Ⅳ式璧（M286:13）

6. 丙类四期九段Ⅲ式珠（M608:6）

7. 乙类四期八段Ⅱa式珠（M653:1）　　8. 丙类四期九段Ⅱb式珠（M290:8）

玻璃璧、珠

1. 甲类三期六段玉剑格（M452:25）

2. 丙类三期玉印（M649:1）

3. 丙类四期八段玉剑珌（M469:9）

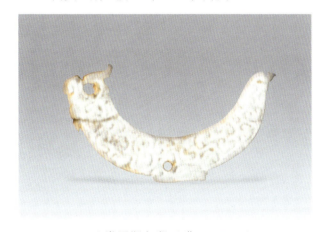

4. 丙类三期五段Ⅰ式、Ⅱ式玛瑙珠（M115:3）

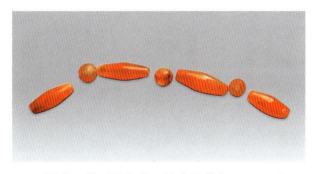

5. 丙类B型玉环（M383:5）

6. 乙类四期九段玉璜（M629:5）

7. 乙类三期六段玉剑首（M23:1）

玉剑格、剑首、剑珌、印、环、璜及玛瑙珠

1. 甲类四期八段Ⅱ式木俑（M2:28）

3. 乙类三期木篦（M646:2）

2. 甲类三期六段Ⅱ式漆盒盖（M452:23）

4. 甲类四期八段Ⅲ式木俑（M2:1）

木俑、篦及漆盒盖

1. 乙类四期八段麻布痕迹（M300:20）

2. 甲类四期八段漆卮（M42:13）

3. 甲类三期六段Ⅱ漆盒盖（M452:11）

4. 甲类三期六段式漆盒盖（M452:23）
   出土情况

漆卮、盒盖及麻布出土情况等

1. 甲类四期八段连座木鸟（M2:5、9、15～17、19、21、24、34、38）

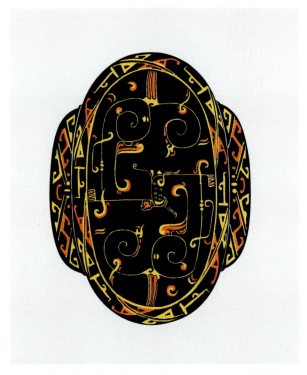

2. 乙类四期八段A型Ⅱ漆耳杯（M300:16）纹饰摹本

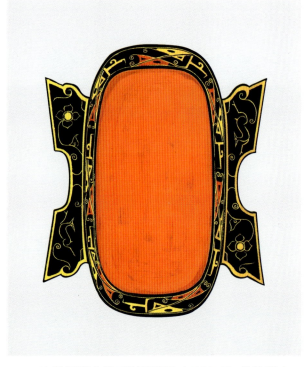

3. 乙类四期八段B型漆耳杯（M300:6）纹饰摹本

连座木鸟及漆耳杯纹饰摹本

1. M222发掘前残存封土

2. M213残存封土

墓葬封土

墓壁工具痕迹及棺椁痕迹

1. M307墓壁工具痕迹

2. M194墓壁工具痕迹

3. M215墓壁工具痕迹

4. M287葬具痕迹

5. M247填土夯窝痕迹

6. M154葬具痕迹

墓壁工具痕迹及棺椁痕迹

1. M239器物出土情况

2. M247棺椁痕迹

器物出土情况及棺椁痕迹

1. M143器物出土情况

2. M409器物出土情况

3. M170（边龛已毁坏）器物出土情况

器物出土情况

1. M310

2. M215

3. M185

4. M204

器物出土情况

图版六

1. M141

2. M194

3. M206

4. M198

器物出土情况

1. A型V式鼎（M489:7）

2. 小口鼎（M432:15）

3. H型鼎（M432:16）

4. 小口鼎（M432:2）

陶 鼎

1. G型 I 式鼎（M181:4）

2. C型 I 式鼎（M177:2）

3. A型Ⅸb式敦（M302:5）

4. D型Ⅳ式敦（M222:11）

陶鼎、敦

1. A型Ⅳ式（M627:2）

2. A型Ⅵa式（M59:4）

3. A型Ⅶa式（M252:2）

陶　敦

1. A型Ⅷa式（M58:5）

2. A型Ⅶa式（M426:11）

3. A型Ⅹb式（M5:1）

4. A型Ⅷb式（M300:5）

陶　敦

1. B型Ⅰa式（M177:7）

2. B型Ⅰb式（M140:11）

3. B型Ⅲ式（M423:19）

4. F型（M164:5）

陶　敦

陶 敦

1. C型Ⅱ式（M130:2）

2. C型Ⅲ式（M233:8）

3. C型Ⅳb式（M143:2）

4. D型Ⅱ式（M160:4）

陶 敦

1. A型Ⅲb式（M152:13）

2. A型Ⅲa式（M188:6）

3. A型Ⅲa式（M140:4）

4. B型Ⅳa式（M238:2）

陶 壶

1. C型Ⅱ式（M68:1）

2. C型Ⅲb式（M23:7）

3. D型Ⅰ式（M160:9）

4. C型Ⅲa式（M432:4）

陶 壶

1. C型Ⅳa式（M222:14）

2. C型Ⅷa式（M301:1）

3. C型Ⅸ式（M639:6）

4. C型Ⅳb式（M89:10）

陶　壶

1. C型Ⅴa式壶（M489:4）

2. E型壶（M310:4）

3. Ⅰ式盒（M489:24）

4. H型壶（M314:5）

陶壶、盒

1. I式尊缶（M432:20）

2. I式簠（M432:22）

3. II式簠（M153:20）

4. II式钫（M355:7）

陶尊缶、簠、钫

1. Ⅰ式鬲（M310:1）

2. B型Ⅲ式罍（M67:4）

3. B型Ⅳ式罍（M489:20）

4. C型罍（M432:12）

陶鬲、罍

1. A型Ⅲa式小壶（M627:5）

2. B型Ⅰ式小壶（M403:4）

3. B型Ⅱ式小壶（M166:2）

4. B型罐（M147:1）

5. C型Ⅲ式罐（M166:3）

6. A型Ⅲ式罐（M154:2）

小陶壶、罐

陶钵、甑

1. Aa型Ⅱ式钵（M215:1）

2. Ac型Ⅰ式钵（M4:1）

5. Aa型Ⅲ式钵（M154:3）

4. Aa型Ⅳ式钵（M214:3）

5. 甑（M168:1）

6. Ab型Ⅲ式钵（M239:3）

陶钵、甑

1. Ⅰc式绳纹圜底罐（M237:1）

2. Ⅲa式绳纹圜底罐（M71:3）

3. Ⅲc式绳纹圜底罐（M121:1）

4. Ⅰ式长颈壶（M63:3）

陶绳纹圜底罐、长颈壶

1. Ad型Ⅱ式（M128:5）　　　　　　　　2. Ac型Ⅱ式（M252:11）

3. Ah型Ⅲ式（M432:8）　　　　　　　　4. Ag型Ⅱ式（M205:2）

5. B型Ⅰa式（M130:3）　　　　　　　　6. B型Ⅰb式（M489:18）

陶　豆

陶豆、勺、匕

1. Ad型Ⅲ式豆（M194:1）

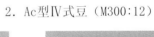

2. Ac型Ⅳ式豆（M300:12）

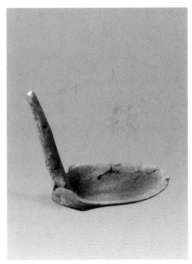

3. Ⅰ式勺（M238:13）

4. Ⅳ式勺（M82:3）

5. Ⅰ式匕（M199:4）

陶豆、勺、匕

1. Ⅰ式勺（M200:8）

2. Ⅰ式匜（M432:16）

3. Ⅲc式匜（M218:10）

4. A型Ⅰ式杯（M212:1）

5. A型Ⅱ式杯（M130:4）

6. A型Ⅲ式杯（M195:12）

陶勺、匜、杯

1. A型（M224:2）

2. B型Ⅰ式（M43:13）

3. B型Ⅰ式（M287:11）

4. B型Ⅱ式（M635:8）

陶高柄壶形豆

陶俑头、鸽、鸭、异形壶

1. 俑头（M43:1）正面

2. 俑头（M43:1）侧面

3. 鸽（M618:6）

4. 鸭（M153:32）

5. 鸟（M153:27）

6. 异形长颈壶（M59:10）

陶俑头、鸽、鸭、异形壶

1. 甲类一期一段尊缶（M183:1）

2. 甲类一期一段簠（M183:19）

铜尊缶、簠

1. 簠（湖南省博物馆在益阳陆贾山征集）

2. 乙类四期B型Ⅳ式鼎（M379:1）

铜簠、鼎

1. 乙类三期六段B型Ⅱ式鼎（M422:1）

2. 乙类四期八段B型Ⅲ式鼎（M413:7）

3. 甲类三期六段洗（M452:9）

4. 乙类四期八段匜（M300:1）

铜鼎、洗、匜

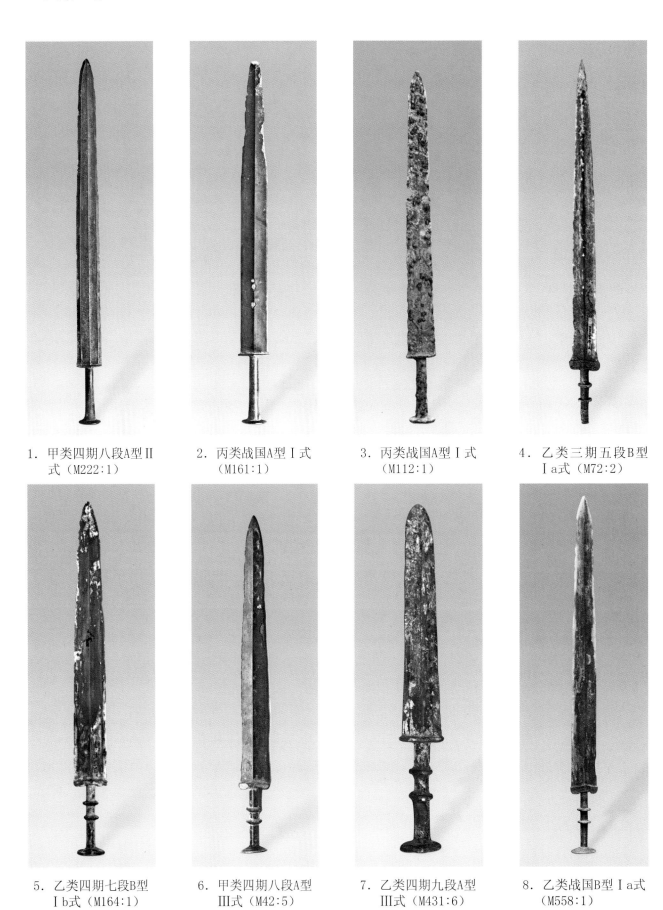

1. 甲类四期八段A型Ⅱ
式（M222:1）

2. 丙类战国A型Ⅰ式
（M161:1）

3. 丙类战国A型Ⅰ式
（M112:1）

4. 乙类三期五段B型
Ⅰa式（M72:2）

5. 乙类四期七段B型
Ⅰb式（M164:1）

6. 甲类四期八段A型
Ⅲ式（M42:5）

7. 乙类四期九段A型
Ⅲ式（M431:6）

8. 乙类战国B型Ⅰa式
（M558:1）

铜　剑

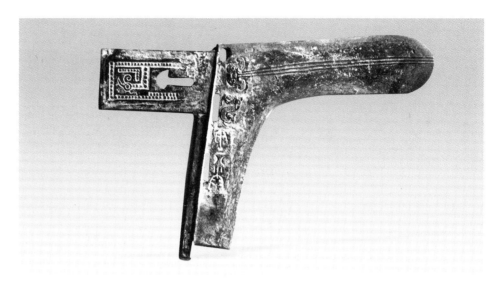

1．甲类战国D型（M259∶3）

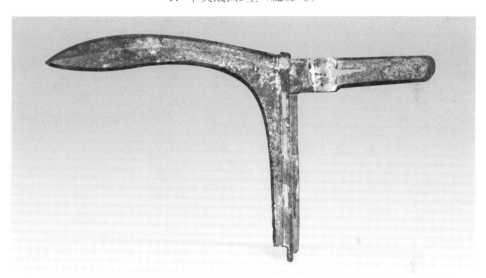

2．甲类三期六段C型Ⅳ式（M452∶36）

3．乙类战国C型Ⅴb式（M307∶3）

铜　戈

图版三二

1. 甲类一期一段B型Ⅰa式（M183:3）

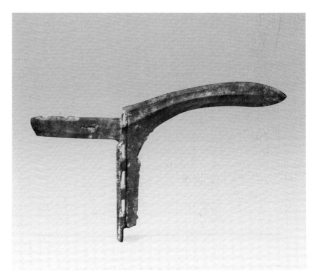

2. 乙类四期八段C型Ⅲb式（M509:15）

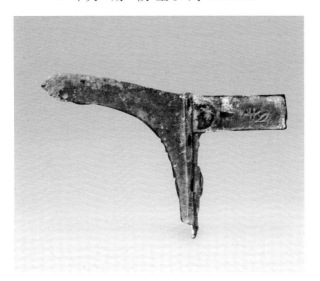

3. 甲类三期五段B型Ⅰc式（M66:7）

4. 甲类四期八段C型Ⅰb式（M222:2）

5. 乙类战国B型Ⅰd式（M536:9）

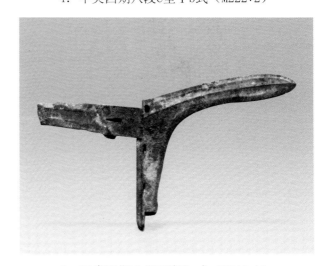

6. 甲类四期八段B型Ⅲa式（M240:1）

铜 戈

1. 乙类三期四段C型　　　2. 乙类四期八段C型　　　3. 甲类三期六段E型　　　4. 甲类四期七段B型
　Ⅰe式镈（M371:14）　　Ⅰc式镈（M413:1）　　　镈（M452:19）　　　Ⅰ式镦（M153:12）

5. 乙类三期五段A型　　　6. 乙类二期三段A型Ⅰ　　7. 乙类四期七段B型　　　8. 甲类战国B型Ⅵ式
　Ⅲ式镞（M140:6）　　式矛（M181:3）　　　Ⅱb式矛（M220:1）　　矛（M643:21）

铜镈、镦、矛、镞

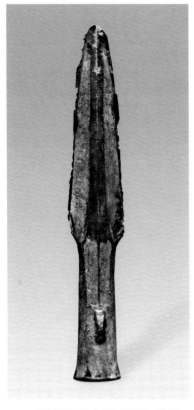

1. 丙类四期七段B型Ⅲa式矛
（M234:1）

2. 丙类四期七段Ⅲ式铃
（M204:10-1）

3. 丙类四期八段蚁鼻线
（M184:5）

4. 乙类战国B型Ⅰ式带钩
（M307:6）

5. 甲类三期六段A型Ⅲ式龠
（M452:40）

6. 甲类一期一段A型Ⅰ式龠
（M153:4）

7. 甲类四期七段马衔（M644:5）

8. 甲类三期六段铺首（M452:28）

铜矛、铃、蚁鼻线、带钩、戈龠、马衔、铺首

1. 丙类二期三段C型Ⅱa式（M205:1）

2. 丙类三期C型Ⅱa式（M648:8）

3. 丙类四期九段C型Ⅱa式（M108:5）

4. 丙类四期八段C型Ⅱb式（M334:2）

5. 乙类四期九段C型Ⅴ式（M278:3）

6. 乙类四期九段C型Ⅴ式（M106:1）

铜　镜

铜 镜

1. 丙类三期C型Ⅱa式（M645:5）

2. 丙类四期九段C型Ⅱb式（M290:6）

3. 丙类期九段G型Ⅰ式（M450:3）

4. 乙类四期八段F型Ⅱ式（M512:5）

5. 丙类战国D型（M54:5）

铜　镜

1. 丙类战国G型Ⅲ式铜镜（M13:3）

2. 乙类四期九段F型Ⅱ铜镜（M92:3）

3. 乙类四期九段D型铜镜（M641:1）

4. 丙类四期八段铁鼎（M168:2）

5. 丙类四期八段铁鍪（M191:3）

铜镜、铁鍪、铁鼎

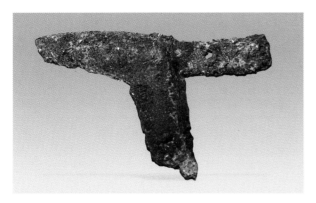

1. 乙类二期三段戈（M154:1）

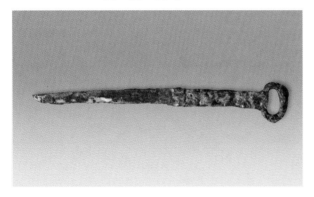

2. 丙类四期八段Ⅰ式环首刀（M474:7）

3. 丙类二期三段D型剑（M251:1）

4. 丙类A型Ⅲ式剑（M380:1）

5. 戈（M113:1）

铁戈、剑、环首刀

1. 丙类战国Ⅰ式铁钁（M54:11）

2. 乙类三期四段B型铁锸
（M174:7）

3. 乙类四期八段A型Ⅱ式铁锸
（M553:14）

4. 甲类三期五段Ⅰ式铁钁（M59:1）

5. 乙类四期八段Ⅳ式玻璃璧（M270:1）

6. 甲类三期六段A型Ⅰ式玉璧（M452:30）

7. 甲类四期八段A型Ⅱ式玉璧（M489:1）

铁钁、锸及玻璃璧、玉璧

1. 甲类四期八段 I 式木俑（M2:3）

2. 甲类四期八段木镇墓兽（M2:4、7、13、20）

3. 甲类四期八段漆弩（M489:14）

4. 甲类四期九段B型 I 式玉璧（M635:1）

5. 乙类四期七段玻璃珠（M224:5）

6. 甲类一期一段 I 式玉管
（M170:9）

7. 丙类四期九段 II a式玻璃珠
（M574:1）

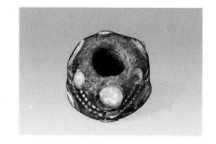
8. 丙类三期五段 II b式玻璃珠
（M115:1）

木俑、木镇墓兽、漆弩、玉璧、玉管、玻璃珠

1. 甲类三期六段A型Ⅰ式（M452:2）

2. 乙类四期八段A型Ⅱ式（M300:16）

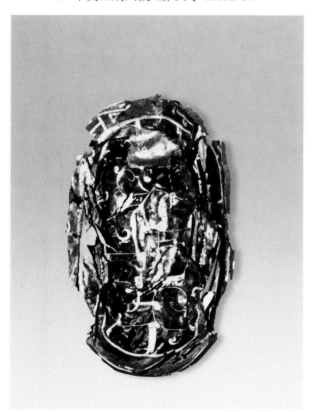

3. 甲类四期八段A型Ⅲ式（M2:26）

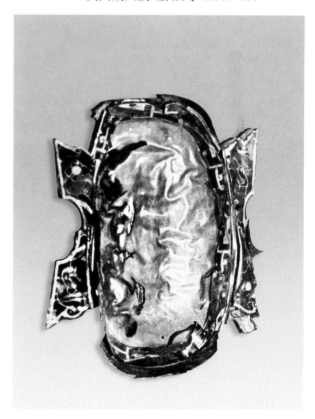

4. 乙类四期八段B型（M300:6）

漆耳杯

1. 铜镜（M397:1）金相组织照片（×400）

2. 铜剑（M153:1）金相组织照片（×400）

3. 铁剑（M65:4）X射线荧光谱分析金相
   组织照片（×400）

4. 铁剑（M338:11）X射线荧光谱分析金相
   组织照片（×400）

铜、铁器金相组织照片

1. 铁锸（M331:5）X射线荧光谱分析金相组织照片（一）（×400）

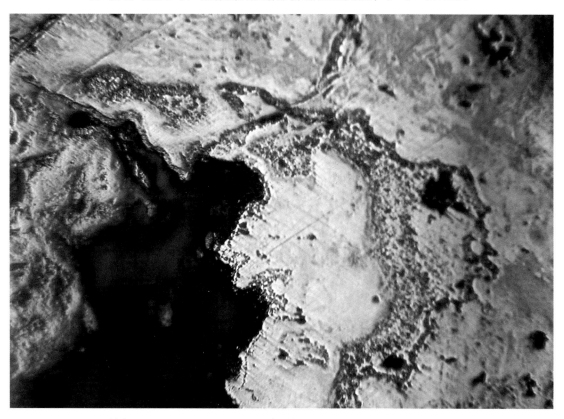

2. 铁锸（M331:5）X射线荧光谱分析金相组织照片（二）（×400）

铁器金相组织照片